사회과학의 철학적 기초

비판적 실재론의 접근

이기홍 지음

한울
아카데미

이 저서는 2007년 정부(교육부)의 재원으로 한국연구재단의 지원을 받아 수행한 연구임.
(NRF-2007-812-B00023)

This work was supported by the National Research Foundation of Korea Grant funded by the Korean Government.(NRF-2007-812-B00023)

머리말

제가 공부를 시작한 1980년대 초, 한국의 일단의 사회과학도들 — 저도 스스로는 그 집단에 속한다고 생각해왔습니다 — 은 "너희가 공부하는 것은 사회과학이 아니라 이데올로기이다"라는 비판 또는 비난을 받았습니다. 당시 그들은 어렵게 구조기능주의의 근대화이론을 벗어나 종속이론에서 제국주의론을 거쳐 마르크스의 '원전'으로 옮겨가는 '이론의 우회' 과정의 막바지에 있었습니다. 이제는 퇴색해 입에 올리기조차 민망한 이야기이지만, 그들은 한국의 사회과학은 암울한 한국의 사회 현실을 함께 겪으며 그 현실을 '과학적으로' 해명해야 한다는 믿음을 공유하고 있었습니다. 그런데 그러한 공부가 과학이 아니라 '이데올로기'라는 평결을 받은 것입니다. 물론 그들은 당시 유행하던 토마스 쿤(Thomas Kuhn)에 기대어, '패러다임'이 다르면 과학에 대한 견해도 다르고 그러므로 서로 의사소통도 불가능하다고 상황을 봉합하고 '사회과학' 공부를 계속할 수 있었습니다.

하지만 저는 그런 어정쩡한 절충에 동의하기 어려웠습니다. '무엇이 과학이고 무엇이 이데올로기인가'를 해명해야 불편함을 해소할 수 있다고 생각했습니다. 또한 저는 그들의 공부가 이데올로기가 아니라 과학임을 입증하는 일이 필요하고 또 가능하다고 믿었습니다. 그렇게 해서 저는

'사회과학이란 무엇인가'라는 문제를 고민하게 되었습니다. 서구에서 신보수주의가 득세하고 동구에서 사회주의가 붕괴하던 좌절의 1980년대가 한국에서는 '질풍노도의 시대'일 수 있었던 데 중요한 몫을 했던 만큼 그들의 공부가 치열했던 것에 비하면 저의 공부는 어쩌면 한가한 현학이나 비겁한 도피였을지도 모르겠습니다. 저 스스로는 사회과학철학 공부를 통하여 그들의 공부가 '왜 더 과학적인 것인가'를 확인하는 일종의 학문적 분업이라고 변명하기도 하고, 철학이 바뀌어야 과학이 바뀔 수 있다고 고무하는 동학(同學)도 있었지만, 저의 모자란 능력은 철학을 변화시키기는 커녕 과학을 입증하는 일조차 하지 못했습니다.

그러는 사이, 사회과학의 지형은 상당히 변했습니다. 1990년대에 접어들어 현실 사회주의의 붕괴와 세기말의 우울이 겹치면서, '잔치는 끝났다'라는 청산주의적 정서가 시대를 지배하고 '행복의 정치'라는 냉소적인 구호가 사회과학 무대에 진입했습니다. 자기도취적인 개인주의와 쾌락주의가 사회 현실에 대한 진지한 열정을, '즐거움을 주는 자본'이 '불평등과 착취'를 대신하면서, 저 질풍노도의 시대는 '무조건적인 부정의 정신분열증적인 광기'와 '지적도착증'의 시기로 단죄받게 되었습니다. 이런 혼란과 동요는 진보를 꿈꾸던 사람들에게 격동의 1980년대를 종결한 빈약한 타협과 구체제로의 복귀가 가져다준 절망과 환멸에 뿌리를 두고 있을 것입니다. '이성을 통한 역사의 진보'에 대한 믿음이 환상으로 규정되면서 '이성의 힘을 믿는 과학적 합리주의'도 천박한 낙관주의로 공격받았고, 사회과학은 여러 형태의 지식 가운데 하나일 뿐이라고 정당성을 부인당했습니다. 장면은 바뀌었지만 문제는 다시 '사회과학이란 무엇인가'였습니다.

1980년대 제도권 주류 사회과학자들이 "과학은 이데올로기가 아니다"라고 비난할 때, 1990년 이후 '포모(포스트 모더니스트)'로 불리는 탈근대론자들이 "과학도 여러 형태의 지식 중의 하나"라고 상대화할 때, 그들이 명시적으로 '(사회)과학이란 무엇인가'를 밝힌 일은 없습니다. 사실, 한국의 사회과학계는 1970년대의 사회과학의 가치연관 문제나 사회과학의 토착화 문제에 대한 논의를 제외하고는, 사회과학이란 무엇인가에 대해 진지하게 토론한 일이 거의 없습니다. 그렇다고 사회과학자들이 이 문제에 대해 견해 자체를 결여한 것은 아닙니다. 과학은 이데올로기가 아니라는 주장이나 과학지식이 인식적으로 특별한 지위를 갖는 것은 아니라는 주장은 이미 과학이란 무엇인가에 관해 일정한 견해를 가지고 있어야 가능합니다. 그들 각각의 견해는 실증주의와 협약주의로 분류할 수 있습니다.

실증주의는 서구에서는 1960년대에 그 지배력의 절정에 도달한 뒤 서서히 퇴락했다고 하지만, 그리고 물론 한국에서도 실증주의자라고 자임하는 사회과학자는 없지만, 여전히 사회과학의 실제 연구를 지배하고 있습니다. '객관적 자료'가 과학지식의 확실한 기초라고 믿고, 자료에서 경험적 일반화를 시도하거나 이론에서 가설을 연역하고 경험자료로 시험하는 연구들이 그 사례입니다. 사회세계는 의미와 동기와 목적을 가진 행위자들로 구성되기 때문에 '이해'를 추구해야 한다고 주장하는 반(反)실증주의 입장의 사회과학자들도 있기는 합니다만, 실제의 연구에서는 그들도, 대체로 질적 자료를 수집해서 사용한다는 차이를 제외하면, 실증주의의 견해를 따르고 있습니다.

실증주의를 비판하면서 등장한 협약주의에서는 과학적 지식도 과학자 사회가 합의하거나 승인한 규약과 방법에 따라 생산한 지식이므로 과학자 사회에 따라 상대적인 것이며, 예컨대 문학적 지식이나 신학적 지식 등 다른 형태의 지식에 비해 더 우월할 것이 없다고 지적합니다. 한 학문분과 안에 경쟁하거나 대립하는 접근이 존재하며 그 접근들 사이에서 합의는커녕 의사소통도 잘 이뤄지지 않는 사회과학분야에서는 협약주의가 설득력을 갖는 듯 보이기도 합니다. 사회과학자들이 '패러다임'이라는 용어를 사용할 때, 그 밑바탕에는 과학에 대한 협약주의적 견해가 암암리에 자리하고 있는 것입니다. 그렇지만 연구를 실행하는 사회과학자가 자신이 과학자공동체에서 규정한 절차와 방법을 준수하고 있을 뿐이라거나, 자신이 생산한 지식이 다른 형태의 지식보다 더 우월할 것이 없다고 생각하기는 어렵습니다. 그렇게 생각한다면 구태여 그런 절차와 방법에 따라 그와 같은 지식을 생산할 까닭이 없을 것이기 때문입니다. '포모'조차도 자신의 지식주장이 보통사람의 상식보다 나을 것이 없다고 생각하지는 않습니다. 그러므로 사회과학자가 과학의 특성에 관해서 협약주의적 견해를 받아들인다고 하더라도, 실제의 연구를 그 견해에 따라 수행한다고 할 수는 없습니다.

서구에서 1980년대 이후 영향력을 넓히고 있는 비판적 실재론은 협약주의가 가진 '함정'을 벗어난 견해를 제시하고 있습니다. 그렇지만 비판적 실재론의 주장이 과학에 대해 사회과학자들이 가진 상식에서 크게 벗어난 것은 아닙니다. '있는 그대로의 세계'와 '우리가 알아낸 세계'는 구별된다는 믿음, 과학은 우리가 사용할 수 있는 온갖 방법을 동원해서 '알아낸 세계'를 '있는 그대로의 세계'에 가깝게 만드는 활동이라는 믿음, '이론'과 '경험'은 인지적 자원 가운데 가장 중요한 두 요소이며, 둘은 구분할 수는 있지만 분리할 수 없게 상호의존적이라는 믿음, 세계에서 일어나는 현상들에 대해 '왜 그런 현상이 발생하는가'라는 질문에 답하는 것이 과학의 핵심이라는 믿음 등은 비판적 실재론이 과학의 특징적인 전제가정으로 지적하는 것이지만, 또한 과학자들이 연구를 수행할 때 가지고 있는 믿음이기도 합니다. 물론 과학에서 '있는 그대로의 세계'를 포착하는 일, '왜?'에 답하는 일이 결코 쉽지 않기 때문에 단지 경험을 수집하고 일반화하는 데에서 멈추는 경우가 많고, 또 그것을 과학이라고 내세우기도 하지만, 진정한 과학자라면 그것에 만족하지 않을 것입니다.

이 책은 비판적 실재론의 입장에서 실증주의와 협약주의를 비판하고 '사회과학이란 무엇인가'라는 문제에 더 진전된 견해를 제시합니다. 물론 실증주의나 협약주의가 전적으로 터무니없고 근거 없는 견해인 것은 아닙니다. 실증주의가 주장하듯 '경험과 논리'는 과학에서 중요하며, 또한 협약주의가 주장하듯 '과학은 사회적 생산물'입니다. 그렇지만 이 견해들은 과학에 대해 절반의 진실만을 보여준다고 할 것입니다. 과학은 이런 특징들 이상의, 그리고 이런 특징들보다 더 중요한 특성들을 가진다는 것이 비판적 실재론의 견해입니다. 이 책의 제2장, 제3장, 제4장은 각각의 견해들을 정리하고 있습니다. 제5장은 비판적 실재론의 입장에서, 사회과학도 현상에 대한 인과적 설명을 추구하며 여러 방법들을 사용한다는 점에서 '과학'의 한 분과라고 주장합니다. 제6장은 이런 사회과학지식이 사회적 삶에서 어떤 의미를 갖는가를 살펴보고 있습니다. 앎은 그 자체로도 가치 있는 활동이지만 또한 삶에서 생겨나고 삶에 스며들기 때문에 가치 있는 활동이기도 합니다. 그리고 사회과학은 사람들의 사회적인 행위와 의미를 다루기 때문에 그것과 비판적 대결을 피할 수 없으며, 그것으로써 삶을 개선하는 데 기여할 수 있다는 것이 저의 생각입니다.

간단히 말해, 저는 이 책을 통해서 사회과학도에게 사회과학은 무엇이고, 왜 사회과학 연구를 실행하며, 어떻게 그것을 실행할 것인가에 대해 '반성'해보자고 제안하고자 했습니다.

이 책은 한국연구재단의 2007년 인문저술지원사업의 지원을 받아서 썼습니다. 사회과학철학 분야의 책을 써야겠다고 오래전부터 마음먹고 있었지만 이런저런 사정으로 실행하지 못하던 차에 사업 공고가 있어 신청한 것입니다. 그럼에도 저의 게으름과 공부의 모자람 탓에, 늦어도 2011년에는 출판했어야 하는 책을 3년이나 뒤늦게 내놓게 되었습니다.

그 사이 학교일에 어쩔 수 없이 끌려들어가 작업을 중단했다가 다시 시작하는 일이 두어 차례 있었지만 그건 모두 핑계일 뿐입니다. 김명희 박사는 이 책의 초고를 읽고 여러 결함을 날카롭게 지적해주셨지만 죄송하게도 거의 개선하지 못했습니다. 수익의 전망이 없는 책의 출판을 기꺼이 맡아준 도서출판 한울과 편집을 담당한 하명성 씨의 수고에 고마움을 전합니다.

공부를 시작한 지 30년이 넘어서 겨우 쓴 부끄러운 책을 지난 추석에 돌아가신 어머님께 올립니다.

2014년 11월

이기홍

차례

제1장

사회과학과 철학

대부분의 사람들은 과학지식을 세계에 대한 확실한 지식이라고 믿으며, 철학에서 독립한 지식이거나 철학을 배제한 지식이라고 생각한다(사회과학은 사람을 연구대상으로 삼고 있어서 특성상 철학과 엄격하게 분리되기 어렵다고 주장하는 사람들도 있기는 하다). 실제로 과학자들이 다루는 주제나 주제를 다루는 방식은 철학자들의 그것들과는 상당히 다르다. 물질의 본질에 관한 철학적 질문은, 이를테면 물리학자들이 답할 수 있는 그런 종류의 질문이 아니다. 과학은 일차적으로 세계에 관해 무엇인가를 발견하고 그것의 구조와 운동에 관한 이론을 발전시키는 데 관심을 갖는다. 철학은 물질세계의 성질에 관해서 물리학이 우리에게 이야기해주는 것을 모두 받아들이면서도 여전히 물리학이 우리에게 실재의 성질에 관한 궁극적인 답을 제공하고 있는가를 질문할 수 있다. 세계의 본성을 탐구하는 자연철학은 17세기에 철학적 차원과 과학적 차원(그리고 신학적 차원)으로 분화하기 시작했다. '세계에 무엇이 존재하는가', '우리는 그것에 관해 어떻게 알 수 있는가', '진리란 무엇인가' 등과 같은 질문은 철학의 영역에 속한다. 그래서 대부분의 사람들은 과학적 지식은 경험에 근거하거나 경험으로 확인한 지식인 반면, 철학적 지식은 비경험적이고 관조적이고 사변적이고 종합적이며 추론과 논증을 통해 형성한 지식으로 간주한다.

과학에 철학이 필요한가?

많은 사람들은 "철학은 추상적인, 그리고 일상에서 괴리된 개념들에 관심을 갖기 때문에 우리가 경험하거나 측정할 수 있는 것들과 관련이 없는 것이라고, 그러므로 의미 없는 것이라고 생각한다"(래디먼, 2003: 78). 그리고 과학은 의미 없는 '형이상학적·사변적인 것을 배제해야 한다'라고 믿으며 철학적 논의를 기피하고 있다.[1] 그러나 과학을 철학과 무관하거나 철

1 과학에서 '형이상학'이나 '사변'을 배제(해야)한다는 믿음도 그 자체가 철학적 견해이다. 즉, 과학은 어떤 주제를 어떤 목적을 위해, 그리고 어떤 방법을 사용해서 실행하는 작업이라는 견해에 기초한 것이다. 그리고 많은 사회과학자가 받아들이는, '경험에 기초한 지식 또는 형이상학을 제거한 지식만이 정당한 과학적 지식'이라는 믿음은 실증주의라고 부르는 철학적 입장의 대표적 주장이다. 실증주의는 사변철학체계가 붕괴할 때 등장했는데, 사변철학의 종언을 철학의 종언과 동일시하여 과학은 철학을 배제한 지식이라고 주장한 것이다. 특히 20세기 초, '논리실증주의자'로 알려진 일단의 '과학적' 철학자들은 "한 진술의 의미는 그것을 검증하는 방법의 함수이다"라고 단언했다. 그리고 "형식에 의해서 참이라고 보증할 수 있는 논리적(분석적) 진술과 경험에 의해서 참이라고 검증할 수 있는 경험적 진술만이 정당한 지식"이라 규정하고 "경험적으로 검증할 수 없거나, 논리적으로 자명하지 않은 사변적이고 형이상학적인 지식", 즉 철학적 지식은 정당한 지식의 자격을 박탈하고 과학적 지식에서 배제해야 하는 '의미 없는 것'으로 취급했다. 이 기준에 따라 '진정한 지식인 과학'과 '신념 체계인 종교, 형이상학, 정신분석학, 마르크스주의 등'은 이분법적으로 구분된다. 또한 이런 유산을 계승한 실증주의자들은 '과학과 비과학', 특히 과학과 사변적인 형이상학을 구별해왔다. 특히 사회과학에서 대표적으로 사용하는 연구방법인 '가설연역적 방법'을 옹호하는 칼 포퍼(Karl Popper)는 '경험으로 반증가능한 지식주장만이 과학지식'이고, 반증할 수 없는 지식은 '가짜과학'이라고 주장함으로써 반증불가능한 형이상학을 과학의 영역에서 축출해야 한다는 믿음을 확산시키는 데 결정적으로 기

학을 배제한 지식이라고 생각할 수는 없다. 일상적인 사례로, 법정에서 판사는 원고의 주장과 피고의 주장 중 어느 것이 '진실'(에 가까운 것)인가를 판단하게 된다. 판사가 원고나 피고의 주장을, 증거가 부족하다거나 일관성이 없다는 이유로 기각하는 것은 무엇을 기준으로 진술의 진실 여부를 판단할 것인가에 대한 견해를 가지고 있기 때문에 가능하다. 즉, 판사는 진실이란 어떤 진술이 외부 세계의 객체나 사건(에 관한 자료)과 '상응하는 것'이라거나 기존의 진술이나 원리와 '일관성을 갖는 것'이라는 기준을 이미 가지고 있는 것이다. 판사의 일차적인 관심은 '진실(truth)이란 무엇인가'에 있는 것이 아니라 '어떤 주장이 진실인가'에 있다. 그렇지만 판사가

여했다. 이런 입장에 기초를 둔 실증주의 과학관은 과학이론의 논리적 구조, 관찰에 관한 진술, 그리고 이론과 관찰진술 사이의 (확증하거나 반박하는) 논리적 관계에서 과학적 지식의 특징을 찾았다. 이 과정에서 "실증주의 과학관은 관찰과 실험을 사용하는 물리과학이 그것의 방법과 주장을 정당화하는 논리에 의지했다. 그리고 실증주의 철학자들은 물리과학을 최고 형태의, 때로는 유일한 형태의 진정한 지식으로 취급함으로써 이에 답례했다"(벤턴·크레이브, 2014: 31).

그렇지만 우선 이 주장은 경험에 기초한 것이 아니므로 그 자체의 기준에 입각해 판단하더라도 정당한 '과학적' 지식이라고 할 수 없다. 사람이 세계에 존재하는 모든 것을 경험할 수는 없고, 생산하는 지식을 전부 경험으로 환원할 수도 없으며, 실제의 과학지식이 경험의 영역을 넘어서는 내용을 포함하고 있다는 점에서 이 주장은 타당하지 못한 것이다. 경험(되는 것)만이 존재한다는 견해(존재론)와 모든 지식을 경험으로 환원해야 한다는 견해(인식론)는 존재의 범주를 인식의 범주인 경험으로 환원하고, 인식을 경험에 환원하는 오류를 범하고 있다. 또한 '무엇을 경험으로 간주할 것인가'에 관한 판단에 따라 실질적으로 정당한 지식의 기초를 매우 다양하게 해석할 수 있기 때문에 이 주장은 실제로는 그다지 유용하지 못하다. 특히 과학자가 이러한 철학적 견해에 의거해 연구를 수행한다면, 그의 연구를 '경험'의 영역에 한정하도록 제약하게 된다는 점에서 과학의 발전을 저해하는 불합리하고 부적절한 철학이라고 할 수 있다. 덧붙이면, '과학지식에서 철학적 지식을 배제해야 한다'라고 그들은 주장했지만, 실제로는 과학지식 속에 철학적인 요소들이 제거되지 않고 계속 존재하자 실증주의자들은 철학이 과학의 영역 밖에서 과학지식의 논리적·형식적 측면을 검토해 그것을 '정당화'하는 역할을 한다고 절충했다(바스카, 2005a: 86~88).

어떤 주장이 진실이고 어떤 주장이 거짓인가를 따져서 판단하려면 먼저 '진실이란 무엇인가'라는 문제에 대해, 명시적으로 밝히지는 않더라도, 일정한 답을 가지고 있어야 한다. 그런데 진실이 무엇을 의미하며 그 기준은 무엇인가를 반성적으로 묻는 이 문제는 '경험적 증거'를 확인해서 답할 수 있는 것이 아니다. 그런 점에서 이는 '과학'과는 구별되는, 또는 과학 영역 밖의 '철학적 문제'라고 할 수 있다.

조금 더 생각해보면, 과학적 탐구도 법정에서 심문하는 판사가 가진 바로 그런 종류의 질문과 답을 전제하고 있다. 예컨대 '이동거리=속력×시간'이라는 간단한 계산식을 사용할 때 우리는 이미 '시간'이 무엇인가에 대한 일정한 견해를 가지고 있다. 이때 시간은 '시, 분, 초'라는 그것의 측정 단위와는 다른 '어떤 것'이다. 과로가 뇌졸중의 원인이라고 말할 때, '원인'과 '결과' 또는 인과관계란 무엇인가에 대해 일정한 견해를 이미 가지고 있다. 과학자가 세계의 객체나 현상들을 과학적으로 탐구한다는 사실 자체가, 그가 '과학지식이란 무엇인가, 그것을 어떻게 만들어내는가'에 대한 일정한 견해를 이미, 자신이 의식하는가 여부와 관계없이, 가지고 있다는 것을 알려준다. 대부분의 과학적 탐구는 특정 현상의 발생이나 객체의 운동을 '인과적으로' 설명하고자 시도하는데, 이 작업은 현상의 발생이나 객체의 운동이 무질서하고 일회적이며 우연히 일어나는 것이 아니라, 어떤 일정한 원인(들)에 의해 일어난 것이며 원인과 결과는 어떻게 연결된다는 견해를 전제하고 있는 것이다. 또한 이 작업은 인간이 그러한 원인과 과정을 (적어도 어느 정도는) 알아낼 수 있으며, 알아내기 위해서는 예컨대 관찰이나 실험이나 해석 등과 같은 특정한 방법을 사용하는 것이 적합할 것이라는 가정도 전제하고 있다. 예를 들어, 제임스 마컴(James Marcum)은 암 연구의 발전에 관한 논의에서 두 가지 형이상학적 전제가정 – 암 발생이 변이유전자에서 기인한다고 상정하는 '유전적 결정론(genetic determinism)' 또는 '환원론(reductionism)'과 인체 조직 정상구조의 파괴에서 기인한다고 상정하는 '생체론(organicism)' — 이 각각 암 연구를 안내하고 제한해왔다고 분석한다.

> 형이상학적 전제가정은 연구의 실천과 조사를 안내하는 데에서 중요하다. 20세기 생물학의 성공은 대부분 복잡한 생물학적 과정을 기본적인 구성요소들로 환원할 수 있다고 가정하는 것에서 기인한다. …… 과학자가 특정한 전제가정을 상정한다면 이 전제가정은 그가 탐구하는 자연현상에 관해 제기하는 질문의 형태와 그 질문에 답하기 위해 그가 설계하고 수행하는 실험의 형태를 안내하고 제한한다. 간단히 말해, 전제가정은 과학적 실천의 조건이나 한계를 정한다. 이러한 실천에서 실험적 증거를 얻으면 과학자는 자신의 원래 전제가정을 사용해서 이 증거를 해석한다. …… 그러므로 과학지식은 이러한 상호작용의 산물이며 전제가정은 과학지식의 생산과정에서, 그리고 상이한 과학적 실천에서 기인하는 파편화를 해결하는 전략적 입장을 지배한다(Marcum, 2005: 31, 40).

세계에 대한 지식을 생산하는 활동으로서, 과학에서 이러한 명시적인, 또는 적어도 암묵적인 전제가정들은 필수적인 것이며 과학활동에 이미 내재해 있다. 이러한 견해를 가지고 있지 않다면, 어떤 것을 연구해야 할 대상으로 삼을 것인가, 그리고 어떻게 연구할 것인가라는 주제를 설정할 수 없으며, 연구는 출발조차 할 수 없다. 사회과학에서도 사정은 마찬가지이다. 많은 사회과학자들이 형이상학적 논의를 배제하거나 기피하지만, 그들은 결코 철학이나 형이상학에서 벗어날 수 없다. 연구를 수행하는 사회과학자는 이미 탐구 대상인 '사회'가 어떤 것인가[예컨대 개인들의 합(合)인가 아니면 독자적인(sui generis) 실체인가, 독자적인 실체라면 어떤 것들로 구성되고 어떤 특징을 갖는가)에 대해, 또한 어떻게 연구할 것인가(예컨대 사람들의 행위나 태도를 관찰할 것인가, 행위나 대화의 의미를 해석할 것인가)에 대해 일정한 견해를, 그 견해를 명시적으로 의식하고 있는가 여부와 별개로, 가지고 있는 것이다.[2] "연구를 실행하는 사회과학자는 누구나, 아무리 제한적이고 과학적으로 '객관적인' 연구를 수행한다고 하더라도, 실제로는 인간의 본성에 관해 일정한 견해를 전제한다. 합리적 선택 이론은 인간이 합리적 행위자라고 전제하고 실용주의는 사람들이 목적을 가지고 있다고 전제하는 반면, 막스 베버(Max Weber)와 해석학은 사람들이 의미를 창출하는 동물이라고 전제한다. 이러한 전제들이 그다지 정교하지 않은 것일 수도 있다"(벤턴·크레이브, 2014: 198). 아직 탐구하지 않았기 때문에 잘 알지 못하는 객체나 과정에 대해 그것이 어떤 것(일 것)이라고 가정하고, 또 그것들에 관한 탐구에 아직 사용하지 않았기 때문에 그 실효성이 확인되지 않은 방법에 대해, 그런 방법이 객체나 과정에 관해 알려줄 수 있을 것이라고 가정하는 견해들은 경험 증거로 확인할 수 있거나 경험적 탐구에 의해 답할 수 있는 지식이 아니다. 그리고 그런 점에서 '경험적' 지식이나 '사실적' 지식과 구별되는 초(超)경험적인, 그런 의미에서 '철학적인' 지식이다.

게다가 '과학적 지식'은 모두 경험으로 확인한 또는 확인할 수 있는 지식만으로 구성되지 않는다. 물론 과학에서 가설을 받아들이거나 제거하

2 노동시장에서 노동력의 매매를 판매자와 구매자의 '합리적 선택'이나 '계급관계'에 입각해서 접근할 때, 그것은 이미 사회세계가 개인들로 구성되어 있다거나 사람들 사이의 관계로 구성되어 있다는 '존재론적' 가정을 전제하는 것이다. 또 사회과학자들이 자주 사용하는 연구방법인 질문지 조사와 그것의 통계적 처리는, '사회적인 것'에 대해 개인들(의 관념)을 파악함으로써 탐구할 수 있고, 개인들(의 관념)은 질문에 대한 그들의 응답을 통해 알아낼 수 있다는 '인식론적' 가정을, 더 나아가 사회라는 연구대상은 개인들(의 관념으)로 구성된다는 '존재론적' 가정을 전제하고 있다.

는 데서 경험적 증거가 중요한 역할을 한다는 것을 부인하는 사람은 없다. 그렇지만 현미경이나 망원경의 발명으로 경험의 영역이 변화한 것에서 알 수 있듯, 인간의 인식에서 '경험'은 고정불변의 요소가 아니라 가변적이고 다양한 요소이다. 그러므로 논리학에서 전제들로부터 결론을 이끌어내듯이, 경험에서 과학이론이나 가설의 진리 여부를 배타적이고 확실하게 도출하거나 확인할 수는 없다. 과학에서 "흥미로운 가설은 직접 관찰로는 그것의 진리성을 확인할 수 없는 내용들을 포함한다"(Hitchcock, 2004: 5). 과학자들이 지진이나 화산폭발을 설명하면서 지표에서 3000km 아래에 존재한다고 제시하는 맨틀은 경험으로 확인한 실체가 아니라, '사변'을 통해 추정한 실체이다. 지구의 공전, 달의 궤도, 조수의 움직임, 포탄의 궤적 등을 설명하는 데 동원하는 개념인 '중력'은 눈으로 볼 수 있는 힘이 아니다. "과학이론은 단순한 경험적 자료의 목록이 아니다. 과학자들은 현상을 설명하고 예측하면서 여러 가지 관찰불가능한 실재들을 상정하며 그것들에 의지한다. 그러한 형이상학적 가정의 제거는 이론의 발전과 적용을 방해하는 것이며 제안할 수 없는 일이다"(McGrew, et al., 2009: 310).[3] 형이상학은 세계에 무엇이 존재하며 어떤 성질을 가지고 어

3 '형이상학(形而上學)'이라는 용어는 'metaphysics'의 번역어이며, 이성적 성찰과 논증을 통하여 실체들의 본질을 드러내고자 하는 선험적(a priori) 학문분야로 "외양의 세계 배후에 자리하고 있는 것에 대한 탐구라고 이해하지만, 대체로 비경험적인 것으로 간주되는 것을 가리키는 경멸적인 함의를 가질 뿐 정확하거나 널리 동의하는 의미를 갖고 있지 못하다"(Seager, 2000: 283). "가장 일반적인 정의는 실재 일반의 기본 구조에 대한, 즉 존재하고 있는 모든 것들의 궁극적 성질에 대한 탐구라는 것이다"(Morganti, 2013: 9). 또는 "관찰가능한 것들의 기저에 있는 것 — 설명적이고 선험적인 차원을 갖는 — 의 성질에 대한 탐구를 가리킨다"(Chakravartty, 2009: 67). 하지만 번역어 '형이상학'은 원래의 'meta+physics'가 함축하는 뜻을 적절하게 구성해 전달하고 있다고 말하기 어렵다. 'meta'는 '뒤(after)', '너머(beyond)', '인접(adjacent)', '자체(self)' 등의 의미를 갖는 접두사이다. 그러므로 metaphysics는 physics(이 경우

떻게 운동하는가를 해명하고자 한다. 마찬가지로 과학도 세계에 존재하는 것들을 판별하고 그것들의 작용을 탐구하면서 인과적으로 설명하고자 한다. "형이상학과 과학은 동일한 것, 즉 세계의 성질과 운동에 대한 서술을 추구한다"(Mumford, 2014: 38). "과학은 관찰가능한 것들의 발생을 설명해주는 기저의 것에 강한 관심을 가지고 있으며, 그러한 한에서 분명히 형이상학적이다. 과학들은 통상적으로 입자, 장(fields), 유전자, 효소 그리고 장비의 도움 없이 감각만으로는 찾아낼 수 없는 수많은 실체들에 관심을 갖는다. 이런 실체에 관한 가설들을, 가능한 경우에는 언제나, 경험적 시험에 부친다. 그렇지만 그 시험이 이것들을 관찰가능하게 만드는 것은 아니며, 일부의 가설은 기본적으로 설명의 이유 때문에 승인된다. 과학이 오늘날과 같이 성장하면서 철학에서 벗어났다고 하더라도, 형이상학이라고 부르는 것이 적절한 요소가 일정 부분 남아 있으며, 이 요소를 제거할 수는 없다"(Chakravartty, 2009: 61; 64).

과학에서 '순전히 과학적인 또는 경험적인' 주장과 형이상학적인 주장을 분리하는 것은 불가능하다. 위대한 과학자들은 이런저런 방식으로 형이상학적 원칙들에 호소했으며 때로는 그것을 그들 이론의 핵심요소로 삼았다. "뉴턴물리학의 절대공간은 경험으로 확인할 수 있는 것이 아니라 사변을 통해서만 상정할 수 있다. 특수상대성이론은 형이상학적 요소와 경험적 요소의 복합체이다. 수백 년 동안 과학은 순전한 사변에서 생겨났으며 세계에 대한 일관적이고 종합적인 그림을 제공하는 임무에서 형이상

에는 '과학'이라는 넓은 의미), 또는 '감각적인 것'에 이어지고 인접하며 그것을 넘어서는 것에 관한 학문, 경험 대상의 총체를 넘어서는 것에 관한 학문을 의미할 것이다. 그리고 과학 자체에 대한 성찰, 과학의 기초·방법·형태·효용 등에 관한 정의나 설명도 여기에 포함될 것이다. 그런데 '형이상학'이라는 번역어는 우주와 세계의 배후에 자리하고 있는 근본원리를 해명하는 사변적이며 관념적인 거대한 사유체계를 연상시키면서, 'physics(과학)'와의 인접성을 사상하는 효과를 갖는다.

학과 솔기 없이 맞물려 있다"(하레, 1986: 29~30; Seager, 2000: 289~290). 정확히 말하면, 철학적 견해는 "세계에 있는 것이 무엇인가를 이야기하는 것이 아니라 무엇이 가능한가를 말함으로써, 경험적 발견의 배경을 제공함으로써"(Mumford, 2014: 44) 과학 연구의 방향을 정한다.[4] "탐구 대상에 대해, 그것이 가진 필연성, 인과구조 등을 상정하고 입증하는 것이 철학의 과제라면 실증적 연구를 통해 그것을 발견해내는 것이 과학의 임무이며, 이것들은 각각 철학적 존재론과 과학적 존재론이라고 부를 수 있다"(바스카, 2005a).

로빈 콜링우드(R. G. Collingwood)는 뉴턴 역학에서 아인슈타인의 상대성이론에 이르기까지 물리학의 기저에 있는 형이상학적 가정들이라고 할 수 있는 것을 논의했다. 쿤은, 목적론적 설명을 취할 것인가 또는 기계론적 설명을 취할 것인가 등과 같은, 형이상학적 입장(metaphysical commitments)이 정상과학의 시기를 지배하는 학문모태(disciplinary matrix)의 구성요소 가운데 하나라고 주장했다. 이러한 논평자들이 형이상학적인 것이라고 판별하는 이론의 측면들과 적절하게 경험적인 것이라고 간주할 수 있는 측면들 사이의 경계를 어떻게 나눌 것인가, 또는 더 근본적으로, 나눌 수 있는가는 분명하지 않다(Chakravartty, 2009: 65).

4 철학적 탐구는 분석, 추론, 논증, 논쟁에 의해 진행한다. 그렇지만 경험적 탐구라고 해서 이런 활동들을 배제하고 진행하는 것은 아니다. 이렇기 때문에 철학을 안락의자 속의 사변에 기초한 학문으로 이해하는 전통적인 견해는 타당하지 않으며, 철학은 경험적 탐구 및 과학 자체와 실질적으로 연속한다고 생각하는 철학자들도 많다. 이런 견해를 '자연주의(naturalism)'라고 부른다. 이 입장에서는 철학적 질문에 대한 연구와 경험적 연구가 차이를 나타내기는 하지만 절대적으로 구분할 수 있는 것은 아니라고 생각한다.

과학지식의 전제가정과 내용이 철학 또는 형이상학의 영역이라고 간주해온 것과 얽혀 있을 뿐 아니라, 과학적 실천의 다른 측면들도 '초(超)경험적' 또는 철학적 견해를 내포하고 있다. 과학자의 연구주제 선택이 '가치판단'과 '실천적 이해관심'의 영역이라는 점은 이제 널리 인정받고 있다. 이와 유사하게, 인간이나 동물을 대상으로 하는 실험과 관련해서 발생하는 윤리적 문제는 과학의 실행에 중요한 영향을 미친다(이 문제를 제도적으로 고려하게 된 것은 최근의 일이다). 과학기술적으로는 인간복제도 가능할 수 있지만, 이런 연구를 윤리적으로 허용할 수 없다고 생각하는 사람도 많다. 연구의 비용은 누가 부담하는가, 연구결과의 이용에서 누가 권력을 행사하는가라는 문제는 '과학'의 외부적 조건에 그치지 않고 과학지식의 내용을 방향 짓고 제한한다. 이런 문제들에 대한 고려는, 말하자면 과학의 '자기의식' 또는 '과학에 대한 과학'이라고 할 수 있으며 '철학'의 영역에 속한다.

과학자의 탐구는 그가 자각하는가 여부와 관계없이 철학적 지식에 기초하고 있다. 철학적 지식은 과학의 전체 과정에서 '경험적' 지식과 통일되어 과학지식을 구성한다. 과학의 철학적 기초는 과학자가 다루는 문제와 사용하는 방법의 선택에서 의식적·무의식적으로 작용하고 그것에 의해 연구의 진행과 결과에서 차이를 낳으며 스스로를 드러낸다.[5]

5 사회과학자가 자신의 연구의 철학적 기초를 '성찰'의 대상으로 삼는 일은 거의 없다. 또 이런 문제에 대해 진지하게 고민하고 '답'을 얻은 다음 실질적인 연구를 수행하는 사회과학자도 거의 없다. 대부분의 사회과학자는 훈련 과정에서 무의식적으로 습득하거나 직관에 의해 획득한 철학적 기초를 검토하지 않은 채 연구를 수행하고 있다. 그런데 개별 학문분과별로 연구대상의 범위와 방법에 관한 견해가 잘 확립되어 있고 그것이 '과학'의 지위를 인정받는 지식을 생산하는 데 효력을 발휘해온 자연과학의 경우 이런 상황은 특별히 문제가 되지 않는다. 그것의 대상과 방법에 관한 철학적 논증을 생략하고 연구에서 기존의 기준과 방법을 답습하여 관행적으로 연구를 수행하

> 우리가 전통적으로 과학이라고 부르는 것은 꼭대기(이론)부터 바닥(실험)까지 형이상학을 분리할 수 없게 포함하고 있다. 형이상학은 과학에 매우 중요하다. 세계에 대한 우리의 최고의 이론들이 담고 있는 형이상학적 가정들을 드러내는 것은 세계의 이해에 결정적이고 중요한 부분이다. 그리고 형이상학적 사변은 …… 세계에 대한 새로운, 그리고 더 좋은 이론들, 즉 더 좋은 과학의 추구를 도울 수 있다(Callender, 2011: 48).

과학 연구에 전제되고 통일되어 있는 철학적 견해들은 과학의 외부에서 선험적으로 정립되고 체계화되어 과학에 투입되(어 과학을 심판하고 규제하)는 것이 아니다. 과학 안에서 두 지식을 구별할 수는 있지만 실질적으로 그 경계는 명확하지 않다.[6] "철학적 개념이 보여주는 일반성과 추상성은 철학적 견해가 사회적·역사적 상황과 분리된 지식형태라는 느낌을 주기도 하지만, 세계에 대한 개념은 역사적으로 변화해왔고 철학적 개념이라고 해서 다른 개념들과 달라야 할 까닭이 있는 것은 아니다"(휴즈·샤록, 2000: 25). 철학적 견해도 관련된 분야의 과학적 탐구에 의해 실질적인 지식이 발전하면서 그것에 의해 변화·발전해왔으며, 그런 뜻에서 형이상학은 해당 분야의 대상에 대한 실질적인 탐구를 통해 축적한 과학지식의 일반적 결론이라고 할 수 있다. 위에서 인용한 마컴에 따르면 암 연구에서 환원론과 생체론의 두 형이상학적 전제가정은 20세기 분자생물학 지

더라도 별다른 오류 없이 일정한 수준의 과학지식을 산출할 수 있기 때문이다. 하지만 연구대상인 '사회'란 무엇인가에 대해서조차 합의된 견해가 없는 사회과학의 경우 기존의 관행을 답습하는 연구로는 '과학'지식의 생산을 기약하기 어려울 것이다.

6 이런 의미에서 데이비드 마시와 폴 펄롱(Marsh and Furlong, 2002)은 과학에서 철학적 입장이 "마음대로 입고 벗을 수 있는 옷(sweater)이 아니라 그럴 수 없는 피부(skin)"라고 비유한다.

식 발전의 종합에서 도출한 일반적인 결론인 것이다. "어떤 측면에서는 형이상학과 과학의 구분을, 이론적이기만 한 것과 경험적인 것을 구분하는 극단적 형태라고 할 수도 있다"(Callender 2011: 47). 그리고 때로는 과학자들이 상정하는 형이상학적 전제가정들이 근본적으로 상이하기 때문에 공약불가능한(incommensurable) 패러다임을 형성할 수도 있다. 그렇지만 전제가정들은 정태적이고 고정된 것이 아니라 역동적이고 조정적(malleable)인 것이다. 즉, 과학자들은 경험적 연구결과에 의해 차례로 과학적 실천과 해석을 모양 짓는 형이상학적 전제가정들을 정정하거나 개정할 수 있다(Marcum 2005: 33~39).[7] 이런 전제가정들은 형이상학적 견해이면서, 또한 과학적 실천 과정에서 경험적 연구를 매개로 직접 재정식화하고 시험할 수 있는 과학적 가설들이기도 하다. "과학과 철학의 역사를 보면, 어떤 세계가 가능하고 어떤 세계가 불가능한가에 대한 견해는 우리의 현실세계를 다루는 과학에 좌우되어 왔다"(Callender, 2011: 43~44). 과학에서 형이상학적 지식은 경험적인 지식의 축적과 발전에 의해 변화하고 발전한다. "과학은 현상에 대한 증거와 실천적으로 뒷받침된 서술을 제공함으로써 철학적 성찰의 기초가 된다"(Ladyman, 2012: 32).

그리고 대체로 동의된 지식체와 연구방법이 확립되어 있는 자연과학 분과의 경우 연구자들은 기존의 연구 성과들을 학습하고 훈련하면서 해

---

7 마컴은 유전적 결정론자들의 실제 연구를 경험적 결과가 형이상학적 전제가정을 형성하는 사례로 제시한다. 유전적 결정론자들은 초기에는 세포분열(proliferation)을 지배하는 제한된 수의 유전자의 변이에서 발암의 원인을 찾고자 했지만, 이런 가정이 암을 정의하는 데 불충분하고 그들의 연구를 안내하는 데 부적합하다는 것을 발견하고도 분열 이외에 세포작용(cellular processes)을 지배하는 유전자를 포함하도록, 더 나아가 세포 형태(cell types)까지 포함하도록 환원 개념을 확장했다. 그럼에도 그들은 여전히 변이유전자에 입각하여 암을 충분히, 그리고 궁극적으로 설명할 수 있다고 믿으며, 그러므로 환원론의 가정을 전제한다.

당 분과에서 생산한 과학지식의 일반적 결론으로서 지배적인 철학적 전제가정을, 특별히 의식하지 않더라도, 부지불식간에 공유하게 된다. 그러므로 (물론 자연과학에서도 위대한 업적은 기존 지식과 방법에 대한 철학적 성찰을 포함하고 있지만) 대부분의 자연과학자는 자신의 연구가 해당 분야의 일반적 결론으로서 이러저러한 철학적 견해들을 수용하고 있다는 사실을 의식하지 못하며, 그런 견해들을 검토하지 않고 사용할 뿐 아니라 검토할 필요도 느끼지 않는다. 이 때문에 "물리학이나 화학의 교과서들은 철학적 명상(philosophical contemplations)에 공간을 제공하지 않는다"(Epstein, 2012: 8). 그리고 종종 과학이 철학에서 벗어났다는 착각을 일으킨다.

> 흔히 과학자들은 철학적 견해들이, 기껏해야 과학의 확실한 객관적 승리에 대한 장식품이거나 기생적 논평이라고, 그리고 철학자들이 평생을 바쳐 해결하고자 하는 혼란에서 그들 자신은 면역되어 있다고 스스로를 속인다. 그러나 철학에서 자유로운 과학(philosophy-free science) 같은 것은 없다. 오로지 자신의 철학적 신념(philosophical baggage)을 검토하지 않은 채 사용하는 과학이 있을 뿐이다(Dennett, 1995: 21).

대상과 방법에 관해 상이한 철학적 견해에 기초한 연구들은 연구의 방향과 결과에서도 당연히 차이를 보이게 된다. '검토하지 않은 채 사용하는 철학적 신념'은, 어떤 경우에는 과학의 탐구에 적합한 '과학적'이고 체계적인 것이어서 훌륭한 연구 성과를 낳는 데 기여할 수도 있다. 그렇지만 역사적으로 특정 시기에 과학지식은 발전한 반면, 일반적 결론으로서 철학적 지식은 이전의 부정확하고 불합리한 것으로 남아 있을 수 있으며, 그 때문에 과학지식과 철학지식 사이에 불일치나 부조화가 발생할 수 있다. 그리고 부정확하거나 불합리하거나 혼란스러운 철학적 기초는 연구의 대상과 범위와 방법을 부적절하게 설정하면서 과학 연구의 진행을 제약하거나 오도할 수 있다. 이런 경우 "과학적 증거의 부족보다도 과학자들의 철학적 편견이 과학자의 탐구에 장애가 된다"(Dennett, 1995: 21). 입자물리학의 표준모형을 만든 공로로 1979년 노벨물리학상을 받은 스티븐 와인버그(Steven Weinberg)에 따르면, "르네 데카르트(René Descartes)의 기계론 철학은 원자를 이용해 화학과 열 현상을 훌륭하게 설명하면서 19세기에 전성기에 도달했지만, 데카르트의 후예들이 뉴턴의 태양계 이론을 받아들이는 것을 방해했다. 그러한 철학은, 또한 과학의 경계를 넘어 19세기에는 카를 마르크스(Karl Heinrich Marx)와 프리드리히 엥겔스(Friedrich Engels), 그리고 그 추종자들의 변증법적 유물론과 결합되어 한동안 소련에서 일반상대성이론의 수용을 방해했다. 다른 형이상학적 전제들, 특히 공간과 시간에 관련된 전제들도 물리학을 계속 곤경에 빠뜨리고 있다. 우주의 기원에 관한 이론을 구성하고자 할 때 시간과 공간의 성질에 관한 우리의 일상 경험에서 도출한 직관적 확신은 별 쓸모가 없다. 특히 관찰에 비추어 이론을 시험해야 하고 이론의 모든 측면은 관찰가능한 것을 가리켜야 한다는 실증주의의 교의는, 아인슈타인의 상대성이론과 베르너 하이젠베르크(Werner Karl Heisenberg)의 양자역학의 탄생에 중요한 역할을 하기도 했지만, 물리학과 화학에서 원자론의 수용을 방해하고 전자의 발견을 무시했으며 에너지에 관한 통계역학의 수용을 지연시키는 등 그에 못지않은 해악을 끼쳤다. 쿼크 이론과 양자장론의 발전은 실증주의를 포기함으로써 가능했다"(와인버그, 2007: 제7장).[8] 간단히 말

8 와인버그의 저서에서 이 장은 '철학에 반대한다(Against philosophy)'라는 제목을 달고 있다. 이 때문에 와인버그가 과학에서 철학을 배제해야 한다고 주장하는 것으로 오독하는 논자도 있다. 그러나 와인버그의 논지는 부적절한 철학적 기초는 과학의 진보를 제약한다는 것이다. 그러므로 과학지식의 발전에 의해 '부적절한 것'으로 판명

해, "좋은 형이상학의 안내를 받을 때 과학은 최고의 것이 될 수 있는 것이다"(Callender, 2011: 48). 즉, 더 충실하고 정확한 과학탐구는 적합한 철학적 기초를 가지고 있어야 한다. 그리고 자신의 철학적 전제가정을 의식적으로 점검하고 그것을 통해 더 정확하고 타당한 철학적 기초를 확보하는 일은 더 발전된 과학적 연구를 수행하고자 하는 과학자에게 꼭 필요한 작업이다. 왜냐하면 "과학자는 자신이 의존하고 있는 철학적 지식에 관해 명확히 알고 있다면 필요에 따라 그 지식을 체계적으로 또 충분한 검토를 거쳐서 바꿀 수도 있는 것이기 때문이다"(하레, 1986: 30).

특히 사회과학의 영역에서는 연구대상인 '사회란 무엇인가'에 관해서조차 합의가 이뤄지지 않으며, 어떤 문제를 다룰 것인가, 어떤 방법을 사용해서 연구할 것인가에 관해서도 자연과학 학문분과들에서 찾아볼 수 있는 것과 같은 동의가 존재하지 않는다. 따라서 연구를 더 충실하게 수

된 철학 대신 과학지식의 발전에 따라 변화된 철학을 과학의 기초로 삼아야 한다는 것이다.

덧붙이면, 한국의 대부분의 사회과학자들은 사회라는 대상은 어떤 것인가, 사회는 어떤 방법으로 탐구할 수 있는가, 왜 탐구하는가 등의 '철학적 질문'에 관해 고민하기는커녕, 사회과학의 '철학적 기초'에 대한 논의를 형이상학적·사변적인 것으로 취급해서 무시하거나, 심지어는 적대감을 표시하기도 한다. 이것은 20세기 전체에 걸쳐 과학에 대한 견해를 지배해온 실증주의 과학관을 사회과학자들이 학습과 훈련 과정에서 의심 없이 체득해왔기 때문이다. 한국의 사회과학은 철학적 논의를 배제한다는 실증주의의 주장을 따름으로써 실제로는 실증주의가 '과학적인 것'이라고 주장하는, 그러나 부정확하고 부적절한 철학적 지식을 '논의에서 배제한' 채, 즉 검토하지 않은 채 독단적으로 과학의 기초로 수용하고 있는 것이다. 한국의 사회과학이 '경험적 일반화'와 '경험적 시험'에만 제한적으로 열중하는 반면, 경험을 '넘어서는' 이론 구성은 시도조차 하지 않는 것은, 과학이란 경험적 자료를 확보해서 귀납논리에 따라 이론을 구성하거나 연역논리에 따라 이론을 시험하는 작업이라고 규정하는 실증주의 과학관이 초래한 제약적이고 오도적인 결과라고 할 수 있다. 간단히 말하면, 그들은 철학을 배제하거나 경멸함으로써 철학에서 해방될 수 있다고 믿지만, 실제로는 철학에서 해방된 것이 아니라 가장 나쁜 철학에 예속되어 있는 것이다.

행하기 위해서는 물론이고, 사회과학이란 무엇인가에 대해 적절하게 이해하기 위해서도 사회과학의 철학적 기초에 대한 검토와 정교화는 필요하고 중요하다.[9] 그리고 이런 측면에서, 사회학의 창시자라고 할 수 있는 마르크스와 에밀 뒤르켐(Emile Durkheim)과 베버가 모두 사회에 대한 과학적 탐구는 무엇이며 어떻게 진행할 것인가에 관한 저술을 남겨놓은 사실은 우연이라고 할 수 없다.[10]

초월적 논증

과학에 통일되어 있는 철학은 개별 과학들을 지배하는 것도 아니고 개별 과학들을 대체하는 것도 아니다. 과학에서 철학이 수행하는 역할에 대해서는 두 가지 견해가 경쟁했다(벤턴·크레이브, 2014: 31). 한 견해에 따르

9 사회과학에서 철학(적 사유)이 중요하다는 주장은 이것과는 다른 맥락에서 널리 제기되어왔다. 자연과학과 달리 사람을 연구대상으로 삼는 사회과학은 특성상 관찰이나 실험을 통한 경험 증거로 확인할 수 없는 사변적인 지식주장을 많이 포함하며 '철학의 방법'을 많이 사용(해야)한다고 주장하는 사람들이 있다. 즉, 사회세계에 대한 탐구는 철학과 분리하기 어렵고 '과학'이라고 부르기 어렵다는 것이다. 그렇지만 다수의 사회연구자들은 사회세계에도 '경험'에 근거한 과학적 탐구가 가능하고 필요하며, 따라서 철학적 지식과는 또 다른 지식을 산출(해야)한다는 생각을 공유하고 있다. 이 쟁점에 관해서는 이 책의 '자연과학과 사회과학'에서 다룬다.

10 마르크스는 『정치경제학 비판 요강(Grundrisse)』의 '서론'을 비롯한 여러 곳에서, 뒤르켐은 『사회학적 방법의 규칙(Les régles de la méthode sociologique)』에서 그리고 베버는 「사회과학적 그리고 사회정책적 인식의 '객관성'(Die 'Objektivität' sozialwissenschaftlicher und sozialpolitischer Erkenntnis)」 및 「사회학 및 경제학에서 가치중립의 의미(Der Sinn der 'Wertfreiheit' der soziologischen und öko nomischen Wissenschaften)」를 비롯한 일련의 논문들에서 사회에 대한 과학적 연구의 철학적 기초에 관한 견해를 제시했다.

면, 철학자들은 합리적 논증을 통해 확실한 지식에 도달할 수 있다. 인간이 살고 있는 세계의 성질과 인간 자신의 특성에 관한 가장 기초적인 진리, 그리고 그러한 지식에 도달할 수 있는 규칙은 철학자들이 확립할 수 있다. 이런 식으로 철학은 각각의 과학이 각각의 전문 분야에서 수행하는 연구에 대한 '기초'를 제공한다. 과학과의 관계에서 철학이 '과학지휘자(master-scientist)'나 '건축지휘자(mater-builder)' 또는 '재판관(judge)'의 위치에 있다고 보는 이 견해는, 특히 '형이상학'이라는 이름의 철학적 논의와 결합된다. 이 견해에 따르면 철학은 엄격한 기준을 적용해서 과학의 주장을 평가하고, 과학지식을 근거로 세계의 구성원리와 운동법칙 등에 관한 일반적이고 종합적인 지식을 정식화해서 다시 과학에 제공함으로써 과학이 정확한 세계관을 갖도록 돕는다. 예컨대 후설은 철학이 '1차 과학(first science)'이어야 한다고, 즉 경험과학들보다 우위에 있어야 한다고 생각했다. 그렇지만 이 견해와 달리 실제의 과학적 탐구는 철학이 제시하는 원칙을 준수하지 않으며, 철학적 기초는 과학적 탐구를 지도하고 심판하지 않는다. 철학적 기초는 과학에서 탐구를 가능하게 하는 가정으로 전제되고 과학지식 속으로 통일된다. 오늘날 이렇게 거대한 야망을 추구하는 철학자들은 거의 없으며, 또한 철학을 과학의 '지휘자'로 받아들이는 과학자들도 거의 없다.

또 다른 한 가지 견해는 흔히 '조수(under-labourer)' 견해라고 불린다. 이 견해에 따르면, 세계의 성질에 관한 안락의자 속의 사변은 우리에게 확실하거나 믿을 만한 지식을 제공할 수 없다. 과학은 철학자가 제공하는 기초에서 출발하지 않는다. 정당한 지식은 오직 실천적인 경험과 관찰, 체계적인 실험에서 생겨날 수 있다. 개별 과학은 철학자가 자신에게 기초를 제공하거나, 무엇을 생각해야 하는지 이야기하기를 기다릴 필요가 없다. 철학은 단지 과학자들이 세계가 어떻게 작동하는가를 발견하는 임무를 수행할 때 과학의 진보를 방해할 수도 있는 혼란과 그 밖의 장애물들을 청소하는 과학의 조력자이다. 물론 철학이 제공할 수 있는 도움은 여러 가지이다. 우선, 상식적 사유 속에 자리하면서 과학의 진보에 장애가 되는, 편견과 미신과 검토하지 않은 가정들을 폭로하고 비판함으로써 과학이 그것들에서 벗어날 수 있도록 돕는다. 또는 현재 존재하는 과학지식의 유형에 관한 개괄적인 지도를 제공함으로써 과학자들이 광범한 지식의 장에서 자신이 어디에 위치하고 있는가에 관해 일정한 생각을 갖도록 돕는다. 그 밖에도 철학은 논리와 논증의 전문성을 통해서 과학자들이 사용하는 탐구의 방법을 정교화하고 정식화함으로써 그들이 더 정확한 방법을 사용할 수 있도록 돕는다는 것이다.

그렇지만 이 견해도 충분한 설득력을 갖는 것은 아니다. 앞에서도 지적했듯이, 과학자는 사실의 문제를 전담하고 철학자는 원리의 문제를 전담하는 '분업' 관계에 있는 것으로 간주할 수는 없다. '철학적 논의'를 철학자만이 독점적으로 할 수 있는 것은 아니다. 과학자들도 편견이나 미신이나 검토하지 않은 가정들에 대해 반성할 수 있고, 과학지식을 개관할 수 있으며, 탐구 방법을 정식화하고 논리와 논증을 검토할 수 있다. 과학자의 탐구는 실제로 이런 작업을 포함한다. 또 그런 뜻에서 "우리가 그것을 알든 모르든, 그리고 그것을 좋아하든 싫어하든 우리는 모두 형이상학자이다"(Mumford, 2014: 44).[11] 그러므로 철학을 과학과 구별하는 것은, 특정

11 과학자들이라고 해서 늘 철학적 질문에서 면제되어 있는 것은 아니다. 안토니오 그람시(Antonio Gramsci)는 모든 사람이, 아주 작은 단편적인 지적 활동조차 세계에 대한 특정한 견해에 기초하기 때문에 그 자신의 방식으로, 그리고 무의식적으로 철학자라고 규정했다. 그리고 삶의 위기의 순간에는 사람들은 자신이 '당연하게 받아들이는' 또는 '상식적인' 특정의 견해에 대해 자각하고 반성하는 '2차적 수준'으로 옮겨갈 수 있다고 지적했다(이렇게 옮겨간다는 것은 상이한 세계관 사이의 투쟁, 즉 철학적 투쟁에 가담하는 것이다). 마찬가지로 과학자들도 이미 과학이 무엇이며

분야(예컨대 언어나 믿음이나 문화)에 대한 그것의 관심도 아니고, 그것이 제기하는 질문의 일반성도 아니며, 존재의 어떤 자율적인 질서에 대한 그것의 탐구(참여 또는 기여)도 아니다. 철학은 여러 과학에서 다루는 세계와 다른 세계를 고찰하는 것이 아니라, 바로 그 세계를 다룬다. 과학의 타당성은 경험(experience)에 근거하는 반면, 철학의 타당성은 믿음(belief)에 근거한다는 주장도 있지만(Epstein, 2012: 9), 우리의 믿음이 경험과 무관하거나 경험을 배제하는 것은 아니라는 것을 고려하면 이런 주장은 설득력을 갖지 못한다.

이런 맥락에서, 비판적 실재론의 철학자인 로이 바스카(Roy Bhaskar)는 과학에서 철학을 구별 짓는 것은, 철학이 다루는 분야나 제기하는 질문의 특성이 아니라, 철학에 고유한 고찰과 논증의 방법, 즉 '초월적 논증(transcendental arguments)'에 있다고 지적한다(바스카, 2007: 35).[12]

어떻게 수행하는가에 관해 (암묵적인) '철학자'이며, 진지한 과학자라면 연구의 진행에서 난관에 부딪히는 위기의 순간에는 자신의 견해를 자각하고 반성하는 '2차적 수준'으로 옮겨갈 것이다.

12 '초월적 논증'은 실제로 존재하는 어떤 것에 대한, 논란이나 논쟁의 소지가 없는 서술을 전제로 삼고, 그다음 '이것이 가능하려면 무엇이 참이어야 하는가'라는 질문을 제기하는 논증이다. 즉, 어떤 현상 p가 있을 때, 'p가 가능하려면 사정(case)이 어떠해야 하는가'라는 질문을 제기한다. 그리고 p를 위한 필요조건으로 어떤 조건이나 사태 c를 찾아낼 수 있다면, 그것도 존재한다고 결론 내린다. 예컨대 '철수는 학생이다'라는 사실이 있다면 그것을 가능하게 하는 조건이 충족되어야 한다. 어떤 사람이 학생으로 존재할 수 있으려면 선생, 가르치고 배울 지식체, 선생과 학생의 역할을 규정하는 교육제도 등, 그 사람이 학생일 수 있는 가능성의 필요조건이 충족되어야 한다. 그러므로 우리는 교육제도가 존재한다고 결론 내릴 수 있다. 또 '영희가 수표를 현금으로 바꾸었다'라는 사실이 있다고 해보자. 어떤 사람이 수표를 현금으로 바꿀 수 있으려면 은행 체계와 화폐경제 등이 있어야 한다. 그러므로 우리는 화폐경제가 있다고 결론 내릴 수 있다(벤턴·크레이브, 2014: 102~103, 212). 바스카는 과학에서 실험이 존재한다는 사실을 전제로, 실험이 가능하려면 세계는 어떠해야 하며 과학자는 어떠해야 하는가라는 질문을 제기했다. 그리고 실험이 가능

철학은 초월적 논증을 통해 세계에 관해 입증할 수 있는 가정에 입각해서 세계를 고찰한다. 초월적 논증에서 철학은 과학적 활동들 — 경험 속에서(또는 경험에 대한 이론적 재서술 속에서) 개념화된 — 을 자신의 전제로 받아들인다. 그 자체로 철학은 과학적 실천의 형태에 의존하지만, 과학적 믿음의 내용으로 환원될 수는 없다. 그러므로 철학은, 세계가 구조 지어지고 분화되어 있어야만 실험활동을 이해할 수 있다고 우리에게 이야기할 수 있다. 그렇지만 세계가 어떤 구조를 포함한다거나 어떤 방식으로 분화된다는 것을 철학이 이야기할 수는 없다. 그것은 전적으로 실질적인 과학 탐구가 밝혀낼 문제이다. 철학은 그것의 초월적 성질 때문에 과학과 경쟁하지 않으며, 그것의 종합범주적 특성 때문에 과학과 분리되어 존재할 수 없다. …… 철학적으로 입증할 수 있는 것은 모두 원칙적으로 과학적으로 이해할 수 있는 것이다. 그러므로 장기적으로 보면, 상대적으로 자율적인 철학은 과학의 발견들과 일치해야 한다(바스카, 2007: 36~37).

철학적 기초

'사실의 문제'를 다루는 과학활동이 존재한다는 사실에서도 '초월적 논증'을 실행할 수 있다. 과학자가 연구를 수행한다면 무엇이 있어야 하는가를 '초월적으로' 추론하는 것이다. 간단히 말해, 과학자는 '무엇을', '어떻게' 연구할 것인가에 대한 생각을 이미, 적어도 암묵적으로 가지고 있어야만 연구를 진행할 수 있는 것이다. 이미 가지고 있는 바로 이러한 생

하려면, 과학지식이 대상으로 삼는 외부적인 세계가 존재하고, 그 세계가 특정한 속성을 가지고 있어야 하며, 인간 행위자가 그 세계에 개입하고 개입의 결과를 포착할 수 있어야 한다고 논증했다(바스카, 2007: 제2장).

각이 과학의 철학적 전제가정들이다. 과학의 실행에서는 크게 세 가지 전제가정을 찾아낼 수 있다. 그리고 앞에서 지적했듯, 이런 전제가정이 연구의 진행과 결과에 중요한 영향을 미친다. 암 연구의 사례에서 "유전적 결정론의 형이상학적 전제가정은 연구자에게, ① 생물학적 실체들은 유전자로 설명할 수 있다, ② 생물학적 실체들은 근본적으로 유전자로 구성된다, ③ 생물학적 실체들은 유전자에 입각해서 물질적으로 탐구할 수 있다라고 안내한다. 이것들은 각각 인식론적, 존재론적, 방법론적 가정이라고 할 수 있다"(Marcum, 2005: 33). 물론, 암 연구를 실행하는 과학자는 그것에 앞서 암 연구가 필요하다거나 중요하다는 판단을 해야 한다. 즉, 그들은 과학 연구의 가치에 관해서도 실질적으로 일정한 견해를 가지고 있다. 이 견해는 '가치론'이라고 부른다. 모든 과학적 탐구는, 과학자 자신이 의식하는가 여부와 관계없이 이런 철학적 가정들을 전제하고 있다.

존재론

존재론(ontology)이라는 용어는 대체로 '세계에 실제로 어떤 실재가 존재하는가'라는 문제에 대한 탐구나 이론을 가리킨다. 즉, 무엇이 존재하는가, 그것은 어떤 것인가, 어떤 단위들이 그것을 구성하며 이 단위들은 서로 어떻게 상호작용하는가에 관한 견해이다. 과학자는 연구를 수행하면서 연구의 대상으로 이러저러한 성질과 유형의 실재가 존재한다고 상정한다. 이 견해는 "① 특정의 연구실천과 절차의 사용이 전제하는 실재의 성질 및 구조에 대한 (암묵적인) 개념들을 결정하고 이러한 실재에 특정의 절차가 적절하고 유용한가의 여부를 판별하며, ② (관련된 영역에) 존재할 수 있는 실재의 개략적인 성질과 구조에 대한 전반적인 개념을 형성함으로써 실질적인 연구를 안내하거나 지원한다"(Lawson, 2003: 제2장). 간략히 말하면, 해당 과학이 다루는 주제의 성질과 구조에 대한 개략적인 개념을 형성함으로써 그 대상에 적합한 연구의 범위와 연구방법들을 구성하도록 안내한다.

테드 벤턴(Ted Benton)과 이언 크레이브(Ian Craib)는 철학에서 존재론의 입장을 대략 네 가지 전통으로 구분한다(벤턴·크레이브, 2014: 17~19). '물질론(materialism)'은 세계는 물질(matter) 또는 '운동하는 물질(matter in motion)'로 구성되며, 물질적 객체, 생명체, 사람, 사회 등은 원칙적으로 물질 조직의 복합성의 정도에 입각해서 설명할 수 있다는 입장이다. 이와 대조적으로 '관념론(idealism)'은 궁극적인 실재가 정신적이거나 영적인 것이라고 주장한다. 아마도 이것은 우리가 가장 확신할 수 있는 것이 우리 자신의 내적, 즉 의식적 삶의 경험이라는 생각에 근거할 것이다. 여기서 출발하면 물질적 객체나 그 밖의 실체들은 우리 자신의 내적 사유 과정의 구성물이라고 생각하게 된다. 이런 견해는 외부 세계가 인간 의식의 구성물이라는 '구성주의(constructionism)'로 발전했다(그러므로 구성주의는 데카르트 철학에 역사적 뿌리를 두고 있다). 그렇지만 관념론은 외부 세계의 독립적인 물질성을 완전히 부인하는 데에서 어려움을 겪고, 마찬가지로 물질론도 주관적 경험의 차이들을 설득력 있게 해명하는 데에서 어려움을 겪는다. 이 때문에 일부 철학자들은 제3의 선택지로, 물질과 정신을 상이한 종류의 것 또는 '실체(substance)'로 보는 '이원론(dualism)'의 입장을 취한다. 그리고 일부 철학자들은 인간이 의식적인 경험 너머에 있는 것의 성질에 관해서는 확신할 수 없다는 '불가지론(agnosticism)'으로 나아간다. 이것은 단순히 외부 세계에 관해 '모르겠다'는 입장에 그치지 않고 그것이 인간 주체에 대해 독립해서 존재하기 때문에 그 세계의 성질을 사람이 알 수 없다는 적극적 교의로 확장된다.

개별 과학에서의 철학적 존재론은 '세계에 어떤 실재가 존재하는가'라는 문제보다는 제한적이고 국지적인 질문을 제기한다. 예컨대 생물학에서는 '생물유기체는 어떤 종류의 것들로 이루어지며, 그것들은 어떻게 결합하는가'라는 질문을, 화학에서는 '어떤 원소들이 있으며, 그것들의 속성은 어떠하고 그것들은 어떻게 상호작용하는가'라는 질문을 제기한다. 그리고 이에 대해 철학적 존재론은 해당 학문 분과가 다루는 '존재 가능한 실재'를 상정하고 입증함으로써 연구를 안내하고, 과학적 존재론은 실증적 연구를 통하여 실재들의 성질과 관계들과 운동을 발견하여 제시하는 것이다.

사회과학의 경우에는 '사회세계에 무엇이 있는가'라는 문제가 존재론의 주요한 쟁점이다. 구조주의자는 사회에 구조라는 독자적인 실재가 존재한다고 상정한다(그리고 이 점에서 구조주의자는 대부분 '사회실재론자'이다). 반면 방법론적 개인주의자는 사회가 그것을 구성하는 개인들의 합을 넘어서고 그것 위에 있는 것이 아니라면서 사회구조의 존재를 부정하고 개별 행위자만 존재한다고 상정한다[그러므로 대부분의 방법론적 개인주의자는 '사회유명론자(social nominalist)'이다]. 이 쟁점은 사회적·경제적 구조가 개별 행위자들의 의식이나 관념에 의존해서 존재하는가라는 쟁점과 연결된다. 예컨대 개별 행위자들은 자신이 사회계급에 속한다는 개념을 가지고 있지 않은 상황에서 사회과학자가 계급 관계와 계급 이해를 논하는 것이 정당한가라는 논의가 그것이다. 그렇지만 앞에서도 제3의 선택지가 있었듯, 연구자가 이런 상반되는 두 입장 가운데 반드시 어느 하나를 선택해야 하는 것은 아니다. 바스카는 사회에 사회구조와 개별 행위자 둘 모두가 존재한다는 '이원론'의 입장을 제시한다(바스카, 2005c).[13] 반면, '텍스트(또는 담론형성체)밖에는 아무것도 없다'는 선언으로 모든 것은 텍

13 바스카가 대표하는 비판적 실재론은 대체로 상정가능한 실재를 최대한 인정하는 견해를 제시한다. 그리고 이런 입장 때문에 비판적 실재론은 '최대주의(maximalist) 존재론'으로 특징지어진다.

스트를 통해서만 존재하고 그런 의미에서 텍스트(담론)만이 존재한다고 주장하는 후기 구조주의의 입장은 구성주의에 뿌리를 두고 있다.

그 밖에 '사회세계가 개방체계인가'라는 문제, 즉 사회세계에 다양한 실재들이 존재하고 운동하며 상호작용하는가라는 문제도 있다. 물론 이 문제에 대해 대부분의 사회과학자는 사회세계는 개방체계라는 입장을 취하지만 실제의 연구에서도 반드시 그런 입장을 전제하는 것은 아니다. 예컨대 "수학적 모형과 연역주의적 전략을 사용하는 경제학 연구는 사회세계에 폐쇄체계 — 특정한 실재의 운동만을 허용하고 다른 실재들의 운동은 제한하는 체계 — 가 존재한다고 상정한다"(Pratten, 2007: 239~240). 또한 '세계의 층화(stratified)'에 대해서도 입장의 차이를 볼 수 있다. 사회과학에서 '경험'의 강조는, 종종 '경험세계'라는 용어에서 드러나듯 경험하는 것만 세계에 존재한다는 '경험론적' 존재론으로 귀착한다. 그렇지만 세계에 '실재하는 것(the real)'과 인간의 감각기관을 통하여 '경험하는 것(the empirical)'은 구별할 수 있다. 과학은 경험하는 것을 단서로 세계에 실재하는 것을 찾고자 하는 활동이라 규정하는 것은 이런 존재론적 구분에 기초한다.

인식론

인식론(epistemology)은 우리가 세계(에 존재하는 것)를 어떻게 알아낼 수 있는가에 관한 주장으로, 단순한 믿음과 대비되는 것으로서 지식이란 무엇인가, 우리는 우리가 지식을 가지고 있다는 것을 어떻게 확신할 수 있는가 등의 질문에 대한 견해와 정당화를 제시한다. 과학자가 연구를 실행할 때 이미 거기에는 세계에 관해 무엇을 어떻게 알 수 있다는 판단이 자리하고 있다. 과학은 인식적으로 세계를 파악하려는 인간의 여러 시도들 가운데 특권적인 역할을 주장한다. 그러므로 '참된 지식', 즉 진리를 진리이도록 만들어주는 확실한 근거는 무엇인가에 대한 견해는 과학의 철학적 기초로써 매우 중요하다. '세계에 대한 지식을 얻는 것은, 그것이 가능하다면, 어떻게 가능한가'의 문제를 다루는 인식론 또는 지식이론은 '인식 주체', '인식 대상', 인식 주체와 인식 대상 사이의 '인식 작용', 인식의 기원, 인식의 내용, 참된 인식(진리)의 의미, 인간 인식능력의 한계 등을 해명하고자 한다. 인식론에서 가장 기본적인 질문 중 하나는 지식의 궁극적인 원천이 무엇인가에 관한 것이다. 여기서도 대표적으로 두 가지 견해가 대립했다.[14] 이 대립은 '근대철학'의 형성에서 핵심적인 요소의 하나로 취급되고 있으며, 흔히 근대철학의 창시자로 지적되는 데카르트의 저작을 통해 17세기 이후 계승되었다.

첫 번째 입장인 합리론은 인간의 이성이 지식의 궁극적인 원천이라고 주장한다. 즉, 이성 추리에 의해 보편적이고 논리적이며 직관적으로 확실한 본유관념에서 각각의 존재에 대한 인식을 도출한다. 인식의 기원은 인식을 수행하는 인간 자신이 가진 선험적 인식 원리에 있으며, 이성 자체에 내재하는 '선험적' 원리에 따라 사유함으로써 인식을 형성한다는 것이다.[15] 합리론은 소수의 명증한 공리에서 형식적 추론에 의해 절대적으로

14 인식론과 관련해서, 인간의 지식에 확고한 기초를 제공하는, 논란이 있을 수 없는 확실성을 찾고자 하는, 그러므로 모든 가능한 의심을 제기하는 회의주의에 대항하고자 하는 입장은 흔히 '기초주의'로 불린다. 다른 것보다 더 기본적인 어떤 믿음이 존재하며, 이 기본적인 믿음에 의해 다른 믿음들이 정당화되고 유지될 것이라는 부수적인 믿음과 함께, 지식을 튼튼한 기초에 의지할 필요가 있는 건물과 같은 구조로 생각하는 것이다. 그러한 의심할 수 없는 믿음들이 정식화될 수 있다면, 모든 믿음들은 위계적인 순서 — 제일 밑에는 그 위에 있는 것들을 정당화하면서 그 자체는 정당화의 뒷받침을 필요로 하지 않는 믿음이 자리하는 — 에 따라 정렬할 수 있을 것이다. 예컨대 우리가 과학적 지식을 참이라고 확신하고자 한다면 우리는 그 지식체계가 건실한 기초 위에 구축되었다는 것을 입증해야 한다는 것이다. '기초주의'는 데카르트 이후 '근대철학'의 형성에서 핵심적인 요소 중 하나로 취급되며, '기초주의'에 대한 공격과 거부는 탈근대사상의 주요한 특징 중 하나이다.

확실한 결론에 도달하는 수학을 확실한 지식의 전형으로 간주한다. 수학의 원칙은 자연의 일부분이므로 수학과 유사한 철학적 고찰을 마찬가지로 자연에 적용할 수 있다는 것이다. 그리고 사상(事象)을 단순한 인자(因子)로 분해하고 여러 인자의 함수적 관계로 재구성하는 '분석과 종합'의 연역적 방법을 중시한다. 대체로 합리론자는 모든 사물이나 현상은 단순화된 어떤 중핵적인 기본 원리가 전제되어 그것에서부터 파생되어 나가는 양식으로 보고 사물에 대한 인식을 전개하게 된다.

경쟁하는 견해는 '경험론'으로, 세계에 대한 인간의 모든 지식은 감각 경험에서 도출되며 이성과 인식의 재료들을 모두 경험에서 얻는다고 주장한다. '보는 것이 믿는 것'이고, 세계가 어떤 것인가를 알고자 한다면 '가서 보라(들어라, 느껴라, 맛보라 등)'는 것이며, 대부분 사람들의 상식적인 직관이기도 하다. 때어날 때 인간의 정신은 말하자면 백지이며, 그 이후에 경험 속에 되풀이되는 유형을 배움으로써 지식을 획득한다. 경험 속의 이러한 유형과 이 유형에서 추론할 수 있는 것에 관한 진술만이 (단순한 믿음이나 편견과 구별되는) 진정한 지식이다. 그러므로 관찰과 실험과 일반화의 실증적·귀납적 방법이 중요하다. 합리론이 강조하는 수학과 논리적 논증의 확실성은 그것들이 정의에 의해 참이라는 사실에서 기인한다. 그러므로 '총각은 결혼하지 않은 남성이다'나 '2+5=7' 등과 같은 진술은 확실하긴 하지만 우리가 세계에 관해 아직 알지 못하는 어떤 것을 말

15 예컨대 '사유실험(thought experiment)'은 새로운 관찰을 포함하지 않지만 사람에게 사물의 성질에 대한 일종의 직접적인 통찰을 제공함으로써 세계에 대한 새로운 지식의 원천이 된다(Brown, 2004). 아인슈타인은 사유실험 '쌍둥이의 역설'을 통해 상대성이론을 설명했다. 쌍둥이의 역설은 쌍둥이 중 한 명이 빠른 속도로 우주여행을 다녀온다면 지구상에 머물고 있던 다른 한 명보다 나이를 덜 먹게 된다는 것이다. 1907년에 그는 이 간단한 사유실험이 자신에게 깊은 인상을 남겼다고 기록했다. 이후 그는 일반상대성이론을 발표했다.

해주지 않는다. 그것은 어떤 단어를 정의하는 방식이거나 수학적 연산에 담겨 있는 것을 명백하게 만드는 진술일 뿐이다. 인간은 감각적 투입의 도움이 없이도 가설을 정식화할 수 있겠지만, 오로지 경험만이 어느 가설이 정확한가를 보일 수 있다. 대부분의 자연과학자와 사회과학자는 그들 자신이 진정한, 또는 권위 있는 지식을 제공한다고 주장할 때 경험론의 견해에 의지하고 있다(벤턴·크레이브, 2014: 17).

그렇지만 합리론은 독단적 주관주의의, 경험론은 (경험의 확실성에 대한 의심에서 비롯하는) 회의주의의 위험을 가지고 있다. 제3의 견해로 '초월론(transcendentalism)'이 있다. 초월론은 '인간의 모든 인식이 경험에서 시작한다고 하더라도 인식 모두가 경험에서 생겨나는 것은 아니다'라는 입장이다. 인식이 사유의 산물인 한에서 인식의 형식은 사유의 형식이며 사유의 형식은 이미 지성에 예비되어 있다. 모든 인식의 밑바탕에는 선험적인 사유의 형식이 자리하고 있으며, 인식의 형식(또는 능력)은 본래부터 가지고 있는 것이다. 대상에 대한 인식은 재료가 감각경험이기 때문에 경험적 인식이며, 수학적 인식 등과 같이 그것의 재료가 감각내용을 담고 있지 않은 것일 때 이런 인식은 선험적 인식이라고 할 수 있다. 경험적 재료든 선험적 재료든 인식의 재료가 주어지면 이 재료를 종합·정리하는 사유작용을 통해 인식이 성립한다. 사유작용은 지성이 산출해낸 일정한 형식에 따라 이루어진다. 인간은 경험을 인식 재료(내용)로 삼되, 타고난 인식 능력(형식)을 통해 보편적 진리를 알 수 있다. 초월론은 논리학·수학과 같은 형식적 인식에서는 합리론에 동조하고, 대상에 대한 인식에서는 감각재료를 선험적 인식 원리에 따라 규정함으로써 인식이 발생한다고 경험론에 동조하면서 합리론과 경험론을 '종합'한다.

그런데 존재론과 인식론은 밀접하게 관련되어 있다. 일부 철학자들은 '세계에 무엇이 존재하는가'라는 문제는, 결국 존재하는 객체를 파악하는 인간의 인식에 의존한다고, 즉 '존재함을 우리가 알 수 있는 것은 우리가 알 수 있는 것의 일부일 뿐이기 때문에 존재론은 인식론에 의존한다'라고 주장한다. 이 견해는 그러므로 존재론은 인식론으로 환원되거나 인식론의 형태로 다시 분석될 수 있다는 주장으로 나아간다(바스카, 2005a: 81). 그렇지만 "지식에 대한 모든 이론은 지식이 가능하기 위해서는 그 지식이 서술하는 객체가 어떠한 것인가에 대한 이론을 논리적으로 전제한다"(바스카, 2007: 33~34). "우리가 세계에 있는 것들에 대한 지식을 획득하는 특정한 방법이나 절차의 능력은, 부분적으로는 무엇이 세계에 존재하며 알려지게 되는가에 좌우될 수밖에 없다"(휴즈·샤록, 2000: 21). 그러므로 '세계는 어떤 것이다'에 관한 존재론적 입장으로부터 '그런 세계를 어떻게 알 수 있다'라는 인식론적 입장을 이끌어낼 수 있다. 물론 존재론적 질문과 인식론적 질문들은 경험적 탐구에 의해 답할 수 있는 것은 아니다. 이 문제들은, 무엇보다도 경험적 탐구의 일반적 성질 및 의미와 관련되어 있기 때문이다. '경험적 사실들'과 같은 것이 존재하는가 여부를 우리가 경험적으로 탐구할 수는 없다.

방법론

많은 사람들은 과학지식을 다른 형태의 지식보다 더 타당하고 신뢰할 수 있는 지식이라 믿으며, 과학의 이런 신뢰성과 타당성이 그것을 생산하는 '방법'에서 기인한다고 생각한다.[16] 과학은 세계에 관한 주장을 자료로

16 많은 문헌들이 '방법론'과 '방법'의 개념을 상호교환 가능한 것으로 사용하고 있다. 특히 '방법'이라는 용어를 사용하는 것이 더 적절한 경우에도 '방법론'이라는 용어를 사용하는 일을 자주 볼 수 있다. '방법'은 어떤 문제나 가설과 관련된 자료를 수집하고 분석하기 위해 사용되는 실질적인 기법이나 절차이다. 사회과학에서는 사람들을 면접하거나 참여·관찰하거나 질문지에 응답하게 하고 문서나 인간 행위에 관한 다른 기록을 검토하는 것을 포함한다. 반면 방법론은 연구가 어떻게 진행되고, 또

시험하며, 자료와 부합하지 않는 주장들을 제거하거나 그것들을 더 좋은 서술로 수정한다. "과학적 주장을 과학적이고 신뢰할 수 있다고 간주하는 까닭은 그것이 과학적 방법에 의해 확립된 것이기 때문이다. 자연과학은 그것이 다루는 주제보다 그것의 방법에 의해 더 잘 특징지어진다는 견해도 있다. 그러므로 과학자의 작업의 성공을 설명하고자 한다면 그들이 사용한 방법들을 언급해야 할 것이다. 과학적 방법은 최근까지도 과학의 논리학과 과학철학에서 중요한 위치를 차지해왔다"(가워, 2013: 19~21). '과학적 방법'은 과학이론들이 세계를 정확하게 서술한다는 것을 보증하기 위해서 그것들을 자료에 비추어 점검하는 방법을 가리킨다.[17]

과학자들은 타당한 지식을 생산하기 위해 '확실한 경험'을 확보하는 방법과 오류의 가능성을 제거한 추론의 방법을 사용하고자 했다. 관찰과 실험이라는 경험적 기초의 확실성과 연역적 추론의 엄격성에 의지하며 측정과 수량화의 정확성을 특징으로 한다는 믿음은 과학에 대해 오랫동안 지속되어온 인상이다. "과학활동 자체가 고유의 방법들로 이루어진다. 초기에 가설을 형성하거나 발견하는 방법, 자료에서 가설을 추출하는 방법, 형성한 가설을 시험하는 방법, 상이한 종류의 실험을 수행하는 방법,

---

진행되어야 하는가에 대한 분석이다. 그것은 이론들을 어떻게 만들어내고 시험하는가에 대한 논의, 즉 어떤 종류의 논리가 사용되고, 그 이론들이 충족시켜야 할 기준은 무엇이며 이론들은 어떤 것이며 특정의 이론적 관점들이 어떻게 특정의 연구문제들과 연결될 수 있는가에 대해 논의한다(블래키, 2000: 22).

17 "과학을 구성하는 요소가 있다면 그것은 방법 또는 일련의 방법들이다"(래디먼, 2003: 27). 과학적 방법에 관한 견해는 프랜시스 베이컨(Francis Bacon)의 『새로운 도구(Novum Organum)』와 데카르트의 『방법론(Discourse on Method)』에서도 찾을 수 있다. "데카르트와 로크는 과학적 지식은 그것이 과학적 방법, 즉 적절하게 주의하고 지키면서 적용한다면 세계에 대한 지식을 만들어내는 것을 보증하는 절차들의 총체를 가졌기 때문에 특별한 성공을 거두었다는 생각을 유산으로 남겼다"(휴즈·샤록, 2000: 29).

상이한 상황에 이론을 적용하는 방법, 결론을 내리는 방법 등이 그것이 다"(Nola and Sankey, 2007: 12). 방법론(methodology)은 과학을 특징짓는 '과학적 방법'에 대한 논의로서 '경험적 증거'를 확보하는 방법, 경험과 이론을 논리적으로 연결하는 적절한 추론 방법, 증거를 기초로 경쟁하는 이론들을 비교하는 방법 등을 해명하고자 한다. "우리가 전형적으로 과학과 결합시키는 모든 기법들 — 실험, 가설 검증, 이론들, 방법과 결과에 대한 공개적인 검토, 측정 등등 — 은 과학적 방법을 구현하는 것으로 간주된다"(휴즈·샤록, 2000: 29~30).[18]

해머슬리(Hammersley, 2011: 20~30)는 사회과학에서 방법론의 논의들을 '기법으로서의 방법론(methodology-as-technique)', '철학으로서의 방법론(methodology-as-philosophy)', '자서전으로서의 방법론(methodology-as-autobiography)' 등 세 가지로 분류한다. 기법으로서 방법론은 과학자들이 경험자료를 수집하고 이를 이론이나 가설과 연결 짓는 방법들에 대한 논의를 가리킨다. 베이컨의 관찰과 귀납의 방법에 대한 강조, 데카르트의

18 대부분의 사회과학방법 교과서는 '과학적 방법에 관련된 주제를 ① 가설 구성, ② 가설 시험, ③ 연역 및 귀납 논리, ④ 통제실험-복제와 반복성, ⑤ 자료와 이론의 교차, ⑥ 과학 영역의 한계'로 구성하고 있다(Gauch Jr., 2003: 11). "과학방법에 대한 논의의 유형은 ① 과학적 탐구의 단계들과 추리적 특성에 대한 검토로 관찰과 실험, 가설 형성, 가설 검사의 상호연관, 귀납적·연역적 절차 등에 관한 논의, ② 구체적인 방법의 문제에 대한 검토로 관찰과 실험의 방법, 가설 형성 및 검사의 방법, 가설을 이용한 설명의 방법 등에 대한 논의로 나눌 수 있다"(이영의, 2011: 191~192). 하워드 산키(Haward Sankey)는 과학에서 방법을 사용하는 상이한 수준들을 구별한다. 자료수집과 실험 실행의 기초적 수준에는 실험의 적절한 수행이나 장비의 정확한 사용을 지배하는 방법이 있다. 실험 실행에서 조금 벗어난 시험의 실행 수준에는 임의 시행이나 이중눈가림 시험의 사용 등과 같은 실험 설계나 시험절차의 방법이 있다. 더 멀리 떨어진 수준에는 이론의 선택이나 수용을 위한 이론 감정이나 평가 및 이론 구성의 방법이 있으며, 과학적 방법에 관한 철학적 논쟁의 대부분은 이 수준에서 이루어졌다(Sankey, 2014: 280).

연역법 옹호, '(가설의) 추측과 (경험 증거에 의한) 논박'을 중심으로 하는 카를 헴펠(Carl G. Hempel)과 포퍼의 '반증주의 방법론(또는 '시행착오의 방법')'은 대표적인 사례이다.[19] 여기서는 실험과 관찰의 방법, 측정 방법, 분석의 기법, 가설의 시험 절차와 방법 등에 관한 연구 설계에 초점을 맞춘다. 특히 실험과 관찰의 방법을 통한 경험적 증거의 확보는 자연과학의 성공에서 핵심요소였다고 평가하며 방법론에서는 "관찰, 자료 그리고 증거일반의 중요성을 매우 강조해왔다"(가워, 2013: 27). 기법으로서 방법론 논의에서는 방법을 효과적인 과학적 작업에 핵심적인 지식과 숙련을 제공하는 것으로 취급하며, 흔히 '규칙' 형태의 권유나 명령으로 제시한다.

철학으로서 방법론은 과학지식의 기초로서 '경험'이 (인간 외부의) 세계가 제공하는 '객관적 소여'가 아니라 과학자의 '주관적 구성물'이라는 인

19 16~17세기의 '과학혁명'을 완성한 뉴턴은 『자연철학의 수학적 원리(Philosophiae naturalis principia mathematica)』의 '철학에서 논리전개의 규칙' 장에서 자신이 사용한 추론의 규칙을 제시했다. 그는 "나는 아무런 가설도 세우지 않는다"라고 선언하며, 실험이나 관찰을 행하고, 그것들로부터 귀납에 의해서 일반적인 결론을 끌어내는 두 가지 단계의 귀납적 방법을 과학적 방법으로 특징지었다. 이러한 뉴턴의 방법 논의에 대해 헴펠은, 뉴턴 자신이 사용한 방법조차 적절하게 해명하지 못하는 지나치게 단순하고 소박한 견해라고 비판했다. 헴펠은 관찰은 늘 가설을 전제한다는 것, 예컨대 과학지식이 '중력' 등의 (관찰불가능한) 이론적 용어를 포함하고 있는 것은 그러한 일반명제를 경험의 귀납에서 도출할 수 없음을 보여준다는 것을 지적하면서 일반명제를 얻는 논리란 존재하지 않고 단지 추측이나 상상을 통해서 임시적인 가설을 얻을 뿐이라고 주장했다. 즉, 뉴턴이 사용한 방법은 귀납법이 아니라 추측과 연역법이라는 것이다. 이런 주장은 '가설-연역의 방법'이 과학적 방법이라는 견해로 이어졌다. 가설연역적 방법을 옹호하는 포퍼의 '반증주의' 또는 '추측과 논박(conjectures and refutations)'의 방법론에 따르면 과학은 4단계로 구성되는 방법을 사용한다. ① 과학자는 어떤 경험적 문제에 부딪힌다. ② 문제를 풀기 위한 잠정적인 답으로 이론을 제안한다(추측). ③ 이론을 시험하여 논박하고자 한다(오류 제거). ④ 이론을 논박하면 새로운 이론을 추측하고, 이론을 확인하면 잠정적으로 받아들인다.

식이 확산되고 과학에서 이론과 경험의 구분이 약화되면서 등장했다.[20] 간단히, "방법들, 규칙들 그리고 방법의 실행들은 그것을 사용해서 이해하고자 하는 실재를 서술할 뿐 아니라 생산하는 데 기여한다"라고 인식하게 되었다(Law, 2004: 5). 방법론은 이제 과학의 규칙과 절차 대신 여러 형태의 연구에서 작동하는 철학적 가정들에 초점을 맞추고 과학이론의 특징과 요소, 경험자료 생산, 가설의 시험, 과학의 객관성과 합리성, 연구의 창조성 등을 재검토하게 된 것이다.

> 과학은 사회적 활동이며 과학을 추구하는 수단은 과학자들 사이에, 그리고 과학자들과 그들이 속한 사회에서 그들이 수행하는 것을 일정 정도 통제하는 다른 사람들 사이에 협상의 사안이다. 따라서 과학의 방법은 과학자들이 그 속에서 작업하는 개별의 상이한 사회들의 필요와 이해관심에 근거를 두고 있다. 과학의 방법은 철학자들이 우리를 믿게 만드는 것처럼 합리성이라는 보편적 요건에 근거한 것이 아니다. 간단히 말해, 보편적 이성이 아니라 특정 사회에서 동의하는 협약이 그 사회에서 과학자들이 사용하는 추론의 정당성을 결정한다. …… 과학철학에서 현재 서술하고 있는 것에 비추어 판단한다면, 과학적 탐구를 특징짓는 방법이라는 관념은 널리 받아들여지지 않는다(가워, 2013: 43~44, 452).

이런 맥락에서 쿤은 "과학적 방법의 이상, 즉 적절하게 적용하기만 하면

20 "과학자가 실험실에서 수행하는 공작과 측정은 경험에 '주어진 것(the given)'이 아니라 '어렵게 수집한 것(the collected with difficulty)'이다"(Kuhn, 1970: 126). "우리가 실험을 수행하는 이유는 우리의 추측이 정확한가 여부를 확인하려는 것이 아니라, 세계에 개입하거나(intervening) 자연을 심문하려는(interrogating) 것이다"(가워, 2013: 445).

과학자들로 하여금 경쟁하는 이론들 중 어느 것이 정확한지, 실재를 가장 잘 재현하는지를 결정할 수 있게 해주는 명시적이고 정밀한 절차의 연산이라는 이상에 도전한다"(휴즈·샤록, 2000: 264). 그리고 쿤은 '패러다임의 이론적이고 방법론적인 가정 속에서 진행하는 문제풀이'를 과학의 방법으로 규정한다. 더 나아가 파울 파이어아벤트(Paul Feyerabend)는 『방법에 반대한다(Against Method)』(『방법에의 도전』이라는 제목으로 국내에 번역되었다) 에서 과학의 방법은 없으며 '아무렇게나 해도 좋다'라고 결론 내린다.

자서전으로서 방법론은 특히 사회과학의 질적 연구에서 찾아볼 수 있는 논의이다.[21] 여기서는 "자신이 연구를 어떻게 수행하게 되었는가에 관한 반성적 서술로 저서나 논문의 일부 장이나 부록 등의 형태를 취하는 경우가 많다. 개별 연구에 대한 이러한 해명은 1960~1980년대에 폭발적으로 증가했다. 이전에도 연구 설계, 자료수집, 분석 절차에 대한 서술은 연구결과 보고에 포함했었지만, 자서전으로서의 방법론에서는 기술적(技

---

21 "과학이 특별한 방법으로 구성된다는 관념은 19세기에 사회과학의 과학적 지위에 관한 문제가 제기되면서 등장했다"(Turner and Roth, 2003: 2). 학문분과별로 연구의 방법이 확립되어 연구자들이 학습과 훈련을 통해 습득하고 실행할 수 있는 자연과학의 경우, 교과서에서 방법론에 대한 논의는 찾아보기 어렵다. 이것은 자연과학에서는 과학적 방법을 따로 학습할 필요가 없다는 것을 보여준다. "대부분의 과학자들은 과학적 방법이라는 수업을 받지 않는다. 교육을 받은 사람이 받지 않은 사람보다 연구를 더 잘 수행하는 것도 아니다. 다른 학습영역이 그러한 것처럼 방법론 교육이 그것의 숙달자에게 이점을 제공한다고 할 수는 없다"(Gauch, Jr., 2003: 13). 이런 상황을 앙리 푸앵카레(Henri Poincaré)는, "자연과학은 연구의 결과에 관해 이야기하지만 사회과학은 연구의 방법에 관해 이야기한다"라고 압축적으로 표현한다. "과학적 방법은 진정한 과학의 정통성(mastery)이나 확실성(certainty)을 추구하는 사회과학자들의 특별한 관심사가 되어왔다"(Porter and Ross, 2003: 5). 물론 사회세계와 자연세계의 존재론적 특성의 차이 때문에 (자연)과학적 방법을 사회연구에 사용할 수 없다는 견해도 초기부터 대립해왔다. 사회연구에 대해서는 '과학'이라는 개념을 사용할 수 없다는 주장도 꾸준히 제기되었다.

術的) 사안보다도 현장에서 사람들과 형성하는 관계와 관련해 직면하는 문제들과 대응 방법을 강조한다. 그리고 방법론 교과서의 내용과 연구자 자신의 경험의 간격과 실제의 연구가 교과서에서 제시하는 절차에서 왜, 어떻게 벗어났는가를 주제로 삼는다"(Hammersley, 2011: 25~26). 이런 방법론 논의는 교과서에서 정식화하는 표준적인 방법이 연구과정의 여러 측면들을 적절히 다루지 못할 뿐 아니라, 철학으로서의 방법론 논의에서 확인할 수 있듯 '표준적 방법'이라는 개념 자체가 성립할 수 없다는 인식을 기초로 한다. 연구과정은 연구자의 관점에 영향을 받을 수밖에 없으며 연구결과는 언제나 부분적이고 주관적이라는 점을 인정하며, 따라서 연구의 편향과 오류의 제거는 더 이상 중요한 사안이 아니다. 또한 방법에 대한 '반성'은 정식화된 방법의 사용 대신 연구의 맥락성과 창조성에 대한 강조로 이어진다.

그렇다고 하더라도, '과학적 방법은 없다'라는 회의주의나 과학적 방법은 여러 탐구 방법의 하나일 뿐이라는 상대주의의 입장으로 귀결되는 것은 아니다. 다른 사람들과 마찬가지로 과학자도 경험을 과학지식의 중요한 단서로 취급하고 논리적 추론을 실행하며, 추론과정과 결론이 정확한지를 확인하고자 하고, 그것이 부정확한 것으로 드러나면 수정하고자 한다. 그렇지만 과학자가 대상을 연구하고 결과를 판단할 때 사용하는 방법(들)은 정치가나 예술가들이 사용하는 방법(들)과는 분명히 차이가 있다.[22] 과학적 방법에 대한 논란이 알려주는 것은 흔히 상정하듯 모든 과

22 쿤도 나중에는 과학의 역사를 관통하여 대체로 변하지 않는 일련의 이론 평가의 방법론적 기준이 있다는 견해를 취했다. 과학자들은 대안적인 이론들 사이에서 정확성, 일관성, 단순성, 광범성, 산출성 등을 포함하는 기준을 사용해서 비교·선택한다는 것이다. 쿤은 이 기준들이 선택을 결정하는 규칙으로 기능하는 것이 아니라 선택에 영향을 미치는 가치로 기능한다고 주장한다(Kuhn, 1977: 331). "방법의 규칙이 패러다임에 따라 변화하든 그렇지 않고 이론 변동을 가로질러 안정적인 것으로

학에서 통용되는 단일하고 간명한 방법은 없다는 것, 과학은 정형화한 방법이 아니라 연구대상에 따라 이론에 의해 안내된 다양하고 복합적인 방법들을 사용한다는 것이다.

> 파이어아벤트와 같이 과학적 방법의 존재를 부인하는 사람들에 대한 답은 간단하다. 과학의 특별한 결실 – 그것의 생산물에 대해서는 그들도 인정하는 – 이 과학적 방법에 특별한 것이 있다는 것을 보여준다는 것이다. …… 과학적 방법에 특별한 것이 있다고 말하더라도, 그것이 언어로 모두 표현할 수 있는 일련의 구속력 있는 연산규칙 – 그것의 사용이 성공을 보장하는 – 이 존재한다는 것을 뜻하는 것은 아니다. …… 과학의 방법은 정태적인 것이 아니며, 과학과 마찬가지로 방법도 진화한다. …… 과학적 방법을 어떤 정교한 규칙들의 체계로 완벽하게 특정할 수는 없다. 규칙들이 갈등하는 경우도 있으며, 갈등하는 규칙들에 상대적인 무게를 부여하려면 과학자는 주관적 판단을 행사해야 한다. …… 과학이라는 제도의 성공은 우리에게 과학자의 판단능력을 신뢰할 이유를 제공한다. 과학적 방법의 핵심에는 판단능력의 행사가 자리하고 있다(뉴턴스미스, 1998: 416~417).

> 과학적 방법은 가설 시험 이상의 것을 포함하며, 가설 시험은 자료, 가설, 관련된 배경 가정들을 개념적으로 정밀하게 검토하는 것을 포함한다. 과학공동체에 속한 과학자들은 그들 사이의 상호작용을 통해 그들의 관찰, 이론, 가설 그리고 추론유형들을 수정하며 궁극적으로 과학지식을 생산한다(Longino, 1993: 110~111).

남아 있든 간에, 이제는 과학에서 작동하는 다양한 방법론적 규칙들이 존재한다는 견해가 폭넓게 확산되어 있다"(Sankey, 2014: 287).

〈그림 1.1〉 과학의 철학적 기초와 연구방법

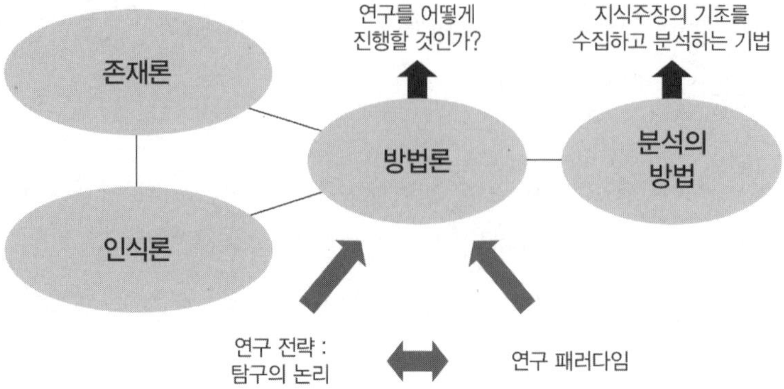

과학의 방법들은 단순하고 중립적인 도구가 아니라 일련의 가정들에 근거해서 만들고 사용하는 도구이다. 자연세계에는 실험이 가능한 대상도 있고 실험이 불가능한 대상도 있으며, 관찰이 가능한 대상도 있고 관찰이 불가능한 대상도 있다. 인간의 행위를 그것에 담겨 있는 의미나 의도나 동기 등을 고려하지 않고 연구할 수는 없다. 과학에서 방법의 문제는 세계에 어떤 것들이 존재하는가에 관한 존재론적 견해와 관련되어 있다. 연구의 대상이 어떤 속성을 가진 것인가에 대한 판단 또는 전제가정에 따라 그것을 인식할 수 있는 범위와 가능성 그리고 탐구의 방법은 다를 수밖에 없다. 또한 '세계에 대한 타당하고 믿을 수 있는 지식을 얻는 것은 가능한가, 그것이 가능하다면 어떻게 가능한가'에 관한 인식론의 입장은 과학에서 우리가 사용하는 방법의 문제에 대한 직접적인 함의를 갖는다. 인식론의 철학적 질문은 특정한 탐구 방법이나 자료수집의 기법에 관한, 또는 특정한 사실의 문제에 관한 질문이 아니지만, 과학이 사용하는 방법과 생산하는 지식은 인식론의 견해를 전제하고 또한 이것에 의해 정당화된다. "과학적 방법에 대한 견해는 이론적이고 형이상학적인 믿음을 포함한다. 과학의 성공은 이론적으로 안내된 방법과 분리할 수 없다"(래디먼, 2003: 438). 경험적 자료와 이론적 사유를 어떻게 규정하고 결합할 것인가, 어떤 추론양식들을 사용할 것인가에 관한 선택은 인식론적 입장을 실행하고 표명하는 것이다. 그리고 연구결과에 대한, 그리고 그 결과를 산출하는 방법에 대한 비판은 흔히 그 연구의 밑바탕에 있는 철학적 견해들을 겨냥하고 있다.

가치론

가치론(axiology)은 목적과 목표의 합리적인 선택을 지배하는 요건들에 관한 이론이다. 가치론의 질문은 '무엇이 가치 있는 것인가', '우리는 무엇을 할 것인가'이다. 과학의 맥락에서 먼저 제기하는 질문은 '무엇이 가치 있는 지식인가'이다. 이 질문은 과학이 추구하는 목표나 과학지식의 가치에 관한 것으로, 여기서도 두 가지 입장을 찾을 수 있다. 하나는 지식의 쓰임새와 무관하게 지식 탐구 그 자체가 목적이라는 입장이며, 다른 하나는 지식을 다른 어떤 가치를 실현하기 위해 필요한 수단으로 보는 입장이다. 앞의 입장을 지식의 내재적 가치론으로, 뒤의 입장을 외재적 가치론으로 부르기도 한다. 사회과학은 구체적으로 이해, 설명, 예측, 통제, 생산, 해방, 정의, 평등, 효율, 진보 등을 목표로 삼을 수 있다. 지식 탐구 그 자체를 목적으로 하는 사회과학에서는 이해와 설명을 추구하는 반면, 다른 입장은 지식을 다른 가치의 실현 수단으로 삼는다. 그렇지만 이해와 설명을 결여한 사회과학이 예측이나 통제나 해방에 유효하게 기여할 수는 없을 것이다. 그러므로 두 입장의 경계가 명확한 것은 아니다.

실제 과학에서 가치의 문제는 훨씬 더 다양한 방식으로 제기된다. 예컨대 동물복제 연구의 윤리성에 관한 논쟁에서 볼 수 있는 것처럼 과학지식은 그 자체로 윤리적 함의를 갖는다. 또 연구대상을 어떻게 대할 것인가라는 문제도 있다. 동물에게 고통을 가하면서 실험하는 것을 도덕적으로 허용할 수 있는가, 또는 인간을 대상으로 실험을 수행하는 것을 윤리적으로 승인할 수 있는가라는 문제를 제기할 수 있다. 혹은 대기업의 지원을 받아 연구를 수행하는 것을 사회적·정치적으로 용인할 수 있는가의 문제도 있다.

게다가 사회과학의 경우 연구대상이 문화적·법적·경제적·정치적 요소들을 포함하는 '사람'이기 때문에 가치의 문제가 훨씬 더 복잡하다. 우선 연구과정에서 연구자와 피연구자 사이의 권력관계의 문제가 제기된다. 대부분의 사회연구에서는 이들 사이에 사회적 지위의 불평등이 존재한다. 불평등이 없는 곳에서조차 사회과학자들은 피연구자들의 믿음이나 태도를 해석하고 재현할 수 있는 권위를 (암묵적으로) 주장한다. 연구자와 피연구자 사이에 계급적·성차적·윤리적 또는 그 밖의 사회적 차이들이 존재하는 곳에서는 더욱 그러하다. 또한 사회과학자 자신이 한 사회의 구성원이기 때문에 어떤 사회에서 살고자 하는지, 그리고 '좋은' 사회란 어떤 사회인지에 관해 (적어도 암묵적으로) 일정한 입장을 취하게 된다(사회현실을 둘러싼 논쟁이나 실제 과정에 개입하는 사회과학자들도 많다). 사회과학은 서로 다른 사회형태들이 가능하다는 것과 특정한 사회형태가 바람직하다는 쟁점을 제기하며, 이러한 점에서 사회과학은 일정한 가치를 전제하고 현실 사회에 관여하게 된다.

그리고 사회과학자는 의무나 책임 또는 이해관심의 갈등에서 비롯하는 윤리적 (때로는 법적) 곤경에 직면하는 일이 많다. 예컨대 연구를 수행하면서 피연구자들의 동의를 받지 못하고 그들에 관한 정보를 수집해야 하는 경우, 그것이 정당한가라는 문제가 있다. 또한 연구과정에서 종종 피연구자들에게 불리할 수도 있는, 예컨대 '부정(不正)' 등과 같은 민감한 정보를 확보했을 때 겪는 윤리적 갈등도 있다. 피연구자들의 믿음이 부도덕하다거나 행위가 불법적이라는 사실을 인지할 수도 있고, 그들이 속한 집단에서 부정하거나 부당한 행위들을 확인할 수도 있다. 이럴 경우, 피연구자의 익명성과 비밀을 유지하고 연구를 계속하는 것은 부정이나 불법을 방조하는 것일 수 있다. 반면 공개하는 것은 연구자와 피연구자 사이의 신뢰를 배반하는 일이 될 수도 있고, 더 이상의 연구를 불가능하게 만들 수도 있다.

그 밖에 대부분의 사회과학자들은 늘 다양한 문화와 하위문화를 접하게 된다. 도덕적 가치의 다양성도 이러한 다양성의 일부이다. 그리고 다른 문화를 해석할 때 대부분의 사회과학자들은 그 문화의 참여자들의 관점에 입각하여 해석하는 '문화상대주의'의 입장을 취하게 된다. 어느 문화도 다른 문화에 대해 판단하고 명령할 수 있는 권한을 갖지 못한다는 것이다. 이 경우 사회과학자는 모든 문화를 가로질러 적용할 수 있는 보편적인 도덕적 가치가 있다는 믿음을 배제하게 된다. 그렇지만, 예컨대 고문이나 인종주의 같은 행위도 문화상대주의의 관점에서 용인해야 할 것인가의 문제가 제기된다. 특히 다른 문화들 사이에, 또는 한 문화 안에 가치나 윤리의 갈등이 존재한다면 상대주의적 관점은 소극적인 판단 유보의 변명에 지나지 않을 수 있다. 또한 상대주의적 입장 자체가 보편적 원칙, 즉 모든 문화는 그 자체의 자율성과 통합성의 권리를 갖는다는 원칙에 의존하고 있다는 지적도 가능하다.

그런데 가치의 문제와 관련해서는, 논리적으로 사실판단에서 가치판단을, 또는 존재에서 당위를 이끌어낼 수는 없다는, 그러므로 경험적으로 관찰가능하거나 논리적으로 입증가능한 사실의 문제를 다루는 과학의 관점에서는 가치의 문제를 다룰 수 없다는 주장이 지배적이다. 그렇지만 참인가 거짓인가에 관한 사실판단이 단순히 주어진 감각자료의 배열이나 정리에 그치지 않고 이론에 의존하며, 가치에 (의식적 또는 무의식적으로)

영향받거나 오염된다는 점, 그리고 가치의 영향을 받은 사실판단이 곧 그릇된 사실판단은 아니라는 점도 이제는 널리 인정된다.

> 사회연구자가 명시적인 가치판단을 기피한다고 하더라도, 사회세계에 대해 (평가적 가치판단과 구별되는) 진술적 가치판단을 소거한 해명을 제공하는 것을 상상하기는 힘들다. 종족 학살로 사람들이 살해되었다고 진술하는 것은 사람들이 죽었다는 진술에 단순히 가치판단을 추가하는 것이 아니라, 일어난 사건에 대해 더 충실하고 적절한 해명을 제공하는 것이다. …… 사회과정에 대한 사회과학적 해명은 다른 과학적 해명과 마찬가지로 명시적으로 또는 암묵적으로 그것과 갈등하는 다른 해명을 비판하게 된다 (Outhwaite, 1998: 31).

또한 진위의 문제를 다루는 사실판단과 달리 옳고 그름의 문제를 다루는 가치판단에서는 실천적이고 윤리적인 기준과 관점에 따라 결정이 다를 수 있기 때문에 '사회적 합의'에 도달하기 어렵다는 주장도 있다. '과학은 객관성, 개방성, 진실성, 일관성, 통일성, 종합성, 설명력 등의 가치를 추구한다'라는 '사실판단'에 대해서는 '사회적 합의'가 존재할 것이다. 그런데 바로 이 진술은 '가치판단'에 대해서도 '사회적 합의'가 존재한다는 것을 지적하고 있다. 실제로 상당히 많은 가치판단에 대해 사회적 합의가 존재한다는 것도 분명하다. 물론, '피연구자의 불법행위를 공개할 것인가, 비밀을 유지할 것인가'와 같은 미묘한 가치판단의 경우, '사회적 합의'의 형성이 어려울 수 있을 것이며, 연구자는 자신의 '실천적이고 윤리적인 관점'에서 여러 '조건들'을 고려하여 판단하게 될 것이다. 그렇지만 사실판단에서도 사정은 다르지 않다. 예컨대 쿼크나 블랙홀 같은 새로운 '이론적' 실재가 어떤 성질을 띠며 어떻게 운동하는가에 대해서는 사회적 합의가 존재한다고 하기 어렵다. 그리고 이런 경우, 사실판단에 대해 그 근거와 논리를 추궁하여 판단의 타당성과 신뢰성을 확인하는 것과 마찬가지로, '마땅히 어떠해야 한다'라는 가치판단에 대해서도, 다시 '무엇을 위해 왜 그러해야 하는가'라는 질문을 제기함으로써 판단의 근거와 논리를 추궁할 수 있는 것이다.

과학에서 '사실-가치'의 구분은 실증주의 과학관의 대표적인 교의로, "빈번하게 이루어지는 존재에서 당위로의 이행은 논리적으로 승인될 수 없는 것이다"라는 입장은 경험론의 선언에 근거하고 있다(바스카, 2005c: 91).[23] 그리고 다수의 사회과학자들은 이러한 '철학적 견해'를 아마도 검토 없이 받아들여 연구의 당연한 전제로 삼고 있다. 그 결과 처음부터 과학은 '가치'의 문제는 다루지 않거나 다룰 수 없는 것으로 규정하고 논의에서 배제한다. 또한 사람들은 가치의 문제를 다루는 데에는 근거가 확실하고 논리적으로 정확한 답을 제공하는 '과학적' 능력이 필요하지 않다고 생각한다. 하지만 위의 논의에서 알 수 있듯, 사실판단은 가치판단과 분리되지 않으며, 다수 과학자의 (근거가 취약한) 믿음과 반대로 과학은 가치판단에서 자유로울 수 없다. 그러므로 가치판단도 과학이 다루는 영역에, 적어도 '과학이 무엇이어야 하는가'에 대한 논의에 포함해야 한다.

---

23 '가치판단을 사실진술에서 논리적으로 도출할 수 없다'라는 교의는 베버의 명제이기도 하다. 사실의 서술과 설명을 추구하는 사회과학은 가치판단의 진위를 확인할 수 없다고 베버는 주장한다. 베버의 입장은 사회과학자는 '무엇을 연구할 것인가'의 선택에서는 '가치연관적(value-relevant)'이지만, 연구에서는 가치자유(value-free)적일 수 있고 가치자유적이어야 한다는 것이다.

이 책의 구성

이 책은 사회과학의 철학적 기초를 다룬다. 사회과학의 철학은 사회과학자는 사회세계가 어떤 것이라고 상정하고 탐구를 실행하는가, 그런 세계를 어떤 방법을 사용해서 탐구하며, 그런 방법을 사용하는 까닭은 무엇인가, 그런 탐구 결과는 어떤 의미를 갖는가 등의 문제를 제기하고 답한다. 하지만 실제 논의는 '자연주의 논쟁', 즉 사회과학도 자연과학과 같은 과학일 수 있는가, 그리고 자연과학의 특징적인 기준과 방법을 사용할 수 있는가 등의 논쟁을 중심으로 전개되어왔다.[24] 그것은 이미 자연과학이 눈부신 성과를 보이며 특권적 지위를 누리고 있었을 뿐 아니라 — 'science'라는 단어는 라틴어 'scientia'에서 유래하는데, 그 단어는 지식(knowledge)을 의미하며 원래 자연과학을 가리켰다 — 과학철학에서 자연과학의 특징과 방법을 상당히 해명해놓았기 때문이다. 그런데 적어도 1960년대 후반까지는 자연과학의 철학은 실증주의가 지배했다. 그러므로 사회과학을 어떻게 실행할 것인가의 문제는 실증주의가 제시하는 자연과학의 특징과 방법을 사회과학도 공유할 수 있는가의 문제로 바꿀 수 있었다.

> 사회과학철학 분야의 역사는 두 가지 전통 사이의 논쟁이 지배해왔다. 한쪽의 자연주의 전통에서는 과학을 전형적으로 실증주의적 원칙에 따라 (실질적으로 또는 이상적으로) 통일되는 것으로 간주한다. 이와 대조적으로 다른 쪽의 해석학이라는, 경쟁하는 반자연주의적 전통에서는 자연과학과 사회과학이 그것들이 다루는 주제들이 근본적으로 다르다는 생각에서

24 여기에서 '자연주의'는 사회과학도 자연과학의 특징적인 기준과 방법을 사용할 수 있다는, 또는 자연과학과 사회과학 사이에 방법의 본질적인 통일이 있다는 입장을 가리킨다.

> 출발해 방법에서도 근본적으로 구별된다고 가정한다. …… 이 논쟁의 참여자들을 통일시키는 커다란 오류는 그들이 자연과학에 대해 본질적으로 실증주의의 설명을 받아들이고 있으며, 더 일반적으로는 경험론적 존재론을 받아들이고 있다는 점이다. …… (그렇지만) 이제 과학철학의 근래의 발전은 자연주의 문제를 새롭게 고찰할 수 있도록 한다(바스카, 2007: 133~135).

여기서 말하는 과학철학의 근래의 발전은 쿤의 『과학혁명의 구조』가 대표하는 한 흐름과 바스카 자신이 주도하는 또 다른 흐름 – 각각 협약주의 과학관과 비판적 실재론적 과학관으로 불리는 – 을 가리킨다. 이 두 가지 대안적 흐름은 자연과학에 대한 실증주의의 견해가 부정확하고 부적절한 것이라고 비판하면서, 과학의 특징과 방법에 대해 새로운 해명을 제공한다. 이런 비판이 타당한 것이라면, 즉 자연과학이 실증주의자들이 과학적이라고 특징짓는 방법을 사용하지 않는다면, 지금까지의 자연주의 논쟁은 자연과학에서 실제로 사용하는 것이라고 할 수 없는 방법을 사회과학이 사용(해야)하는가를 놓고 다투어온 셈이다. 그리고 과학의 특징과 방법에 대한 두 흐름의 새로운 해명이 타당한 것이라면, 사회과학도 그러한 방법을 사용하고 그러한 특징을 보유할 수 있는가라는 쟁점에 대해 새로운 기초에서 접근할 수 있다.

이러한 문제의식에서 이 책은 제2장에서 과학에 대한 실증주의의 견해를 정리하고, 그것을 비판하는 두 가지 대안적인 흐름 – 협약주의 과학관과 비판적 실재론적 과학관으로 불리는 – 을 제3장과 제4장에서 검토한다. 두 입장은 과학이 '순수한 경험적 증거와 논리'를 특징으로 하는 활동이 아니라, 역사적이고 사회적으로 위치한 실천이라는 통찰에서 출발해서 실증주의 과학관을 비판한다. 과학의 특징과 방법에 대한 새로운 이해를 기초로 제5장은 사회과학과 자연과학의 관계를 살펴본다. 그리고 사회과학도 과학 일반의 특징 — 물리학이나 화학 같은 '확고한' 자연과학에서 찾아내는 특징이 아니라 통념적으로 사회과학의 특징이라고 간주하는 것에 훨씬 가까운 — 을 공유하고 있으며 그런 점에서 과학의 한 분과라고 주장한다. 제6장에서는 실제의 사회적 삶에서 사회과학이 어떤 의미와 역할을 갖는가를 탐구한다. 그리고 이런 논의 과정에서 사회과학의 철학적 기초인 '사회적인 것은 어떤 특징을 갖는 실재이며, 이것에 대한 과학, 즉 사회과학은 어떤 종류의 과학인가, 자연과학의 방법은 무엇이며 이것은 사회과학에서 사용할 수 있는가, 사회과학에서 객관성의 획득은 가능한가, 사회과학에서 사실과 가치의 관계는 어떠한가' 등의 문제에 대해서도 해명할 것이다.

이 책은 사회과학이 무엇이며 어떻게 연구할 것인가에 관한 여러 철학적 견해들을 중립적인 관점에서 소개하는 책이 아니다. 이 책은 과학의 특성과 방법에 관한 해명으로 비판적 실재론이 다른 두 입장보다 더 정확하고 타당할 뿐 아니라 그것들의 합리적인 주장을 수용하고 있다고 판단하며, 따라서 주요한 쟁점들에 관해서 비판적 실재론의 입장에서 접근한다. 그렇지만 이것이, 다른 입장에서는 얻을 것이 없다는 것을 뜻하는 것은 아니다. 이 책이 취하는 입장과 제시하는 주장도 그 자체가 논쟁거리라고 할 수 있다. 오히려 이 책은 사회과학의 철학적 기초에 관해 특정한 입장에서 비롯한 주장을 제시함으로써, 독자들이 이 주장과 대결하면서 여러 쟁점들에 대해 자신의 견해를 더 명확하고 정교하게 정리하는 계기를 제공하고자 한다. 그리고 독자들께 자신의 관점과 견해에 따라 이 책의 주장을 평가하고 비판해서 활용하거나 기각할 것을 요청하고자 한다.

제2장

경험과 논리: 실증주의 과학관

이 책은 사회과학은 무엇이며 어떻게 연구를 실행하는가를 탐구한다. 그리고 사회과학은 '과학'의 하위분야이다. 그러므로 먼저 과학이란 무엇인지 어느 정도 이해해야 사회'과학'에 대해서도 적절하게 이해할 수 있을 것이다. 그렇다면 과학이란 무엇인가?

오늘날 과학적 지식은 근거와 논리를 갖춘 참된 지식인 동시에 타당하고 믿을 수 있는 지식이라는 특권적 지위를 차지하고 있다. 어떤 발견이나 주장에 권위를 부여할 필요가 있을 때, 흔히 그 앞에 '과학적'이라는 수식어를 덧붙이는 까닭도 여기에 있다. 과학의 이런 우월한 지위를 고려할 때 '과학이란 무엇인가'는 충분히 제기할 만한 질문이다. 그렇지만 간단명료한 답을 찾기는 불가능한 질문이기도 하다. 일반적으로 과학은 과학자들이 수행하는 작업을 가리키지만, 그들의 작업은 매우 다양하고 복합적이며 다중적인 특징을 보인다. 또 과학의 특징은 과학이 사용하는 방법, 즉 '과학적 방법'에서 찾을 수 있다는 견해도 있지만, 과학이 사용하는 방법이 무엇인지에 대해 명백한 동의가 있는 것은 아니다.

과학이란 무엇인가에 대한 견해는 크게 세 가지로 구분할 수 있다. 실증주의(positivism), 협약주의(conventionalism),[1] 비판적 실재론(critical realism)이 그것이다. 이 세 입장들은 과학철학자들의 견해라는 점, 즉 과학자들이 실행하고 있는 과학이라는 '실재'에 대해 과학철학자들이 탐구해 진술하는 '주장들'이라는 점, 모든 주장이 그러하듯 그 주장들도 과학의 실제 특징들을 어김없이 정확하게 진술하는 것은 아니라는 점, 그리고 그 주장들이 과학의 실제 특징을 모두 알려주는 것은 더더욱 아니라는 점을 기억하는 것이 중요하다. 이 장에서는 실증주의의 견해를 살펴본다.

여러 가지 실증주의

오늘날 '실증주의'라는 용어는 사회과학자들 사이에서 과학에 대한 고루하고 천박한 입장을 가리키는 경멸의 표현이다. 그러나 실증주의는 19

---

1 협약주의 대신 '(사회)구성주의(social constructionism)'라는 용어를 사용하는 논자들도 있다. 그렇지만 필자는 과학이 무엇인가에 대한 견해를 지칭하는 데 '구성주의'라는 용어를 사용하는 것은 적절하지 않다고 생각한다. 그 명칭은 '사회적 구성'이 과학(적 지식)의 대표적인 특성이라는 입장을 가리킨다. 그렇지만 다른 견해들, 즉 과학에 대해 실증주의적 견해를 가진 사람이나 비판적 실재론의 견해를 가진 사람도 마찬가지로 과학적 지식이 사회구성물이라고 생각할 수 있다. 그러므로 '구성주의'라는 이름을 사용하는 것은 다른 입장들과의 차이를 준별성 있게 드러내기 어렵다. 또한 '구성주의'는 (과학적) 지식의 형성에 관한 견해일 뿐 아니라 (사회적) 실재의 형성에 관한 견해이기도 하다. 구성주의의 입장은 자주 인식론적 영역에 관련된 주장에서 존재론적 영역에 관련된 주장으로 전환되며 이에 따라 논의의 초점이 변화하는 혼란을 일으킨다. 그런데 "사회구성주의는 존재론의 측면에서는 유명론적(nominalist)이며, 인식론과 지식의 기초의 측면에서는 협약주의적(conventionalist)이다"(Ernest, 2004). 구성주의라는 용어는, 이언 해킹(Ian Hacking)이 지적하듯, 여러 맥락에서 해방적이기도 하지만 모호하며 남용되고 있다[구성주의에 대한 일반적인 분류에 관해서는 Hacking(1999: 5~12, 19~24)을 볼 것]. 그러므로 여기서는 과학에 대한 철학적 논의들이 전통적으로 사용해온 '협약주의'라는 용어를 사용한다.

세기 중반 이래 과학에 대해 가장 널리 받아들여진 견해의 기초를 형성하는 지적이고 문화적인 흐름이었다. 그리고 '실증주의적 정통'이라는 표현이 있을 만큼 실증주의는 20세기 전체에 걸쳐 과학을 바라보는 지배적인 견해로 군림했다. 1960년 무렵부터 실증주의가 격렬하게 비판받아왔기 때문에, 이제는 '실증주의'라는 상표를 사용하는 용감한 사람도 거의 없고 그것의 지배력이 이전처럼 강하거나 당연시되지 않고 있기는 하지만, 실증주의는 지금도 보통사람들은 물론 다수의 (사회)과학자들이 과학에 대해 가지고 있는 가장 일반적인 견해이다. 대부분의 사회과학 입문서에서 과학적 연구방법으로 제시하는 절차인 '경험자료 수집 → 일반화 → 이론 수립 → 가설 도출 → 경험자료에 의한 시험'으로 이어지는 연구의 순환은 바로 실증주의의 대표적인 주장이다. 그러므로 실증주의는 영향력이 없는 쇠락한 사조가 아니라 여전히 사회과학 연구에서 지적 지배력을 행사하는 철학적 입장이다.

사회학 등 일부의 사회과학에서는 그것의 권위에 도전하는 주장들을 자주 볼 수 있지만, "실증주의는 형태를 바꾸거나 위장해 강고하게 존속하면서 실질적으로 사회과학 연구와 제도들을 계속하여 형성하고 있다"(Steinmetz, 2005: 30~31). 예컨대 경제학에서 실증주의의 지배적 권위는 흔들리지 않고 있다(Lawson, 2005). 정치학은 사회과학의 다른 학문분과들보다 뒤늦게 실증주의를 추종하는 '행태주의(behaviolism)적 운동'을 전개했으며, 그것은 여전히 주도적인 지위를 유지하고 있다. 심리학에서도 실증주의의 장악력이 약해지고 있지만, 여전히 강고하게 우위를 차지하고 있다. 역사학은 사회연구와 고전적으로 결합된 통계적 방법을 활발히 사용하기 시작했으며, 그러한 점들을 고려하면 실증주의적인 지향을 받아들이고 있다고 할 수 있다. 교육연구, 경영연구, 유통연구 등과 같은 분야들의 성장은 여러 방식으로 실증주의의 운명을 부활시키고 있다(휴즈·

샤록, 2000: 49~50).

그렇지만 '실증주의'라는 용어가 무엇을 가리키는지는 사실상 분명하지 않다. 1960년대 후반 이후 실증주의를 정의하고 옹호하는 논의는 거의 없었던 반면 비판하는 주장은 넘쳐났는데, 그 비판들은 대부분 실증주의가 무엇을 주장하는가에 대해서는 정확하게 정리하지 않는다. 무엇보다 "실증주의자가 말하는 실증주의와 반(反)실증주의자가 말하는 실증주의는 매우 다르다"(Halfpenny, 1982: 11). 대부분의 비판이 그러하듯, 실증주의에 대한 비판도 실증주의가 어리석은 오류로 가득할 뿐 아니라 정교함과 다양함도 갖지 못한 견해인 것처럼 제시하는 경향을 보인다. 하지만 비판을 위해 실증주의의 특징을 간명하게 요약하여 제시하는 것은 불가피하더라도, 그것을 터무니없는 입장으로 묘사하는 것은 옳지 않다. 실증주의가 부정확하고 부적절한 것일 수는 있어도 어리석은 입장은 아니라는 점, 그리고 완전히 통일된 사상이나 학파는 아니라는 점을 알아야 할 것이다. '실증주의'로 불리는 입장은, '경험론', '행태주의', '자연주의' 등의 다른 이름으로 불리는 다수의 구별되는 주장으로 이루어져 있으며, 심지어 실증주의라는 이름을 거부하는 주장까지도 포함한다.[2] 때로는 그런 이름들의 일부가 반실증주의적 관점을 나타내는 데 사용된다는 사실은 사태를 더욱 복잡하게 만든다(휴즈·샤록, 2000: 48). 그래서 실증주의가 '정말' 무엇을 의미하는가 하는 것을 두고 심한 논쟁이 전개되기도 했다.[3] 그

2 예컨대 실제로는 실증주의자들과 매우 유사한 견해를 주장하는 포퍼는 자신의 입장을 실증주의가 아니라 '비판적 합리주의(critical rationalism)'라고 부른다.

3 '실증주의'라는 이름은 매우 다양한 조류를 포괄하는 이름이다. 앤서니 기든스(Anthony Giddens)는 넓은 의미에서 실증주의는 ① 실재는 감각에 의해 접근가능한 것으로 구성된다는 주장, ② 철학은 구별되는 학문분과이지만 과학의 발견들에 기생한다는 주장, ③ 자연과학과 인간과학은 공통의 논리적·방법론적 토대를 공유한다는 주장, ④ 사실과 가치는 근본적으로 구별되며, 과학은 사실을 다루는 반면 가치는 과학의

럼에도 이 용어는 통상적으로 여러 의미를 포괄한 채 널리 사용되고 있기 때문에, 여기서는 편의를 위해 여러 의미들에 주의하면서 계속해서 '실증주의'라는 상표를 사용할 것이다.

러셀 키트(Russell Keat)는 우리가 실증주의라고 부르는 교의에서 '과학주의', '실증주의적 과학관', '과학적 정치' 그리고 '가치자유'의 적어도 네 가지 구별되는 의미를 찾아낼 수 있다고 지적한다(Keat, 1981: 15~18).[4] 먼저 '과학주의'는 과학만이 타당하고 신뢰할 수 있는 진정한 형태의 인간지식을 나타낸다는 견해이다. 과학주의는 과학의 권위에 대한 믿음 그 자체를 의미한다. 즉, 더 이상 과학을 가능한 여러 가지 지식 가운데 한 가지

관할 영역 밖의 담화의 질서에 속한다는 주장의 일부 또는 전부를 내세우는 시각들을 가리킨다고 주장한다(Giddens, 1977). 벤턴과 크레이브는 실증주의에 대해 ① 자연과학에 대한 경험론의 해명을 받아들인다, ② 과학을 최고 형태의, 심지어는 유일하게 진정한 형태의 지식으로 평가한다, ③ 경험론자가 제시하는 과학적 방법을 인간의 정신적·사회적 삶에 대한 연구에도 확장할 수 있고 확장해야 한다, ④ 공학과 기술에서 실질적인 문제를 해결하는 데 자연과학 전문가가 관련되는 것과 동일한 방식으로 사회문제와 갈등을 식별하고 해결하는 데 사회과학적 지식을 적용할 수 있다는 네 가지 믿음을 공유하는 접근이라고 정의한다(벤턴·크레이브, 2014: 47~48). 그리고 피터 하프페니(Halfpenny, 1982)는 역사적 검토를 통해 열두 가지의 실증주의, 즉 ① 오귀스트 콩트(Auguste Comte)의 역사발전이론, ② 과학에 특권을 부여하는 지식이론, ③ 단일의 과학적 체계로 모든 과학의 통일 명제(자연주의), ④ 콩트의 인류교, ⑤ 스펜서의 진화론적 역사이론, ⑥ 양적 자료에 대한 통계적 분석을 과학으로 규정하는 지식이론, ⑦ 현상론과 논리학을 결합한 의미의 검증이론, ⑧ 구문론적·의미론적 측면에서 과학의 통일 명제, ⑨ 과학은 보편적 법칙의 총체로 구성된다는 지식이론, ⑩ 과학은 현상을 설명하고 예측하는 기초인 인과법칙의 총체로 구성된다는 지식이론, ⑪ 귀납주의적 과학 방법 주장, ⑫ 유일의 과학적 방법으로서 가설연역적 방법 주장을 찾아낸다.

4 키트는 이것에 근거해 실증주의 역사는 하나가 아니라 여러 개라고 지적한다(Keat, 1981, 제1장). 그럼에도 '실증주의'라는 용어는 무차별적으로, 그리고 대체로 경멸적인 의미로 사용되고 있다.

형태로 생각할 것이 아니라, 진정한 지식과 동일시해야 한다는 뜻이다. 과학주의는 과학과 비과학을 구별할 뿐 아니라, 비과학을 열등한 지위로, 심지어는 인지적으로 의미 없는 것이나 터무니없는 것으로 격하한다는 점도 지적해야 한다. 과학주의의 옹호자들에 따르면, 종교, 형이상학, '이데올로기' 그리고 정치와 윤리에 대한 규범적 논의 등 – 과학적 주장으로 적절히 해석되거나 재구성될 수 없는 – 은 가짜 지식의 전형적인 예이다.

그렇지만 무엇이 과학적 지식을 구성하는가에 대한 그 이상의 설명이 없다면, 과학주의만으로 말하는 내용은 거의 없다. '실증주의적 과학관'은 무엇이 과학적 지식을 구성하는가에 관한 설명을 가리킨다. 이 교의에 따르면 과학은 경험적 증거에 의해 확인가능한 또는 시험가능한 지식으로 구성되며, 보편적 진술의 형식을 취한다. 보편적 진술의 진위는 그 진술과 특정의 관찰가능한 '경험자료'를 서술하는 보편적이지 않은 진술과의 논리적 관계에 의해서만 결정된다. 그 진술은 관찰가능한 현상들을 설명하고 예측하는 데 사용된다. 과학의 보편적 진술은 '이론적' 용어를 포함할 수 있는데, 이론적 용어는 직접 관찰이 가능한 것을 가리키지는 않지만 그렇다고 그것이 관찰불가능한 항목들을 가리키는 것으로 이해되어서는 안 된다. 오히려 전적으로 관찰가능한 서술적 용어들로 이루어진 진술을 통해 그것의 의미가 (불완전하게라도) 구체화되어야 한다.

실증주의의 세 번째 교의인 '과학적 정치'의 옹호는 간단히 정리하면 정치적 결정에서 사회과학적 지식을 기술적으로 적용해야 한다는 주장이다. 예컨대 의학이나 공학에서는 의견의 차이가 개인의 가치나 소망에서 유래하지 않고, 의견 차이에 따른 논쟁도 주장하는 사람의 사회적 지위나 권력에 의해 종결되지 않으며, 계량가능하고 시험가능한 증거들에 입각해서 논의가 진행된다. 마찬가지로 사회세계에서도 타당하고 합리적인 정치적 결정에 도달하기 위해서는 각 주장이 가진 불확실하고 자의적이며 감정적이고 개인적인 요소들을 제거하고, 객관적이고 중립적인 과학적 지식에 호소해야 한다. 과학적 논쟁에서와 마찬가지로 정치적 논쟁에서도 확인가능한 진리에 대한 믿을 만한 공공의 기준을 세우고 이 기준에 입각해 문제들과 관련한 보편적으로 인정할 수 있는 과학적 해답을 만들어낼 수 있다는 것이다. 이러한 방식으로 사회과학은 주장의 난립과 무정부 상태를 극복하고 최적의 정치적 결정을 내리는 기초가 될 수 있다. 그러므로 이 교의는 온갖 사회적 문제들을 과학적 지식에 근거해서 합리적으로 해결하고, 또 그러한 결정이 비과학적인 (따라서 비합리적인) 것들의 영향을 받지 않게 하는 데 과학적 지식을 사용할 것을 요구한다.

네 번째로 '가치자유'의 교의는 과학적 판단이 특정한 도덕적·정치적 입장에서 독립된 기준을 근거로 이루어지는 객관적인 것이어야 한다는 주장이다. 사회과학도들이 자주 듣는 '(사회)과학자는 가치중립적이어야 한다'라는 지침은, 과학자가 가치에서 '자유로울 수 없다'라는 인식이 널리 퍼진 후 이 교의를 변형한 것이다. 여기서는 과학의 영역과 도덕적·정치적 가치의 영역을 구분하는 것이 가장 중요하다. 이 구분은 적어도 두 개의 차원을 갖는다. 첫째, 과학적 이론의 타당성을 평가하는 기준은 특정의 도덕적·정치적 입장의 채택이나 거부와 전혀 관계가 없어야 한다. 한 이론이 진실인가 허위인가의 문제는 그러한 규범적 입장과는 무관하게 결정할 수 있다. 둘째, 과학적 지식만을 근거로 도덕적·정치적 판단을 지지할 수는 없다. 과학적 지식은 객관적 사실의 영역에 관련된 것인 반면 정치적·도덕적 판단은 주관적 가치의 영역에 속하는 것이므로 둘 사이에는 간격이 있기 때문이다. 그런데 이런 입장은 과학적 지식이 정치적 결정의 기초가 될 수 있다는 주장과 충돌하는 것이다.

이것들에 더하여, '과학(적 방법)의 통일'의 교의도 실증주의로 간주된다. '자연주의'라고도 불리는 이 교의는 자연과학과 사회과학이 다루는 주제에서 차이를 보이지만, 동일한 방법이나 설명 논리를 (물론 각각의 과학은 각각의 탐구 대상들에 적합하게 이것을 다듬어야 하지만) 사용한다고 주장한다. 특히 "사회과학이나 인문과학이 성공하려면 물리학을 성공으로 이끈 과학적 방법을 적용해야 한다고 믿는 사람들이 많았기" 때문에(차머스, 2003: 20~21)[5] '과학의 통일' 교의는 실증주의의 대표적인 주장으로 취급된다. "사회과학에서 '실증주의'는 인간의 사회적 삶에 관한 연구를 자연과학에서 성공을 거둬온 설명의 방법과 형태를 확장함으로써 과학적인 기초 위에 놓고자 하는 시도로 볼 수 있으며"(벤턴·크레이브, 2014: 56), "실증주의의 동기는 대부분 사회과학이 자연과학의 선진적인 것들을 본받고자 노력해야 한다는 강력한 야망에서 생겨났다"(휴즈·샤록, 2000: 76). 예컨대 존 스튜어트 밀(J. S. Mill)은 자연과학을 본받음으로써 사회(또는 도덕)과학을 불만족스러운 상태에서 구원할 수 있다고 믿었으며 모든 과학적 설명은 근본적으로 동일한 구조를 가진다고 주장했다. 포퍼도 비슷한 주장을 했다.

> 자연에 대한 이론적 과학과 사회에 관한 이론적 과학의 방법 사이에 아무런 차이도 없다고 주장하려는 것은 아니다. 분명히 그러한 차이는, 여러 사회과학들 사이에서와 마찬가지로 여러 자연과학들 사이에도 존재한다. …… 나는 두 영역에서의 방법이 근본적으로 동일하다는 주장에서 콩트와 밀 그리고 다른 많은 사람들에게 동의한다(Popper, 1961: 130~131).

그렇지만 이들 다섯 가지 교의는 일부를 제외하고는 서로 논리적으로

5 예컨대 "실증주의는 자연적이고 확고한 과학(hard science)에서 끌어낸 과학적 원칙과 방법을 사회현상에 적용해서 그것을 설명하고자 하는 일련의 철학적 접근이다"라는 생각이 널리 퍼져 있는 것이다(Kitchen, 2006: 20).

필연적인 관계를 갖지 않는다. 과학이 인간 지식에 관해 독점적이고 특권적인 권리를 갖는다고 과학주의를 옹호하는 사람도 실증주의 과학관이 아니라 (다음 장에서 다룰) 협약주의 과학관을 주장할 수 있다. 또한 과학이 유일하게 정당한 지식 형태라고 믿지 않더라도 과학적 지식이 어떤 특징을 갖는가에 대해서는 실증주의의 견해를 받아들일 수 있다. 예컨대 종교나 도덕 따위를 의미 없는 것, 인식론적으로 결함 있는 것, 비합리적인 것 등으로 생각하지 않으면서 과학에 대해서는 실증주의 과학관에 입각해서 이해하고 생각하며, 종교나 도덕과 구별할 수 있다.

과학주의나 실증주의적 과학관은 논리적으로 '과학적 정치'의 교의를 동반하지 않는다. 두 가지 교의를 주장하면서도 과학적 지식을 근거로 정치적 결정을 내릴 수는 없다고 주장할 수 있는 것이다. 정치적 사안은 가치판단을 포함하기 때문에 과학만으로 답할 수 없다고 생각하는 사람은 과학적 정치의 교의에 동의하지 않을 것이다. 그렇지만 과학적 정치를 옹호하는 사람은 과학이 진정한 지식을 제공하는 특권적인 활동이라고 믿는 과학주의의 교의도 부정하지 않을 것이다. 실증주의적 과학관과 가치자유의 교의 사이의 관계는 조금 복잡하다. 과학과 가치 사이의 구분은 과학적 지식은 무엇으로 구성되는가에 대한 특정한 견해를 함축하지는 않는다. 즉, 가치자유의 교의가 실증주의적 과학 개념을 수반하지는 않는다. 그러나 경험적 근거를 갖는 지식만을 정당한 과학적 지식으로 인정하는 실증주의적 과학관은 규범적 판단에 대해서는 과학의 영역 밖에 있다고 간주할 수 있다. 다시 말해 가치자유 교의의 두 번째 요소를 동반한다. 그렇지만 실증주의적 과학관은 과학이론을 경험적 자료에 의해서만 평가한다고 믿기 때문에 가치자유 교의의 첫 번째 요소, 즉 과학적 타당성의 기준은 규범적 입장과 무관해야 한다는 주장을 수반한다.

다른 교의들과 '과학의 통일' 교의 사이의 관계도 복잡하다. 과학주의를 옹호하면서도, 과학의 통일을 논할 때 사람을 대상으로 하는 연구는 자연과학과 같은 특징을 갖는 '과학'일 수는 없다고 반대할 수 있다. 마찬가지로 자연과학에 대해서는 실증주의 과학관의 주장을 받아들이면서 사회에 대한 연구는 자연과학과 동일한 특성을 가질 수 없다고 주장할 수 있다. 역으로 자연과학과 사회과학이 동일한 특징을 갖는다고 인정하면서 '과학'의 특징에 관해서는 실증주의 과학관 대신 다른 과학관을 주장할 수 있다. 또한 과학의 통일을 주장하면서도 과학적 지식이 특권적인 지위를 갖는 것은 아니라고 믿을 수도 있다. 과학주의나 과학적 정치나 가치 자유의 교의를 옹호하더라도, 예컨대 사회세계를 연구하기 위해서는 행위자의 의미와 동기에 대한 이해가 필수적이라고 믿는 해석학적 입장에서서 과학의 통일 교의는 부인할 수 있다.

이런 사실은 '실증주의'라는 이름이 매우 다양하고 이질적인 주장들을 포괄하며, 그리고 그 주장들은 서로 매우 복잡한 논리적·역사적 관계를 맺는다는 점을 알려준다. 또한 실증주의자들 – 이제는 이 이름을 공공연하게 표방하는 사람은 없지만 – 도 대부분 이 교의들 가운데 일부만을 주장하는데, 이것도 실증주의에 대한 적절한 이해를 방해한다. 일부 실증주의의 비판자들이 때때로 실증주의와 대립하는 입장을 가리키면서 '실증주의'라는 경멸어를 사용하는 것도 이런 실증주의 개념의 복잡성에서 기인한다.

실증주의 과학관

사회과학과 관련하여 실증주의가 중요한 까닭은 과학적 지식은 어떤 특성을 갖는 지식이며 어떤 방법을 사용해서 생산하는가에 대해 안내해 왔기 때문이다. 실증주의의 여러 주장 가운데 사회과학의 연구에 실질적으로 강력한 영향을 미친 것은 '실증주의 과학관', 즉 과학적 지식의 특성과 한계에 관한 교의이다.[6] "실증주의는 오직 두 가지 형태의 지식, 즉 경험적 지식과 논리적 지식만을 정당한 지식으로 인정한다.[7] 경험적 지식은 자연과학이 대표하며, 논리적 지식은 논리학과 수학이 대표한다. 그렇지만 과학은 무엇보다도 경험적 탐구의 추구이며 과학의 기초는 우리가 엄정한 자료(brute data)라고 부를 수 있는 것, 즉 판단이나 해석, 그 밖의 주관적인 정신적 조작의 결과가 아닌 경험적 자료에 있다"(휴즈·샤록,

6 제임스 래디먼(James Ladyman)은 실증주의 과학관의 주장을 "① 과학은 누적적이다, ② 과학은 통일된다, ③ 발견의 맥락과 정당화의 맥락 사이에는 인식론적으로 중요한 차이가 있다, ④ 가설은 가치 독립적인 증거로 평가할 수 있다, ⑤ 과학이론과 다른 종류의 믿음을 구별할 수 있다, ⑥ 관찰 용어와 이론 용어, 관찰진술과 이론진술은 구별할 수 있고, 관찰은 이론을 시험하는 중립적인 기반이다, ⑦ 과학의 용어는 확실하고 고정된 엄밀한 의미를 갖고 있다"라고 요약한다(래디먼 2003: 185~187).

7 경험론의 전통은 논리적 지식과 경험적 지식을 구별할 수 있고, 관념의 관계를 나타내는 이성의 진리와 사실의 관계를 나타내는 사실의 진리를 구별할 수 있다고 믿었다. 논리적 지식인 분석명제는 그 문장의 형식에 의해 참이거나 거짓인 명제이다. 이 명제는 세계에 대한 정보를 제공하지 않으며 따라서 인식적으로 기여하는 것이 없다. 수학과 논리학의 명제들이 분석명제에 속한다. 종합명제는 감각적 경험을 보고하며, 세계에 관한 정보를 제공한다. 이 구별을 엄격하게 정식화한 것은 비엔나학단(Vienna Circle)으로 불리는 1920년대와 1930년대의 논리실증주의자들이다. 이들은 데이비드 흄(David Hume)의 경험론을 뼈대로 에른스트 마하(Ernst Mach), 칼 피어슨(Karl Pearson), 피에르 뒤앙(Pierre Duhem)의 인식론적 경험론 및 환원주의와 고틀로프 프레게(Gottlob Frege), 버트런드 러셀(Bertrand Russell), 루드비히 비트겐슈타인(Ludwig Wittgenstein)의 논리적 혁신을 결합했다. "이들은 분석명제와 종합명제만을 의미 있는 것으로 인정하고 경험과학에 대한 논리적 분석을 통해 과학적 방법의 경험적 성격과 논리적 성격을 강조했다. 그리고 그들의 실증주의 과학철학의 형태와 체계가 20세기 전반의 지배적인 과학관을 형성했다"(휴즈·샤록, 2000: 79~83). 과학을 관찰과 실험을 통하여 경험자료를 수집하고 일반화를 거쳐 이론을 구성하는, 또는 이론으로부터 가설을 연역하고 이 가설을 경험자료로 검증하는 활동으로 간주하는 상식적 견해도 여기에 뿌리를 두고 있다.

2000: 57, 77). 실증주의자는 과학은 경험으로 확인가능하거나 시험가능한 사실들을 다루며 체계적으로 발견하고 엄격하게 시험한 지식을 추구한다고 강조한다. 이런 입장은 "과학은 경험적 사실들에서 도출된다(또는 경험적 사실들에 기초한다)"라는 구호로 표현된다(차머스, 2003: 44). 여기서 경험은 (인간의 감각이 아니라) '사실'로 간주된다.

실증주의는, 우리의 모든 관념이 이러저러한 방식으로 우리의 감각경험으로부터 오는 것이라고 주장하는 경험론을 계승하고 있으며, 특히 진정한 지식은 감각경험이나 감각인상에 근거한다고 주장하는 흄의 경험론에 기초하고 있다(Lawson, 2005: 383~384; Steinmetz, 2005: 31~32). 선험적인 동시에 세계에 관해 알려주는 주는 지식은 없으며 경험적 시험으로 검증할 수 있는 관념들만이 정당한 지식의 지위를 갖는다는 것이 경험론의 핵심 주장이다. 이 주장은 외부 세계가 우리의 감각에 작용을 가하며, 그런 식으로 적어도 '엄정한(brute)' 형태로 우리에게 알려지게 된다는 가정에 의존한다. "개별적 지식은 지각에 감각된 사건들에 대한 지식이며, 일반적 지식은 그러한 사건들이 공간 속에서 그리고 시간에 걸쳐 보여주는 항상적 결합(constant conjunction) 유형에 대한 지식이다. 감각 지각은 지식의 가능한 대상들을 모두 포괄하며 감각 지각의 대상은 어느 것이나 지식의 가능한 대상을 구성한다. 그러므로 경험적 근거를 결여한 사변, 즉 이론·형이상학·도덕·미학 및 정치의 인지적 주장은 모두 기각된다. 결국 실증주의는 경험론의 극단적 형태이다"(바스카, 2007: 103).

경험론의 핵심적 주장을 벤턴과 크레이브(벤턴·크레이브, 2014: 32~ 33)는 다음과 같이 정리한다.

① 개인의 정신은 '백지상태'에서 출발한다. 우리는 세계에 대한 우리의 감각경험 및 세계와 우리의 상호작용에서 지식을 획득한다.

② 진정한 지식주장은 경험(관찰과 실험)을 통해 무엇이든 시험할 수 있다.

③ 그것은 관찰할 수 없는 존재나 실체에 관한 지식주장을 배제한다.

④ 과학적 법칙은 경험의 일반적인, 즉 반복적인 유형에 관한 진술이다.

⑤ 어떤 현상을 과학적으로 설명하는 것은, 그 현상이 과학적 법칙의 사례라는 것을 입증하는 것이다. 이것을 종종 과학적 설명의 '포괄법칙모형(covering law model)'이라고 부른다.

⑥ 현상을 설명하는 것은 그 현상이 일반법칙의 '사례(instance)'라는 것을 입증하는 작업이며, 법칙을 알아냄으로써 우리는 그러한 유형의 현상이 장차 발생할 것인가를 예측할 수 있다. 설명과 예측의 논리는 동일하다. 종종 이것을 '설명과 예측의 대칭(symmetry of explanation and prediction)' 명제로 부른다.

⑦ 과학의 객관성은 (시험가능한) 사실진술과 (주관적인) 가치판단의 명확한 구분에 의존한다.

확증과 반증

경험에 기초해서, 또는 경험에서 도출해서 과학적 지식주장을 생산한다는 견해를 인정하더라도, 경험과 지식주장을 어떻게 연결할 것일지는 여전히 문제이다. 실증주의는 둘 사이의 관계를 '논리적인 것'으로 파악한다.[8] 가장 쉽게 상정할 수 있는 방법은 다양한 조건에서 수행한 관찰을 편

8 "실증주의자들에 따르면 과학은 고유한 방법을 가지고 있기 때문에 합리적이고 객관적인 작업이다. 방법이라는 말로 그들은 형식논리학의 규칙과 매우 비슷한 일련의 보편적으로 타당한 규칙(rules)을 지칭한다. 전건긍정 논법(Modus ponens: P이면 Q이다. P이다; 그러므로 Q이다)은 P와 Q에 어떤 문장을 넣더라도 타당하다. 우리는

견 없이 공평하게 기록하고 이렇게 기록한 자료들에서 일반적인 지식주장에 도달하는 것이다. 즉, 경험적 사실들 – 이것은 외부 세계의 객체들이 인간의 감각기관에 제공하는 확실한 '객관적 사실들'로 간주된다 – 을 수집하고, 이렇게 축적된 사실에서 귀납추론에 의해 '보편적 지식주장' – 이것은 흔히 '이론'으로 표현된다 – 으로 일반화하며, 이를 새로운 경험들에 비추어 확인하는 것이다. 이러한 귀납적 방법은 일찍이 베이컨이 주장하고 뉴턴이 강조했으며 밀이 정교화했다고 평가되는 것으로, 상식에서 생각하는 과학의 특징이기도 하다. 앨런 차머스(Alan Chalmers)는 '일반인들이 생각하는 과학적 지식의 특징'을 다음과 같이 정리한다.

> 과학이 특별하다고 주장할 때, 그것은 과학이 사실들에 기초하기 때문이다. 사실들은 세계에 관한, 감각기관을 주의 깊고 편견 없이 사용함으로써 직접 확인할 수 있는 주장들이라고 상정된다. 과학은 개인적 의견이나 사변적 상상에 기초한 것이 아니라 우리가 보고 듣고 만질 수 있는 것에 기초한다. 세계를 주의 깊고 편견 없는 방식으로 관찰한다면 이런 방식으로 확인한 사실들은 확실하고 객관적인 과학의 기초를 구성할 것이다. 나아가 이런 사실적 기초에서 법칙과 이론 – 과학적 지식을 구성하는 – 을 이끌어내는 추론이 타당하다면, 그 결과로 나온 지식은 그 자체로 확실하게

아무런 특수한 경험적 가정을 하지 않아도 이 추론이 타당하다는 것을 알고 있다. 실증주의자들은 자료와 이론 사이에도 유사한 관계가 있어야 한다고 생각했다. 자료가 주어지면 우리는 이론이 확증되는가를 결정하기 위해 과학적 추론의 형식적이고 보편적인 규칙을 적용할 수 있다는 것이다. 간단히 말하면, 과학의 방법은 과학의 논리이다. 그리고 논리학의 규칙이 그러하듯, 과학의 방법도 시간과 주제를 가로질러 유효한 보편성, 세계에 관한 특정한 가정에 의존하지 않는 형식성, 전제(자료)가 주어지면 결론(지식주장)이 도출되는 충분성이라는 적어도 세 가지의 요건을 충족해야 한다고 생각했다"(Kincaid 1996: 20).

확인되고 객관적인 것으로 취급할 수 있다(차머스, 2003: 25~26).

이 방법은 "과학자의 편견 없는 개방성을 근거로 과학적 지식의 객관성을 설명하며 또한 과학적 지식이 경험에 확고하게 뿌리박고 있음을 보여준다"(래디먼, 2003: 74). 경험은 세계가 인간에게 제공하는 객관적 사실이며, 객관적 사실인 경험들을 축적하고 일반화했으므로 과학적 지식은 확인된 지식이며 객관적인 지식이라는 것이다. 그리고 "주요한 과학적 진보는 세계에 관한 사실들을 축적하고 일반화 — 과학적 법칙으로 알려진 — 를 만들어내는 노력의 산물이라고 실증주의 과학관은 주장한다"(휴즈·샤록, 2000: 77).

그러나 개별 경험적 사실들에서 보편적 지식주장을 이끌어내는 귀납추론은 논리적으로 치명적인 결함을 가지고 있다. 백조나 까마귀의 관찰은 귀납의 한계를 설명할 때 사용하는 대중적인 사례이다. 귀납추론은 '1번 백조는 하얗다', '2번 백조는 하얗다', '3번 백조는 하얗다' …… '100번 백조는 하얗다'라는 개별 관찰들에서 '모든 백조는 하얗다'는 일반적인 진술을 이끌어낸다. 그렇지만 경험론의 교의에 따르면, 101번째 백조는 아직 관찰하지 않았기 때문에 '하얗다'고 단언할 수 없다. 그 백조가 '검을 수도' 있기 때문이다. 게다가 세상에는 무수히 많은 백조가 있다는 점을 고려하면 단지 100번의 관찰이라는 경험적 기초는 무한대 중에 100개의 사례, 즉 0에 가까운 사례에서 경험으로 확인한 증거일 뿐이다. '많은 것'에서 '모든 것'으로 나아가는, 즉 관찰된 규칙성을 관찰되지 않은 사례들에 투사하는 귀납추론은 논리적 비약을 담고 있으며, 따라서 귀납을 통해서 산출한 지식은 경험으로 확인한 지식이라고 할 수 없고 객관적 지식이라고 할 수 없게 된다.[9] 아무리 많은 경험을 통해 지식주장을 귀납적으로 추론하더라도, 논리적 차원에서는 그 지식주장이 미래에도 타당하다는 것을 경험으로 입증할 수 없다는 '귀납의 문제' 때문에, '경험'에서 귀납을 통한 '이론'의 도출은 정당한 과학적 방법으로 공인받을 수 없었다.[10]

게다가 "20세기의 과학적 방법 논쟁이 알려주는 한 가지 사실은 과학 이론들의 생산은 경험적 자료에서 귀납적 방법으로 이행하는 자동적이며 기계적 절차에 의해서가 아니라 창조적 활동에 의해서 이루어진다는 것이었다. 그러므로 과학적 방법에 대해 생각할 때 우리는 이론들을 창조적으로 고안하는 방식과 이런 이론들을 검사하는 과정을 구별해야 한다"(래디먼, 2003: 153). 여기서 포퍼는 과학적 지식에 대한 '발견의 맥락'과 '정당화의 맥락'을 구별한다. 과학에서 발견은 인간의 상상력이 담당하는 작업으로 특정한 방식을 따르지 않고 자유롭게 진행할 수 있는 반면(포퍼는 '대담한 추측'을 권장한다), 그러한 발견 작업을 통해 생산한 지식주장은 경험적 시험을 통과해야만 과학적 지식으로 정당화될 수 있다는 것이다. 일반적인 지식주장을 제시하고 개별의 경험적 사례들이 그 주장과 일치하는가를 확인해 진위를 판단하는 '연역'추론은 논리적으로 결함이 없는 것이

9 '확률'을 도입해서 이러한 논리적 비약을 회피하는 실증주의자도 있기는 하다. '많은 수의 A가 다양한 조건의 변화 아래서 관찰되었고, 관찰된 A가 모두 예외 없이 B라는 성질을 가지고 있다면 아마도 A는 B라는 성질을 가지고 있다'라는 형태의 확률적 또는 통계적 일반화로 대체함으로써 단지 개연성만을 진술하는 것이다. 그러나 확률론으로 후퇴하더라도 아직 경험하지 않은 것에 대해 그것이 (확률적으로) 어떠할 것이라고 추정하는 귀납의 논리적 모순을 해소하는 것은 아니다. 더욱이 확률을 계산하기 위해서는 전체 사례의 수를 알아야 하는 어려움이 있다.

10 귀납추론의 논리적 절차와 어긋나지만, 실제로 "19세기와 20세기 과학자들은 아주 복잡하지만 잘 입증되고 확증된 이론들을 기초로 지식을 구성하고 있다. 과학자들은 새로운 영역을 탐구할 때 기존에 확립된 과학의 성공을 무시하지 않고 이를 강화하고 확장하고자 하며…… 도움을 주는 과학이론을 이용할 필요가 있었다. 과학자들이 실험도구를 조작하고 새로운 실험 계획을 짜는 데는 전문화된 특수한 지식이 필요하다. 주어진 자료만으로는 탐구를 시작할 수 없다"(래디먼, 2003: 121).

었다. 포퍼나 헴펠 같은 논자들은 과학적 지식이란 어떤 방식으로 제출된 것이든 경험적 증거에 비추어 그 주장의 타당성을 경험적으로 확인할 수 있는, 즉 그 주장으로부터 가설을 연역해서 경험적 증거와 대비해볼 수 있는 지식주장이라고 정의했다. 과학의 작업은 경험에서 이론으로 나아가는 것이 아니라 반대 방향으로, 과학적 이론이나 '추측(conjectures)'에서 시작해서 경험적 증거로 그 추측의 진위를 시험하는 식의 절차를 따른다는 것이다.

그렇지만 이 경우에도 아무리 많은 개별 관찰이 일반적인 지식주장과 일치하더라도, 미래의 관찰이 지식주장과 일치할 것인지 경험적으로 확인불가능하다는 '귀납의 문제'는 여전히 남아 있다. 논리적으로, 과학의 지식주장과 일치하는 경험적 증거가 아무리 많이 있더라도 그 주장이 옳다는 것을 최종적으로 또는 결론적으로 '확증(verification)'할 수는 없다. 여기서 포퍼는 과학의 지식주장을 정당화하는 절차로 '반증의 원리'를 제시한다. 단 하나의 '반대되는' 경험적 증거만 있더라도 그 주장이 그릇되었다는 것을 완벽하게 증명하고 그 주장을 기각할 수 있다는 것이다. 이제 과학에서 지식주장과 경험적 증거를 논리적으로 타당하게 연결하는 방법은 연역을 통한 '반증(falsification)'으로 축소된다. '축소'라고 표현한 것은, 추측에 의해 과학적 지식주장을 정립하면 그 주장은 경험적 증거에 의해 기각되지 않는 동안만 잠정적으로 과학적 지식으로 유지되기 때문이다. 간단히 말해, 가설이 경험적 증거와 모순될 경우 가설을 단호하게 폐기하는 과학의 정직성이 곧 과학의 합리성의 근거가 된다. 과학의 합리성의 원천은 추리와 논증의 논리적 타당성에 있으며, 논리적 규칙과 기준에 따라 과학이론을 선택하고 정당화하는 절차에서 과학의 합리성이 구현된다. 그리고 과학은 ① 이러한 과감한 추측과 ② 확실한 경험적 사실들의 심판을 통한 기각이라는 시행착오의 연속을 통해 성장한다. 실증주의는 '반증의 원리'를 과학적 방법의 핵심으로 옹호하면서, 모든 과학적 지식주장을 경험의 시험에서 '반대되는 사실'에 의해 반증되기를 기다리는, 반증되기 전까지만 (잠정적으로) 타당한 지식이라고 간주하게 되었다.[11] 그리고 반증의 원리, 즉 '추측과 기각의 원리'는 '가설연역적 방법', '포괄법칙적 설명모형' 등으로 전개되었다.[12]

가설연역적 방법

가설연역적 방법은 '반증의 원리', 즉 가설적인 지식주장의 진위를 경

11 과학이론은 상충하는 경험적 증거에 의해 반증될 수는 있지만 일치하는 증거에 의해 확증될 수는 없다는 반증주의에 따르면, 과학자들의 연구는 참(true)인 지식주장을 만들어내고자 하는 작업이 아니라 자신의 지식주장이 그릇된(false) 것이라는 점을 확인하는 작업으로 규정된다. 또한 과학의 지식주장은 '반증' 사례를 발견하기 전까지만 그릇되지 않다고 잠정적으로 타당성을 인정받는 불안정한 것이 된다. 여기서 실증주의는 과학적 지식이 '객관적 진리'가 아니라 과학자들 사이의 협약에 의한 '잠정적 진리'일 뿐이라고 정의하는 협약주의로 가는 문을 열었다. 한편 실증주의는 반증주의를 수용함으로써 논리적 엄밀성을 얻는 대신 경험론의 교의에서 이탈했다. 경험론의 교의를 준수하면 미래에 반증 사례가 나타날 것인지 경험적으로 확인할 수 없기 때문에 현재 관찰한 반증 사례만으로 지식주장을 기각할 수는 없다. 포퍼는 자신의 입장을 '비판적 합리론'으로 부르면서 이 점을 인정했다.

12 또한 반증의 원리는 '과학'과 '가짜과학(pseudo-science)'을 구분하는 재판관으로도 군림한다. 포퍼는 지식주장을 정당화하는 절차가 과학적 작업의 요체이며, 경험적으로 시험할 수 있는가 여부, 즉 그 주장으로부터 가설을 연역해내어 경험적 증거와 대비시킬 수 있는가 여부가 과학성의 기준이라고 주장한다. 경험적 증거에 의해 반증할 수 있는 지식주장은 과학적인 것이고, 어떤 종류의 시험으로도 반증할 수 없는 것은 형이상학적이거나 비과학적인 '가짜과학'으로 간주된다. 예컨대 경험적 증거로 시험불가능한 논리구조를 갖는 마르크스주의 사회이론이나 정신분석학 등은 포퍼에 따르면 과학이 아니라 '가짜과학'이다.

험적 증거로 시험하는 절차를 논리적 관계로 체계화한 것이다. 과학의 지식주장은 'A이면 언제나 B이다'라는 보편적 진술 형식을 취한다. 그렇지만 이런 지식주장을 어떻게 만드는가 하는 것은 문제가 되지 않는다. '발견의 맥락'에서는 지식주장을 반드시 광범한 자료에서 이끌어낼 필요는 없으며 그것은 순간적인 영감의 산물일 수도 있다. 중요한 것은 그 지식주장의 진위이며, 이것은 '정당화의 맥락'에서 그 지식주장에서 도출할 수 있는 경험적 결과가 실제의 경험적 증거와 일치하는가 여부로 판단할 수 있다. 과학자들은 탐구하는 현상을 해명하는 (가설적) 이론을 고안하지만 이론을 직접 시험하기는 어렵다. 대부분의 경우 이론은 직접 관찰할 수 없는 객체나 과정에 관한 진술을 포함하기 때문이다. 그러므로 이론에서 경험적 결과를 논리적으로 도출하고 이것을 실제 경험적 증거와 대조해서 가설의 진위를 판단하게 된다. 예컨대 자동차의 냉각기가 파열된 사건을 보면서, (아마도 대담한 추측을 통해서) '물이 얼면 부피가 증가한다'라는 (가설적) 이론을 만들 수 있다. 그 이론에 근거해서 용기 속에 물을 채우고 얼리면 부피가 증가해 용기가 파열될 것이라는 경험적 결과를 연역할 수 있다. 그런 다음 실제의 실험에서 얻은 경험적 증거와 그 이론의 결과가 일치하는가 여부를 확인할 수 있다.

가설연역적 방법의 절차는 다음과 같다. ① (가설적) 이론을 정식화한다. ② 이론과 보조 가정에서 경험적 결과를 연역한다. ③ 논리적으로 연역한(추정한) 결과를 실제의 경험적 증거와 비교한다. ④ 경험적 증거가 이론을 반증하는가 아니면 지지하는가에 대한 결론을 이끌어낸다. 특히 과학은 이런 방법을 사용해서 가설적인 이론의 진위 또는 타당성을 언제 어디서나 반복하고 확인함으로써 신뢰할 수 있는 지식주장을 만든다는 점에서 다른 인지활동과 구별된다. 그리고 이 때문에 가설연역적 방법은 과학적 탐구의 핵심이다.[13] 물론 가설적 이론이 보편적 진술과 일치하는 경험적 증거를 아무리 많이 수집하더라도 그 가설을 확실한 참이라고 최종적으로 확인하고 단언할 수는 없다. 반대되는 증거가 나올 때까지만 참이라고 잠정적으로 승인될 뿐이다.[14]

포괄법칙적 설명모형

과학은 무엇보다도 경험적 현상에 대한 설명을 추구한다. 실증주의자

---

13 "실증주의자들은 자연과학에서 이론 시험의 특징을 분석하는 데 많은 노력을 기울였다. 일부 실증주의자들은 이론 시험에 대한 형식논리적 이론을 발전시키고자 했지만 과학적 이론의 시험은 논리적 처방으로 환원할 수 없을 정도로 매우 복잡한 작업이라는 것을 깨달았다"(Rosenberg, 2008: 11). 가설연역적 방법에서 '연역'은 과학적 논증의 전체 구조가 아니라, 가설과 그것에서 도출한 경험적 결과 사이의 논리적 연결을 의미한다. 그럼에도 일부 실증주의자들은 가설연역적 방법을 "유일한 실증주의적 방법(the positivist method)"으로 제시했다(Halfpenny, 1982: 102). 특히 현대사회학의 주요 경향들에서는 "가설연역적 방법을 과학적 방법에 대한 가장 영향력 있는 해석"으로 받아들였으며(Gorski, 2004: 2), 이 방법은 "표준적인 과학적 방법(standard scientific method)"으로 사회학 연구를 지배했다(Lynch and Bogen, 1997: 488). 한편 래리 라우든(Larry Laudan)은 이 방법이 오로지 경험적 시험의 결과에 의해 지식주장을 정당화한다는 점을 부각해서 '결과주의(consequentialism)'라고 규정한다(Laudan, 1981).

14 가설연역적 방법은 이론을 고안하는 과정 — 발견의 맥락 — 은 추측에 의해 진행되고 이론을 평가하는 과정 — 정당화의 맥락 — 은 연역을 통한 경험적 시험에 의해 진행된다고 두 과정을 분리하여 특징짓는다. 그렇지만 "이 설명에서 한 부분만 받아들이고 다른 한 부분은 기각하는 것도 논리적으로 모순은 아니다"(키트·어리, 1993: 40). 실제의 과학적 작업은 훨씬 더 복합적이고 융합적이지만, 예컨대 추측을 통해 이론을 고안하고 이를 '확증'하고자 할 수도 있고, 경험의 귀납적 일반화를 통해 이론을 고안하고 이를 '반증'하고자 할 수도 있다. 가설연역적 방법이 주장하는 것처럼 발견이 반드시 추측에 의해 이루어지고 정당화가 반드시 반증에 의해 이루어지는 것은 아니다.

들은 과학의 설명이 '법칙'을 인용한다는 점에 주목했다. 사과가 땅에 떨어지는 것은 중력의 법칙으로, 자식이 부모를 닮는 것은 유전의 법칙으로 설명할 수 있다. 그러므로 실증주의자들은 과학에서 어떤 현상을 설명한다는 것은 문제의 현상을 잘 확립된 보편법칙의 사례임을 입증하는 것이라고 이해했다. 예컨대 포퍼는 『과학적 발견의 논리(The Logic of Scientific Discovery)』에서 다음과 같이 주장했다.

> 어떤 사건에 대해 인과적 설명을 제공한다는 것은, 하나 또는 그 이상의 보편법칙을 어떤 단일한 진술, 즉 초기조건과 함께 연역의 전제로 사용해서 그 사건을 서술하는 진술을 연역해낸다는 것을 뜻한다(Popper, 1959 : 59).

과학적 설명은 "① 설명항에서 피설명항을 도출하며, ② 설명항은 피설명항의 연역에 필요한 일반법칙을 포함하고, ③ 설명항을 경험적 시험에 부칠 수 있어야 한다는 논리적 조건과, ④ 설명항이 경험적으로 참이어야 한다는 경험적 조건을 충족해야 한다는 것이다"(Halfpenny, 1982: 63). 이것은 가설연역적 방법에서 보편적인 지식주장을 경험적 증거로 시험하는 것과 동일한 논증 구조를 갖는다. 즉, 과학적 설명은 개별 사건이나 현상을 보편법칙 또는 일반법칙의 사례로 포섭시키는 연역적 논증 형식을 따른다. 헴펠은 이러한 설명방식을 연역논증의 형태로 정식화하고 '자명한 설명 형태'로 규정한다.

> (현상에 대한) 설명은 두 종류의 진술로 이루어진다. 첫 번째 종류의 진술은 설명되어야 할 현상보다 앞서서 또는 적어도 그것과 동시에 존재해야 하는 어떤 조건을 나타낸다. 우리는 그것들을 간단히 초기조건(initial conditions)이라고 부를 것이다. 두 번째 종류의 진술은 어떤 일반적인 법

칙을 표현한다. …… 이 두 가지 진술을 적절하고도 완전하게 정립하면이 진술들은 고찰되는 현상을 설명한다. …… 논의되는 사건은 그것을 일반법칙 아래 포섭시킴(subsuming)으로써, 즉 그 사건이 이러한 법칙에 따라 어떤 특정의 초기조건의 실현에 힘입어 발생했음을 보임으로써 설명된다. …… 그러므로 '그 현상이 왜 발생하는가'의 문제는 '어떤 일반법칙에 따라 그리고 어떤 초기조건에 힘입어 그 사건이 발생하는가'를 의미하는 것으로 해석된다(Hempel, 1965: 246).

실증주의에 따르면 과학적 설명은 논리적 논증의 한 형태이며, 여기서 일반법칙 또는 포괄법칙에 대한 진술과 초기조건들에 대한 진술은 논증의 전제들이다. 이 두 전제들이 사건을 설명하는 것에 대한 진술, 즉 설명항이다. 설명되어야 할 사건에 대한 진술, 즉 피설명항은 이 논증의 결론이 된다. 특정 사건을 설명한다는 것은 하나 이상의 보편법칙 – 실증주의자들은 과학의 법칙을 'ㄱ이면 ㄴ이다'라는 규칙성에 관한 '일반화된 형태의 진술'이라고 이해한다 – 과 그 사건의 발생을 위해 법칙이 필요로 하는 조건('ㄱ'이다)의 조합에서 그 사건의 발생('ㄴ'이다)을 연역하는 것이다. 다시 말해 피설명항은 설명항에서 논리적으로 연역한 결론이다. 예컨대 기구에 열을 가하면 기구가 팽창하는 현상은 일정한 압력(P) 아래에서 기체의 부피(V)와 온도(T) 사이에 비례의 관계가 있음을 진술하는 법칙(k를 상수라고 한다면, PV=kT)을 적용하여 설명할 수 있다.

실증주의자들은 이 모형을 과학의 표준적인 설명모형이라고 강조하면서 '포괄법칙적 설명모형(covering law model of explanation)' 또는 '법칙연역적 설명모형(deductive-nomological model of explanation)'이라고 불렀다.[15] 그리고 실증주의자들은 이 모형을 발생한 사건에 적용하면 '설명'이 되고 아직 발생하지 않은 사건에 적용하면 '예측'이 된다고, 그러므로 설

〈표 2.1〉 포괄법칙적 설명모형의 사례

설명항	법칙	일정한 압력(P) 아래에서 기체의 부피(V)는 기체의 온도(T)에 비례한다(PV=kT)	전제들
	초기조건	기구에 열을 가했다	
			(연역)
피설명항	— 사건	기구가 팽창했다	— 결론

명과 예측은 대칭적 구조를 갖는다고 주장했다. 즉, 과학적 이론에 근거한 예측도 설명과 동일한 논리적 구조를 가지며, 차이는 다만 아직 사건이 발생하지 않았다는 점이라는 것이다. 여기서 과학적 이론을 근거로 예측한 사건이 발생하는가 여부는 그 이론(에 포함된 보편법칙)의 진위를 경험적으로 검증하는 심판자가 된다. 과학적 작업은 주어진 현상이나 현실을 '만약-그러면(if-then)'이라는 조건 논증의 증명성-예측성 명제로 재구성함으로써 발생한 사건을 설명하고 미래의 사건을 예측하는 활동으로 특징지을 수 있다.[16] 또한 이 모형에 따르면, 과학은 법칙을 인용하여 특정한 개별 사건을 설명할 뿐 아니라, 법칙에 대해서도 더 근본적인, 또는 더 높은 수준의 법칙들로부터 연역해서 설명할 수 있다. 예컨대 케플러의 행성의 운동법칙을 뉴턴의 운동법칙에서 연역해 설명하거나, 화학반응의 법칙을 양자와 전자의 운동에 관한 물리학적 법칙에서 연역할 수 있다. 이상적으로 말하면, 실증주의자들은 법칙들의 위계가 있어, 꼭대기에는

15 이런 견해의 대표자로는 헴펠, 포퍼, 토머스 네이글(Thomas Nagel) 등을 들 수 있다. 한편 '포괄법칙 모형'이라는 용어는 윌리엄 드레이(W. H. Dray)가 만들었다. 그는 헴펠의 설명모형에 대해 '설명되어야 하는 것을 일반법칙 아래 포섭하는 것'이라고 규정한다.

16 이 연역논증 형식의 설명은, 만약 전제들이 참이라면 논리적으로 결론은 거짓일 수 없다는 판단에 호소한다. 그렇지만 전제 자체가 참인가라는 문제는 논리학이나 연역추론의 범위 밖에 있다. 즉, 사실관계에서 거짓인 전제들에서도 논리적으로 타당한 결론을 이끌어낼 수 있는 것이다.

대단히 폭넓은 응용범위를 갖는 소수의 법칙이 있고 그것으로부터 덜 일반적인 다른 법칙들을 연역할 수 있다는 것이 밝혀질 것이라고 생각한다. 바로 이러한 종류의 법칙의 위계적 체계가 과학이론을 형성한다.

이러한 주장은 1920년대의 논리실증주의 이래 지난 1970년대 초까지 과학철학을 지배해왔던 실증주의적 과학관의 핵심으로 과학에 대한 '표준적 견해(received view)' 또는 '법칙적 설명의 정통(law-explanation orthodoxy)'으로 군림하면서 압도적인 영향을 미쳐왔다(오스웨이트, 1995). 특히 사회과학철학에서는 이런 법칙적 설명의 정통을 사회과학 연구에까지 관철시키려는 '방법론적 제국주의'가 지배적인 경향을 형성해왔던 것도 사실이다. '이 모형은 모든 종류의 설명에 사용할 수 있으며, 사회과학의 설명을 포함한 모든 과학적 설명은 이 모형의 용어로 구성할 수 있어야 한다'라는 주장이 널리 유포되었다(앤더슨, 1988 : 336). 이 때문에 대부분의 사회과학자들은 일반화 및 법칙의 적용을 자연과학의 특징적인 설명방식으로 이해했다. 그리고 이러한 견해에 대한 동의 위에서, "개별 행위들을 특수한 경우로 포괄할 수 있는 사회적 행위에 대한 포괄이론 또는 법칙적 진술 – 설명에서 중심을 이루는 – 이 부족하기 때문에 사회과학은 아직도 의미 있는 설명력을 보유하지 못하고 있다"라는 평가도 제시되었다(루드너, 1986: 107~110).[17] 그러나 자연과학의 설명방식 및 법칙에 대한 이러한 견해에 대하여, 윌리엄 오스웨이트(William Outhwaite)는 '메타이론가의 환상'일 뿐이며, 오히려 '설명에 대한 포괄법칙 개념으로 불리게

17 이렇게 평가하는 리처드 루드너(Richard Rudner)는, "사회적 행위는 규칙지배적이므로 사회연구에 적합한 지식들은 규칙을 습득함으로써 얻을 수 있다"는 피터 윈치(Peter Winch)의 주장에 대해 "과학적 진술과 그것이 서술하고 있는 실재 현상의 관련 방식을 과학적 진술 자체와 혼동하는 재현의 오류(reproductive fallacy)"를 범하고 있다고 비판하면서, '일반화'라는 과학적 방법의 사용을 옹호하고 '사회과학과 비사회과학의 방법론의 분리'에 반대한다(루드너, 1986: 105, 122~123).

된 것이 존속해오는 사실 자체가 수수께끼'라고 비판한다(1995: 22). 간단히 말해, 일반화 및 법칙의 적용은 자연과학의 설명에서도 특징이 될 수 없다는 것이다.

과학의 이론과 법칙

과학의 지식주장은 '이론'으로 표현된다. 실증주의는, 과학적 이론은 경험적 자료에서 논리적으로 도출되는 것으로 생각했기 때문에 이론을 부차적인 것으로 취급한다. 그렇지만 앞에서 논의한 것처럼, 귀납의 문제 때문에 실증주의자들은 경험에서 이론의 도출이 귀납적 절차를 통해서 이루어진다고 주장할 수는 없었다. 실증주의에 따르면 "이론은 일반적인 보편 진술들의 조합으로 구성되며 체계적 관찰과 실험에 의해 그 진술의 진위를 평가할 수 있다"(키트·어리, 1993: 36). 즉, 주관적인 이론과 객관적인 경험 사이의 논리적 관계가 과학적 지식의 객관성을 보증한다.

과학적 이론은 가설연역적 방법, 즉 탐구하는 문제에 대한 잠정적인 답으로 가설을 고안한 다음 그 가설을 경험적 증거로 시험하는 과정을 통해서 구성된다. 보편 진술들의 조합으로서 이론은 우리에게 개별 상황에서 특정의 경험을 기대할 근거를 제공한다. 이론에 근거한 기대와 실제 경험적 자료 사이의 부합은 과학적 방법의 중요한 요건이다. 어떤 정신적·심리적 과정을 통해 가설이나 이론을 정식화하면 경험적 증거로 그것을 반증하지 못하는 한 그것은 과학적 이론으로 유지된다. 그리고 과학은 이러한 추측과 기각의 시행착오를 통해 진보한다. "대부분의 과학도는 옛 이론의 통찰을 새로운 이론 속에 통합하고 보존함으로써 점점 더 많은 지식을 축적하는 것을 과학의 진보라고 받아들인다"(Rosenberg, 2008: 12~13).

실증주의의 지배적인 견해에 따르면, 과학적 지식의 기초는 경험이며 이론은 경험적 사실들에 대한 논리적 해석체계 또는 "해석된 형식적 계산"(키트·어리, 1993: 30)이다. 과학적 이론은 체계적인 관찰과 실험으로 그 진위를 평가할 수 있는 논리적 구성물 – 이상적으로는 "경험적으로 해석된 연역적 공리체계"(Carver, 2002: 55) – 로 논리적 어휘와 초논리적 어휘들로 구성된다. 여기서 논리적 어휘는 논리적 연결어와 수학적 용어를 포함하고, 초논리적 어휘들은 이론의 서술적 용어를 구성하는 술어를 포함한다. 이론은 서술적 용어들 사이의 추론관계를 드러냄으로써 현상을 체계화한다. 이 체계화가 이론에 "논리적 뼈대(logical skeleton)"를 제공하고 초논리적 어휘 속의 술어들을 "암묵적으로 정의한다"(Nagel, 1961: 90). 초논리적 어휘의 술어들은 관찰언어와 이론언어로 분류할 수 있다. 관찰언어는 관찰가능한 객체들에 입각해서 직접 정의할 수 있는 반면, 이론언어는 직접 관찰할 수 없는 객체들과 속성들을 가리킨다. 그렇지만 관찰가능한 항목들을 가리키지 않는 이론언어는 과학에서 정당한 지위를 가질 수 없기 때문에 (조작적 정의, 부분적 정의 또는 조건적 정의 등의) 상응규칙이나 연결원리(bridge principle)를 통해 관찰언어로 환원하거나 정의하거나 연결함으로써 과학적으로 의미 있는 것이 된다. 그리고 이것에 의해 과학적 이론들은 경험적 내용을 확보하게 된다.

실증주의는 과학적 이론이 "연역적으로 조직된 논증 체계이기 때문에 설명력을 갖는다"라고 주장한다(Rosenberg, 2012: 115~116). 이론의 설명력은 이론에 포함되어 있는 '법칙'에서 유래한다. 어떤 사건이나 규칙성을 설명하는 것은 (앞의 포괄법칙적 설명모형에서 제시한 것처럼) 피설명항을 이론의 공리적 구조 속에 연역적으로 포섭하고 그것에 의해 피설명항이 법칙 및 초기조건의 논리적 결과라는 것을 입증하는 일이다.

> 이론은 확립된 법칙들을 해석·비판·통합하고 법칙을 정립하면서 예상하지 못했던 자료에 맞추어 법칙을 수정하며 새롭고 더 강력한 일반화를 발견하는 작업을 안내하는 도구로 나타날 것이다. …… 경험에 의해서(by) 얻는 것이 아니라 경험으로부터(from) 얻는 것이기 때문에…… 이론은 추측적이거나 가설적이며 불확실하다는 점에서 알려진 참으로서 '사실'에 대한 진술과 대비된다(Kaplan, 1964: 295~296).

여기서 이론은 개념과 변수에 특정한 의미를 부여하고, 경험적 발견의 의미를 해석할 수 있게 해주는 틀을 제공하며, 관찰가능한 사건/현상의 관계에 대한 가설을 제시하는 것으로 이해된다. 그러므로 '이론'은 경험적 자료들 사이의 관계를 질서 짓는 명제들의 논리적인 체계, 즉 '질서 짓는 틀(ordering-framework)' 또는 '정리체계(filing-system)'로서(세이어, 2013: 제3장)[18] 경험적 사건들을 설명하고 예측하는 데 사용한다.

실증주의에 따르면, 이론 속의 보편적 진술로서 법칙은 관찰가능한 사건이나 사물 속에 있는 어떤 체계적인 질서를 발견해 표현한 것으로 관찰과 일치 여부에 의해 최종적으로 검증된다. 과학적 법칙은 "어떤 장소와 시간에 특정한 종류의 사건 C가 발생하는 모든 경우에, 이 사건이 발생하는 장소와 시간과 특정한 방식으로 연관된 장소와 시간에 특정한 종류의

18 "실증주의에 따르면 이론은 공준들(postulates)이나 공리들(axioms)과 이것들에서 논리적으로 도출한 정리들(theorems)로 구성된 공리체계(axiomatic system)의 구조물이다"(Rosenberg, 2008: 12). 과학적 이론의 논리적 구조를 중시하는 이런 견해는 이론에 대한 '구문론적 견해'로 불린다. 이 견해는 과학적 지식은 논리적인 것과 경험적인 것으로 분석되고 환원될 수 있어야 하며, 논리적인 것과 경험적인 것 외의 모든 것은 과학적 지식에서 제거해야 한다고 믿는 논리실증주의에서 특히 강조했다. 구문론적 견해와 대비되는 견해로 과학적 이론의 핵심요소는 그 이론이 다루는 객체를 모사하는 '모형'이라고 분석하는 '의미론적 견해'가 있다.

사건 E가 발생할 것이다"라는 형태를 갖는다(Hempel, 1965: 231~232). 간단히 말하면, 법칙은 사건이나 사물들 사이에서 경험적으로 발견된 제일성(uniformity)을 가리키며 '모든 A는 B이다(또는 A→B)'라는 보편적 진술의 형식으로 표현된다. 다시 말해, A 사건 뒤에 늘 B 사건이 이어진다는, 개별 사례에서 확인한 경험적인 규칙성을 나타낸다[법칙은 "경험적 규칙성의 원칙"과 "사례에 의한 확증(또는 반증)의 원칙"을 전제한다(Hempel, 1965: 10~13)]. 그러므로 실증주의는 법칙에 대해 "① 법칙은 보편적 형식을 갖는다, ② 법칙의 범위는 무제한적이다, ③ 법칙은 특정 대상에 대한 지시를 포함하지 않는다, ④ 법칙은 순수 성질 술어만을 포함한다고 특징짓는다. 특정의 시간이나 장소 또는 특정 대상에 한정되는 진술은 법칙의 자격을 갖지 못한다"(키트·어리, 1993: 17). 이런 보편성에 의해 "과학적 법칙은 개별 현상에 대한 설명과 예측의 기초를 제공하고 그것에 의해 현상을 통제할 수 있게 한다"(Halfpenny, 1982: 63). 그리고 이 때문에 법칙에 대한 지식은 과학의 목표이다.

실증주의는 법칙을 '규칙성'으로 규정하지만, '법칙'이라는 용어는 많은 경우 '성공적인 인과적 설명'이나 '잘 확인된 인과적 설명'과 바꾸어 사용될 수 있는 것으로 인정된다(Beed and Beed, 2000: 132). 헴펠도 "여기서 지금까지 고려한 설명의 유형은 종종 인과적 설명이라고 지칭된다. 만약 E가 특정의 사건을 서술한다면 (설명항들의 단일 문장들에 의해) 서술되는 선행의 상황들은 함께 그 사건을 '야기한다(cause)'라고 말할 수 있다" (Hempel, 1965: 250)라고 말함으로써 법칙을 인과적 설명으로 상정하고 있다. 그렇지만 실증주의는 법칙 개념이 함축하는 '필연성'의 문제에 관해서는 흄의 경험론적 정의를 따른다.

흄은 상식적인 의미에서 인과관계 개념은 시간적 선행성, 인접성 그리고 필연적 연관성이라는 세 가지 개념을 포함한다고 지적한다. 그런데 앞의 둘은 경험에 직접 근거하지만 필연적 연관의 개념은 경험에서 이끌어낼 수 없다. 우리가 경험할 수 있는 것은 두 가지 사건이 연결되어 발생하는 사례들의 반복, 즉 사건들의 항상적 결합이 전부이다. 두 가지 사건의 항상적 결합을 관찰하면 우리는 이 규칙성이 필연적으로 연관된 것이며 반복될 것이라고 기대하는 정신적 습관을 형성한다. 연관의 관념은 습관에 기초한 기대일 뿐이며 실재하는 세계에서 경험으로 확인할 수 있는 개념이 아니다. 인과관계를 표현하는 법칙에 사람들이 상식적으로 부과하는 필연성의 관념은 사건들의 연쇄에 인간의 정신이 덧붙이는 심리적 첨가물일 뿐이다. 실재하는 세계에는 사건의 연속밖에 없으며, 그들 중 일부가 종류가 유사한 사건의 반복이고, 반복되는 이 유사함으로부터 우리는 원인이라는 관념을 이끌어내는 것이다. 원인이라는 관념은 사건들의 일정한 결합을 반복적으로 관찰함으로써 형성한 결과, 즉 감각과 습관의 결과인 것이다.[19] 예컨대 논리실증주의자인 루돌프 카르납(Rudolf Carnap)

19 이것과 관련해 해킹은 실증주의의 여섯 가지 핵심 주장을 찾아낸다. ① 검증(또는 반증)에 대한 강조: 중요한 명제들은 그것의 진위를 특정의 방식으로 확인할 수 있는 진술이다. ② 관찰의 중시: 우리가 보고 느끼고 만지는 등의 행동을 할 수 있는 것은 수학적인 지식 이외에 우리의 나머지 모든 지식의 내용이나 기초를 제공한다. ③ 원인 반대: 자연에는 한 종류의 사건에 다른 종류의 사건이 이어진다는 일관성을 넘어서는 인과성은 없다. ④ 설명의 경시: 설명은 현상들을 조직하는 데서 도움을 줄 수 있지만 현상이 이러저러한 방식으로 규칙적으로 발생한다고 말하는 것을 제외하고는 '왜'냐는 질문에 더 심층적인 답을 제공하지 않는다. ⑤ 이론적 실체 반대: 실증주의자들은 비실재론자이다. 그들은 실재를 관찰가능한 것에 한정할 뿐 아니라, 원인의 개념에 반대하고, 설명에 관해 의문을 갖는다. 그들은 현상들 사이에 일정한 규칙성만이 존재할 뿐이라고 주장하고 원인 개념을 거부하기 때문에 인과적 효과에서 어떤 (이론적 또는 비경험적) 실체의 존재를 추론하지 않는다. ⑥ 실증주의자는 형이상학에 반대함으로써 ①~⑤의 항목들을 요약한다. 경험적 증거로 시험할 수 없는 명제들, 비경험적 실체들, 원인들, 심층적 설명과 같은 것들은 형이상학이 다루는 사안이라고 실증주의자는 말한다(Hacking, 1983: 41~42). 이런 맥락에

에 따르면 법칙은 단지 관찰된 규칙성의 서술일 뿐이다(Halfpenny, 1982: 62~70). 결국, 실증주의는 경험만이 모든 지식주장의 확실하고 정당한 기초라고 믿기 때문에 경험을 넘어서는 세계 속의 '필연성'의 존재는 인정하지 않는다.

실증주의에 따르면, 법칙이 표현한다고 상정되는 필연적인 '인과관계'는 사건이나 객체의 연속적인 발생일 뿐, 논리적으로는 독립된 사건들의 항상적 결합 또는 경험적 사건들의 보편적 규칙성(universal regularities)에 지나지 않는다.[20] 그러므로 "실증주의에서 인과관계를 표현하는 법칙은 세계에서 관찰되는 경험적 규칙성에 관한 진술이며, 이 점에서 경험의 귀납적 일반화의 산물로 취급해야 할 것이다"(벤턴·크레이브, 2014: 61).

경험의 특권적 지위

실증주의 과학관은 과학은 (가설적) 이론을 경험적 '사실'로 시험해서 진위를 판단하며, 경험적 증거에 의해 진위를 확인할 수 있는 지식주장만

서 사실상 "실증주의자들은 대체로 '과학적' 설명 같은 것은 없다고 믿었다. 과학의 임무는 현상을 서술하고 예측하는 것이며, 현상에 대한 우리의 지식을 체계화하는 것이라고 믿었다. 우리가 설명을 원한다면, 즉 '왜'라는 질문에 답하고자 한다면 그것은 형이상학이나 신학에 호소해야 한다는 것이다"(Salmon, 2000: 239).

20 원인과 결과 사이의 관계에 대한 이러한 견해는 경험적 지식이 아니라 철학적 또는 형이상학적 지식이다. 인과관계와 관해서 원인과 결과를 이렇게 사건들의 연쇄로 이해하는 것은 철저한 경험론 또는 현상론의 입장이며 '연속적 인과이론(succession theory of causality)'으로 불린다. 반면 원인이 결과를 발생시키는 능력을 가졌으며 둘이 필연적인 연관을 갖는다고 상정하는 발생적 인과이론(generative theory of causality)도 있다. 두 견해는 규칙성 이론(regularity view)과 필연성 이론(necessity view)으로도 불린다(하레, 1986: 155~165를 참고할 것).

을 과학적인 것이라고 주장해왔다. 실증주의는 "경험에 의해 객관적으로 통제된 과학을 이상으로 삼는다"(키트·어리, 1993: 44). 모든 지식은 경험에 기초하며 오직 경험만이 과학적 이론화를 가능하게 하는 객관적 증거를 제공한다. "실증주의자들은 지식 주체가 과학적 지식을 경험이라는 암반 위에 놓고 경험에 주어진 것을 엄밀히 정해진 논리의 규칙들에 따라 조작하는 것 이상의 역할을 배제하면 개인적 견해나 형이상학적 사변을 피할 수 있다고 믿는다"(Halfpenny, 1982: 88). 형이상학이나 윤리학이나 신학 등은 그 지식주장의 진위를 경험을 통해 판단할 수 없기 때문에 비과학적 또는 전(前)과학적 접근들이다. 실증주의자들이 과학에서 이론언어와 관찰언어를 구별하고 이론언어를 관찰언어로 환원하거나 정의하거나 연결해야 한다고 주장하는 것도 관찰언어로 진술하는 경험적 사실만이 과학적 지식의 확고한 기초이기 때문이다.

그러므로 이론과 경험의 구분은 실증주의가 과학을 이해하는 데 가장 핵심적인 구분이다. 실증주의 과학관에 따르면 이론은 순전히 '사변적인 것'이거나 '가설적인 것'인 반면, 경험은 객관적 사실로서 인식론적·존재론적으로 특권적인 지위를 갖는다. 인식론적 특권은 첫째, 경험이 과학적 지식의 확고하고 객관적인 기초라는 것이다. 관찰언어를 사용해 "세계에 대한 직접 경험을 그대로 서술할 수 있고, 그러므로 경험으로 접근 가능한 것들을 가리키는 관찰언어만을 담고 있는 진술에 의해 과학자는 가장 확실한 자료를 제시할 수 있다"(휴즈·샤록, 2000: 78). 실증주의는 경험을 일종의 객관적 사실이라고 상정한다. 둘째, 경험은 가설적 이론의 진위를 판단하는 심판자라는 특권적 지위를 갖는다. 관찰언어로 구성된 관찰적 진술의 진위는 이론적 진술, 즉 적어도 약간의 비관찰언어를 포함하고 있는 진술의 진위에 의거하지 않고도 확인할 수 있고 이론적 진술의 진위는 세계의 관찰된 '사실들'에 관한 진술과 연결하여 검증 또는 반증할 수 있다. 경험은 이론(들)의 영향을 받지 않으며 이론(들)에 독립적이고 중립적이며 과학의 객관성은 이것에 의해 확보된다고 상정한다. 경험의 존재론적 특권은 이론언어를 연결원리나 상응규칙을 통해 관찰언어로 환원하거나 연결하거나 정의해야 한다는 실증주의의 주장에서 찾아낼 수 있다. 이 주장은 "이론언어가 가리키는 항목들은 세계에 존재한다고 주장할 수 없으며, 관찰언어가 가리키는 항목 또는 객체만이 세계에 존재한다고 인정하는 것이 적절하다는 존재론적 믿음을 전제한다"(키트·어리, 1993: 44~45).[21] 간단히 말해, 실증주의자들은 과학에서 경험이 이론의 인식적 기초이며 이론의 진위를 검증하고 평가하는 심판자이고, 세계에 존재하는 것을 판별하는 기준으로 인식론적·존재론적 특권을 갖는다고 이해한다. 과학은 이론적 진술을 경험적 진술로 환원하거나 연결하고, 이론을 경험적 사실과 일치 여부에 의해 시험함으로써, 이론적 진술의 인식론적으로 열등한 지위를 개선하고 과학성을 확보할 뿐 아니라 세계에 존재하는 것들에 관한 지식으로 정당화될 수 있다.[22]

21 우리가 경험에 의해 그것의 존재를 확인할 수 있는 객체만 세계에 존재한다고 인정할 수 있다는 견해는, 세계에 무엇이 존재하는가를 판단할 때 '경험'을 기준으로 삼는 것이다. 이와 달리, 인간의 경험을 어떤 객체가 세계에 존재하며 작동하기 때문에 나타난 '결과'라고 파악하는 입장도 있다. 이 입장은 존재 여부의 판단에서 '인과'를 기준으로 삼고 있다. 각각은 '존재의 경험적 기준'과 '존재의 인과적 기준'으로 불린다. 한편 세계에 무엇이 존재하는가라는 판단에서 경험을 기준으로 삼는 입장은 '경험론적 존재론'이라고 할 수 있다. 그렇지만 세계에 무엇이 존재하는가라는 문제는 '존재론'의 영역에 속하는 사안인 반면, 그러한 존재를 인간이 경험하는가 여부는 인식의 영역, 즉 '인식론'의 영역에 속하는 사안이다. 그러므로 경험론적 존재론은 존재의 범주를 인식의 범주로 환원하는 오류를 포함하고 있다. 실증주의가 지배하던 시기에 인식론에 대한 논의가 존재론에 대한 관심을 압도한 까닭도 여기에서 유래한다. 물론 이런 실증주의의 입장은 문제로 삼을 수 없을 만큼 깊이 자리 잡은 암묵적인 존재론적 가정에 의존한 것이었다.

22 실증주의에 대한 비판의 성질에 관해서는 혼란과 오해가 있다. 특히 그 비판이 실

간략한 논평

실증주의 과학관은 '일반적 견해(received view)', '정통 견해(orthodox view)', '표준 견해(standard view)' 등으로 불릴 만큼 과학에 관한 지배적 견해로 군림해왔다. 그것의 핵심 주장은 ① 경험과 이론은 엄격히 구분된다, ② 과학은 누적적으로 진보한다, ③ 과학은 연역적 구조를 갖는다, ④ 과학에는 통일된 방법이 있다, ⑤ 과학은 통합적 체계이다, ⑥ 발견의 맥락과 정당화의 맥락은 분리된다라는 것으로 요약할 수 있다. 오늘날 자

증주의가 강조하고 보증한다고 생각하는 사회연구의 기법들 — 사회조사, 질문지법, 통계분석 등과 같은 — 의 유용성을 부인하는 것으로 취급하는 오해는 아주 흔한 것이다. 또한 사회조사가 사회과학에서 중요한 자료수집 방법이라고 주장하는 것은 실증주의를 추종하고 옹호하는 것으로 받아들여진다. 그러나 실증주의 비판의 초점은 경험이 과학적 지식의 기초이며 경험으로 이론을 시험하고 판정한다는 주장에 있지, 사회조사 그 자체(또는 통계적 분석이나 면접이나 질문지법 등과 같은 사회조사의 보조도구들)에 있지 않다. 사회연구에서 실제로 사용되는 도구인 사회조사가 반드시 실증주의의 이상이나 열망이나 요건과 일치하는 것은 아니다. 이것은, 사회조사가 (또는 그 점에 관해서라면 어떤 방법이라도) 아무런 문제도 갖지 않는다거나 철학적으로 흥미로운 점을 갖지 않는다는 이야기가 아니다. 사회조사가 사회에 대한 탐구에서 제한적이지만 온당한 유용성을 갖는다는 입장은 실증주의에 대한 찬반과 구별되는 것이다(Marsh, 1982를 볼 것). 사회조사가 실증주의 비판에서 쟁점이 되었던 것은 실증주의 기획에서 사회조사에 부여하는 지위 때문이었다. 실증주의 기획에서 사회조사는 사회연구 실행의 전형(典型)으로 취급되었으며 양적으로 분석할 수 있는 정밀한 자료들을 수집하고 조립할 수 있는 수단으로 취급되었다. 실증주의적 견해의 구현으로서, 1945년 이후의 사회연구에서 매우 중요한 지향으로서, 사회조사는 사회연구의 새로운 시대 — 이론들을 자연적 언어가 아니라 논리적·수학적 용어들로 표현되는 형식적 구성물로 만들고 자료를 양적으로 분석할 수 있는 — 를 개막하는 데 도움을 줌으로써 사회과학의 성질을 변화시키는 주요한 수단으로 상정되었다. 그러나 사회연구에서 일정 정도의 실용적 유용성을 갖는 사회조사를, 사회과학을 '확고한 과학(hard science)'으로 발전시키는 모범적이고 과학적인 방법으로 '찬양하는' 것이 문제이다.

신이 실증주의자라고 말하거나 실증주의를 드러내놓고 옹호하는 사람은 없지만, 여전히 실증주의 과학관은 대부분의 사람들의 생각을 사로잡고 있다. 실제 연구에서 실증주의 과학관이 말하는 과학의 특징을 알게 모르게 따르는 연구자들도 많다. 또한 실증주의의 주장 모두가 터무니없거나 잘못된 것도 아니다. 그럼에도 실증주의는 격렬한 비판의 대상이었고, 다음에 살펴볼 협약주의나 비판적 실재론은 그러한 비판 가운데 유력한 입장들이었다. 더 자세한 논의는 다음 두 장에서 다루기로 하고 여기서는 실증주의 과학관에 대한 몇 가지 논평으로 글을 마무리하려 한다.

실증주의 과학관은 과학이 과학적 방법의 체계적 적용을 통해 획득한 객관적인 지식을 축적한다고 믿는다. 그리고 과학적 지식주장의 객관적 기초로서 경험에 대한 강조, 지식주장과 경험적 기초를 연결하는 방식으로서 논리적(특히 연역적) 논증 형식(또는 논리적 수학적 해석체계로서 이론)에 대한 강조를 두 개의 기둥으로 삼는다. 논리적 형식과 관련해 실증주의자들은 과학의 지식주장의 '발견의 맥락'과 '정당화의 맥락'을 구분한다. 그리고 과학적 지식의 정당화가 연역적 논증 형식을 갖는다고 분석하면서, 형식논리학의 영역을 넘어서는 사유작용을 통한 '발견'을 간단하게 '추측'이라는 주관적이고 임의적인 과정으로 무시한다. 그렇지만 모든 추측이 지식주장의 지위를 갖지는 않는다는 사실, 발견된 지식주장이 있어야 이를 정당화할 수 있다는 사실, 그리고 발견되었지만 아직 정당화하지 못한 지식주장이 많다는 사실에서 알 수 있는 것처럼 실제로 과학자들은 정당화보다 발견에 더 많은 관심과 노력을 기울이고 있다. 또한 설령 과학의 발견이 '추측'의 산물이라고 하더라도, 아무나 추측을 통해 지식주장을 발견하는 것은 아니다. 이것은 과학에서의 추측이 아무렇게나 이루어지는 것이 아니라 고유한 특성을 지니고 있음을 시사한다. 그럼에도 실증주의 과학관은 과학적 작업의 더 많은 부분을 차지하고 (아마도) 고유한 특성을 가지고 있을 발견에 관해서는 아무런 해명도 제시하지 않는다.

또한 정당화의 논리를 '추측'과 '기각'으로 규정하는 실증주의의 해명도 실제 과정과는 거리가 있다. 예컨대 '담배를 피우면 폐암에 걸린다'는 추측은 이제 상식에 속한다. 그러나 담배를 피우면서도 건강하게 장수하는 사람이 많다는 경험적 증거도 상식에 속한다. 비행기가 하늘을 날아다닌다고 우리가 중력의 법칙을 부정하지는 않는다. 경험적 증거로 정당화할 수 없는 추측들을 기각하는 것이 아니라 타당하다고 믿고 있는 것이다. 이것은 우리가 지식주장을 단순히 형식논리학의 규칙에 따라 정당화하는 것은 아니라는 점을 알려준다.

이론의 인식적 기초이고 심판자인 경험에 관해서는, 실증주의가 인식론적·존재론적 특권을 부여하는 '경험'의 경계가 명확하지 않다는 점을 지적할 수 있다. 예컨대 바이러스는 옛날에는 이론언어였으나 이제는 세계에 존재하는 객체로 인정된다. 인간의 감각기관은 현미경이나 망원경 같은 장비들의 도움으로 지속적으로 확장되고 있으며, 따라서 경험의 경계도 확장되고 있다. 지금은 경험의 영역에 속하지 않는, 그러므로 인식론적·존재론적으로 열등한 지위에 속하는 항목들이 미래에는 경험의 영역에 속하고 그것에 의해 정당한 지식의 기초가 확장될 수도 있는 것이다. 그리고 설령, 현재의 감각기관으로 포착할 수 있는 항목들을 '경험'의 경계로 인정하더라도, 경험 자체를 객관적 사실로 취급할 수 있는가라는 의문을 제기할 수 있다. 경험은 인간이 주체적으로 가동하는 감각의 산물로 객체가 제공하는 자극의 영향을 받기는 하지만 그 자체가 객관적인 것은 아니며, '사실'은 더더욱 아니다. 더 나아가, 경험을 객관적 사실로 인정하더라도, 경험이 정말 가설적 이론의 진위를 판단하는 심판자인가라는 의문을 제기할 수 있다. 앞서 말한 흡연과 폐암의 사례는 경험이 가설적 이론의 심판자가 아님을 보여준다.

이런 것들은 과학의 경험적 기초가 실증주의가 상정하는 것처럼 단순한 것도 아니고 확실한 것도 아니라는 점을 시사한다. 실증주의 과학관은 '경험'과 '이론'을 적절하게 구분하지 못했고, 과학에서 경험이 담당하는 역할을 정확하게 파악하지도 못했다. 이 말은 과학에서 경험이 중요하지 않다는 뜻이 아니다. 지금도 과학자들은 여전히 경험적 자료와 증거를 확보하기 위해 더 정교한 실험과 관찰을 계속하고 있으며, 따라서 경험이 과학에서 필수불가결하게 중요한 요소인 것은 결코 부인할 수 없다. 그렇지만 과학에서 지식주장은 경험으로 환원되거나 경험에 한정되지 않는다. 특히 우리가 관찰하거나 경험할 수 있는 것만이 세계에 존재한다고 주장할 수는 없다. 과학은 경험적인 것이지만 또한 근본적으로 이론적인 것이기도 하다. 이론적인 것이 모두 경험의 심판을 받는 것도 아니다. 과학이 경험적인 것보다 이론적인 것에 더 관심을 갖는다는 증거는 많이 있다. 그렇지만 실증주의 과학관은 중립적인 관찰언어, 경험적 일반화 등의 개념을 강조하면서 이론들의 기원과 원천에 관해서는 논의를 회피했다. 과학적 발견의 문제에 대해서는 실증주의가 거의 관심을 보이지 않는다는 사실이 이 점을 잘 보여준다. 실증주의 과학관은 과학에서 경험의 중요성을 강조하긴 했지만, 경험이 어떤 특징을 갖는가 그리고 과학에서 왜 중요한가에 관해서는 적절하고 정확하게 해명하지 못했다. 결국 실증주의 과학관에 대한 비판에서의 초점은, 경험이 무엇이며 과학에서 어떤 역할을 하는가 하는 것이다.

제3장

과학의 사회성: 협약주의의 견해

과학이론은 경험적 사실에서 도출된다(또는 경험적 사실에 기초한다)는 실증주의 과학관의 주장은, 과학이론은 경험에 기초하며 이론과 경험은 논리적 논증 관계에 있다는 두 가지 견해를 기둥으로 삼고 있음을 보여준다. 그렇지만 조금 더 생각해보면 경험적 사실이라는 것 자체가 그다지 확실한 것이 아니며, 경험과 이론 사이의 도출이나 기초라는 논리적 관계도 그리 명료한 것이 아니라는 점을 알 수 있다. 그러므로 실증주의 과학관에 대한 비판은 과학의 경험적 기초의 문제와 과학의 논리적 구조의 문제 두 측면에서 진행되었다.

해석되지 않은 경험이란 있을 수 없기 때문에 경험은 '이론중립적'인 것이 아니라 '이론의존적' 또는 '이론부과적'이며, 즉 어떤 이론을 택하는가에 따라 경험도 달라지므로 경험적 진술의 의미가 고정적일 수 없다는 주장이 제기되었다. 또한 이론으로부터 시험가능한 결과를 이끌어내기 위해서는 그 이론에 부가적인 가정들을 덧붙여야 한다는 사실을 지적하면서, 이론이 경험에 의해 간단히 검증되거나 반증되는 것이 아니라 그 부가적인 가정들의 조절에 의하여 심판 자체가 영향을 받는다는, 즉 '경험이 이론의 진위를 결정하지 않는다'는 주장도 제기되었다. 이런 주장들은 각각 경험의 이론의존성 명제와 이론의 경험적 미결정성 명제로 불린다. 그리고 이 개념들의 발견은 과학이 그것의 경험적 기초와 논리적 구조에 의해 객관성과 합리성을 확보한다는 실증주의 과학관의 주장을 붕괴시키는 것이었다. 이런 발견은 과학의 지식주장은 경험에 기초하고 경험에 의해 판정되는 것이 아니라, 협약(conventions)에 따라 형성된다는 주장으로 이어졌다. 그리고 이런 주장은 과학이 동의된 특별한 방법을 사용해서 수행하는 객관적이고 합리적인 활동이라는 견해도 무너뜨렸다.

경험의 이론의존성

경험적 사실(에 관한 진술)은 이론적 견해들과 독립되고 중립적인 객관적이고 확실한 것(에 관한 진술)이며, 과학적 지식은 경험이라는 객관적 사실에 기초한 논리적 구성물이기 때문에 객관적인 것이라고 실증주의자들은 믿었다. 그렇지만 경험적 사실은 외부 세계가 인간의 감각기관에 주는 것이 아니라, 인간이 발견하고 조합하고 만드는 것이다. 과학적 관찰에는 이른바 사실을 '직접 바라보는 것' 이상의 것이 담겨 있다. "우리는 대상을 그냥 '보는 것(seeing)'이 아니라 '무엇으로 본다(seeing as)'. 대상을 볼 때 얻는 주관적 경험은 망막에 맺힌 상이 아니라 관찰자의 경험, 지식, 기대, 문화적 배경 그리고 관찰 당시의 내적 상태에 의해 결정된다. 특히 과학에서 지각 경험에 영향을 미치는 것은 관찰자가 이미 인지하고 있는 이론이다. 그러므로 우리는 동일한 대상을 보고 이를 다르게 해석하는 것이 아니라 애초에 달리 본다"(정병훈, 2011b: 144). 과학에서 모든 경험적 '사실'은 사실 자체가 아니라 사실에 대한 인간의 인식이며 사실을 기술하는 모든 경험진술은 지식의존적이고 이론부과적이다(차머스, 2003: 36~45을 볼 것). 예컨대 '해가 뜬다'는 경험이 지구가 태양을 중심으로 운동하는 것을 지지하는 경험이 되는 것은 지동설이라는 배경 이론에 의해 결정된 것이다. 또한 높은 하늘에 새겨진 하얀 선을 보면서 제트 비행기가 날아간다고 생각하는 것은 '추리'에 의한 것이다. 경험에서는 정보와 해석을 구분할 수 없다. 노우드 핸슨(Norwood Hanson)은 감각기관이 획득하는 정보와 그것의 해석이라는 구별에 반대하며, 서로 다른 이론적 신념 때문에 상이한 사물들을 보는 것이라고 주장한다.[1]

> 경험에 대한 일반적 설명을 위해서 시각적 정보가 지적인 과정을 거쳐야 하는 것은 아니다. 왜냐하면 이론과 해석은 처음부터 보는 행위 속에 존재하기 때문이다. …… 동일한 그림이 상이한 방식으로 보이는 것은 시

1 아래의 〈그림 3.1〉 '토끼-오리' 그림은 감각경험이 기존의 지식이나 가설에 의존해서 형성된다는 사실을 예증하기 위해 자주 사용하는 사례이다. 상이한 관찰자들은, 또는 상이한 시점의 동일한 관찰자들은 동일한 그림을 근본적으로 상이한 방식으로 해석한다(벤턴·크레이브, 2014: 63). 이렇게 경험의 특성이 전체적으로 완전히 뒤바뀌는 것은 '게슈탈트 전환(gestalt shift)'이라 한다.

〈그림 3.1〉 토끼-오리

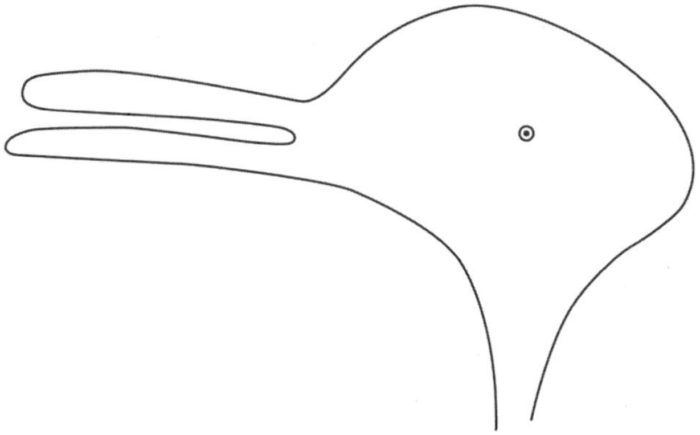

각적 반응 뒤에 존재한 사고의 차이 때문이 아니다. (객체를 볼 때) 사람들은 특정한 것을 생각하지 않을 뿐 아니라 생각 자체를 하지 않는다. 그리고 해석도 하지 않는다(핸슨, 2007: 30~31).

확고하고 분명하며 있는 그대로의 경험적 사실은 없다. 감각적 지각은 '형성된(plastic) 것'이며(래디먼, 2003: 218), 모든 경험은 선택과 해석에 분리불가능하게 결합되어 있다. 경험적 사실은 그것이 사물들의 유형이나 전체적인 그림에 적합한 한에서만 사실이다. "그림이 적절한 맥락 안에 나타나지 않는다면 그것은 확실한 그림이 아니다. 맥락은 바로 그림 그 자체의 일부분이다. 그러나 맥락이 명시적으로 드러나야 하는 것은 아니다. 종종 맥락의 사유와 상상은 그림 안에서 확립된다"(핸슨, 2007: 36).

본다는 것은 '이론의존적' 작업이라고 말할 수 있다. x에 대한 관찰은 x에 대한 선지식(prior knowledge)에 의해 형성된다. 선지식 이외에 다른 것들도 관찰에 영향을 미친다. 우리가 알고 있는 것을 표현하는 데 사용하는 언어나 표기법이 바로 그것이다. 이것들이 없으면 경험적 사실은 결코 지식으로 인정받을 수 없다(핸슨, 2007: 43).

우리가 어떤 대상이나 장면에서 획득하는 주관적 경험은 망막에 맺힌 상에 의해서만 결정되는 것이 아니라 관찰자가 가지고 있는 기대와 지식, 즉 이론적인 해석틀에도 의존한다.[2] 해석틀은 관찰자가 가진 선지식, 관

2 과학적 탐구가 명백한 자료들의 개방적인 수집에서 시작하는 것이 아니고, 관찰은 언제나 마음속의 어떤 문제와 함께 이루어지며, 그 문제에 대한 잠정적인 해답과 관련해 선택하고 해석한다는 견해는 포퍼도 공유하고 있다. 그렇지만 포퍼는 이러한 '경험적 자료'를 사용해서 이론이나 가설을 '반증'한다고 주장함으로써 경험적 자료

점, 이해관심, 과거의 경험 그리고 결과에 대한 예상 등과 같은 명료하게 정리하기 어려운 여러 어려운 특성들로 구성된다.[3] 경험이 해석을 포함한다는 사실은 '직접 관찰'이라는 관념의 직관적 명확성을 약화시킨다.

게다가, '직접 관찰'과 이론적인 것(또는 관찰불가능한 것) 사이의 구분 자체도 확고한 것이 아니다. 직접 관찰할 수 있는 객체나 과정만을 경험적인 것으로 분류한다면, 예컨대 현미경이나 X-선 촬영기 등과 같은 감각기관을 확장하는 탐색도구를 통해 획득한 경험은 이론적인 것으로 분류해야 한다. 그렇지만 전자현미경을 통해서만 확인할 수 있는 바이러스는 이제 경험적인 것으로 취급된다. 직접 보는 것과 탐색도구를 통해 보는 것은 단지 정도의 차이만 있을 뿐이며, 확대경 사용과 현미경이나 망원경 사용도 정도의 차이가 있을 뿐이라고 할 수 있다. 그리고 관찰가능성이 단지 정도의 차이라면 그것을 근거로 경험적인 것과 이론적인 것을 구분하고 경험적인 것을 인식의 기초로 삼는 것은 타당성을 가질 수 없다.

그리고 실증주의 과학관은 경험론적 전제가정에 근거해 이론언어를 관찰언어로 번역·연결·환원할 수 있다(또는 해야 한다)고 주장하지만 둘 사이에 일대일의 대응은 존재할 수 없다. 우선 과학에서 "관찰언어와 이론언어의 경계가 불분명하다는 사실은 이론이 관찰의 내용에 영향을 미친다는 사실보다 훨씬 더 쉽게 이해할 수 있다. 한편으로는 관찰가능한 대상들을 서술하는 데 이론용어를 사용한다는 점도 지적할 만하다"(래디먼, 2003: 217). "서술할 수 없는 관찰이나 경험은 관찰이나 경험으로 취급할

의 '객관성'은 의심하지 않았다. 즉, 포퍼는 경험을 이론적 논쟁의 맥락 속에서 갈등하는 이론적 입장들의 영향에서 자유로운, 중립적이며 확실한 것으로 간주하는 비일관성을 드러냈다.

3 이것은 과학에서 유능한 관찰자가 되려면 배우고 훈련하여 숙련을 쌓아야 한다는 것을 의미한다(차머스, 2003: 32~33).

수 없다. 그런데 모든 서술은 아무리 기초적인 것일지라도 개념적 유형화를 포함하며, 개념적 유형화는 이론에 따라 달라질 수 있는 가변적인 것이다. 관찰사실의 기록에는 적절한 개념틀과 그것을 어떻게 적용할 것인가에 대한 지식이 있어야 한다. 사실에 대한 진술은 감각적인 자극에 의해 직접 결정되지 않으며 관찰진술의 지식을 전제한다"(차머스, 2003: 35). 즉, 대부분의 경우 관찰진술은 일반화되고 세련된 이론을 포함하고 있으며, 관찰언어의 의미는 과학이론을 구성하는 여러 진술들의 의미에 의해 좌우된다. 관찰진술은 경험의 요소에서 직접 만들어낼 수 있는 것이 아니라 어떤 이론적 가정에 비추어 그 관찰을 해석한 다음, 관찰언어를 넘어선 이론적 논의에 들어간 후에야 나온다.

실증주의는 경험적 사실이 과학적 지식의 기초라고 주장하지만, 과학자들은 종종 상이한 이론적 틀을 가지고 작업하며 이에 따라 과학의 '사실적 기초'는 이론에 예속되어 있고 그 의미가 유동적인 것이다. 과학의 '(경험적) 사실주장'은 이론에서 독립되거나 중립적인 것이 아니며 그 내용이 확고하게 고정된 것도 아니다. 모든 경험(적 진술)은 이론의존적이며, 이론적 틀이 바뀌면 그 틀 안에서 정립된 경험(적 진술)의 내용도 달라진다. 이론과 경험적 증거가 상충할 때 이론보다 증거가 더 믿을 만한 것이며 인식적으로 특권을 가진다고 주장할 근거는 없다. 이론들을 평가할 수 있는 중립적 관점은 존재하지 않는다. 그러므로 정당화의 맥락이라는 것은 허상이다. 과학적 지식의 확고한 경험적 기초는 없다.

이론의 경험적 미결정성

실증주의 과학관은 이론이나 가설에서 예측을 연역하고 이 예측과 경험적 증거가 일치하는지 여부로 가설을 시험하는 것이 과학적 방법이라고 주장한다. 그러나 실제 가설 시험에서 상황은 그렇게 간단하지 않다. "단일한 이론이나 가설에서 곧바로 경험적 증거를 연역할 수는 없다. 과학적 가설에서 실험 예측을 연역하기 위해서는 배경조건들, 도구들의 신뢰성, 체계의 초기조건들 등에 관한 다른 가정, 즉 보조 가정들(auxiliary assumptions)이나 배경 이론들(background theories)을 결합해야 한다. 일찍이 뒤앙은 경험적 시험은 독립된 하나의 이론이나 가설이 아니라 여러 이론의 전체 체계를 판결하는 것이라고 지적했다. 예측과 경험적 증거가 일치하지 않더라도 논리적 법칙에 따라 이론이나 가설을 기각할 수는 없다. 하지만 보조가설들 가운데 어느 것(들)이 거짓일 수는 있다"(래디먼, 2003: 157~160).

더 나아가, 예측과 경험적 증거와 상충할 때 가설을 기각하는 것이 아니라 증거에 맞게 가설을 수정함으로써, 즉 결론에 맞춰 전제들을 수정함으로써 논리적 규칙 자체를 벗어나는 접근방식도 가능하다. 윌러드 반 콰인(W.V.O. Quine)은 다음과 같이 지적한다.4

---

4 "현재의 과학철학은 지적 기원에서 콰인에게 상당한 빚을 지고 있다"(Kincaid 1996: 17~18). 콰인은 1951년에 발표한 「경험주의의 두 독단(Two Dogmas of Empiricism)」 – 이 논문은 그의 『논리적 관점에서(From the Logical Point of View)』에 재수록되어 있다 – 에서 논리실증주의의 기반이 되는 경험론적 인식론의 전제가정을 직접 비판함으로써 (논리)실증주의 과학관을 붕괴시키기 시작했다고 평가받는다.
"근대 경험론은 대체로 두 독단에 의해 조건 지어졌다. 하나는 분석적인 — 또는 사실의 문제와는 상관없이 의미에 근거하는 — 진리와, 종합적인 — 또는 사실에 근거하는 — 진리 사이에는 몇 가지 근본적인 균열이 있다는 믿음이다. 다른 하나의 독단은 환원주의이다. 즉, 각각의 의미 있는 진술은 직접 경험을 가리키는 용어들 위에 구축된 어떤 논리적 구조물에 해당한다는 믿음이다. 나는 두 독단이 근거가 없는 것이라고 주장할 것이다"(Quine, 1961: 20).
콰인은 분석명제와 종합명제의 이분법은 경험론자들의 비경험적 독단이며 일종의 형이상학적 신념이라고 지적한다(Quine, 1961: 55쪽). 콰인은 분석판단, 즉 경험에 의존하지 않고 그 의미만으로 참이 되는 인식은 성립하지 않는다고 주장한다. 분석성을 정의하려는 시도는 순환성을 벗어날 수 없기 때문에 동어반복을 제외한 분석명제와 종합명제는 질적 차이에 따라 엄밀하게 구별되는 것이 아니라, 정도의 차이만 있을 뿐이라는 것이다. 아울러 콰인은 분석성의 대표적 특성, 즉 분석판단은 수정이 불가능하며 반박할 수 없다는 생각을 비판한다. 또한 콰인은 분석명제가 아닌 모든 명제를 경험적 사실에 관한 진술로 환원할 수 있어야 경험적으로 의미를 갖는다는 주장도 성립할 수 없다고 지적한다. "외부 세계에 관한 우리의 진술은 개별적으로가 아니라 총체적 전체로서만 감각경험의 법정에 선다"(Quine, 1961: 59쪽). 외부 세계에 관한 경험적 진술은 감각경험과 일대일로 대응시켜 검증할 수 있는 것이 아니라, 그 명제와 관련된 전체인 개념틀 속에서 확인할 수 있다는 것이다. 인식과 외부 세계의 상응을 확인하는 것은 원리적으로 불가능하다. 그리고 콰인은 "두 독단은 밀접하게 연결되어 서로를 뒷받침하는데 근원에 있어서는 같은 것"이라고 말한다(같은 글, 41쪽). 경험론자들은 진술의 진리가 언어적 요소와 사실적 요소로 분석될 수 있다고 가정하고 어떤 진술은 사실적 요소가 전혀 없는 분석적 진술이라고 보지만, 콰인은 분석적 진술과 종합적 진술들은 전체적인 체계 안에서 상호연관성을 갖는 것으로 보아야 한다고 주장한다. 세계에 대한 이론을 형성하는 문장은 체계적인 구조를 이루며 각 문장들은 전체 체계와 관련해서만 평가될 수 있다는 콰인의 입장은 뒤앙의 전체론(holism)을 확대한 것이라고 할 수 있다. 그리고 이 때문에 이론의 경험적 미결정성 주장은 '뒤앙-콰인 명제'라고 불린다.

콰인의 핵심은 인식론적 기초주의(foundationalism)에 대한 비판에 있다. 콰인에 따르면 어떤 진술도 그 자체로 절대적으로 확실하거나 수정에서 면제되지 않는다. 경험론이 지식의 기초로 믿는 관찰진술들은 총체적 체계 안에서 상대적으로 확실한 것일 뿐이다. 콰인은 자신의 이런 입장을 독단 없는 새로운 경험론으로 규정한다. 그리고 콰인은 "두 독단을 폐기함으로써 생기는 한 가지 결과는 사변적 형이상학과 자연과학 사이에 상정된 경계가 흐려지는 것"이라고 지적한다(Quine, 1961: 20쪽). 즉, 분석성과 종합성을 명확하게 구분할 수 없기 때문에 철학자들이 주장하는 명제를 분석명제라고 규정하기 어렵다. 철학자의 작업과 경험적인 과학자의 작업은 그리 명료하게 구분되지 않는다. 그러므로 콰인의 입장에 따르면 철학이 다른 종류의 경험과학과 분명하게 구분된다는 주장은 거부된다. 철학은 다른 개별 과학보다 일반적이지만, 개별 과학과는 다른 특수한 논리적 지위나 우선성을 갖는 것은 아니다. 오히려 철학은 다른 경험과학과 일종의 연속성을 지니고 있다. 이런 귀결은 '철학의 자연주의화'로 불린다. 그리고 "또 다른 결과는 실용주의를 향한 전환이다"(Quine, 1961:

외부 세계에 대한 우리의 진술들은 개별적으로가 아니라, 오로지 결합된 통일체(corporate body)로서만 감각경험의 법정에 선다. …… 이른바 우리의 지식 또는 믿음의 총체성(totality)은…… 오직 가장자리에서만 경험과 부딪히는 인공적 제조물이다. 또는 특징을 바꾸어 말하면, 총체적 과학이란 경험이 그것의 경계의 조건인 힘의 장(field of force)과 같은 것이다. 장의 주변부에서 일어나는 경험과의 갈등은 장 내부에서 재조정된다. …… 일부 진술들에 대한 재평가는 진술들의 논리적 상호연관 때문에 다른 진술들에 대한 재평가를 수반한다. 차례로, 논리적 법칙들은 단지 체계의 더 깊은 어떤 진술들, 장의 더 깊은 어떤 요소들일 뿐이다. …… 그러므로 전체적인 장은 그것의 경계의 조건, 즉 경험에 의해 결정되지 않는다. …… 체계 내의 어떤 다른 곳에서 충분히 과감한(drastic) 수정을 가한다면, 어떤 진술이라도 참이라고 주장할 수 있다. 가장자리에 아주 가까운 진술조차도 반대되는 경험에 부딪혔을 때, 착각이라고 핑계를 대거나 논리적 법칙이라고 부르는 종류의 일부 진술을 수정함으로써 참이라고 주장할 수 있다(Quine, 1961: 41~43).

과학에서 경험적 시험은 고립된 가설이 아니라 이론의 전체적인 체계를 경험적 증거와 대조하는 것이다. 경험적 증거는 독립된 한 가지 가설의 진위를 시험하는 것이 아니라 가설들 전체를 검증한다. 지식의 기초인 경험이 확실하고 믿을 수 있는 것이라고 하더라도, 예측과 상충하는 경험적 증거만 가지고 전체 이론이나 가설들 가운데 어떤 부분이 틀렸다고 말

20쪽). 이제 이론 선택의 확실한 기초가 사라졌기 때문에 고려할 것은 유용성, 경제적 효율성 등의 실용적 기준이다. 즉, 어떤 선택이 합리적이라면 그것은 실용주의적인 의미에서 그러한 것이다. 그런 점에서 콰인은 과학의 지식주장과 관련하여 철저한 실용주의로 전환할 것을 촉구한다.

할 수는 없다. 경험과 이론을 연결하는 추론의 과정에 여러 선택가능한 대안들이 있으며, 경험과 이론을 연결하는 과정에는 과학자의 자의적인 선택이 개입한다. 과학자는 이론의 전체적인 체계에서 어떤 부분을 수정할 것인가를 선택할 수 있다.[5] 심지어 서로 경쟁하는 이론들을 동일한 경험적 증거로 시험해서 정당화할 수도 있는 것이다. 그러므로 상충하는 이론들이 동일한 경험적 증거와 양립할 수 있다. 과학의 개념들은 그것이 경험적인 사실을 나타내는 관찰용어와 연결됨으로써 의미를 갖는 것이 아니라 전체적인 이론의 틀 안에서 그 의미가 밝혀진다. 이것은 경험과 이론이 단순히 귀납이나 연역의 논리가 아니라 맥락적이고 부수적이며 실질적인 광범위한 가정들에 의존해 연결된다는 것을 알려준다. 이론적 진술을 경험적 진술로 환원하여 '정당화'한다는 실증주의의 주장은 실현 불가능한 것이다. 결국 이론들의 집합인 과학은 인간의 '임의적인 자유로운 창조물(arbitrary free creation)'이라고 해야 한다.

'과학적 방법'의 해체

실증주의 과학관에 따르면, 과학이론의 확실성과 진리성의 근거는 경험적 사실에 있다. "실증주의 과학관은 경험이라는 기초를 확보하고 적용

5 하나의 과학적 진술을 다른 과학적 진술에서 고립시킨 채 경험과 직접 대결하여 시험할 수는 없다는 발견은 '전체론적 전환'으로 불린다. 이 주장은 일찍이 뒤앙이 제기했으며, 뒤에 콰인이 다시 제기했기 때문에 '뒤앙-콰인 명제'라는 이름을 얻었다. 그렇지만 키트와 어리는 이 이름이 둘의 차이를 흐리는 것이라고 지적한다(키트·어리, 1993: 85). 즉, 뒤앙은 이론의 전체적인 체계를 시험하게 된다는 전체론을 제기했고, 콰인은 여기서 더 나아가 경험적 증거와 상충하는 이론체계의 일부분을 수정함으로써 결정적인 논박·반박을 피할 수 있는 수정가능성론을 제기했다는 것이다.

하는 과학적 방법의 기계적 사용을 과학의 핵심적인 특징이라고 보았다. 정확한 과학적 방법은 자연의 비밀을 밝히는 연산식(algorithm)으로 기능하면서 과학적 지식의 확실성을 보증하며 과학의 결과가 실재를 정확히 반영할 수 있도록 보증하는 것이었다"(Cruickshank, 2012: 72).

그러나 이 견해가 주장하는 과학적 방법의 기초인 '이론-경험의 구분'은 유지할 수 없는 것으로 드러났다. 과학의 지식주장은 객관적 사실을 그대로 반영하는 '순수한 경험'에 기초를 둔 것이 아니다. 과학에서 모든 경험은 이론의 영향을 받는 것이며, 경험적 사실에 관한 진술은 이론에 의존하는 것으로 그 의미가 고정된 것이 아니다. 이론의 진위를 논리적 절차에 따라 합리적으로 시험하고 평가하는 것도 아니다. 이론과 명백히 상충하는 경험적 증거가 있더라도 복잡한 가정을 도입해서 이론과 증거가 모순되는 것이 아니라고 주장함으로써 이론을 보호할 수 있다. 즉, 과학의 자료, 법칙, 이론 등이 모두 과학자들의 주관적인 이해관심과 판단과 믿음의 영향을 받는다. 과학이론은 확실하고 객관적인 경험적 '사실'에 기초하고, 공인된 형식적 절차에 의해 생산되고 입증되기 때문에 합리적이고 객관적인 지식이라는 실증주의의 순진한 또는 조악한 경험론적 믿음은 붕괴했다. 그렇다면 '과학'이라는 활동과 '과학적 지식'이라는 생산물의 특징은 무엇인가?

경험의 이론의존성과 이론의 경험적 미결정성의 발견 이후 쿤, 파이어아벤트, 임레 라카토스(Imre Lakatos) 등의 과학철학자들은 과학에서 지식주장을 경험적 증거에 기초해 생산하는 것이 아니라, 협약(conventions)에 따라 형성한다고 주장했다.[6] 이들의 주장 사이에는 중요한 차이가 존재

---

6 이론들이 근본적으로 증거에 의해 '결정되지 않는다(underdetermined)'는 콰인의 '미결정성 명제'에 따르면, 경험 증거는 개별 가설을 확증하거나 반증하기에 논리적으로 결코 충분하지 못하다. 과학 지식주장의 '기초'를 확실한 경험과 정합적인 논리

하지만, 과학이 사회적·역사적으로 위치 지어진 실행자들이 수행하는 사회적 실천이자 일련의 협약을 특징한다고 이해하는 점에서는 일치하며, 그러므로 이들의 견해는 '협약주의적 과학관'이라고 부를 수 있다.[7] 이들은 과학이론의 경험적 요소와 개념적 요소들이 늘 과학자들에 의해 만들어지는 과정 속에 있다는 사실과, 단순하고 논리적인 규칙이 이론의 적합성이나 타당성을 보증할 수 없으며 과학적 결정을 지배할 수 없다는 사실을 지적했다. 말하자면 실증주의 과학관이 강조하는 가설 시험과 논리적 규칙에 근거한 '정당화의 맥락'의 타당성을 해체했다.

키트와 어리는 협약주의의 주장을 세 가지로 정리한다.[8] ① 과학의 진

로 환원할 수 없다는 것이다. 이론의 선택에서 우리는 불가피하게 다른 기준들에 의지한다. 그 기준 중에는 어떤 이론이 '좋은' 이론인가에 관한 '인식적 가치'도 포함될 것이다. 예컨대 대부분의 경제학자들과 많은 사회학자들은 '복잡한' 이론보다는 '간명한(parsimonious)' 이론을 선호하고 대부분의 역사학자나 인류학자들은 그 반대일 것이다. 더욱이 이러한 선호는 단순히 심미적인 것이 아니라 존재론적인 것이기도 하다. 즉, 그것은 사회적 실재가 어떤 것인가에 관한 기저의 가정과 연결되어 있다. 이런 점에 주목하여 쿤은 자연과학의 정당화 맥락이나 과정이 사회적·심리적·역사적 측면을 가지고 있다고 주장한다. 지식주장의 진리성을 입증하는 이러한 기초는 변화하는 것이며 사회적 압력과 사회적 학습을 포함하고 심지어 개별 과학자의 '세계관'을 포함한다는 이야기이다(Kuhn, 1970: 8~9, 111~35).

7 'conventionalism'은 '규약주의'로 번역되기도 한다. 한편 이 입장은 앞에서 지적한 것처럼, '(사회)구성주의 과학관'이나 '탈근대주의 과학관'으로 불리기도 한다. 또한 "과학에 대한 논리적·방법론적 분석 대신 과학의 역사에 대한 동태적 분석을 통하여 실증주의 과학관을 거부하는 것"을 강조해 "역사적·탈방법론적 과학관"이라고 부르기도 한다(정병훈, 2011a: 101).

8 '협약주의'라는 용어의 정의는 다양하지만 키트와 어리(1993: 103)는 레세크 코와코프스키(Leszek Kolakowski)의 다음과 같은 정의를 비교적 표준적인 것으로 인용한다. "협약주의의 기본 착상은 다음과 같이 진술할 수 있다. 과학적 명제 — 실험들의 기록과 일반화에 기초한 것이며 세계에 대한 서술로 잘못 취급되는 — 는 사실상 인공적인 창조물이다. 우리가 그것을 참이라고 간주하는 것은 경험적 이유에서 그렇게 하도록 강요받기 때문이 아니라 그것이 편리하고 유용하기 때문이며, 심지어는 그것

술은 외부적이고 독립적으로 존재하는 실재에 대한 참인 서술이 아니라 과학자의 창조물 또는 구성물로 보아야 한다. 이것은 과학자의 물리적 세계는 어떤 의미에서 과학적 이론들이 창조 또는 구성하는 것이라는 더 급진적인 주장으로 발전할 수 있다. 달리 말하면 이론은 무엇이 실재하는가를 결정하는 요인이며, 그 이론이 근본적으로 변할 때 우리는 동일한 세계에 대한 서로 다른 관념이 아니라 다른 세계에 직면하는 것이다. ② 과학이론을 채택 또는 기각하는 데 적절한 고찰은, 그것이 본질적으로 과학자의 실질적인 이해관심이나 미학적·도덕적 가치 등과 관련되어 있다는 점에서, 어느 정도는 주관적인 것이다. 이러한 주관성의 원천은 개별 과학자나 과학공동체이며 어느 경우이거나 과학활동을 평가하는 합리적이며 보편적인 기준이나 표준의 존재 또는 타당성은 인정할 수 없다. ③ 이론의 진위는 경험적 자료에 의해 결정되지 않는다. 동의된 사실을 기초로 이론들 사이에서 선택하는 것은 아니다. 관찰은 과학을 위한 객관적 통제물을 제공할 수 없다(키트·어리, 1993: 104).

협약주의자들은 과학에 대한 더 광범하고 역사적이며 종합적인 이해를 제공하기는 하지만, 과학이란 무엇인가라는 질문에 대해 동의된 답을 제시하는 것은 아니다. 과학의 역사를 축적이 아니라 변동으로 특징짓는 쿤은 실증주의 과학관에서 주장하는 방법론적 지침이 과학의 실행을 충분히 안내할 수 없다는 지적에서 시작한다.

들이 미학적인 매력을 가졌기 때문이다. 협약주의자들은 지식의 기원에 관해서는 경험론자들에 동의하지만, 경험을 판단의 진리성을 평가하는 충분한 기준으로 생각하고 승인된 모든 판단을 경험에 호소하여 정당화하도록 허용하는 규범으로서 경험론은 거부한다. 더 정확히 말하면, 경험의 자료는 늘 하나 이상의 가설들을 허락하며 그중 어느 것을 선택할 것인가를 경험에 의해 결정할 수는 없다."

> 방법론적 지침(methodological directives)은 그 자체로 많은 종류의 과학적 문제들에 독특한 실질적 결론을 명령하기에 불충분하다. …… 관찰과 경험은 허용가능한 과학적 믿음의 범위를 강력하게 제한할 수 있고 제한해야 한다. 그렇지 않으면 과학은 없을 것이다. 그러나 그것들만이 특정한 과학적 믿음의 체계를 결정할 수는 없다. 개인적이고 역사적인 우연과 혼합된 명백히 자의적인 요소도 늘 특정 시기의 특정 과학공동체가 신봉하는 믿음을 형성하는 성분이다(Kuhn, 1970: 1~2).

쿤은 과학의 탐구를 경험에 직접 근거하는 것이 아니라 패러다임에 따라 수행하는 작업으로 규정한다. 쿤에 따르면 패러다임은, 첫째 어떤 주어진 과학공동체의 구성원들이 공유하는 믿음과 가치와 기법 등의 전체적인 군집이며, 둘째 그 군집 속에 있는 한 종류의 요소, 즉 모형이나 사례로 사용하고 과학자들이 과학의 문제풀이를 위한 기초로서 명시적인 규칙을 대체할 수 있는 구체적인 문제풀이를 나타낸다(Kuhn, 1970: 175). 즉, 과학공동체에서 일반적으로 받아들이는 이론적 가정과 법칙 그리고 그것의 적용 기준 등으로 구성되며, 과학공동체 구성원에게 "제기할 문제를 잠정적으로 결정해주고 추구하는 설명의 양식과 받아들일 수 있는 해결의 양식을 결정해준다"(정병훈, 2011a: 110).[9] 과학자들은 패러다임의 가정

9 쿤은 '패러다임' 개념을 여러 가지 의미로 불명확하게 사용한다고 비판받았다. 하지만 마거릿 매스터먼(Margaret Masterman)은 쿤의 사고가 불분명한 것이 아니라 자료의 복합성을 반영하는 것이라고 우호적으로 평가한다(Masterman, 2002). 그녀는 패러다임 개념이 적어도 스물한 가지 의미를 갖는다고 분석하고(Masterman, 2002: 111쪽), 이를 ① 철학적 유형의 형이상학적 패러다임 또는 메타패러다임, ② 사회학적 유형의 사회학적 패러다임, ③ 더 구체적인 수준의 인공물 패러다임 또는 구조물 패러다임의 세 개의 묶음으로 분류한다. 그리고 문제풀이의 도구를 공급하는 구조물 패러다임의 의미가 근본적인 것이라고 주장한다. 반면 데이비드 모건(David

들과 규칙들을 따라 새로운 경험적 자료들을 수집하고 그 자료들을 이미 확립되어 있는 이론에 적합하게 만들며 문제를 풀려고 노력함으로써 패러다임을 정교화하고 확장하는 활동을 진행한다. 패러다임의 기준을 따르는 과학활동을 쿤은 '정상과학(normal science)'이라고 부른다. 과학자들은 패러다임이 개념을 제공하지 않는 현상을 인지하기는 어렵다. "패러다임과 같은 것은 인식 자체의 필수조건(prerequisite)이다. 사람이 보는 것은 그가 지금 살펴보는 것과 그의 이전의 시각적-개념적 경험이 그에게 보도록 가르친 것에 의존한다"(Kuhn, 1970: 113). 그리고 과학자들은 개별 경험을 패러다임의 틀 안에서 만족스럽게 설명할 수 없더라도 패러다임을 폐기하는 것이 아니라 그것들을 패러다임 안에 포함시키고자 노력한다. 문제풀이의 실패는 패러다임의 실패가 아니라 과학자의 실패로 간주되고 과학자들은 문제를 푸는 능력에 따라 평가받고 보상받기 때문에 풀릴 가능성이 없는 문제는 선택하지 않는 경향이 있다. 이에 더하여, 패러다임에 오류가 있다는 주장은 이단적 활동으로 해석될 수도 있다. 과학공동체가 패러다임을 따르는 방식은 신념에 따르는 행위와 유사하다. 그러므로 과학은 객관적 진리의 총체가 아니라 패러다임의 이론적 가정과 규칙에 따라 수행하는 '문제풀이' 활동이라고 할 수 있다. "정상과학이 지속되는 기간까지 과학자들은 패러다임의 기본적인 원리에 의문을 제기하지 않고 규칙적으로 작업을 수행한다는 뜻에서 일상적인 대부분의 과학활동은 보수적인 작업이다"(래디먼, 2003: 192~194).

Morgan)은 패러다임의 의미와 용법을 일반성에서 특수성으로의 위계에 따라 ① 세계관, ② 인식론적 입장, ③ 과학공동체 구성원들이 공유하는 믿음, ④ 연구의 '범례(exemplars)'라는 네 가지로 정리한다(Morgan, 2007). 모건은 패러다임에 대한 쿤의 정의는 ③에 가장 가깝지만, 일반적으로 사용하는 의미는 인식론적 입장으로서의 패러다임이라고 지적한다.

그리고 기존의 패러다임 안에서 해결할 수 없는 문제들, 즉 '변이(anomaly)들'이 누적되어 일정한 단계에 이르면 일부의 과학자들이 패러다임을 의심하는 위기가 도래한다. 패러다임이 제공하는 도구들은 더 이상 그 패러다임이 규정하는 문제들을 처리할 수 없는 것으로 나타난다. "경쟁하는 주장들의 확산, 아무 일이라도 시도하려는 의지, 명백한 불만의 표현, 철학에 호소 그리고 기본적인 것들에 관한 논쟁에 호소, 이 모든 것들은 정상과학의 연구에서 예외과학(extraordinary science)의 연구로 이행하는 징후이다"(Kuhn, 1970: 91). 새로운 패러다임과 색다른 이론의 등장을 위한 상황이 무르익는다. 낡은 패러다임을 새로운 패러다임으로 대체하는 과정은 '과학혁명'으로 불린다.[10] 변이에 의해서 제기된 새로운 문

---

10 '과학혁명'이라는 용어는 쿤이 만든 것이 아니다. '산업혁명'을 연상시키는 이 용어는 1940년대 초 프랑스 과학사학자 알렉상드로 코이레(Alexander Koyré)가 처음 제안했고, 1946년 영국의 역사학자 허버트 버터필드(Herbert Butterfield)가 그의 저서에 사용해 유행시켰다고 알려져 있다. 버터필드는 그의 『근대과학의 기원: 1300~1800 (The Origins of Modern Science)』 서론에서 "17세기에 시작한 과학혁명은 서양 역사상 가장 큰 혁명으로서 기독교 출현 이후 나타난 모든 것의 빛을 잃게 했으며, 르네상스와 종교개혁을 중세 기독교 체제 안에서 일어난 하나의 에피소드에 지나지 않는 것으로 만들었다"라며 과학혁명을 근대의 이정표로 평가했다. 좁은 의미의 '과학혁명'은 물리과학의 지배적 이론이 천동설에서 지동설로 변화한 것을 가리킨다. 1543년 코페르니쿠스는 『천구의 회전에 대하여(De revolutionibus orbium coe lestium)』에서 지구의 자전과 공전을 내용으로 하는 태양 중심 지동설을 주장함으로써 당시까지 지배적이던 아리스토텔레스의 우주관을 부정했다. 그 후 갈릴레오와 케플러를 거쳐 뉴턴에 이르면서 새로운 근대적 우주관이 자리 잡았다. 하지만 이 과정은 단순히 지식의 변화뿐 아니라 자연을 보는 근본적인 관점에서의 변화를 동반했다. 즉, 실험과 관찰을 통해 자연을 이해하고 자연을 이용하여 인간에게 필요한 힘을 얻을 수 있다는 견해를 함축했다. 또한 자연에 대한 탐구를 통해 파악한 자연의 법칙성은 수학을 이용해서 나타내야 한다는 믿음도 생겨났다. 이런 변화는 그 후 과학의 모든 분야에서 급격한 혁명적 발달을 낳았다. 천문학과 물리학은 17세기에 근대과학으로 발전했고, 화학은 18세기 말의 앙투안 라부아지

제들을 풀 수 있고 낡은 패러다임이 풀었던 문제들을 다룰 수 있는 새로운 패러다임이 기존의 패러다임을 대신하여 제안될 수 있다. 그러나 경쟁하는 패러다임들 사이에서 선택은 논리적 논증이나 중립적인 경험 증거에 의해 결정되지 않는다. 패러다임에 따라 세계관과 믿음, 개념들과 명제들의 의미, 제기하는 문제와 연구방법 등이 다르기 때문에 경쟁하는 패러다임들의 이론이나 법칙은 '공약불가능(incommensurable)'하다.[11] "패러다임들 사이의 의사소통은 부분적일 뿐이며, 논쟁을 통해서 한 이론이 다른 이론보다 우월하다고 증명할 수는 없다. 정확성(accuracy), 일관성,

에(Antoine Lavoisier)가 대표하는 '화학혁명'을 거쳐, 생물학은 19세기 중반 찰스 다윈(Charles Darwin)의 '진화론'에 의해 근대 과학으로 발전했다. 그러므로 넓은 의미의 '과학혁명'은 근대과학이 성립한 17세기부터 19세기 사이 여러 과학 분야의 혁명적 변화와 그에 따르는 지적·사회적 변화를 가리킨다. 그러나 '혁명'을 갑작스럽고 과격하고 완전한 변화라고 이해한다면, 이 시기의 과학 발전을 '혁명'으로 보기는 어렵다는, 예컨대 코페르니쿠스의 지동설의 수용도 서서히 이루어졌을 뿐 아니라 아리스토텔레스적 우주관과의 완전한 결별도 일어나지 않았다는 주장도 제기되고 있다. 그리고 쿤이 사용하는 '과학혁명'은 17세기의 과학혁명을 가리키는 고유명사가 아니라, 과학에서 기존 패러다임이 여러 변이들에 직면함으로써 정상과학의 위기를 거쳐 새로운 패러다임으로 교체되는 사건을 가리키는 일반명사가 되었다.

11 '공약불가능성(incommensurablity)'은 수학에서 빌려온 용어로 '공통의 기준으로 측정할 수 없음'을 의미한다. 쿤과 파이어아벤트가 이 용어를 사용하는데 이들은 상이한 과학이론은 그 이론의 특성이나 장점들을 비교할 수 있는 중립적인 방법이 존재하지 않는다는 의미에서 서로 공약불가능하다고 주장한다. 쿤에 따르면 경쟁하는 패러다임들 가운데 어느 하나를 선택하는 것은 서로 비교할 수 있는 기준이 존재하지 않는 유형의 공동체 생활 가운데 하나를 선택하는 것과 같다(래디먼, 2003: 221). 공약불가능성 명제는 ① 어떤 문제를 어떤 방법으로 해결해야 하는가에 관한, 즉 문제유형과 방법들에 관한 견해가 패러다임에 따라 다르고, ② 동일한 용어로 표현하는 과학적 개념들의 의미가 패러다임에 따라 다르며(예컨대 천동설에서 '지구'와 지동설에서 '지구', 그리고 뉴턴 역학에서 공간과 일반상대성이론에서 공간은 매우 다른 의미를 갖는다), ③ 동일한 것을 관찰하더라도 패러다임에 따라 관찰의 내용이 다르다고 이해할 수 있다.

단순성, 결실성(fruitfulness), 넓은 적용범위 등의 선택 이유가 있지만 이 기준들은 집단적으로 그리고 개인적으로 다르게 적용될 수 있다"(Kuhn, 1970: 198). 이론들을 비교하는 데에서 관련 공동체의 동의보다 더 높은 기준은 없으며 경쟁하는 패러다임들 사이의 선택은 공약불가능한 공동체의 삶의 양식들 가운데서의 선택이 된다(Kuhn, 1970: 94).[12] 새로운 패러다임으로 이동하는 과정은 낡은 패러다임을 정비하거나 확장함으로써 성취되지 않는다. 패러다임의 전환은 점진적이고 누적적인 것이 아니라 '게슈탈트 전환' 또는 종교적 개종과 유사하게 단절적이고 혁명적이다.[13] 과학공동체의 '늙은 파수꾼'이 '젊은 파괴자'로 대체되어야 하기 때문에 혁명은 느리게 일어난다. 일단 새로운 패러다임이 확립되고 나면, 새로운 단계의 정상과학이 자리 잡는다. 시간이 지나면, 새로운 변이들이 나타날 것이고 또 다른 혁명들이 발생할 것이다. 그러므로 과학의 객관성은 이론 자체에 있는 것이 아니라 그것을 받아들여 사용하는 인간의 의식과 의식을 제약하는 사회·역사적 조건에서 나온 협약일 뿐이며, 패러다임의 규칙 준수가 곧 과학적 방법인 것이다.[14]

12 경쟁하는 패러다임들 사이에서 나타나는 선택의 문제와 관련해, "각 패러다임의 대표자들이 공유하는 패러다임 외적인 공통의 기준이 있을 수 있고 그런 기준이 없을 수도 있다. 이에 따라 쿤 이후의 과학철학과 과학사회학은 그러한 기준 — 보편적으로 통용되지는 않더라도 국지적으로 적용할 수 있는 — 이 있다는 입장(라우든, 차머스 등)과 그런 기준은 성립할 수 없다는 입장(파이어아벤트, 콜린스, 갤리슨)의 둘로 나뉘어 전개되었다"(정병훈, 2011a: 123~124).

13 그러므로 한 패러다임 또는 한 이론에서 다른 것으로 전환하는 과학혁명에서는 경험적 내용의 증가(gains)뿐 아니라 감소(losses)도 일어난다. 이것은 '쿤의 설명 내용 감소(Kuhn's loss of explanatory content)'로 불린다. 그리고 이것은 설명 내용이 감소하는 과학적 변화를 과학의 발전이나 진보로 평가할 수 있는가라는 문제를 제기한다.

14 쿤의 저작은 광범위한 비판을 불러일으켰다. "쿤의 연구에서, 혹독하게 비판받지

파이어아벤트는 경험의 이론의존성과 이론들의 공약불가능성을 쿤보다도 더 강력하게 주장하면서, 나아가 "쿤이 서술하는 정상 또는 '성숙한 과학'조차 역사적 사실이 아니다"라는 반론을 제기한다(Feyerabend, 2002: 335). 사람들은 과학이 정확한(correct) 방법을 사용하고, 그것에 의해 훌륭한 결과물을 산출했다는 두 가지 이유 때문에 과학지식을 우월한 것으로 평가한다. 그러나 '과학의 방법', 즉 "모든 연구들의 근저에 있는, 연구를 과학적인 것으로, 그래서 믿을 수 있는 것으로 보증하는 단일한 절차나 일련의 규칙들은 없다. 그리고 과학의 과거의 성공 중 일부가 경쟁자들의 복귀를 방해하는 제도적 조치들 – 교육, 전문가 역할, 권력집단의 역할 – 로 이어졌기 때문에 과학은 지존으로 군림한다. 간단하게, 그러나 정확하게 오늘날 과학이 지배하는 것은 그것의 비교 우위 때문이 아니라 쇼(show)가 그것에 유리하게 꾸며졌기 때문이다"(Feyerabend, 1978: 98~102). 그에 따르면, "역사, 특히 혁명의 역사는 최고의 역사가와 방법론자가 상상할 수 있는 것보다도 훨씬 더 풍부하고 다양하고 다면적이며 생생하며

않은 측면은 거의 없다. 이러한 비판은 흔히 대립되는 관점들로부터 제기되었다. 비판자들의 주장은, 패러다임이라는 핵심개념이 모호하고 혼란스럽다는 것, 쿤이 과학사를 잘못 해석했다는 것, 그가 정상과학이라고 부른 것을 부정확하게 서술했다는 것, 정상과학과 혁명과학 사이의 구분이 그가 제시한 것처럼 선명하지 않다는 것, 패러다임 전환에 대한 그의 분석이 과학을 비합리적·주관적·상대주의적인 학문분과로 만들어 버리며 과학이 실제로 어떻게 진보하는가를 설명하지 못한다는 것, 그가 과학의 역사와 과학의 논리를 혼동했을 뿐 아니라 과학이 어떠해야 하는가에 관한 규범적 주장을 암묵적으로 드러내고 있다는 것 등이다"(번스타인, 1996: 88). 그럼에도 쿤의 연구는 과학에 대한 견해를 결정적으로 변화시키고 "과학사회학, 과학사, 과학기술학, 과학학 등 과학의 실천을 해명하고자 하는 새로운 연구들을 탄생시켰다. 특히 그의 패러다임 이론은 과학에서 개념 및 이론 변화를 설명하기 위한 이론이었지만 패러다임이라는 용어의 일상적인 사용에 알 수 있듯 여러 학문적·지적·사회적 활동 영역에 적용되었다"(정병훈, 2011a: 102~103).

미묘하다. 그것은 복합적인 절차를 요구하며 미리 설정한, 그리고 역사의 늘 변화하는 조건을 무시한 규칙에 기초한 분석에 저항한다"(Feyerabend, 1993: 9~11). 실제의 과학활동은 패러다임의 규칙준수로 협소하게 파악할 수 없다. "아무리 기초적이거나 합리적인 규칙이 있다고 하더라도, 그 규칙을 무시할 뿐 아니라 그것의 정반대를 채용하는 것이 적절한 상황이 늘 존재한다"(Feyerabend, 1993: 14). 그러므로 파이어아벤트는 방법론적 무정부주의가 과학 진보의 전제조건이라고 지적하면서, 과학의 성과가 '확고하고 변함없는 과학적 방법'의 결실이라는 믿음을 해체한다.

> 과학을 구성하는 사건, 절차 그리고 결과들은 공통의 구조를 갖지 않는다. …… 성공적인 연구는 일반적 기준을 따르지 않는다. 이때는 이런 요령(trick)에, 저때는 저런 요령에 의지한다. 연구를 진보시키는 움직임과 무엇을 진보로 취급하는가를 정의하는 기준을 그 움직임의 주체가 늘 알고 있는 것은 아니다(Feyerabend, 1993: 1).

> (과학에서 일부의 훌륭한 결과는) 일부 사상가들이 어떤 '명백한' 규칙들에 구속받지 않겠다고 결정했기 때문에, 또는 의도하지 않게 그것들을 위반했기 때문에 발생했다. 역으로 우리는 오늘날 과학자들과 과학철학자들이 동일한(uniform) '과학의 방법'을 구성하는 것으로 옹호하는 규칙들의 대부분은 쓸모없는 것 – 그것들은 그것들이 산출한다고 상정되는 결과들을 만들어내지 못한다 – 이거나 과학을 쇠약하게 만드는 것(debilitating)이라는 것을 입증할 수 있다(Feyerabend, 1978: 99).

과학을 성공으로 이끄는 독특한 일련의 표준과 방법이 있다는 믿음은 망상(chimera)에 지나지 않는다(Feyerabend, 1993: 160). 시험과 확증을 다루며 모든 탐구가 함축하는, 이론에 대해 독립적인 사실들이 존재하고 그것들을 이용할 수 있다는 가정, 즉 실증주의 과학관이 제시하는 '자율성의 원칙(autonomy principle)'은 실제 상황에 대한 너무 심하게 단순화된 그림이다(Feyerabend, 1993: 26~27).[15] 방법론적 규칙은 '이론들', '관찰들' 그리고 '실험 결과'에 대해 그들이 잘 정의된 객체이며 그 속성을 쉽게 평가할 수 있고 모든 과학자들이 그들을 동일한 방식으로 이해하는 것처럼 말한다. 그러나 과학자가 실제로 다루는 재료는 과학자가 알지 못하는, 알고 있더라도 시험하기 어려운 원칙에 늘 오염되어 있다(Feyerabend, 1993: 51). 이론을 '사실'이나 '증거'와 곧바로 비교하는 것은 어렵다. 과학에는 자료와 이론이 모순되더라도 이론을 유지하려 하는 '고집의 원칙(principle of tenacity)'이 작동한다(Feyerabend, 2002: 329~330). 과학에서 중요한 발전은 오로지 일부의 사상가들이 특정의 '명백한' 방법론적 규칙에 구속받지 않겠다고 결심하거나 뜻하지 않게 규칙을 깨뜨렸기 때문에 일어났다(Feyerabend, 1993: 14). 오늘날 과학에서 핵심적인 것으로 간주하는 관점은 과거에 그 당시의 규칙에 따라 소거되었어야 할 것이 존속함으로써, 즉 당시에 이성의 명령에 대항했기 때문에, 그리고 비합리적인 요소들이 자기방식을 갖도록 허용받았기 때문에 살아남았다. 과학에서 합리적 견해는 과거 어느 시점에 (그 시기의) 이성을 억압하고 비합리적인 것의 존속을 허용했기 때문에 오늘날 존재하는 것이다(Feyerabend, 1993: 115~116). 모든 방법론, 심지어 가장 명백한 것조차 한계를 지닌다. 단일

15 파이어아벤트는 『방법에 반대한다』의 초판에서, "과학의 변동을 합리화하기 위해 카르납, 헴펠, 네이글, 포퍼 그리고 심지어 라카토스가 사용하고자 하는 방법의 어느 것도 적용할 수 없다. …… 남는 것은 미학적 판단, 취향의 판단, 형이상학적 편견, 종교적 욕구 등이다. 간단히 말해, 우리의 주관적인 소망(subjective wises)이다"라고 단언했다(Feyerabend, 1975: 285). 그러나 3판에서는 이런 주장을 삭제했다.

한 '과학적 방법' 같은 것은 존재하지 않으며 과학의 실제는 훨씬 더 복잡하거나 무정부주의적이다(Feyerabend, 1993: 23). 방법론자들이 안내지침으로 삼는 순진하고 단순한 규칙은 과학이라는 상호작용의 미궁을 해명할 수 없다. 특정한 철학에 얽매이지 않고 상황에 적합하다고 보이는 온갖 절차를 채택하는 무자비한 기회주의자만이 과학의 과정에 성공적으로 참여할 수 있다(Feyerabend, 1993: 9~10). 특히 지식의 성장에서, 그리고 과학의 성장에서 이해관심, 힘, 선전 그리고 세뇌기술이 널리 믿고 있는 것보다 훨씬 더 큰 역할을 수행한다(Feyerabend, 1993: 17).

과학적 탐구는 공식적 기법, 기회주의, 미봉적 책략 등의 변덕스러운 조합이며 그 결과는 필연적이기보다는 우연적이다. 파이어아벤트는 과학과 비과학을 가르는 방법론적 원칙은 없으며, 그러므로 세계에 대한 다른 형태의 이해들보다 과학이 우월하다고 생각할 근거는 없다고 주장한다. "과학은 사람들이 그들의 상황에 대처하기 위해 고안한 여러 제도 중 하나일 뿐이다. 그것이 유일한 것은 아니며 무오류인 것도 아니다. 과학에서 전문가를 훈련하면서 교육하는 표준들은 '이성적(rational)'이거나 '합리적(reasonable)'인 것이 아니라 집단에서 수용한 것일 뿐이다"(Feyerabend, 1993: 160~161).[16] 파이어아벤트는 심지어 "과학은 신화나 부두교(Voodoo)

16 여기서 파이어아벤트는 "특수한 주제와 특수한 전문성을 규정하는 특수한 표준을 일반적인 것으로 가르치거나 학식 있는 사람이 그것만을 속성으로 교육해서는 안 된다고, 즉 과학적 방법을 '참된 유일한 방법'이라고 교육하지 않아야 한다"라고 강조한다. 파이어아벤트는 과학의 '특권적 지위'를 부인한다. 과학자도 보통사람과 마찬가지로 편견을 가지고 있으며 그의 의견도 그대로 믿을 수 없는 것이다. 현대사회에서 "과학의 이론적 권위는 흔히 상정하는 것보다 훨씬 취약한 반면 사회적 권위는 압도적이다. 그것은 너무 권력을 많이 가진 것, 너무 강압적인 것 그리고 홀로 내버려두기에는 너무 위험한 것이 되었다"(Feyerabend, 1993: 160). 특히 과학자를 합리적이고 객관적인 존재로 취급하기 때문에 그들은 훨씬 더 위험한 존재이다.
파이어아벤트의 중심적인 문제의식은, 『방법에 반대한다』의 서문에서 밝힌 "지적와 같은 다른 종류의 지식과 비교해서, 그것을 본래적으로 더 우수한 지식으로 만들어주는 고유한 특징은 전혀 가지고 있지 않으며 과학에 대한 높은 평가는 단지 현대 종교일 뿐이라는 극단적인 입장도 보여준다"(차머스, 2003: 22~23). 이런 입장은 과학에 부여해온 특권적 지위를 박탈한다.

과학은 역사적 상황에 좌우되는 복잡한 활동이며 몇 가지 규칙으로 설명할 수 없는 "본질적으로 무정부주의적인 활동(essentially anarchic enterprise)"이다(Feyerabend, 1993: 9). 과학의 역사에서 '비합리적 요소'는 '이성'의 억압에 대항해 살아남아 과학 진보의 계기가 되었다. 따라서 과학의 방법을 제한적으로 규정하고 고수하려는 태도는 실제 진행된 과학의

인 동기가 아니라 인도주의적(humanitarian)인 동기에서 책을 쓴다"라는 진술에서 드러나듯(같은 책: 3), 과학적 탐구가 어떠한가를 해명하는 사실진술보다도 과학적 탐구가 어떠해야 하는가를 제시하는 당위의 주장에 있다. 그리고 그의 당위의 주장은 이중적이다. 먼저 과학의 '합리성'은 경험과 논리의 규칙 ― 논리실증주의와 비판적 합리주의에서 주장하는 ― 으로 포괄할 수 없는 복합적인 것이다. 따라서 이 규칙을 표준으로 삼는 과학의 합리성은 비합리적인 것이며 이 규칙을 '과학적 방법'으로 강제하는 것은 오히려 과학의 진보를 저해하는 비합리적인 것이다. 과학의 발전을 위해서는 그 어떤 규칙도 강제하지 말아야 한다. 나아가 '과학의 합리성', 적어도 현재의 과학의 합리성을 준거로 삼는 '이성'은 특정한 역사적 시점에 구속된 제한적인 또는 억제된 이성이다. 따라서 미래의 (확장된) 이성에 도달하려면 현재의 이성의 명령에 반대하고 '비합리적인 요소의 활동'을 허용해야 한다. 그러므로 그의 과학관은 단순히 현재의 과학적 방법에 대한 비판을 넘어 현대 과학문명 전체에 대한 비판이 된다. 그의 저서 『이성이여 안녕(Farewell to Reason)』은 이런 통찰을 압축적으로 표현한다. 파이어아벤트의 과학관에 대한 충실한 이해를 위해서는 '이성' 및 '합리성' 개념의 이러한 변증법적인 사용을 인식해야 한다. 그는 『방법에 반대한다』에서 자신이 "사용하는 논증이나 수사는 결코 자신의 심층적 확신(deep convictions)을 표현하는 것이 아니며 기존 규칙의 한계와 비합리성을 논증하는 방법"이라 설명하고, 자신은 "이성(진리, 정직, 정의 등)의 권위를 붕괴시키기 위해 이성의 게임을 벌이는 비밀요원"이라고 비유한다(Feyerabend, 1993: 23). 그는 과학의 권위와 객관성에 의심을 제기함으로써 현대의 '이성'에 대한 믿음을 공격하는 것이다.

진보를 적절히 설명하지 못할 뿐더러 미래의 과학 진보를 저해할 수 있는 것이다.[17]

고정된 방법 또는 고정된 합리성이라는 관념은 인간 및 인간의 사회적 상황에 대한 지나치게 소박한 견해에 의존하고 있다. 역사가 제공하는 풍부한 자료를 살펴보는 사람들, 그리고 명확성·정밀성·객관성·진리 등의

17 파이어아벤트는 『방법에 반대한다』 초판에서 다음과 같이 주장한다. "과학을 고정적이고 보편적인 규칙에 따라 진행할 수 있고 진행해야 한다는 생각은 비사실적이고(unrealistic) 유해하다(pernicious). 그것은 인간의 재능에 대해, 그리고 재능의 발달을 촉진하는 환경에 대해 지나치게 단순한 견해를 취하기 때문에 비사실적이다. 그리고 그 규칙을 강제하려는 시도가 인간성의 상실이라는 대가를 치르면서 우리의 전문적인 자질을 증대시키려 하기 때문에 유해하다. 이에 더해 그 생각은 과학의 변동에 영향을 주는 물리적이고 역사적으로 복잡한 조건을 무시하기 때문에 과학에 손상을 준다. 이러한 생각은 과학을 더욱더 융통성 없고 독단적으로 만든다. …… 사례 연구들은 (자연법칙이 드러난다는 소박한 반증주의의 가정, 순수한 사유보다 감각경험이 세계에 대한 더 좋은 거울이라는 경험론의 가정, 우리의 감정보다 이성이 더 훌륭한 결과를 제공한다는 논증 예찬의 가정) 그러한 가정에 대한 시험이 늘 일어났으며, 그 시험들이 그 어떤 규칙에 대해서도 보편적 타당성을 부인한다는 것을 보여준다. 모든 방법론은 그것의 한계를 가지고 있으며, 살아남는 유일한 '규칙'은 '아무렇게나 해도 좋다(anything goes)'라는 것이다"(Feyerabend, 1975: 295~296). 그러나 3판에서는 이런 진술을 포함한 일련의 내용을 삭제했다. 대신 그는 서문에서 "'아무렇게나 해도 좋다'는 내가 주장하는 '원칙'이 아니다"(Feyerabend, 1993: 7)라고 강조한 뒤, "사람들은 내가 귀납을 반귀납으로 대체하고 관례적인 이론/관찰 짝 대신 이론들의 다중성, 형이상학적 견해, 동화를 사용하는 새로운 방법론을 권유한다는 인상을 받을 수 있지만 이런 인상은 그릇된 것이다"고 지적한다(Feyerabend, 1993: 23). "거의 모든 사람이 '아무렇게나 해도 좋다'는 방법론을 나의 특징으로 지적해왔다. 그러나…… '내 의도는 일련의 일반적인 규칙을 또 다른 일련의 규칙으로 대체하는 것이 아니다. 오히려 내 의도는 독자에게 모든 방법론이, 심지어 가장 분명한 것조차 그것의 한계를 가지고 있다는 것을 독자에게 납득시키는 것이다'라는 것을 나는 아주 명백하게 말한다"라고 진술한다(Feyerabend, 1993: 230~231).

형태의 지적 보호물을 갈망하면서 자신들의 저급한 본능을 만족시키기 위해 열심히 그 자료를 곤궁하게 만들지는 않는 사람들에게는 모든 상황에서 그리고 인간 발전의 모든 단계에서 옹호할 수 있는 단 하나의 원칙이 있다는 것이 분명해질 것이다. 그것은 '아무렇게나 해도 좋다(anything goes)'는 원칙이다(Feyerabend, 1993: 18~19).[18]

파이어아벤트에 따르면, 경쟁하는 이론은 많을수록 바람직하다. 그 까닭은, 첫째, 경쟁하는 대안적인 이론들을 많이 만들어냄으로써 새로운 경험적 사실을 발견할 수 있고 그것에 의해 과학적 지식의 경험적 내용을 증가시킬 수 있다. 둘째, 사회적으로 인정된 과학이론은 경험이 아니라 경쟁이론에 의해 더 엄격하게 비판받는다. 한 이론에 대한 효과적인 비판과 근본적으로 새로운 과학적 발견은 문제가 되는 기존 이론에 기초해 이루어지는 것이 아니라 그것과 적어도 부분적으로 상충하는 다른 이론에 입각해 이루어진다. "과학에서 이론은 경험적 사실과 상충하기 때문에 소거되는 것이 아니라 다른 이론과 상충하기 때문에 소거된다"(Feyerabend, 1970: 328). 경험적 사실은 이론에 의존하기 때문에 이론의 고집은 새로운 사실의 발견을 봉쇄하고 경험적 지식의 성장을 제한한다. 반면 지지할 수 있는 경험론의 방법이라면 지식의 경험적 내용을 증대하고자 해야 한다. 과학의 진보는 내적 정합성을 갖는 이론체계를 통해 이상적인 견해에 다가가는 수렴의 과정이 아니다. 그것은 수많은 대안적 이론들이 서로 경쟁하면서 서로에게 고도의 세련화를 요구함으로써 전체적으로 더 풍부한

18 파이어아벤트는 이러한 자신의 입장을 '무정부주의(anarchism)' — 이 명칭은 라카토스가 부여했다 — 라고 부르는 것을 용인한다. 그렇지만 그는 "다다는 아무런 프로그램도 갖지 않았을 뿐 아니라 모든 프로그램에 반대했다"라고 인용하면서 자신의 입장을 다다주의(Dadaism)로 부르는 것을 더 선호한다(Feyerabend, 1993: 23).

경험적 내용을 갖게 된다. 경험적 사실들이 이론의존적이므로, 과학적 지식의 경험적 내용을 증가시키고 그것에 의해 사실의 숫자를 증대시키는 최선의 방법은 경쟁하는 대안적인 이론들의 숫자를 늘리는 것이다. 부적합한 이론의 독단적인 보존을 피하는 최선의 방법은 '증식의 원칙(principle of proliferation)'을 받아들이는 것, 즉 이론의 증식을 요구하는 것이며 이것이 과학 진보의 열쇠이다.[19] 또한 이점에서 과학은 '기존의' 행위 양식의 완고한 모방자가 아니라 적응적이고 창의적인 사람들을 필요로 한다(1993: 159). 그리고 파이어아벤트는 상충하는 증거가 나타나더라도 이론을 유지하는 '고집의 원칙'이 '증식의 원칙'을 보완한다고 지적한다(Feyerabend, 2002: 202~210). 과학의 진보는 이론적으로 또는 경험적으로 적절히 입증되지 않은 대안적인 다수의 이론들이 기존의 이론에 도전함으로써 가능하다는 것이다.

라카토스는 자신의 입장을 '정교한 반증주의(sophisticated falsificationism)'로 특징짓지만,[20] 다른 협약주의자들과 마찬가지로 이론명제와 관찰명제의 경계는 없으며, 실험으로 증명할 수 있는 사실명제는 존재하지 않는다고 지적한다.

> 우리의 상상력은 '사실명제'의 정식화보다 '이론'의 정식화에서 훨씬 더 큰 역할을 수행할 것이다. 그러나 이론과 사실명제 둘 다 오류가능하다.

19 "나는 이론의 증식을 진보의 '외부적 촉매(external catalyst)'로 볼 뿐 — 라카토스와 같이 — 아니라, 그것의 본질적 부분(essential part)로 본다. 나는 대안(적인 이론)이, 주목받는 견해의 경험적 내용을 증가시키며, 따라서 반증 과정의 필수적인 부분이라고 주장해왔다. …… 증식의 원칙은 새로운 대안의 고안을 권유할 뿐 아니라 논박된 낡은 이론의 소거도 방지한다. 그 이유는 그 이론이 승리한 경쟁이론의 내용에 기여한다는 것이다"(Feyerabend, 1993: 34).

20 라카토스는 '반증주의'를 즉 '순진한', '방법론적', '정교한' 반증주의로 구분한다.

> 따라서 우리는 이론을 증명할 수 없으며 반증(disprove)할 수 없다. 취약하고 증명되지 않은 이론과 확실하고 증명된 '경험적 기초' 사이의 구분은 존재하지 않는다. 과학의 모든 명제들은 이론적인 것이며 그러므로 불가피하게 오류가능한 것이다(라카토스, 2002: 31).

라카토스는 이론은 이론의 예측과 상치하는 경험적 증거에 의해 반증되고 폐기되는 것이 아니라고 강조한다. 이론은 고립되어 존재하는 것이 아니라 일련의 연계된 진술들의 체계를 형성하며 그 체계 속에서 수정된다. 따라서 이론들은 쉽사리 반증되지 않으며 또한 어떤 사실 혹은 진술에 의해 반증되었다고, 해당 이론이 간단히 폐기되는 일은 일어나지 않는다. "모든 과학이론은 그 이론의 보조가설, 초기조건, 선행이론 등과 함께 평가받는다. 우리가 평가하는 것은 고립된 이론이 아니라 일련의 이론들이다. 고립된 이론이 아니라 일련의 이론들에 대해 과학적이라거나 비과학적이라고 말할 수 있다"(라카토스, 2002: 61~63). 과학에서는 보조가설들의 수정이 있기 때문에 논박은 그다지 중요하지 않다. "결정적 실험은 존재하지 않는다"(라카토스, 2002: 152). 이론과 관찰진술이 상치하는 경우 과학자들은 이론이 아니라 관찰진술을 폐기한다. "반증은 단순히 이론과 경험적 기초의 관계가 아니라, 경쟁하는 이론들과 원래의 경험적 기초 그리고 경쟁이 나타내는 경험적 성장 사이의 다중적 관계이다. 반증은 더 나은 이론이 나온 후에 이루어진다"(라카토스, 2002: 64~65). 이론 평가는 즉각적인 것이 아닌데 그 까닭은 역사적 전개 속에서 이론들의 전체 체계를 평가해야 하기 때문이다. 그러므로 과학의 "즉각적 합리성은 종언"을 고해야 한다(라카토스, 2002: 121). 그리고 라카토스는 파이어아벤트와 마찬가지로 과학에서 '이론의 증식'이라는 구호를 중시한다(라카토스, 2002: 67).

> 정교한 반증주의자에게 이론의 증식은 이미 승인된 이론이 논박될 때까지(또는 승인된 이론들의 주창자들이 쿤이 말하는 확신의 위기에 빠질 때까지) 기다릴 수 없는 것이다. …… 정교한 반증주의는 모든 가설을 더 좋은 가설로 대체하는 것의 시급성을 강조한다. 반증은 이론가들에게 더 좋은 이론을 탐색하도록 강제하지 않는다. 단순하게 한 이론이 반증된 다음에 더 좋은 이론이 제시되는 것은 아니기 때문이다(라카토스, 2002: 68).

그럼에도 라카토스는 "우리는 다수의 이론을 제안하고 자연은 그것과 정합적이지 않다고 소리칠 수 있다"라고 주장한다(라카토스, 2002: 81). 과학에서 이론의 반증은 아무렇게나 일어나는 것이 아니다. 즉, 이론들 또는 연구 프로그램들을 평가하는 합리적·보편적 기준이 있다. "일련의 이론에 대한 우리의 경험적 기준은 그 이론이 새로운 사실을 만들어내야 한다는 것이다. 성장이라는 관념과 경험적 특징이라는 개념이 하나로 통합된다"(라카토스, 2002: 64). 평가는 특정 이론체계나 연구프로그램이 실제적 세계와 관련해 지니는 적절성(relevancy)의 정도와, 그 이론체계의 정합성(coherence)과 예측력을 합한 진보성(progressiveness)에 의해 결정된다. 한 이론체계가 새로운 예측들을 산출해낸다면 이론적으로 나아지는 것이며, 새로운 예측들을 경험적으로 입증하면 경험적으로 진보하게 된다. 그렇지만 어떤 이론체계가 두 측면에서 동시에 진보적이어야 하는 것은 아니다. 따라서 어느 측면에서 진보적이지 못하고 퇴행적(새로운 예측을 제시하지 못하거나 경험적 지지를 얻지 못하거나)이라 하더라도 그 이론체계가 무너지지는 않는다. 한 이론이 경쟁하는 이론보다 경험적 내용을 더 많이 갖고, 그러한 더 많은(excess) 경험적 내용의 일부가 검증될 때 그 이론은 받아들일 수 있는(acceptable) 것 또는 과학적인(scientific) 것이 된다(라카토스, 2002: 58~59). 그러므로 라카토스는 "우리가 경험에서 배우고자 한다면 우리는 경험적 기초의 문제를 제거할 수 없으며 경험은 과학 논쟁의 공정한 판정자(impartial arbiter)로 남아 있을 것"이라고 인정한다(라카토스, 2002: 83~84).[21] 그렇다고 하더라도 연구프로그램을 순식간에 무너뜨릴 수 있다는 의미의 결정적인 실험은 존재하지 않는다. 경쟁관계에 있는 연구프로그램의 우위는 반증에 의해 즉각적으로 판정되지 않는다. 한 이론이 다른 이론에 비해 진보적인가 여부는 역사적으로 평가되며, 퇴행적인 이론이 나중에 다시 진보적인 이론으로 판명될 수도 있다. 어떤 연구프로그램이 다른 연구프로그램을 대체하게 되었는지는 많은 경우 오랜 시간이 지난 뒤에야 알 수 있다. 과학의 합리성은 매우 느리게 작동하며 그런 경우에도 부정확하게(fallibly) 작동한다(라카토스, 2002: 152).

과학지식이 과학자공동체의 협약일 뿐이라는 견해는 사회과학자들에게 "오랜 기간의 고통스러운 억압을 제거해줄 해방자로 나타났다"(Maasen and Weingart, 2000: 68). 쿤 같은 협약주의자에 따르면 과학은 결정적 시험에 의해 판정되거나 변동하는 합리적 과정이 아니라 공약불가능한 패

21 과학이 이론들의 경쟁을 특징으로 (해야) 한다는 주장에서는 라카토스와 파이어아벤트는 일치한다. 그렇지만 파이어아벤트는 그렇기 때문에 과학은 아무렇게나 해도 좋다고 주장하는 반면, 라카토스는 그렇다고 하더라도 과학자들 사이에는 진보적인 연구프로그램이 존속하는 '합리성'이 작동한다고 이해한다. 참고로, 파이어아벤트는 라카토스에게 헌정한 『방법에 반대한다』 서문에서, 그 책이 라카토스가 공동작업으로 제안한 책의 1부라고 밝히고 있다. 자신은 '과학적 방법'에 반대하는 주장을 제시하고 라카토스는 이것에 대응하여 과학적 방법을 옹호하는(for method) 주장을 제시할 계획이었다는 것이다. 하지만 이 계획은 라카토스의 갑작스러운 죽음으로 성사되지 못했다. "내용 없는 사고는 공허하고 개념 없는 직관은 맹목이다"라는 칸트의 표현을 변용한, "과학사 없는 과학철학은 공허하고, 과학철학 없는 과학사는 맹목이다"라는 라카토스의 진술과, "이성 없는 수사는 공허하고 수사 없는 이성은 맹목이다"라는 파이어아벤트의 표현은 두 사람의 문제의식의 차이를 간명하게 보여준다.

러다임들이 지배하는 사회적 과정이다. 사회구성주의자들에 따르면, '증거'에 대한 호소와 그 밖의 인식적 가치들은 실질적으로 협상과 연결망 구성을 위한 표지일 뿐이다. 과학은 단지 대화의 일종이거나 사회조직의 형태일 뿐, 특별한 방법을 갖는 것도 아니고 진리를 더 많이 발견할 기회를 갖는 것도 아니다. 과학과 과학의 방법에 특권적인 지위를 부여할 까닭은 없으며, 과학지식이 세계를 정확하게 '반영'하고 서술한다는 생각은 근거 없는 것이다. 과학활동을 다른 지식 생산 활동과 구별하는 특징적인 '과학의 방법'이 없다면, 그리고 자연과학이 담론의 한 형태일 뿐 특별한 어떤 것을 가지고 있지 않다면, 사회과학이 자연과학의 방법을 차용하거나 본받을 것인가의 문제를 제기할 이유는 없다. 이제 사회과학자들은 '과학적 방법'의 사용을 옹호하거나 반대할 필요가 없게 되었다.

상대주의의 곤경

이론과 경험의 구분을 기초로, 과학적 지식이 경험 자료에 확실하게 근거한 객관적 지식이며, 이론에서 예측을 도출해서 경험적 증거로 시험하는 연역논증 구조를 갖는 활동이라고 파악하는 실증주의적 과학관은, '경험의 이론의존성' 및 '이론의 경험적 미결정' 명제에 의해 기각되었다. '경험이라는 객관적 기초'를 상실한 과학적 지식의 확실성과 객관성 또는 진리성에 대한 믿음은 더 이상 유지될 수 없게 되었다.[22] 과학자들이 경험

22 과학이 객관적이고 보편적인 지식을 생산한다는 주장은 과학의 '논리'에 대한 분석에서 논박되었을 뿐 아니라 과학의 역사에 대한 탐구에서도 논박되었다. 예를 들어 20세기 초반에 많은 생물학자와 의사는 우생학(優生學)의 이론과 실천을 과학적인 것이라고 믿었지만, 이것이 타당하지 않음이 밝혀지는 데에는 많은 시간이 필요하

들의 귀납적 종합이나 연역적 시험을 통해 객관적 세계와 접촉하고 지식의 확실한 기초를 획득한다는 견해는 사실과 부합하지 않는다. "과학적으로 또는 경험적으로 중립적인 언어체계나 개념들은 없기 때문에 이론과 이론에 대한 시험의 제안된 구성은 특정 패러다임에 기초한 전통 안에서 진행해야 한다"(Kuhn, 1970: 146). 과학적 지식은 특정한 과학적 전통이나 패러다임, 또는 문제틀이나 세계관 안에서 생산되고 통용되는 것으로, 상이한 전통들 자체는 합리적으로 비교할 수 없는 것이다. 과학이론을 평가하는 기준은 이론에 대해 독립적인 것이 아니라 이론에 의존한, 그러므로 이론에 내부적인 것이다. 경험자료가 과학적 이론의 진위를 결정하는 것이 아니라 과학자의 사회적 이해관심이 경험자료와 결합해 이론을 결정한다. 그러므로 과학적 이론들을 참이거나 거짓이라고 판단할 수 없다.

> 이성적인 것과 비이성적인 것을 미리 구별할 수 있는, 그리고 이상적으로 합리적인 인간의 총체적인 심리(total psychology)를 충실하게 서술한 것보다 더 단순화할 수 있는 일련의 규칙이 있으리라고 생각할 근거는 없을 것이다. 과학의 내용에 관한(즉, 세계의 성질에 관한) 인간의 판단과 가치에서 분리할 수 있는 실제의 형식적 방법에 대한 희망은 소멸한 것으로 보인다. 이상적으로 합리적인 인간인 과학자의 심리에 대한 형식화를 '방법'으로 취급하도록 방법의 개념을 확장한다고 하더라도, 이런 의미의 '방법'이 미학에 관한 판단이나 윤리에 관한 판단, 또는 여러분이 선호하는 모

지 않았다. 19세기의 대부분의 물리학자들은 '에테르(ether)'라는 물질이 우주를 채우고 있다고 믿었지만 20세기 물리학자들 가운데 이 믿음에 동의하는 사람은 거의 없다. 그러므로 과학의 실제 모습은 과학이 객관적이고 보편적이며 진리인 지식을 산출하는 활동이라는 통념적 인상과는 상당히 다른 것이다. 과거의 과학지식이 오류를 내포한 불완전한 것이었듯, 지금 우리가 참이라고 믿는 과학지식도 확실한 진리가 아니라 변하고 수정될 불완전한 지식일 수밖에 없다.

든 것에 관한 판단에서 독립적이라고 생각할 근거는 없다. 과학적 방법이 윤리적·미학적 사안에 관한 믿음에 적용되지 않을 것이라거나, 그런 믿음을 전제하지 않을 것이라고 믿는 전체적인 이유는 결국 과학적 방법이 형식적 방법이라는 믿음이다(Putnam, 1981: 192~193).

과학지식이 객관적 기초를 결여한 것이라면 그 지식은 결국 연구자들의 주관적 믿음체계일 뿐이며 상이한 믿음체계들로서의 과학지식들 사이에서 선택을 정당화할 수 있는 심판자는 존재하지 않는다. 과학적 지식의 합리성에 대한 주장은 명백히 포기해야 하며 대안적인 이론들 사이에서의 선택은 기호(嗜好)의 문제거나 신념의 자의적인 비약의 문제라고 보는 상대주의 견해가 그 자리를 대신하게 되었다. 쿤에 따르면 "관련 공동체의 승인(assent)보다 더 높은 기준은 없다"(Kuhn 1970: 94). 과학지식은 믿음체계를 공유하는 과학공동체의 '협약'일 뿐이며, 이론의 적절성은 늘 과학공동체 성원들의, 그 이론을 다른 이론들과 비교하는 것에 의한 판단에 따라 결정된다. 쿤은 패러다임의 개념적 제약이 매우 체계적이어서 상이한 패러다임의 신봉자들은 상대방의 비판을 이해할 능력조차 갖지 못할 수 있다고 주장한다. 뉴턴 역학에서 아인슈타인의 상대성이론으로의 패러다임 전환에서 볼 수 있는 것처럼, 경쟁하는 이론들은 그들이 공동으로 사용하는 '질량', '시간' 등과 같은 용어가 있는 경우에도 그 용어를 전혀 다르게 정의한다. 이러한 '의미 변천(meaning variance)'의 결과, 경쟁하는 이론의 옹호자들 사이의 대화는 서로 엇갈리게 된다. 그러므로 경쟁하는 이론은 '공약불가능(incommensurable)'하다.[23]

23 쿤은 더 나아가 패러다임이 과학의 구성요소일 뿐 아니라 자연의 구성요소이기도 하다고 주장한다(Kuhn, 1970: 110).

과학에서 경쟁하는 지식주장들이 공약불가능하다는 사실은 과학지식이 객관적인 진리가 아니라 단지 상대적이고 가변적인 진리일 뿐이라는 것을 의미한다. 변이들에 직면한 패러다임이 어느 지점에서 전복되고 새로운 개념적 접근이 선호될 것인가는 이성이 지시할 수 없다. 더 나아가 과학자가 구성하는 지식은 물론, 그 지식의 대상인 '외부 세계'조차 과학자가 가진 이론적 견해에 의해 사회적으로 구성된다. 상이한 공동체에 속한 과학자들은 각 공동체에 고유한 세계관, 이론과 개념적 요소들 때문에 다른 세계 속에서 작업하고 있는 것이다. 그러므로 쿤은 코페르니쿠스나 뉴턴, 아인슈타인 등이 촉발한 과학혁명이 급진적인 세계관의 변동이며, 일차적으로 논리적·경험적 관점보다는 사회적이고 심리적인 관점에서 이해해야 하는 방식으로 발생했다고 설명한다.

> 이론 선택을 위한 중립적인 연산식은 없다. 적절하게 적용되면 집단 속의 각 개인들을 틀림없이 동일한 결정으로 인도하는 체계적인 결정 절차는 없다. 이런 의미에서 실질적인 결정을 내리는 것은 전문가들의 공동체이지 그것의 개별 성원들이 아니다(Kuhn, 1970: 200).

더 이상 과학지식은 객관적 사실과 합리적 추론에 의해 획득한 보편적 진리거나, 사회적 맥락에서 자유로운 초역사적이고 보편타당한 지식이 아니다. 과학지식은 이해관심을 가진 과학자들의 타협과 절충에 의해 구성된 협약으로 과학공동체의 철학적 가정과 이론적 견해의 차이에 따라 다른 상대적인 것이다. 그러므로 과학이 진보한다는 생각도 타당한 것이라고 할 수 없다. "패러다임의 변동이 과학자들과 그들에게 배우는 사람들을 진리에 점점 더 가깝게 데려간다는 관념을 우리는 포기해야 할지도 모른다"(Kuhn, 1970: 170). 또한 과학, 그것의 방법 그리고 그것의 발견들에 대한 우리의 생각은 우리의 역사, 우리 사회의 결과이지, 실재의 성질을 서술하고 설명하는 어떤 특권적인 방법의 결과가 아니다. 과학은 기껏해야 세계를 서술하는 또 하나의 방식일 뿐이다. 과학지식은 다른 문화적 지식이나 산물과 마찬가지로 맥락에 의존하며 역사적이고 가변적인 지식체계일 뿐이며 "과학지식과 다른 믿음체계들을 구별할 수 있는 경계선은 존재하지 않는다"(래디먼, 2003: 232). 이제 협약주의 과학관은 과학을 독립적으로 존재하는 실재에 대한 진리에 점점 더 접근하는 합리적 활동이며 과학지식을 다른 형태의 지식들보다 인식적으로 더 우월한 것이라고 주장할 수 없다는 상대주의로 귀결된다.

> 우리는 통일적이고 보편적이며 객관적인 추구로서 과학이 종말에 도달했다는 불안한 느낌을 갖고 있다. 우리는 과학이 매우 주관적이고 상대적이며 사회적 태도와 이데올로기의 영향을 받는 기획이라고 생각하기 시작했다. …… 여성주의자, 창조과학자, 저항문화 활동가, 신보수주의자 그리고 그 밖의 호기심 많은 동조자들은 과학이론의 공약불가능성이나 미결정성에서 그들의 주장을 뒷받침하는 결정적 근거를 찾았다고 주장해왔다. '사실과 증거가 중요하다'라는 통념이 '모든 것은 결국 주관적인 이해관계와 관점으로 귀결된다'라는 통념으로 교체된 것은 우리 시대의 가장 뚜렷하고 유해한 반지성주의의 징후이다(라우든, 1997: 34~35).

물론 이런 상대주의의 입장은 과학지식에 대한 통념적인 믿음 그리고 "과학지식의 엄청난 성공과 기술공학 응용의 많은 성과를 고려할 때 받아들일 수 없는 귀결이었다"(래디먼, 2003: 231). 그러므로 대부분의 논자들은 논리적 일관성을 포기하며 상대주의에서 벗어나고자 모색한다. 예컨대 쿤은 자신의 입장에 대해 다음과 같이 말한다.

> 어떤 경우든 그것은 단순한 상대주의와는 거리가 멀다. …… 과학의 발전은 단일 방향의, 역전불가능한 과정이다. 나중에 만든 과학이론들은 그것들을 매우 상이한 환경 속에 적용하더라도 문제풀이에서 이전의 이론들보다 더 낫다. 이런 견해는 상대주의자의 입장이 아니며, 내가 과학의 진보를 확신 있게 믿는 사람이라는 것을 드러낸다(Kuhn, 1970: 205~206).

과학은 여러 전통 중 하나일 뿐이라고 주장하면서 과학적 방법의 존재를 부인하고 과학지식의 객관성과 합리성을 더 철저하게 의심하는 파이어아벤트조차도 자신이 "상대주의자라는 지적은 거부한다"(Feyerabend, 1993: 268). 또한 자신의 입장을 '정교한 반증주의'로 부르는 라카토스는 과학지식의 진보를 승인하고 옹호하면서 논리적 모호함을 무릅쓰고 상대주의를 배격한다.[24]

24 과학적 지식의 합리성 및 객관성을 부인하는 상대주의로의 전환의 단초는 '반증가능성'을 과학적 지식의 기준으로 제시하는 포퍼에게서 찾을 수 있다. 포퍼는 경험적 증거가 아무리 많더라도, 장차 반대되는 경험적 증거가 발견될 가능성은 늘 존재하기 때문에, 경험적 증거로 이론을 '확증'할 수는 없는 ('귀납의 문제') 반면, 단 하나의 반대 사례만으로도 이론을 기각하는 것에는 논리적으로 전혀 문제가 없다고 지적한다. 그리고 이것을 근거로 과학활동이 가설의 과감한 '추측' 및 가설과 반대되는 경험적 사실에 의한 가설의 엄격한 '논박'을 통한 '정당화의 논리'를 특징으로 한다고 개념화한다. 이것에 의해 과학적 지식의 지위는 경험이라는 확고한 기초를 갖는 지식으로부터 반대 사례가 발견되기 전까지만 잠정적으로 타당한 것으로 인정받는 불안정한 것으로 바뀌게 되었다. 그러므로 포퍼는 '과학에 대한 포스트모던 해석의 숨은 아버지(hidden father) 또는 간접적인 선구자(indirect harbinger)'로 평가받는다(Brown, 2009: 14). 포퍼는 '정당화의 논리'를 강조하는 한편 경험의 이론의존성을 인정함으로써 경험이 이론의 '기초'라는 견해에서 이탈하지만, 동시에 '경험'을 (가설적인) 이론을 시험하고 기각하는 중립적이고 객관적인 심판으로 인정하는 점에서는 여전히 실증주의 과학관을 공유하고 있다. 물론 '비판적 합리주의자'인 포퍼 자신은 상대주의라는 비판을 거부한다.

그렇지만 협약주의 과학관은 그 주창자들의 의도와는 관계없이 많은 경우 상대주의적 주장의 근거가 되고 있다. 이른바 '포스트모더니즘' – 종종 '포모(pomo)'라는 축약어로 표현된다 – 의 사조에서는 이런 경향이 특히 뚜렷하게 나타난다.[25] 이 사조에 따르면, 과학도 여러 담론들 가운데 하나이며, 다양한 연구 분야와 활동들을 가리키는 명목상 이름일 뿐이다. 예컨대 장 프랑수아 리오타르(Jean-Francois Lyotard)는 과학지식이 여러 형태의 지식들 가운데 하나일 뿐 인식적으로 더 우월한 것이 아니며, 또한 자립적인 것이 아니라 정당화가 필요한 지식형태라고 규정한다.[26]

> 과학은 자신의 정당성 문제를 감추는 데 성공하기는커녕 오히려 모든 의미의 차원에서 정당성에 관한 문제제기를 피할 수 없다. 이 정당성 문제는 인식론적인 동시에 사회적·정치적이다. …… 과학적 지식과 비과학적(서사적) 지식을 나란히 병행해놓으면 과학적 지식의 존재가 서사지식과

---

25 과학에 특별한 것이 없다는 강력한 주장은 과학지식에 대한 사회학적 연구의 옹호자들[데이비드 블루어(David Bloor)와 브루노 라투르(Bruno Latour) 등과 같은]이나 수사로서 과학(science as rhetoric)의 옹호자들[디어드리 맥클로스키(Deirdre McCloskey) 등과 같은]에게서도 찾을 수 있다. 이들은 과학은 "사회적 구성물의 하나로, 세계에 대한 해명에서, 이를테면 점성술이나 주술보다 더 특권을 가진 것이 없는"(Williams 2000: 70) 대화의 한 종류이거나 사회조직의 한 형태일 뿐이라고 지적한다. "과학은 특별한 방법을 갖지 않고, 진리를 발견할 더 많은 기회를 갖는 것도 아니며 특권적인 정당화 형태도 아니다. 과학도 여러 사회제도 중의 하나이며, 과학적 믿음도 사회과정에 의해 형성될 수밖에 없다. 그러므로 과학의 실천을 설명하는 것은 실재의 구조와 증거가 아니라 사회적 협상(social negotiation)이다"(Kincaid, 1996: 8, 17).

26 '과학'은 근대에 이르러 두드러지게 확산된 지식 형태로서 자족적으로 정당화될 수 있는 것이 아니라, 절대정신의 변증법, 의미의 해석학, 합리성, 노동주체의 해방, 또는 부의 창출과 같은 큰 이야기(grand narrative)에 호소하는 초담화를 통해 자신을 정당화하고 있다는 것이 포스트모더니즘의 주장이다.

> 마찬가지로, 그리고 그에 못지않게 필연적인 것이 아니라는 사실을 이해하는 데 도움이 된다. …… 포스트모던적 과학지식의 현저한 특징은 과학적 지식을 타당한 것으로 만들어주는 규칙의 담론이 과학지식 속에 (명시적으로) 내재해 있다는 사실(이다)…… 이제 강조해야 할 것은 합의가 아닌 이견(異見)이다(리오타르, 1992: 69, 85, 138, 151).

과학은 다른 언어게임을 정당화할 수도 없고 다른 언어게임에 의해 정당화될 수도 없는 하나의 언어게임(language game)일 뿐이다. 그리고 "과학적 언어게임은 부자들의 게임이 되었으며, 여기서는 가장 부유한 사람의 주장이 정확한 것이 될 최우선의 기회를 갖는다. 부와 효율성 그리고 진리 사이의 등식이 그렇게 확립된다." 과학은 더 이상 인류를 위해 절대적 지식과 자유를 향하여 서서히 진보하는 것으로 간주될 수 없다. 과학이 진리를 향해 진보한다는 생각은, 근대가 자신의 성취에 보편적 정당성을 제공하고자 하는 거대서사 또는 환상적 이야기의 패러다임이다. "과학의 목표는 더 이상 진리가 아니라 그것의 수행성(performativity)이다"(리오타르, 1992: 122). 과학적 지식에서 '사실과 증거가 중요하다'는 (실증주의의) 주장 대신 '모든 것은 결국 주관적인 이해관계와 관점으로 귀결된다'는 (상대주의적) 주장은 이제 여러 분야에서 들을 수 있다.

자신을 '쿤의 실용주의적 친구(pragmatist friend)'로, 그리고 자신의 실용주의를 '좌파 쿤주의(left-wing Kuhnianism)'로 부르는(Rorty, 1991: 38) 리처드 로티(Richard Rorty)는[27] "이론 선택을 위한 연산식은 없다"라는 쿤의 견해에 의존해(Rorty, 1979: 325), "과학자들이 외부의 실재와 접촉하고 있

27 물론 로티는 '상대주의자'라는 비판에 대해, 그것은 "쟁점을 전통적인 플라톤 식의 어휘로 정의하는 것"이라며 거부한다(Rorty, 1999: 17~19). 한편 그는 쿤을 "제2차 세계대전 이후 영어권에서 가장 영향력 있는 철학자"로 평가한다(Rorty, 1999: 175).

으며 그러므로 정치인들이나 시인들은 사용할 수 없는 수단에 의해 합리적 합의에 도달할 수 있다는 주장은 근거가 없다"라고 주장한다(1979: 342). 그리고 과학이 특별한 방법이나 실재와의 특별한 관계를 특징으로 한다는 생각, 과학이 객관적인 근거를 가진 지식이며 외부 세계의 객체와 그것에 대한 언어적 내용 사이의 상응(correspondence)이라는 의미에서 진리를 추구한다는 생각을 부인한다. "과학적 방법이란 것은 없고, 특별한 의미에서 과학이 객관적인 것도 아니며, 바람직한 목표인 과학적 지위라고 부를 수 있는 것도 없다는 것이다"(Kincaid, 1996: 42).[28]

> '과학'(적어도 '자연과학')은 특수한 방법 또는 실재에 대한 특별한 관계라는 두 가지 특징의 어느 하나, 또는 둘 모두에 의해 구별할 수 있는 문화의 영역을 가리킨다는 믿음이 있다. …… 그러나 그러한 구분은 얼핏 보이는 것처럼 용이한 일이 아니다. 과학적 이론과 세계 사이의 조금씩의 연관을 분리하려는 시도가 훼손되었기 때문에 '과학의 방법'을 분리하려는 시도도 훼손되었다(Rorty, 1991: 46).

과학을 세계나 실재, 자연을 있는 그대로 그려내거나 그 본질을 파악하는 활동으로 간주하는 것을 로티는 신학적 충동의 유산으로, 즉 "세계를 그 자신의 언어를 가진 존재의 창조물로 보는 시대의 유산"으로 간주한다(Rorty, 1989: 5). "지난 300년간 과학과 종교, 과학과 정치, 과학과 예술, 과학과 철학 등을 명확하게 구분하는 것이 중요하다는 수사가 유럽의 문

28 로티는 논리실증주의의 기본 가정에 의문이 제기된 이후 과학의 특성에 관한 논의를 ① 쿤과 파이어아벤트의 작업을 중심으로 방법의 개념에 집중한 단계와, ② 로티 자신이 중심이 되어 과학과 실재 간 관계의 문제에 집중한 '과학적 실재론' 논쟁의 단계로 구분한다(Rorty, 1979: 47).

화를 형성해왔다. 그러나 이런 구분이 객관적이고 합리적인 기준을 가진 것은 아니다"(Rorty, 1979: 330~331). "우리가 아리스토텔레스보다 뉴턴이 더 낫다고 여기는 것은 뉴턴의 말이 실재에 더 잘 맞아떨어지기 때문이 아니라 우리가 실재에 더욱 잘 대처할 수 있는 능력을 부여했기 때문이다. 그러므로 과학을 종교나 정치와 구별해주는 것은 없다"(Rorty, 1979: 269). 모든 서술은 해석을 전제하며 어떤 해석에서도 편견을 완전히 배제할 수는 없다. "언어적 전통 ― 우리가 그 안에서 사유와 자기비판을 수행하는 ― 및 그 밖의 전통의 외부로 나가서, '무엇이 특정 문장을 진리로 만드는가', 또는 '특정의 행위나 태도를 선한 것이나 합리적인 것으로 만드는가'를 말함으로써 언어와 세계가 어떻게 관련되는가를 밝히려는 시도는 불가능한 것이다"(Rorty, 1982: 19). 우리가 세계에 관해 말한다고 하더라도 그것은 여전히 언어 안에서 일어나는 일이다. 인간은 언어 밖으로 나갈 수 없기 때문에 과학은 세계에 대한 객관적 서술이나 진리의 발견을 추구할 수 없다. 경험적 직관조차도 이미 편견을 통해 해석한 것에 지나지 않는다. "우리는 우리 자신이 만들어낸 언어게임 이외의 어휘를 갖고 있지 않다. 진리는 그것의 의미에 의해 판단되기 때문에 진리는 우리의 발화형식 외부에 놓여 있는 실재에서 발견되는 것이 아니라 만들어지는 것이다"(Rorty, 1989: 67). 시인과 정치사상가들이 세계에 대해 상이한 목적에서 상이한 서술을 고안하는 것과 똑같이 위대한 과학자들은 세계에 대한 서술 ― 일어나는 일들을 예측하고 통제하는 목적에 유용한 ― 을 고안한다. 그러나 어떤 의미에서도 이러한 서술들 중 어느 하나가 세계 그 자체가 존재하는 방식에 대한 정확한 재현은 아니다(Rorty, 1989: 4). 자연과학자들이 실재나 진리에 도달하는 특권적인 접근통로를 갖는 것은 아니다(Rorty, 1999: 175~178). 사물의 성질에 관한 진리에 도달하기 위한 신뢰할 수 있는 방법 같은 것은 찾아낼 수 없다. 이론 선택에 영향을 미치는 여러 역사적 요인들과 "과학적 방법의 논리'를 구별하는 것은 매우 의심스럽다"(Rorty, 1991: 64~65). "갈릴레오 같은 혁명적 과학자들은 과학적 방법이나 자연의 언어 자체를 발견하는 데 성공한 것이 아니라 단지 운이 좋았을 뿐"이며, "갈릴레오와 다윈이 수행하는 일과 성서해석학자들, 문학비평가들이나 역사가들이 수행하는 작업 사이에는 아무런 흥미로운 차이도 없다"(Rorty, 1982: 193, 199). 과학이 예술이나 정치, 종교보다 더 많은 합리성을 갖는 것은 아니다(Rorty, 1991, 63~77). 예술보다 과학에 더 많은 동의가 있다는 사실 때문에 과학이 실재를 특권적으로 재현했다고 할 수는 없으며, 과학자들의 논쟁과 문학비평가들의 논쟁은 유사한 것이다(Rorty, 1979: 339, 362).[29] 절대적 진리 같은 것이 존재한다고 하더라도 우리에게는 그것을 식별할 능력이 없다(Rorty, 1999: 82). 세계에 대한 객관적 서술과 진리의 발견은 과학이 수행할 수 있는 일도 아니고 과학이 실제로 수행하는 일도 아니다.

과학은 객관적 지식의 탐구가 아니라과학자 공동체가 공통적으로 인정한 '합의'일 뿐이다. 과학에 고유한 논리나 방법론을 찾으려는 시도는 헛된 것이다. 과학과 비과학은 구분할 수 없으며, 과학을 다른 언어게임보다 더 특권적인 것이라고 취급할 근거도 없다.[30] 여기서 로티는 과학에

---

29 로티는 "과학은 더 이상 문화의 가장 흥미롭거나 유망하거나 고무적인 영역이 아니다"라고 평가한다(Rorty, 1989: 52) 종교의 시대를 과학의 시대가 대체했듯이, 과학의 시대는 예술의 시대로 대체되고 있으며, 과학의 시대에 종교가 그러했듯이 예술의 시대에 과학은 인류의 대화에서 한 모퉁이를 차지하는 문화유산에 지나지 않을 것으로 전망한다. 일부 논평자들은 로티의 이런 견해가 현대사회에서 과학이 차지하는 높은 위상을 약화시키려는 의도를 가진 것으로 해석한다. 또한 로티는 "모든 사회과학들 그리고 모든 학식 있는 전문분야들이, 한 학문분과에서 훌륭한 작업에 대한 단일한 모형은 없다는 것, 훌륭한 작업의 기준은 역사의 과정을 통해 변화하며 아마도 계속 변화할 것이라는 것을 점점 더 기꺼이 인정하는 것을 특징으로 하는 쿤주의화(Kuhnianization)를 경험하고 있다"라고 주장한다(Rorty, 1999: 181).

대해 '도구주의적' 견해로 나아간다. "과학은 자연을 반영하는 거울이 아니라 자연에 대처하기 위한 작업도식일 뿐이다"(Rorty, 1979: 323). 즉, 과학이론은 자연에 대한 실재적 진리가 아니라 문제 해결을 위한 계산도구에 지나지 않는다. 설명되고 있는 것에 더 가까운(closer) 서술은 없으며, 주어진 목표에 가장 적합한 설명만이 있을 뿐이다(Rorty, 1991: 60). 그러므로 "과학의 탐구는 실재를 재현하는(representing) 수단이 아니라 실재를 사용하는(using) 수단이며, 실재에 대한 가장 정확한 재현을, 즉 사물들

30 로티는 "과학적 합리성은 특정한 종류의 합리성이 아니라 췌언(pleonasm)"일 뿐이라고 단언한다. "과학은 강제되지 않는 합의(unforced agreement)를 특징으로 한다고, 즉 강제가 아니라 설득을 추구하며 믿음을 변경하는 데 강제를 사용한다면, 그리고 우리의 예측과 통제 능력과의 어떤 연관을 찾아낼 수 없다면 우리는 그것을 과학이라고 부르지 않을 것"이라고 주장한다(Rorty, 1991: 61~62). 그리고 로티는 과학에서 "객관성에 대한 욕구를 공동체와의 연대성(solidarity)에 대한 욕구로 대체할 것"을 제안한다(Rorty, 1991: 39).

"강제가 아니라 설득에 의지하는 습관, 동료의 의견을 존중하는 습관, 호기심을 갖는 습관 그리고 새로운 자료와 생각에 대한 열망이 과학자들이 가진 유일한 미덕이다. 이러한 도덕적 미덕을 넘어서는 '합리성'이라고 부르는 지적 미덕은 없다. …… 과학자들이 다른 사람들보다 더 '객관적'이라거나 '논리적'이라거나 '방법적'이라거나 또는 '진리에 몰두한다'고 찬양할 이유는 없다. 그러나 그들이 발전시켜온 그리고 그 안에서 작업하고 있는 제도들을 찬양할 그리고 이 제도를 문화의 나머지들의 모형으로 사용할 이유는 충분하다. 이 제도들은 '강요되지 않은 합의'라는 이념에 구체성과 상세성을 제공하기 때문이다. 과학은 그것이 인간 연대의 모형이라는 점에서 범례(exemplary)이다. 우리는 여러 가지 과학공동체를 구성하는 제도와 실천이 문화의 여타 부분이 스스로를 조직하는 방식을 제공하는 것으로 생각해야 한다(Rorty, 1991: 39)."

그러나 객관성과 연대성이 서로 배타적이거나 대립하는 범주가 아니라는 점에서 로티의 제안은 치명적인 오류를 내포하고 있다. 타인들과의 연대, '강제되지 않은 합의'가 그 자체로 미덕이며 추구할 만한 이상이라고 하더라도 그 합의가 무엇에 관한, 무엇에 근거한, 그리고 무엇을 위한 것인가의 문제는 매우 중요할 것이다. 그리고 이 문제를 고려할 때 '객관성'은 핵심 쟁점의 하나가 될 수밖에 없다.

그 자체가 어떠한가를 정확하게 해명하는 것을 목표로 삼을 것이 아니라, 유용성(utility)을 목표로 삼아야 한다"(Rorty, 1999: 26, 33).[31]

> 탐구에서 진리 그 자체를 추구해야 한다는 생각은 납득할 수 없으며 진리를 탐구의 목표로 간주할 수 없다. 탐구의 목적은 무엇을 할 것인가에 관해 사람들 사이에서 합의를 성취하는 것, 즉 달성해야 할 목표와 그 목표를 달성하기 위해 사용할 수단에 관한 동의를 이끌어내는 것이다. 행위의 조정을 성취하지 못하는 탐구는 탐구가 아니라 단지 단어놀이(wordplay)일 뿐이다(Rorty, 1999: 25).

로티는 실재를 탐구할 수 있고 진리의 추구가 탐구의 목표일 수 있다는 것을 부인하고 "탐구의 목적은 무엇을 할 것인가에 관해 사람들 사이의 합의를 성취하고 달성해야 할 목표와 그 목표를 달성하기 위해 사용할 수단에 관한 합의를 이루는 것"이라고 주장한다(Rorty, 1999: 25). 사람들이 왜, 그리고 어떻게 합의에 도달하는가의 문제는 고려하지 않는다. 다시 말하면, 로티는 실재를 실재에 대한 (사회적) 합의로, 진리를 진리에 대한 합의로 대체한다. 사람들이 합의하기만 하면 무엇이나 실재일 수 있고 무엇이나 진리일 수 있다.

---

31 과학이론을 단순히 문제 해결의 시도로 간주하는 실용주의적 접근에서는 지식의 진리성 쟁점에서 벗어나 그것이 문제 해결에 얼마나 성공적인가를 평가하는 기준을 찾는 것에 초점을 맞춘다. 그렇지만, 예컨대 전화번호부는 어떤 문제를 해결하는 데 매우 유용하지만, 그것을 훌륭한 '과학이론'이라고 하지는 않는다. "과학의 본질적인 장점은 설명하는 능력에 있으며, 좋은 과학은 서술할 뿐 아니라 설명한다"(Kincaid, 1996: 49). 어떤 이론이 문제 해결에 성공적이라면, 우리는 그 이론이 왜 성공적인지 묻게 된다. 실용주의적 접근은 진리성 문제를 해결하는 것이 아니라 회피하는 것이다.

그렇다면 이것은 곧 정치가 전부라는 이야기이다. 그러나 우리가 탐구해야 할 실재라는 개념은 언제나 왜 합의가 가능한가를 설명해줄 수 있는 관념이었다. 우리의 선택을 제약하는 객관적 세계는 분명히 존재한다. 우리가 무엇을 믿는가는 자의적인 것이 아니며, 이것은 다른 분야에서와 마찬가지로 사회과학의 수행에서도 그렇다. 우리는 우리의 사회를 초월할 수 있는 개인이지만, 우리를 둘러싼 사회적 실재를 무시할 수 없다. 사회의 성질에 관해 우리에게 무엇인가를 말해주는 것이 사회과학의 임무이다(트리그, 2013: 341).

실증주의의 유령

협약주의에 따르면, 과학에서 경험적 증거들은 상이한 방식으로 해석되며 이론들은 경험적 증거와 무관하게 공약불가능한 과학적 지식으로 주장되고 정당화되며 수용된다. 상이한 이론들을 경험적 증거들과 관련지어 평가한다는 것은 완전히 터무니없는 일이다. 실증주의 과학관의 순진한 경험론과 정반대로, 이제는 이론을 이론과 독립적인 실재에 대해 아무런 타당한 준거관계도 갖지 않을 '경험중립적인' (사회적) 구성물로 개념화한다. 그렇지만 과학지식을 객관적이고 보편적인 진리가 아니라 과학공동체의 협약에 기초한 주관적이고 상대적인 믿음체계로 간주하는 이런 상대주의적 견해, 그리고 이런 견해로 귀결되는 협약주의적 견해가 과학적 작업의 특징을 적절하게 파악했다고 할 수는 없다.[32]

32 상대주의는 '절대적 또는 보편적 진리는 없다'라는 주장으로 요약할 수 있다. 그렇지만 절대적이거나 보편적인 진리가 존재하지 않는다면, '절대적 진리는 없다'라는 이 주장 자체도 보편적 진리일 수 없다. 그러므로 상대주의는 근본적으로 자기모순

먼저, 협약주의는 '경험의 이론의존성'을 지나치게 확대하고 있다. 패러다임에 따라 과학자들이 근본적으로 상이한 관점들과 개념들을 가지고 작업을 한다고 하더라도, 그리고 그들이 지각하는 내용이 그들의 개념과 믿음에 의존한다고 하더라도, 그것이 곧 경험이나 관찰의 내용 전체가 과학자가 가진 개념과 믿음에 의해 결정되는 걸 뜻한다고 단언할 수는 없다. 경험이 이론에 의존한다는 이야기가 경험이 이론에 의해 결정된다는 이야기는 아니다. "과학에서 실험이 이론에 근거하고 이론에 의해 안내되지만 실험의 결과는 이론이 아니라 실험에서 다루는 객체에 의해서 결정된다"(차머스, 2003: 72). 특히 "뮐러-라이어(Muller-Lyer) 착시현상[33]의 사

적인 입장이다. 그리고 상대주의는 절대주의에 대한 공포, 특정한 지식을 정당한 지식이나 부당한 지식으로 판정하고 선포하는, 예컨대 국가나 자본 같은 권력에 대한 거부감 때문에 매력적이다. 다양한 지식의 정당성을 승인하는 상대주의는 평등주의적이고 개방적인 장점을 가진 것으로 보인다.

그렇지만 이러한 외양과 달리 허위의 지식주장조차 정당한 지식으로 인정하는 것을 평등주의라고 할 수는 없다. 평등의 원칙은 지식주장의 권리에 적용할 수 있는 것이지, 그들의 지식주장의 인식론적 지위에 적용할 것이 아니다. 또한 여러 지식주장에 인식론적 지위를 부여하더라도 그것이 곧 특정한 지식주장의 한계나 오류의 인정과 정정을 뜻하는 것은 아니기 때문에 상대주의를 단순하게 개방적인 것이라고 할 수도 없다. 상대주의의 입장에서는 성차별주의적이거나 인종주의적인 지식주장도 타당하고 수용가능한 지식으로 간주할 수 있다. 평등성의 원칙은 사람들의 도덕적 가치에 적용되는 것이지 그들의 경험적 믿음의 인식론적 지위에 적용되는 것이 아니다.

33 아래 그림에서는 좌우 날개 모양 때문에, 사실은 좌우 선분의 길이가 같지만 달라 보인다. 이런 효과를 뮐러-라이어 착시현상이라고 한다.

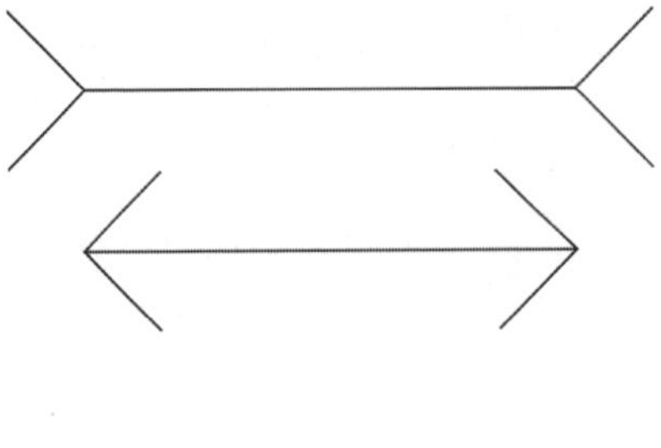

례에서 알 수 있듯, 관찰의 내용이 관찰자의 믿음과 상반될 수도 있다. 과학자들이 관찰에서 항상 기대하는 대로 모든 것을 볼 수 있다면 그가 가진 이론으로 설명하거나 이해할 수 없는 경험적 현상은 없을 것이며, 또한 쿤이 말하는 '변이들'은 생겨나지 않을 것이다.[34] 그리고 경쟁하는 이론들을 주장하는 과학자들이 종종 '동일한' 경험적 자료를 언급하는 것에서 볼 수 있듯, 과학자들이 다루는 객체와의 상호작용에서 얻는 경험자료와 정보는 그들이 상이한 개념이나 믿음을 지녔더라도 중복되는 부분이 있을 수 있다.[35] 관찰이 이론에 의존하더라도, 평가 대상인 특정의 이론에 대해서는 독립적인 관찰이 불가능한 것은 아니다. 몇몇 이론들 가운데 어느 하나의 이론을 선택하기 위해서 관찰을 사용할 경우 판단 대상이 되는 이론들에 대한 관찰이 중립적일 수 있다"(래디먼, 2003: 219~220). 이론의 차이가 예외 없이 경험의 차이를 낳는다는 주장은 순수한 경험이 인식의 기초라는 주장과 마찬가지로 옹호될 수 없다.

34 쿤은 "관찰들이 이론에 대해 변칙적인 것(anomalous)이 되면, 즉 기존 패러다임의 이론이 문제 해결에서 실패한 것으로 선언되면 새로운 경쟁하는 이론들의 증식이 일어나므로 새로운 이론은 (기존 이론의) 위기에 대한 직접적인 반응"이라고 분석한다(Khun, 1970: 74~75). 이것은 결국 이전 패러다임의 폐기와 새로운 패러다임의 수용이 우연히 일어나는 것이 아니라 기존 이론으로 해명하지 못하는 새로운 종류의 문제를 해결하기 위한 것으로 둘 사이에 밀접한 연관이 있음을 인정하는 것이다. 그리고 쿤 자신도 패러다임의 선택에서, 연구 공동체의 의견이라는 '사회학적 기준'에 더해서 정확성이나 풍부함 등의 측면에서 어떤 패러다임이 더 나은/많은 설명을 제공하고 있는가의 '과학적 기준'이라는 두 가지 요인으로 설명할 수 있다고 이해한다(Khun, 1970: 199~202).

35 예컨대 '질병'은 동양의학과 서양의학에서 상이한 의미를 갖는 용어라고 할 수 있다. 양의사와 한의사가 진단과 처방과 치료에서 사용하는 언어는 상이하며 또한 유사한 언어들도 상이한 것을 가리키는 것으로 보인다. 그렇다고 하더라도 치료받을 사람의 건강 상태에 이상이 있고 그 상태를 개선하기 위해 이러저러한 조치가 필요하다는 점을 양쪽이, 적어도 부분적으로는 동의할 수 있으며 의사소통할 수 있다.

그리고 경험만을 근거로 이론의 진위나 타당성을 결정하지 않는다는 발견이 모든 '과학적 지식체'가 공약불가능한 것이며, 동등한 인지적 가치를 갖는다는 주장으로 귀결되는 것은 아니다. 이론의 진위를 경험자료와 논리에 의해 판단할 수 없다고 말하는 것이 둘의 구분을 폐기하는 것은 아니며 경험자료와 논리 자체를 폐기하는 것은 더더욱 아니다. 그리고 특정한 이론을 다른 이론보다 선호할 만한 훌륭한 이유가 없다는 것을 주장하는 것도 아니고 과학자들이 아무런 이론이나 마구잡이로 받아들이기로 결정한다는 이야기도 아니다. 어떤 객체에 대한 (상이한 패러다임들에 속하는) 지식체들이 완전히 공약불가능하고 의사소통불가능하다면, 그 지식체들이 상이하다거나 대립한다거나 갈등한다고 이야기할 수도 없을 것이다. 두 지식체가 갈등하는 상황은 그 지식체들이 동일한 객체에 대한 대안적 해명들이라는 것을 전제하며, 따라서 그 공통의 객체와 지식체 사이의 관계는 지식체들의 변동과 선택에서 일정한 근거나 기준으로 작동하게 되는 것이다. 한 지식체가 그 자체의 서술에 의해 중요한 현상들을, 다른 지식체가 설명할 수 있는 것보다 더 많이 설명할 수 있다면 과학이론 선택의 합리적 기준이 존재하는 것이다. 또한 이 점에서 시간의 경과에 따른 과학의 발전이라는 생각도 한층 더 유력하게 긍정적인 의미를 갖게 된다. 또한 '존재론, 방법론, 가치론 등의 요소로 구성되는 패러다임은 과학혁명에서 한꺼번에 전면적·총체적으로 변화하기보다는 대체로 각각의 수준에서 부분적·점진적으로 변화해왔다. 그러므로 패러다임이 변화한다고 하더라도 상이한 패러다임에 속하는 이론들 사이의 비교와 선택이 가능하며, 패러다임들 사이에서 이론의 이동과 수용도 가능하다(Laudan, 1986: 제4장).[36]

36 쿤 자신도, "과학혁명 이후에 많은 옛 측정과 조작들이 부적합하게 되고 다른 것들

간단히 말해, 과학에서 이론에 대한 판정과 정당화는 경험과 이론을 대조하는 단선적인 과정이 아니라 인식의 목표와 가치부터 경험적 사실과 방법에 이르기까지 여러 수준과 측면에 걸쳐 진행하는 복합적인 과정이다. "과학에서 경험적 사실의 탐색과 형성이 이론적·개념적 지식에 의존한다고 하더라고 그것이 곧 과학적 지식은 경험으로 확인한 사실에 기초를 둔다(또는 두어야 한다)는 생각을 부인하는 것은 아니다. 관찰진술의 진위를 관찰에 의해 직접적인 방식으로 시험할 수 있다면, 이 진술이 형성되는 방식과 관계없이, 직접 관찰에 의해 입증된 관찰진술은 과학적 진술의 의미 있는 사실적 기초의 일부를 제공할 수 있다. 이때 관찰은 직접적인 절차에 의해 공공적으로 시험할 수 있다는 의미에서 객관적이고, 과학과 기술의 진보에 의해 가능하게 될 새로운 종류의 시험에 의해 폐기될 수 있다는 의미에서 오류가능한 것이다"(차머스, 2003: 41, 54). 예컨대 천체와 지구의 움직임을 설명하는 천동설과 지동설을 놓고 단순히 그것들이 서로 다를 뿐이라고, 그리고 역사 속에서 우연히 또는 자의적으로 대체되었다고 파악하는 것은 타당하지 않다. 그러므로 경험에 의한 이론의 미결정성 발견에서 곧장 이론이나 패러다임의 공약불가능성이나 의사소통불가능성 주장으로 나아갈 수는 없다.[37]

또한 과학자의 가치나 이해관심 같은 요인이 과학활동에 영향을 미치는 것이 사실이지만, 그리고 사회적 요인이 과학의 내용을 왜곡하는 '외

로 대체된다. 그러나 이런 종류의 변동이 총체적(total)인 것은 결코 아니다. 과학자가 무엇을 보든 혁명 후에도 여전히 그는 동일한 세계를 보고 있다. 그가 그것들을 이전에 완전히 다르게 사용했더라도 그의 언어의 대부분과 실험도구의 대부분은 여전히 그 이전과 동일하다"라고 인정한다(Khun, 1970: 129~130).

37 근본적으로 상이한 사유양식들끼리 의사소통이 불가능하다면, 대부분의 사회학적·인류학적 탐구는 진행할 수 없을 것이다. 이들 탐구에서는 바로 그러한 의사소통을 통해 성취하는 이해(理解)를 추구하기 때문이다.

부적인 것'이 아니라 과학지식을 구성하는 요소의 하나이지만, 그것에서 사회적 요인이 과학지식의 내용을 결정한다는 결론을 이끌어내야 하는 것은 아니다. 다시 말해, 사회적 요인이 과학지식의 내용 모두를 구성할 수는 없다. 물론 이런 반박에 대해 상대주의자들은 과학지식의 구성에서 객체는 사회의 협약이라는 틀을 매개로 지식화되고 지식의 타당성은 그 협약이 제시하는 기준에 따라 판단되며, 시간의 경과와 함께 협약은 변화되기 때문에 과학지식은 객관적이고 보편적인 것이라고 할 수 없다거나, 과학의 사실들은 그것을 생산하는 구성적 기법들의 투사이며 그것들의 객관성은 과학의 실천에 의해 전도된 믿음이라고 대응한다. 그렇지만 특정한 지식이 어떻게 생산(또는 구성)되고 그 지식에 대한 믿음이 어떻게 유지되는가의 문제와 그 지식의 내용이 객관적이고 보편적인 진리인가의 문제는 명확하게 구별된다. 과학지식은 과학자들의 특정 견해의 제안, 수렴, 동의, 수정, 보완 등의 의사소통과정을 통한 검증과 (상호주관적) 합의를 통해 성립한다. 이때 과학자들의 검증과 합의의 근거를 이론의 내용과 무관하게 순전히 과학자들의 사회적·심리적 요인에서 찾는 것은 설득력이 부족하다.

> 분명히 과학은 사회적 과정이며 과학의 믿음은 사회적 원인을 갖는다. 그러나 이러한 사실이, 증거·추론·과학적 방법 그리고 합리성이 과학의 근거가 되지(ground) 않는다는 이야기가 되는 것은 아니다. 과학자들이 사회적인 이유에서 어떤 믿음을 갖는다고 하더라도, 그 믿음에는 훌륭한 증거가 있을 수 있다. 그리고 어떤 과학적 믿음이 증거를 가지고 있다면 그 믿음의 사회적 인과관계와 합리성은 양립가능한 것이다. 협약주의자들은 과학이 어떤 보편적인 연산식으로서 과학적 방법을 따르거나 아니면 전적으로 사회적 협상의 산물이라고, 형식화한 방법의 지배를 받거나 협

상의 사회적 과정을 따른다고 이분법적으로 생각한다. 그러나 이런 두 가지 경로만 가능한 것은 아니다(Kincaid, 1996: 38~41).

어떤 지식의 발전과 유지를 그것에 영향을 미친 사회적 요소를 규명하여 인과적으로 설명하는 것은 그 지식의 인지적 내용이 참인지 아닌지에 대한 답을 제공하는 것이 아니다. 과학적 지식을 생산하는 과정과, 생산된 지식의 인지적 내용은 구별할 수 있고 구별해야 한다. 과학은 경제적이거나 정치적인 이해관심에 봉사하면서 인지적 내용에서 객관성과 진리성을 내포할 수 있다.[38] 그런데 과학지식의 사회학은 특정의 과학자공동체가 협약에 의해 특정한 지식을 진리로 규정한다는 '사회학적' 탐구 결과에서, 그러므로 그 지식은 객관적 진리가 아니라 상대적이고 국지적인 진리일 뿐이라는 '인식론적' 주장을 도출한다. 그러나 국지적인 진리도 객관적이고 보편적인 진리일 수 있기 때문에 과학지식이 사회적으로 구성된다는 발견에서 과학지식의 객관성을 부인하는 주장으로 나아가는 것은 논리적 비약이다.

협약주의 과학관의 근본적인 약점은 그것이 표면적으로는 실증주의 과학관을 비판하면서도 암묵적으로는 그것을 전제하는 데 있다. 협약주의는 경험이 이론의존적인 것이기 때문에 경험으로 이론을 시험하는 것은 자기순환의 오류이며, 경쟁하는 이론들 사이에서 결정이 경험적 증거에 의해서만 이루어지지 않기 때문에 그 결정은 객관적이고 합리적인 것이라 할 수 없다고 주장한다. 이런 주장은 경험만이 이론에 객관성과 진리성을 부여하는 토대이며 기준이라고 전제하는 '순진한 경험론적 가정'

38 예를 들어, 지질학자는 (석유 채굴에 대한 자본의 필요에 봉사하기 위해) 석유가 매장되어 있는 지질구조에 대한 지식을 많이 보유하는데, 그 때문에 그의 지식을 허구나 오류라고 취급할 것은 아니다.

에 기초를 두고 있다. 이들의 차이는 실증주의는 경험이라는 기초나 심판이 있으므로 이론의 진위를 판단할 수 있다고 주장하는 반면, 협약주의는 경험이 결코 (이론)중립적인 기초나 심판일 수 없으며 그러므로 이론의 진위는 판단불가능하다고 주장하는 점에 있다. 협약주의 과학관은 경험이 이론의 기초이며 심판이라는 (또는 이어야 한다는) 실증주의의 이분법적 견해를 '암묵적으로' 전제하면서, 다만 '이론의 경험적 미결정성'과 '경험의 이론의존성'을 인식함으로써 경험과 이론을 분리할 수 없다는 것이며, 따라서 이론의 진위를 판별하고 과학지식에 객관성과 진리성을 부여할 객관적이고 합리적인 통제물이 없다고 추론하는 것이다. 여기서 협약주의는 경험과 이론의 구별 자체를 철폐하고 모든 과학지식을 주관적 구성물(또는 이론)로 간주하는, 말하자면 '이론주의적 입장'으로 전환한다. 그러므로 협약주의 과학관은 과학의 실제의 특징적인 모습들을 포착하면서 실증주의를 유효하게 비판하고 있지만, 경험만이 이론의 근거이며 판단기준이라고 전제하는 점에서는 여전히 실증주의 과학관의 (객관적) 경험과 (주관적) 이론의 구분을 유지하고 있다.[39] 이 점에서 협약주의를 '후기 실증주의(post-positivism)'로 규정할 수 있다.

간략한 논평

실증주의가 과학지식에 고유한 논리적 구조와 방법 또는 규칙을 찾아

39 로티는 "과학의 목표는 자연에 대한 예측과 통제이며, 설명은 연역적-포섭적인 동시에 예측적이고 대칭적이라고, 즉 헴펠의 형식을 갖는다"고 상정한다(Rorty, 1979: 341, 347, 356). 이것은 로티가 (특히 자연과학에 대해서는) 실증주의 과학관을 그대로 답습함을 드러낸다.

내어 과학적 작업을 이해하고자 했다면, 협약주의는 과학이론의 구조와 기초, 설명의 논리적 형식 등은 과학에서 보편적으로 확인할 수 있는 명료한 요소가 아니며 더욱이 그것들이 과학활동의 특징을 적절하게 보여주는 것도 아니라고 지적했다. 협약주의자들은 과학자들의 실제 연구과정과 과학적 지식의 생산과 변동의 역사를 탐구해서, 과학이 무엇보다도 사회적 활동이며 과학지식은 사회적 구성물이라는 점을 부각했다. 과학에 대한 논의는 "과학이 상당한 정도의 동의를 특징으로 한다고 상정하는 설명에서 과학적 논쟁과 의견 차이와 다양성에 대한 분석으로 바뀌었다. 과학에 동의를 형성하는 기제가 존재하며 그것이 과학자들에게 방법론적 기준을 제공한다는 견해가 부인되고, 과학에서 의견 차이는 근본적으로 상이하고 서로 경쟁하는 틀들 사이의 논쟁으로 인식되었다"(Laudan, 1982: 255~261). 그리고 과학에 대한 이러한 인식의 전환에 따라 과학공동체라는 제도와 그 안에서 과학지식의 전파와 수용이 탐구의 초점이 되었고 과학사회학,[40] 과학사, 과학의 심리학 등의 탐구 영역이 변화하고 확

40 실증주의 과학관이 지배하던 시기의 전통적인 과학사회학은 과학이 다른 지식과 구별되는 객관적이고 보편적인 지식을 생산한다는 견해에 맞추어 과학의 어떤 '사회적' 특성이 그런 지식을 생산하는가를 탐구했다. 선구적인 과학사회학자인 로버트 머튼(Robert Merton)은 과학을 '보편주의(universalism), 공동주의(communalism), 탈이익주의(disinterestedness), 조직화된 회의주의(organized scepticism)'라는 규범을 기초로 구조화된 사회제도라고 규정한다. 그리고 이런 규범이 과학자의 의식과 연구활동을 규제하기 때문에 과학은 다른 지적 활동과 구별되는 인식적·방법적 권위를 갖는다고 주장한다.

그러나 협약주의 이후의 과학사회학 연구는 과학자의 행위가 이런 규범에 의해서만 지배받는 것은 아니며 과학적 지식주장은 그것을 산출하는 사회적 과정의 '구성물'이라는 점을 밝히고, 전통적으로 과학지식에 부여되었던 특권적인 인식론적 지위를 박탈한다. 예컨대 마이클 멀케이(Michael J. Mulkay)는 이런 규범이 실제로는 과학자들이 자신의 이해관계를 정당화하는 직업 이데올로기일 뿐이라고 지적한다. 특히 과학사회학의 '강한 프로그램(strong programme)'을 주도하는 블루어는 과학

장되었다.

협약주의 과학관의 기여는 무엇보다 과학도 사회문화적·정치경제적 맥락 속에서 진행되는 사회적 활동의 하나라는 점을 밝힘으로써 과학(지식)에 대한 '맹신'을 해체한 데에서 찾을 수 있다. 과학자들은 그들의 공동체에서 통용되는 (물론 명확하게 확립되지 않은) 기준과 방법에 따라 문제를 설정하고 답을 제안하며 평가하고 선택한다. 이런 제안과 선택과 평가의 과정에서 과학자들은 다양한 증거와 논리적 절차는 물론 여러 가지 믿음과 가치 등을 사용해 자신과 다른 사람들의 주장의 타당성을 검토하고 판단한다. 그러므로 과학지식에는 인지적 요소에 더하여 과학자공동체의 지배적 가치와 규범 그리고 사회의 여러 (과학 외적) 요인들이 함께 영향을 미친다. 그리고 이런 상황의 한 가지 귀결은 과학지식이 결코 의심할 여지가 없는 보편적이고 객관적이며 절대적인 진리라는 믿음은 유지될 수 없다는 것이다.[41] 협약주의의 이러한 발견을 극단으로 과장하면 모

지식에 대한 사회학적 연구가 ① 지식을 산출하는 원인을 밝히는 인과적 설명을 추구하고(인과성: causality), ② 참된 지식과 그릇된 지식 모두를 설명의 대상으로 삼으며(공평성: impartiality), ③ 참된 지식과 그릇된 지식 모두를 동일한 사회학적 관점에서 설명하며(대칭성: symmetry), ④ 이러한 원칙을 과학지식의 사회학 그 자체에도 적용해야 한다(반성성: reflexivity)고 주장한다. 이러한 과학지식의 사회학적 접근들은, 그것에 대해 비판이 지속적으로 제기되었지만, 1980년대와 1990년대를 통해 과학지식을 이해하는 가장 유력한 흐름으로 자리 잡았다.

41 과학지식의 사회적 구성을 강조하는 협약주의 과학관은 1970년대 말부터 등장한 과학에 대한 여성주의의 비판과 결합했다. 여성주의자들은 서구 근대과학이 여성을 배제한 채 남성에 의해 수행되고 구성되었음을 지적한다. 그리고 근대과학이 근본적으로 남성적(masculine)이고 이 때문에 자연에 대해 공격적이고 정복적이라고 주장했다. 이런 주장은 제2차 세계대전 이후 과학의 군사화, 과학에 의한 환경과 자연의 파괴를 비판했던 비판과학운동(Critical Science Movement)의 뒤를 이으면서 현대과학에 대한 주요한 비판적 입장으로 자리잡았다. 여성주의자들은 공격적인 남성적 과학을 대체하는 총체적이고 융합적인 여성주의적 과학을 주창했다.

든 과학지식은 단지 과학공동체의 '협약'일 뿐이라고 단언하는 상대주의에 빠지게 된다.

물론 "모든 역사적 발전 단계의 모든 과학에 적용되는 과학 및 과학적 방법에 대한 일반적 해명은 없다. 과학자들의 작업에서 과학에 대한 어떤 보편적인 규정이나 처방(prescription)을 끌어내기는 어렵다"(차머스, 2003: 335~340). 이런 점을 근거로 파이어아벤트는 '아무렇게나 해도 좋다'는 방법론적 무정부주의를 선언하지만, 과학자들이 '아무렇게나' 연구를 수행한다고 할 수는 없다. 오히려 이런 견해는 실제와 어긋나기 때문에 비사실적이고, 과학에서 학습과 훈련을 경시하게 만들기 때문에 유해하다. 물론 사용하기만 하면 자동적으로 세계의 비밀을 밝혀주고 과학적 지식의 확실성과 진리성을 보증하는 연산식으로서 과학적 방법은 있을 수 없지만, 숙련된 연구자는 해당 분야의 선행하는 지식, 관점, 해석틀, 과거의 경험, 이해관심, 여러 가지 추리방법 등 명료하게 정리하기 어려운 복합적인 요인들을 사용해 연구를 수행한다. 파이어아벤트조차도 자신의 "이야기가 연구가 자의적이고 안내되지 않은 것이라는 뜻은 아니다. 표준이 있지만 그것은 합리성에 대한 추상적 견해에서가 아니라 연구과정 자체에서 생겨난다. 기존 이론들에 대한 식견이 있는 판단에 도달하고 새로운 이론들을 고안하기 위해서는 창의력(ingenuity), 요령(tact), 자세한 것에 대한 지식(knowledge of details)이 필요한 것처럼 기존의 표준에 대한 식견이 있는 판단에 도달하고 새로운 표준을 고안하기 위해서는 창의력, 요령, 자세한 것에 대한 지식이 필요하다"라고 강조한다(Feyerabend 1978: 99). 과학적 방법은 과학자가 탐구과정에서 구사하는 매우 복합적이고 다층적인 사유 능력과 실천의 총체라고 특징지을 수 있다.

과학과 그것의 방법은 확증주의나 반증주의의 해명이 제시하는 것보다 훨씬 더 복잡하다. 탐구과정 자체가 여러 가지를 결합한다. 첫째, 그것은 흔히 학문이나 하위 학문분과에 독특한 일련의 기술적 절차들에 의존한다. 둘째, 그것은 일정한 가정들이 참이라는 잠정적인 믿음에 의존한다. 셋째, 그것은 관찰, 실험 또는 연역을 통한 이 둘 모두에 대한 시험에 의존한다. 이 모든 것 사이의 상호연결은 지속적으로 움직이며 일부의 것들은 일정한 것으로 주장되지만 다른 것들은, 비록 학문분과 안에서 모든 것이 동시에 변하는 일은 드물지만, 변한다. …… 실행되는 과학은 과학이 맺고 있는 사회적 관계들과 풀어내기 어렵게 얽힌 방법들 및 절차들로 지저분하다(Williams, 2000: 43~44).[42]

따라서 "철학자들이 이용할 수 있는, 그리고 과학을 판단하기 위한 기준을 제공할 수 있는 과학에 대한 보편적 해명은 없다. 여러 과학들에 대한 적절한 해명은 오로지 과학들 자체를 자세히 살펴보는 것에 의해서 주어질 수 있다"(차머스, 2003: 341).

또한 과학지식은 사회적으로 구성되는 것이라는 인식이 반드시 지식에 대한 상대주의의 입장으로 이어져야 하는 것은 아니다. 특히 협약주의 과학관을 수용하는 포스트모더니즘에서는 어떤 이론이 다른 이론보다 우월하다고 판단할 수 있는 근거나 기준은 찾을 수 없으며 모든 지식주장(의 타당성)은 오로지 그것의 맥락 또는 패러다임이나 공동체 내에서만 납득가능하며 논쟁할 수 있다고 주장한다. 또한 이 주장은 논리적으로 과학적 탐구가 진리나 그것과 유사한 것에 접근한다는 믿음에 대한 부인으로

42 맬컴 윌리엄스(Malcolm Williams)는 과학적 방법을 "실천과 지식의 총체(scientific method as an ensemble of practices and knowledge)"라고, 과학을 시험, 이론 선택, 논리적이고 수학적인 추론을 포함하는 방법론적 견제와 균형의 이질적 체계라고 규정한다(Williams, 2000: 45~46).

이어진다. 하지만 이런 입장은 천동설보다는 지동설이, 플로지스톤 연소설보다는 산소 연소설이 더 타당하며, 그러므로 진리에 더 가깝다는 상식적인 평가와 상치되는 것이다. 과학에서 경쟁하는 과학자들이 그들 각각의 패러다임이라는 관점에서 모든 것을 상이하게 보고 아무 것도 공유하지 않는 정도로 상이한 세계에 살아가는 상황은 허구적인 희화화라고 해야 한다.[43]

과학지식이 사회적으로 생산된다고 해서 그것이 곧 과학지식의 내용이 객관성이나 진리성과 무관하다거나 그것들을 결여한다는 것을 의미할 수는 없다. 그리고 과학지식의 사회적 생산에 대한 발견에서 그것의 객관성과 진리성 결여의 주장으로 나아가는 것은 사실상 실증주의가 강조하는 경험과 이론의 이분법을 전제하는 추론이다. 과학에서 경험은 결코 (이론)중립적인 기초나 심판일 수 없고 그러므로 이론의 진위는 판단불가능하다는 논리적 비약은 협약주의가 비판하는 실증주의의 부정확하고 왜곡된 견해를 지속하는 것이며, 그것은 협약주의 과학관의 기여를 무효화하는 것이다. 협약주의 과학관의 통찰을 수용하면서도 상대주의에 빠지지 않는 길을 찾아야 한다.

43 "발전의 모든 단계에서 과학은 어느 정도 전문화된 종류의 지식에 도달하려는 몇 가지 특수한 목적, 그것을 성취한 정도를 판단하는 기준과 결합된 그러한 목적에 도달하는 방법, 그리고 그 목표의 실현과 관련해 현재의 활동 상태를 보여주는 특수한 사실과 이론으로 구성될 것이다. 이런 각각의 항목은 총체의 그물을 형성하면서 그 연구에 비추어 수정될 것이다. 방법과 기준은 변하며, 과학의 목표가 취하는 세부적인 형태도 변할 수 있다. 특정 시점에 과학을 구성하는 목표, 방법, 기준, 이론, 관찰적 사실의 그물의 어느 부분은 진보적으로 변할 수 있고 나머지 부분은 변동 가능한 상황을 만들어내는 배경을 제공할 것이라는 것이 일반적인 생각이다. 그렇지만 그물을 구성하는 모든 것이 한꺼번에 변하는 이성적인 사례(reasoned case)를 만드는 것은 확실히 불가능할 것이다. 왜냐하면 그렇다면 그러한 사례를 만드는 것을 지탱할 수 있는 토대가 없을 것이기 때문이다"(차머스, 2003: 236~238).

제4장

인과적 설명: 비판적 실재론의 견해

과학에 대한 실증주의의 견해는, 적어도 관념적으로는, 포기되었다. 이론과 경험의 구분을 기초로, 과학적 지식이 경험적 자료와 확실하게 결합된 지식이며 경험에서 이론을 일반화하거나 이론에서 경험을 연역하는 논증 구조를 갖는 활동이라고 파악하는 실증주의적 과학관은, '경험의 이론의존성' 명제 및 '이론의 경험적 미결정' 명제에 의해 기각되었다. 그리고 '경험이라는 객관적 기초'를 상실한 과학적 지식의 확실성과 객관성 또는 진리성에 대한 믿음도 함께 포기되었다.[1] 나아가, 과학적 지식이 객관적 기초를 결여한 것이라면 그 지식은 결국 연구자들의 주관적 믿음체계일 뿐이며 상이한 믿음체계들로서의 과학적 지식들 간의 경쟁에서 심판자는 존재하지 않는 것이 된다. 과학적 지식은 믿음체계를 공유하는 과학자공동체의 '협약'일 뿐이며, 각 과학자공동체의 믿음체계들은 합리적으

1 물론 이것은 '관념적' 수준의 현상일 뿐, 특히 대부분의 사회과학도들은 여전히 기존의 지배적 '협약'인 실증주의의 지침에 따라 '경험자료 수집 → 귀납과 일반화 → 이론 및 법칙 정립 → 연역에 의한 설명과 예측(→ 경험자료에 의한 이론적 예측의 시험)'이라는 동의된 방법에 의한 합리적·객관적 작업으로서의 과학'을 신봉하며 추구한다. 그리고 당연히 실증주의의 협약에 기초한 제도, 권력, 관행도 지속하고 있다.

로 비교할 수 없다고 주장하는 '상대주의'로 귀결된다.

그렇지만 이들 두 입장이 함께 전제하는 (주관적) 이론과 (객관적) 경험의 이분법은 오류이다.[2] 1980년대 이후 과학철학에서 유력한 것으로 발전하는 비판적 실재론의 과학관은 경험과 이론이 모두 인간의 생산물이며 그런 의미에서 둘 다 '주관적인 것'이며, 이것에서 독립되어 있는 객관적 실재 자체가 세계에 존재하고 있다는 '상식적인 견해'에 기초를 두고(Harré and Secord, 1973, 68~69).[3] 즉, "과학적 발견과 탐구의 대상들은 그

---

2 일상의 담화에서 사람들은 자주 '사실'에 호소한다. 그런데 이때의 '사실' 언급은 세계 자체의 상태나 속성으로서의 '사실'과 이러한 상태와 속성에 관한 인간의 잠정적 진술로서의 '사실' 두 가지를 혼동한다. '사실에 관한 진술'은 그것이 나타내는 '사실 자체'와 동일한 것이 아니다. 앞의 것은 '사유 속의 객체'이고 뒤의 것은 '실재하는 객체', 즉 우리가 그것을 알게 되는가 여부와 무관하게 존재하는 객체이다. 그러므로 일상의 담화에서 우리가 사실에 호소할 때 거기에는 진술을 그것의 준거물로, 즉 사유 속의 대상을 실재하는 대상으로 바꾸는 속임수가 담겨 있다. 물론 우리는 우리의 언어나 지식이 그 대상과 얼마나 유사한가를 확인해보기 위해 언어나 지식 밖으로 나갈 수는 없다. 그렇다고 하더라도 '사실'에 대한 호소는 사실상 세계에 관한 특정 개념체계 속에서의 특정 진술 방식에 호소하는 것이며 따라서 이에 대해 이의를 제기할 수도 있다. 그러므로 우리의 상식적 견해는 사유 속 대상과 실재하는 대상을 구별할 수 있으며, 이론적 진술뿐 아니라 경험적·관찰적 진술도 모두 사유 속의 대상의 영역에 포함되는 것이다. 여기서 주관적 이론과 객관적 경험이라는 이분법은 폐기된다(세이어, 2013: 47).

3 실재론의 내용과 발전 과정은 복잡하다. 그렇지만 대체로 20세기 초에는 실재론이 뚜렷한 철학적 사상의 흐름을 형성했으며 그 이후 다양한 흐름으로 발전해왔다고 평가된다. 수전 하크(Susan Haack)는 과학철학에서 현재 나타나고 있는 실재론을 일곱 가지 형태로 분류하고 있다. 한편 그녀는 '실재론자'라는 이름은 문제가 있다고 평가한다. 즉, "아주 많은 실재론이 대부분 독자적인 의미를 가지고 있기 때문에 어떤 철학자를 두고 실재론자나 반실재론자로 분류하는 것은 흔히 오해를 초래하며 도움이 되기에는 너무 조악하다"라는 것이다(Haack, 1987, 284~285). 여기서 다루는 비판적 실재론은 이전의 실재론 경향들과의 차이를 강조하기 위해서 '비판적'이라는 수식어를 앞에 붙인다.

것들에 대한 인간의 탐구와 무관하게 존재한다"라는 것이다(바스카, 2005a, 77). 여기서는 경험이 아니라 객관적 실재 자체가 객관성의 준거가 된다. 이러한 입장은 세계의 객체들은 그것에 대한 인간의 이해나 지식과 무관하게 독립적으로 존재한다고 가정하는 '존재론적 객관주의'라고 부를 수 있을 것이다(Beed and Beed, 1997: 318). 그렇지만 비판적 실재론은 과학이 사회적 실천이라는 점을 강조하면서, 경험자료는 이론부과적인 것이고, 과학적 언어와 개념들은 경험에 주어진 것과 직접 상응하는 것이 아니라 사회적으로 생산되는 것이며, 그것들의 의미는 그것들의 사용을 통해 구성된다는 협약주의의 발견에서 출발한다.[4]

지식의 자동적 객체와 타동적 객체

과학지식을 포함한 인간의 지식은 '있는 그대로의 세계'를 대상으로 인

4 비판적 실재론의 주창자인 바스카는 실증주의에 대한 비판을 과학이 누적적·일원론적으로 발전하고 연역논리적 구조를 갖는다는 실증주의 과학관의 두 가지 주장 각각에 반대하는 반일원론 견해와 반연역주의 견해의 두 가지로 정리한다. 바스카에 따르면, 과학이 누적적·단선적으로 발전했다는 인식을 비판하는 반일원론적 견해는, 포퍼와 라카토스 등 과학지식의 기준으로서 반증가능성 주장, 과학지식의 생산과 변형에서 사회적 요인의 중요성에 대한 쿤 등의 주장, 스티븐 툴민(Stephen Toulmin) 윌프리드 셀라스(Wilfrid Sellars) 등의 비트겐슈타인주의자의 과학적 사실들의 비원자성(non-atomistic character) 또는 이론의존성과 변화가능성의 강조 등에서 찾을 수 있다. '설명은 개별 사례들을 보편법칙(정확하게는 경험적 규칙성) 아래에 연역적으로 포섭시키는 것'이라는 포퍼-헴펠의 명제를 비판하는 반연역주의적 견해는 마이클 스크리븐(Michael Scriven), 마리 헤세(Mary Hesse), 롬 하레(Rom Harré) 등이 제시했다. 이들은 과학의 설명이 연역논리의 구조로 조직되지 않는다는 점, 과학적 발견에서 모형과 유추를 사용하는 추론이 중요한 역할을 한다는 점 등을 지적했다.

간이 '알아낸 (그리고 사유 속에서 재구성한) 세계'이다. 세계에 존재하는 '있는 그대로의 객체들' 자체와 그것들에 대한 인간의 지식, 즉 사유 속에서 재구성한 '알아낸 객체(에 대한 체계적 진술로서의 이론)'는 명확히 구별된다. 인간은 자신이 '알아낸 세계'를 통해서만 '있는 그대로의 세계'에 접근할 수 있다. 1970년대 후반부터 활발하게 비판적 실재론의 과학관을 주창해 온 바스카는 이러한 '상식적인' 구별을 기초로 과학에 대한 더 진전된 견해를 제공한다. 두 측면을 바스카는 '자동적 차원의 객체' 또는 '지식의 자동적 객체(intransitive objects of knowledge)'와 (인간의 인식과 사유 활동에 의존하여 존재한다는 의미에서) '타동적 차원의 객체' 또는 '지식의 타동적 객체(transitive objects of knowledge)'라는 용어로 표현한다. 바스카는 먼저 인간의 사유를 주어진 객체의 기계적 함수로 간주하는 경험론이나 창조적 주체의 활동이 객체들을 세계에 부여하는 것으로 간주하는 관념론에 반대한다. 그리고 과학의 과정 밖에 실재하는 객체들과 과학 속에서 과학적 실천에 의해 생산되는 인지적 객체들 모두의 필연성을, 그리고 두 객체들이 구별되며 동일하지 않다는 점을 명확히 인정하는 것이 과학에 대한 적절한 설명의 출발점이라고 주장한다.

> 지식의 대상은 인간의 활동과 무관하게 존재한다. 사람들이 더 이상 존재하지 않더라도, 가정상 그것을 알아낼 사람은 없겠지만, 소리는 계속 퍼져나갈 것이며 물체는 그 이전과 똑같이 지상으로 떨어질 것이다. 나는 이것을 지식의 자동적 객체들이라고 부르고자 한다. 지식의 타동적 객체들은 …… 과학의 원료로, 당시의 과학에 의해 지식의 항목들로 구성된 인공적 객체들이다. 이것들은 특정한 과학 학파나 작업자가 사용할 수 있는 이전에 확립된 사실과 이론, 패러다임과 모형, 탐구의 방법과 기법 등을 포함한다. …… 우리는 과학적 지식의 자동적 객체들을 포함하고 있는 세계,

> 그러나 그 객체들에 대한 지식을 만들어내는 과학은 없는 세계를 어렵지 않게 상상할 수 있다. 그러한 세계 — 지금까지도 존재해왔고 앞으로도 존재할 — 에서 실재는 인간에 의해 표현되지 않을 것이며, 그럼에도 사물들은 온갖 종류의 방식으로 작용하고 상호작용하기를 그치지 않을 것이다. 그러한 세계는, 아마도 이제는 과학이 사실상 발견해낸 인과법칙이 지배할 것이며 과학이 판별해낸 종류의 사물이 존속할 것이다(바스카, 2005a: 59~60).

지식의 자동적 객체들은 일반적으로, 그것에 대한 우리의 지식과 무관하게 존재하는 독립적 실재들이다. 그것은 세계에 실재하는 사물과 구조, 기제, 과정, 사건과 가능성으로 사람들이 과학적 탐구를 실행하기 이전에도 지금처럼 존재하고 작동해왔다. 과학의 탐구와 발견은 바로 그러한 자동적인, 즉 과학-독립적인 객체들을 사유 속에서 재생산 또는 재구성하려는 체계적인 시도이다. 세계에 '있는 것들'은 그것들에 관해 과학이 만들어내는 지식과 구별된다. 인간의 생산물로서 타동적 객체는 '관찰, 추측, 육감, 직관, 가설, 이론, 사변 등'으로 구성된다(Lawson, 1997: 25). 이때 "과학은 무(無)에서(ex nihilo) 지식을 생산하는 것이 아니라 이미 확립된 사회적 생산물인 지식을 인지적 재료로 사용해서, 즉 '선행하는' 과학적 지식에 의존하여 지식을 생산한다. 그러므로 과학은 기존 지식에 의해 지식을 생산하는 사회적 활동으로 개별연구자의 성과로 환원할 수 없는 사회적 과정으로 간주해야 한다"(바스카, 2007: 44). 그리고 인간의 생산물로서 타동적 객체 또는 과학적 지식은 장차의 탐구와 발견들에 의해 수정되고 변경될 가능성이 있다는 의미에서 가설적이고 상대적이다. 간단히 말해, 과학은 과학이 그것들을 발견하기 이전부터 그리고 과학의 발견과 무관하게 존재하며 운동하고 있는 객체들을 사유 속에서 재생산하는, 또한 역사적으로 특정한 사회형태들 속에서 진행하는 사회적 과정이다.

이런 입장에서 보면, 과학의 특징과 관련해 실증주의자들이나 협약주의자들이 고수하는 경험과 이론의 이분법은, 이론과 경험이 모두 인간의 인식 영역에 속하는 범주라는 점, 과학활동에서 기본적인 구분은 과학적 지식(타동적 객체)과 그것의 대상인 '객체 자체(자동적 객체)'라는 사실을 간과한 것이다.[5] 인간은 세계에서 자신이 찾아내는 객체들을 사유 속에 표현하지만, 그 객체 자체의 존재가 인간의 사유에 의존하는 것은 아니다. 인간이 인지하는가 여부와 관계없이 세계 속의 객체는 존재해왔으며 앞으로도 존재할 것이다. 세계에 존재하는 것으로 인간이 알 수 있는 것은 세계에 존재하는 것의 일부일 뿐이며, 인간이 인지할 수 있는가 여부는 세계 속의 객체의 '본질적' 속성이라고 할 수 없다. 그러므로 (세계의) 존재에 관한 진술을 (인간의) 지식에 관한 진술로 환원할 수는 없다.[6]

5 '상이한 이론을 믿는 사람들은 상이한 세계에 사는 것'이라는 쿤의 언명은 인간의 이론이 세계를 구성한다고, 즉 세계의 객체가 인간의 사유에 의존하여 존재한다는 철학을 드러낸다. 이 철학은 세계에 존재하는 객체를 인간의 특정한 속성이나 기능에 입각하여 정의하면서 과학에 독립해서 존재하는 '자동적 객체'의 존재를 부인한다. 더 일반적으로, '경험세계'를 강조하는 실증주의는 실재를 경험에 입각하여 정의하고(존재하는 것은 지각되는 것이다: Esse est percipi), '텍스트(담론) 밖에는 아무것도 존재하지 않는다'고 단언하는 포스트모더니즘은 세계를 언어/담론에 입각해 정의함으로써(존재하는 것은 말해지는 것이다: Esse est dictum esse), '세계에 존재하는 것'을 궁극적으로 인간이 '지각하는 것'이나 '말하는 것'으로 환원한다. 즉, 세계에 관한 질문을 인간의 본성이나 행위에 관한 질문으로 바꾸는 것이다. 그리고 이런 입장들은 세계에 무엇이 존재하는가의 기준을 '인간(의 지각이나 담론)'으로 설정하는 점에서 '인간중심적' 존재론으로 부를 수 있다. 그렇지만 세계에는 인간이 경험하지 못하거나 설명하지 못하는 것들이 존재한다는 자명한 사실을 고려하면, 세계에 무엇이 존재하는가라는 문제에서 인간을 중심에 놓는 입장들을 타당하다고 할 수는 없다.

6 '존재에 관한 진술을 지식에 관한 진술로 환원하거나 그것에 입각하여 분석할 수 있다는 견해, 즉 존재론적 질문은 언제나 인식론적 질문으로 변형할 수 있다'라는 견해를 바스카는 '인식적 오류(epistemic fallacy)'라고 부른다(바스카, 2005a, 78~81). 이

존재의 세 영역

과학에서 '경험'이라는 범주가 갖는 위치를 비판적 실재론은 다르게 해명한다. 세계에는 인간이 경험을 통해 그것들에 접근할 수 있는가 여부와 무관하게 존재하는 '실재들'이 있다. 그 실재들은 자체의 고유한 성질에 따라 운동하며 결과로서 '사건'을 산출한다. 그 사건들 중 일부를 인간이 감지하는 것이다. 또한 어떤 경우, 실재의 운동에 인간이 개입해서 세계의 실재들과 함께 특정한 사건을 만들어내기도 한다. 그렇다 하더라도 인간의 '경험'은 실재의 존재와 운동 그리고 사건의 발생에서 우연적인 것일 뿐이다. 예를 들어, 제동장치가 고장난 자동차가 거리를 달리더라도 교통사고는 여타의 조건에 따라 발생할 수도 있고 발생하지 않을 수도 있다. 또한 교통사고가 발생하더라도 우리는 어떤 조건이냐에 따라 그것을 관찰할 수도 있고 관찰하지 못할 수도 있다. 또 다른 예로 볍씨는 인간이 그것을 재배하여 식량으로 이용하는가 여부와 관계없이 존재하며, 일정한 조건 아래서 발아해서 벼로 성장하고 꽃을 피우며 수분해서 이삭을 맺는다. 물론 적절한 조건이 주어지지 않으면 발아하지 않고 '묵은 벼'로 남아 있거나, 발아하지 못한 채 썩어버릴 수도 있고, 발아한 뒤에도 생장하지

것은 세계에 무엇이 존재하는가라는 문제를 단지 세계에 존재하는 것에 관한 우리의 지식이나 담론의 문제로 축소(또는 환원)하는 오류이다. 실증주의에서 강조하는 '경험세계'라는 개념은 인식적 오류를 잘 보여주는 사례이다. '경험세계'라는 개념은 인식론적 범주에 일반적인 존재론적 기능을 부여하고, 객체 자체의 측면에서는 우연적 속성이라고 할 수 있는 경험(가능)성을 세계의 본질적 속성으로 취급하며, 이에 따라 인식에서 경험이 갖는 위치와 중요성을 오해하고 있다. 인식적 오류와 반대로 지식의 문제를 존재의 문제로 변형하는 것, 즉 지식을 실재에서 직접 도출할 수 있다거나 지식은 실재와 일치한다고 상정하는 것은 '존재적 오류(ontic fallacy)'이다(Bhaskar, 1986: 23).

못하고 죽을 수 있다. 인간이 벼를 재배하는 일은 이런 일련의 과정에 개입해 특정한 결과를 함께 만들어내는 것이다. 간단히 말해, 고유한 성질을 가진 객체 자체와, 그 객체의 성질이 나타나서 발생하는 사건들과, 그런 사건들을 인간이 경험적으로 지각하는 것은 서로 관련되어 있기는 하지만, 결코 그들이 동일한 것은 아니다.

우리는 세계를 ① 존재하면서 조건에 따라 문제의 사건을 발생시키는 실재, ② 발생하는 사건들 그 자체, ③ 사건들과 관련한 우리의 경험이라는 세 영역으로 구별할 수 있다. 바스카는 이런 상식적인 구별을 '실재적(real) 영역', '현실적(actual) 영역', '경험적(empirical) 영역'으로 개념화한다. 세계에 존재하는 객체들은 고유한 속성과 인과적 힘의 작동에 의해 운동하지만(실재적 영역), 다른 객체들과의 상호작용과 간섭에 의해 그 운동이 촉진되기도 하고 저지되기도 함으로써 특정의 상태나 사건들을 발생시키게 되며(현실적 영역), 그렇게 발생된 상태나 사건들의 일부가 인간에게 경험되는 것이다(경험적 영역).[7] 그러므로 실재적인 것의 영역은 현

7 이런 주장에 대해 경험으로 확인할 수 없는 실재의 존재를 어떻게 주장하고 확인할 것인가라는 의문을 제기하는 사람도 있다. 실증주의자들은 지각되는 대상만을 실재한다고 간주하고 경험불가능한 대상은 존재하지 않거나 적어도 그것에 대한 논의는 과학적으로 적합하지 않다고 간주한다. 그렇지만 세계 자체와 우리가 인지한 것으로서 세계는 동일하지 않다. 실제로 존재하는 것을 모두 경험할 수는 없다. 세계에 특정한 객체가 존재하는가라는 질문에 대해 그 객체를 인간이 경험으로 확인할 수 있는가 여부를 기준 — '실재성의 경험적 기준(empirical criteria for reality)' 또는 '지각적 기준' — 으로 판단하는 것은 존재의 문제를 인식의 문제로 환원하는 한 사례일 뿐이다. 비판적 실재론에서는 과학자들이 어떤 객체가 실재하는가 여부에 대한 판단에서, 그 사물이 존재하고 활동함으로써 발생하는 결과를 기준 — '실재성의 인과적 기준(causal criteria for reality)' — 으로 삼고 있다고 강조한다. 인과적 기준은 인간이 지각하는가 여부가 아니라 세계를 어떻게 변화시키는가에 의해 객체의 존재를 판단한다. 외출했다가 집에 돌아와 값비싼 물건이 없어진 것을 발견하면 우리는 그 사이에 도둑이 들었다고, 비록 우리가 도둑을 목격한 것은 아니더라도, 생각한다. 이 경

〈표 4.1〉 존재의 세 영역

	실재적인 것의 영역	현실적인 것의 영역	경험적인 것의 영역
객체	●		
사건	●	●	
경험	●	●	●

자료: 바스카(2005a: 103).

실적인 것의 영역보다 크거나 같고, 현실적인 것의 영역은 경험적인 것의 영역보다 크거나 그것과 같다(실재적 영역 ⊇ 현실적 영역 ⊇ 경험적 영역).[8]

그리고 경험은 세계에 존재하는 객체 그 자체가 아니라 그것의 존재 방식과 운동 결과에 대한 인간의 지각이다. 경험은 인간의 감각기관이 수동적으로 제공받은 세계의 객관적인 사실이 아니라, 인간이 경험(의 주관적) 주체로서 경험(의 객관적) 대상과 상호작용해서 생산하는 주관적 구성물이다. 과학은 "경험의 대상이 그 대상에 대한 경험에서 존재론적으로 독립되어 있음을 전제한다. 객체들에 대한 변화하는 경험이 가능하려면 그

우 '도둑'은 경험 가능한 실재이지만, 그것의 존재는 지각된 것이라는 의미에서 '경험한 것'이 아니다. 목격한 현상(결과)을 근거로 그것을 발생시킨 실재(원인)가 존재한다고, 즉 인과적 기준에 입각해서 특정 객체가 존재한다고 주장하는 것이다. 과학은 경험으로 접근가능한 현상을 발생시킨 (가설적 또는 이론적) 실재를 상정하고 그것이 어떤 성질을 가지고 어떻게 작용하여 문제의 현상을 만들어내는가를 탐구한다. 지각판, 자기장, 중력장 등은 지각할 수 있는 것이라는 기준을 충족하지는 않지만 인과적 기준은 충족한다. 이렇게 주장되는 가설적 실재에 대해, 예컨대 전자현미경을 사용해 바이러스를 지각적으로 확인하는 것처럼, 그것의 존재를 경험적으로 입증하기도 한다.

8 그러나 "경험론은 경험이라는 범주에 기초한 존재론을 숨김으로써, 실재적인 것과 현실적인 것을 경험적인 것의 영역으로 붕괴시켜 하나로 만든다"(바스카, 2005a: 102). 경험적 영역, 현실적 영역, 실재적 영역의 차이를 구별하지 못하는 것은 존재의 자동적 차원을 소거하는 것이다.

것을 대상으로 삼는 경험에서 시간 및 공간적으로 구별되는 존재를 가져야 한다"(바스카, 2005a: 72). 과학이나 일상의 인식에서 경험이 중요한 것은 그것이 인간의 생산물, 즉 타동적 차원의 객체를 형성하는 요소로서 인간과 독립해서 존재하는 실재적 영역, 즉 자동적 차원의 객체(의 존재와 운동)에 접근할 수 있게 한다는 데 있다. 객체에 대한 인간의 인식은 경험을 매개로 삼으며 경험을 떠나서는 객체에 대한 인식을 진행할 수 없다. 경험은 인간이 자동적 객체와 직접 접촉하고 관계 맺는 유일한 계기이다. 그렇지만 객체를 중심에 놓고 보면, 인간이 형성하는 경험은 객체의 총체적인 존재 방식과 운동 과정에 대한 부분적이고 우연한 계기에 지나지 않는다. 그리고 과학은 인간의 경험(적 영역)이 실재적 영역에 존재하는 객체들의 운동의 결과라고 상정하고, 그 객체가 어떤 방식으로 운동하며 어떤 구조와 성질을 보유하고 있어서 그런 방식으로 운동하는가를 탐구한다. 결국 과학은 객체에 대한 인간의 제한적 관계인 경험(적 영역)을 매개로 그런 경험을 가능하게 하는 실재적 영역의 객체를 인간의 사유 속에서 재구성하는 활동이다.

인과기제와 과학의 법칙

과학은 우리가 특정한 현상을 경험하거나 관찰하면 그것이 왜 일어났는가를 설명하고자 한다. 실증주의자들은 과학의 설명을 포괄법칙 모형으로 규정하면 과학에서 어떤 현상을 설명한다는 것은 문제의 현상을 잘 확립된 보편법칙에 연역적으로 포섭하는 것, 즉 보편법칙의 개별 사례임을 입증하는 것이라고 분석했다. 그러나 과학의 설명은 '경험적 규칙성'의 발견과 개별 사례의 연역이나 포섭으로 이루어지지 않는다. 예컨대 '(장기간) 흡연하면 폐암에 걸린다'라는 경험적 규칙성은, 물론 담배를 피우면서도 장수하는 사람도 많다는 반대의 사실이 있음에도, 이제는 대다수의 사람들이 동의하는 확인된 사실이다. 그렇지만 우리는 장기간 흡연과 폐암 발병 사이의 상관관계를 보여주는 통계의 발견을 인과관계에 대한 해명이라고 취급하지는 않는다. 과학은 경험적 규칙성을 확인하고 서술하는 데 그치지 않는다. 뉴턴이 유명한 것은 사과가 지구의 중심을 향해 떨어지는 것을 발견했기 때문이 아니라 왜 그것이 그렇게 떨어지는가를 설명했기 때문이다. 폐암에 걸린 개별 흡연자에게 과학자가 '흡연하면 폐암에 걸린다'라는 보편법칙의 개별 사례이기 때문에 폐암에 걸렸다고 말한다면, 그것은 문제의 현상을 설명하는 것이 아니라 단지 일반화하는 것에 지나지 않는 것이다. 경험적 규칙성은 두 사건 사이에 '상관관계'가 있을 수도 있다는 것을 시사하지만 그것이 어떤 관계인가를 알려주지는 않는다. 과학의 탐구는 단순히 경험적 현상들의 일정한 유형 또는 규칙적 연쇄를 수집하여 일반화하는 데 그치지 않고 그러한 규칙성이 '왜' 일어나는가를 설명하고자 한다. "과학의 설명은 그러한 경험적 규칙성을 만들어내는 기제들의 서술로 이루어진다"(하레, 1986: 226).

> 만약 우리가 두 종류의 현상들 사이에서 규칙적인 관계를 발견한다면 그것은 두 현상이 인과적으로 관련되어 있다고 믿을 만한 약간의 증거가 된다. 규칙성의 존재는 결정적이지는 않더라도 인과관계의 강력한 증거이다. 그러나 어떤 것이 다른 어떤 것의 원인이라고 주장하려면 이것만으로는 부족하다. 우리는 여기에 더하여 현상들을 연결하는 어떤 개입 기제의 존재를 찾아야 한다. 그리고 이러한 기제의 성질을 발견하고 분석하는 것이 과학의 임무이다(키트·어리, 1993: 59).

"흡연이라는 사건과 폐암 발생이라는 사건 사이의 외적 연관을 인과적으로 적절히 설명하기 위해서는 담배 연기의 자극과 암의 포낭 및 악성조직의 발생 사이에 작용하는 기제를 찾아내야 한다"(하레, 1986: 157). 여기서 '기제'는 "어떤 신비한 본질을 뜻하는 것이 아니라 객체들이 가진 고유의 성질과 힘 그리고 운동방식을 가리킨다"(바스카, 2005b: 188).[9] 과학은 사건들의 규칙적인 연속이라는 경험적 유형을 발견하면 그것을 특정 객체(들)가 세계에 존재하고 운동함으로써 만들어낸 결과를 보여주는 증거로 취급하고 그 유형을 만들어내는 객체(들)를 찾아내고자 노력한다. 그리고 이 객체(들)가 특정의 조건 아래서 또는 특정의 자극에 의해 작동함으로써 우리가 경험하는 문제의 현상을 발생시킨다고 인과적으로 연결해서 설명한다. 이때 세계에 존재하는 객체는 그것의 고유한 속성 또는 속성들과 인과적 힘을 갖는 것으로 상정된다.[10] 바로 이 속성들이 특정한 조건 아래서 또는 특정의 자극에 의해 작동함으로써 우리에게 경험되는 일정한 결과를 발생시키는 것이다. '아편을 맞으면 통증이 완화된다'라는 규칙적인 연관은 '아편이 가진, 생물체의 신경을 마비시켜 통증을 느끼지 못하게 만드는 속성'에 의해 인과적으로 연결된다. 또한 과학은 객체의 속성과 인과적 힘이 문제의 현상을 일으켰다고 설명할 뿐 아니라, 그러한 객체의 속성과 인과적 힘도 객체 자체의 구성이나 구조에서 기인하는 것으로 해명해왔으며 또한 구조를 근거로 어느 정도는 속성과 힘을 추론해

9 기제라는 용어는 기계적인 것(mechanical)을 의미한다. 즉, "지렛대, 맞물리는 톱니바퀴 등과 같이 서로 정밀하게 연결되어 작동하는 기계장치를 뜻하기도 하지만, 과학에서는 기계적인 것이 아니라 훨씬 더 일반적으로 원인과 결과를 연결하는 종(kind)이나 과정 등을 의미한다"(하레, 1986: 159).

10 인과적 힘이라는 개념은 해당 객체가 인과관계에 개입해 행사할 수 있는 잠재력을 가리킨다. 예컨대 바위는 굴러 내리면 담장을 무너뜨릴 수 있는 인과적 힘을 가지고 있다.

왔다.[11] 예컨대 전류를 전도하는 금속의 힘은 그 금속 구조 속의 자유 이온의 존재에서 생겨난다. 사람의 해부학적 구조와 근육 조직은 걷거나 뛸 수 있는 속성을 제공하지만 날 수 있는 능력은 제공하지 않는다. 비행기는 그것의 유체역학적 형태와 엔진의 추력 등의 구조에 의해 양력을 만들어냄으로써 하늘을 날 수 있다. 성냥은 그것의 화학적 구조 때문에 자극을 받으면 발화할 수 있다. 그리고 이런 구조 또한 그것을 구성하는 요소들의 구조에 의해 설명될 수 있다. 예컨대 유전이론에서, 과학은 처음에는 유전인자의 성질을 해명했지만 다시 유전인자를 DNA와 이중나선구조의 이론으로 설명했다. 화학의 원자이론은 양자, 전자, 중성자의 속성과 구조에 관한 이론에 의해 설명된다. 또한 어떤 객체의 구성이나 구조가 변한다면 그것의 속성과 인과적 힘도 역시 변할 것이다. 비행기의 엔진은 마모되면 충분한 추력을 만들어내지 못한다. 성냥은 물에 젖으면 발화력을 잃는다. 이것은 과학에서 상정하는 객체의 속성과 인과적 힘이 어떤 고정되고 영구한 본질을 의미하는 것이 아님을 알려준다.

그러므로 과학은 인과기제로서 객체의 고유한 구조와 속성을 밝혀내

11 과학의 특징이 객체의 구조와 속성의 탐구에 있다고 주장하는 비판적 실재론에 대해 종종 '본질주의(essentialism)'에 빠져 있다는 비판이 제기되었다. 세계의 객체들이 고유한 구조와 속성 또는 본질을 가지고 있다고 상정하는 것을 본질주의라고 규정한다면, 비판적 실재론은 본질주의의 입장을 취한다고 할 것이다. 객체들이 고유한 성질(nature)을 가지고 있다는 것은 누구도 부인하지 않을 것이며 과학자들도 마찬가지다. 그렇지만 객체의 고유한 성질이 '고정불변의' 어떤 것인가의 문제는 선험적으로 선언할 것이 아니라 객체 자체에 대한 탐구를 통해서 확인할 사안이다. 특히 객체의 속성과 인과적 힘이 고정불변한 것이라고 하더라도, 그것이 작동해서 특정의 '경험적' 결과를 낳을 것인지는 그 객체의 존재와 운동에 조건으로 개입하는 다른 객체들 — 이것들도 고유의 성질을 가지고 운동한다 — 과의 상호작용에 의해 결정될 일이다. 그러므로 '본질주의'라고 하더라도 비판적 실재론은 객체에 특정한 본질이 있으며, 그것이 늘 특정한 결과로 나타난다고 상정하는 것은 아니다.

어 원인과 결과 사이의 필연적 관계를 해명하는 활동이다. 원인과 결과 사이에 '필연적인 관계'가 있다는 상식적인 견해도 바로 이 두 사건이 관련된 특정 객체들의 고유한 속성의 전개에 의해 내적으로 연결된다는 사실에 근거한다.[12] 이온들의 상호작용과 교체라는 화학반응의 기제, 유전

---

12 그러나 실증주의 과학관은 인과관계에서 '필연성' 개념을 배제한다. 실증주의 과학관의 기초를 이루는 흄의 철저한 경험론에 따르면, 우리는 한 종류의 사건과 다른 종류의 사건 사이의 규칙적 연속을 여러 차례 인지하면, 한 사건이 일어나면 다른 사건이 일어날 것으로 기대하는 일종의 정신적 습관(mental habit)을 형성한다. 그러나 연결이라는 이런 관념은 심리적 현상(psychological phenomenon)의 결과, 즉 습관에 근거한 기대일 뿐이며 실재하는 세계에 적용할 수 있는 경험적 개념이 아니다. 우리는 (원인) 사건과 (결과) 사건이 규칙적으로 연속된다는 것만을 경험적으로 확인하며 그것들 사이의 필연성은 경험적으로 확인할 수 있는 특성이 아니다. 실재의 세계에는 사건들의 연속밖에 없으며, 그것들 중 일부가 종류가 비슷한 사건의 반복이고 반복되는 이 유사함으로부터 우리는 원인이라는 관념을 이끌어내는 것이다. 그러므로 원인과 결과 사이에 필연성이 있다는 생각은 경험적 근거를 갖지 못하는 인간의 심리적 첨가물이며 과학에서 배제해야 한다. 이런 주장을 하레는 '연속적 인과이론(succession theory of causality)'이라고 이름한다.

그렇지만 객체가 보유한 고유의 속성과 인과적 힘으로서 (자연적) 필연성의 개념을 배제하면, 지금까지는 'ㄱ→ㄴ'의 항상적 결합으로 관찰되어온 법칙이 미래의 관찰에서도 동일하게 'ㄱ→ㄴ'의 '항상적 결합'으로 나타나리라고 기대할 근거는 존재하지 않는다. 그리고 실증주의에서 제시하는 포괄법칙 설명모형도 성립할 수 없게 된다. 인간의 지식에서 독립해서 존재하는 인과기제의 필연성에 대해, 그것을 경험적으로 확인할 수 없으므로 심리적 현상일 뿐이라고 주장하는 것은 인간의 지식(타동적 객체)과 그 지식의 대상(자동적 객체)을 구분하지 못하고 객체 자체의 속성과 인과적 힘을 그것에 대한 우리의 인식으로 환원하는 것, 또는 바스카의 용어로 '인식적 오류'이다. 이와 대조적으로, '발생적 인과이론'은 원인과 결과는 관련된 객체의 인과적 힘에 의해 '자연적 필연성'을 가지고 발생한다고 주장한다(하레, 1986: 157). 발생적 인과이론은 원인이 결과를 발생시키는 능력을 가졌으며 결과에 연결되어 있는 것으로 상정한다. 그리고 실제의 과학탐구는 사건들의 규칙적 연속이라는 경험적 유형에서 그것을 만들어냈을 인과기제를 찾고자 추구한다는 점을 고려하면, 과학은 발생적 인과이론을 전제한다고 특징지을 수 있다.

그런데 원인과 결과 사이의 관계에 대한 이런 견해는 경험적 지식이 아니라 형이상

인자의 전달, 우성인자와 열성인자의 작용이라는 유전의 기제, 돌연변이와 자연선택이라는 진화의 기제 등은 과학의 이러한 노력이 성취한 사례들이다. 달리 말하면 과학자들은 '왜'라는 질문에 대해 '무엇이'와 '어떻게'에 대한 진술을 제공하여 답하고자 해왔다.

인과관계의 필연성에 대한 이런 이해는 'ㄱ이면 ㄴ이다'라는 형태의 '규칙성 진술'로 표현하는 과학의 '법칙'에 대해서도 적용할 수 있다.[13] 실증주의자들은 법칙을 사건들 사이의 '항상적 결합(constant conjunction)'이라고 정의하면서 필연성 개념을 배제하지만,[14] 두 사건이 '우연적으로' 연

학적 지식이다. 연속이론은 경험(가능한 것)만이 세계에 존재한다는, 그러므로 (객관적) 존재를 (주관적) 경험으로 환원하는 (경험론적) 존재론을 전제하는 반면, 발생이론은 사건들의 경험적 규칙성과 그 규칙성을 만들어내는 객체(가 가진 속성 및 그것의 인과적 힘)를 구별하는, 즉 (인간의) 경험의 영역과 (객체 자체의) 실재의 영역을 구별하는 (실재론적) 존재론을 전제한다. 그러므로 과학의 탐구는 '형이상학'을 배제하는 것이 아니라 존재론적 가정과 인식론적 가정을 전제하는 것이다. 두 견해는 각각 규칙성 이론(regularity view)과 필연성 이론(necessity view)으로도 불린다.

13 '법칙'이라는 용어는 지켜야 할 '법'이나 '규칙'이나 '규정'이라는 의미를 함축하지만, 세계의 객체들의 위에서 또는 밖에서 그것들의 운동을 규제하고 지배하며 강제하는 '법칙'이 있는 것은 아니다. 과학에서 '법칙'의 개념은 객체가 일정한 유형으로 움직인다는 인식의 비유적 표현이다.

14 과학의 법칙을 어떻게 정의할 것인가에 관해서는 많은 논쟁이 있었는데(Beed and Beed, 2000: 132), 이것도 연속이론과 발생이론의 대립으로 특징지을 수 있다. 물론 과학철학에서 지배적 견해는 법칙에서 필연성 개념을 배제하는 흄에 기초를 둔 연속이론 또는 규칙성이론이었다. 예컨대 정영기는 "필연성이론은 많은 문제를 가지고 있다. 법칙은 사건과 사건 간의 인과관계를 원인과 결과로 구분해서 연결하는 것인데 그 연결이 필연적 연결일 수 있겠는가라는 의문이 생길 수 있다"라고 주장한다(정영기, 1998: 196). 유사하게 베르트 루리단(Bert Leuridan)은 법칙을 "규칙성을 만들어내거나 규칙성에 책임이 있는 어떤 형이상학적 실체가 아니라 규칙성을 서술하는 일반화를 의미한다"라고 정의한다(Leuridan, 2010: 317). 포괄법칙 설명모형을 정식화한 헴펠은 과학적 법칙이 "어떤 장소와 시간에 특정한 종류의 사건

속해서 발생한다면 그것은 '법칙'이라고 할 수 없다. 법칙이 보편적인 것이 아니라 국지적인 것, 필연적인 것이 아니라 우연적인 것이라면 구태여 과학이 그것을 탐구할 이유가 없을 것이다.[15] 상식에서조차 법칙은 사건들의 규칙적인 연쇄가 보편성과 (사유 속에서의 전제와 결론 사이의 논리적 필연성이 아니라, 세계의 객체들이 고유하게 보유한 자연적) 필연성을 갖는다는 믿음과 또한 그 믿음에는 근거가 있다는 견해를 함축한다. '사건 ㄱ이 일어나면 반드시 사건 ㄴ이 이어진다'는 법칙의 진술은 사건 ㄱ과 사건 ㄴ을 필연적 관계로 연결하는 인과기제가 있다는 것, 즉 관련된 객체(들)의 속성과 인과적 힘에 의해 자연적 필연성이 생겨난다는 것을 나타낸다. 예컨대 '모든 행성의 궤도는 태양을 초점으로 하는 타원이다'라는 행성 운동의 법칙은 '지구를 포함하는 각각의 행성의 복잡한 일련의 순환운동에 관한 견해'에 기초하고 있다. 즉, 경험으로 확인할 수 있는 규칙성에 더해서, 그 규칙성을 만들어내는 태양계의 구조와 속성 및 운동에 관한 지식을 내포한다.[16] '무쇠는 녹슨다'는 규칙성 진술은 무쇠의 분자가 공기 중의 산

C가 발생하는 모든 경우에, 이 사건이 발생하는 장소와 시간과 특정한 방식으로 연관된 장소와 시간에 특정한 종류의 사건 E가 발생할 것이다"라는 형태를 갖는다고 주장하면서(Hempel, 1965: 231~232), 마찬가지로, 사건들의 보편적 규칙성이나 또는 일정한 결합으로 이해하고 있다. 헴펠은 ① 법칙이 보편적 형식을 갖는다, ② 법칙의 범위는 무제한적이다, ③ 법칙은 특정 대상에 대한 지시를 포함하지 않는다, ④ 법칙은 순수 성질 술어만을 포함한다고 특징짓는다.

15 샌드라 미첼(Sandra Mitchell)은 법칙이 "논리적 우연성(logical contingency), 보편성, 진리성(예외 없음), 자연적 필연성이라는 특징을 가지며, 이런 특징에 의해 우리에게 설명과 예측과 성공적 개입을 허용한다"라고 분석한다(Mitchell, 2000: 246).

16 물론 행성의 궤적이 타원을 이룬다는 경험적 규칙성의 발견과 행성이 왜 타원궤도를 순환하는가를 설명해주는 인과기제, 즉 태양계의 구조와 그것에서 기인하는 인과적 힘에 대한 추론과 가설고안, 검증은 오랜 기간과 복잡한 과정이 필요했다(하레, 1986: 90~95). 이것은 과학에서 법칙의 정식화는 경험적 규칙성의 발견을 넘어서는, 인과기제에 대한 (이론적) 추론과 탐구를 필요로 한다는 것을 알려준다.

소와 결합해서 산화철이라는 화합물을 생성하는 인과기제의 자연적 필연성에 대한 지식에 기초함으로써 법칙이 된다. 그리고 이 때문에 과학의 법칙은 '성공적인 인과적 설명' 또는 '잘 확인된 인과적 설명'과 서로 바꾸어 쓸 수 있다(Kincaid, 1996: 10). 그리고 현상을 인과적으로 적절히 설명하는 과학이론들은 일종의 '법칙'을 제시하는 것이며, 법칙 개념은 문제의 규칙성과 관련된 객체의 성질과 운동에 관한 진술로서 '이론'을 포함한다고 이해할 수 있다.

그렇지만 인과기제나 과학법칙을 적절하게 이해하기 위해서는, 먼저 법칙 진술은 세계에 존재하는 규칙성 자체(자동적 객체)가 아니라 과학이 사건들의 규칙적인 연쇄를 탐지하여 사유 속에서 재구성한 것(타동적 객체)이라는 점, 따라서 둘은 동일한 것이 아니라 기껏해야 근사할 뿐이라는 점을 고려해야 한다.[17] 그리고 과학활동이 언제나 존재의 영역에 대한 구별을 전제하고 있다는 점을 상기해야 한다. 객체는 고유의 속성과 인과적 힘을 가지고 있으면서 운동한다. 우리는 이것을 자연적 필연성에 관한 진술로서 '법칙'으로 표현한다(실재의 영역). 그러나 객체의 속성과 인과적 힘은, 다른 객체들 – 그 자체의 고유한 속성과 인과적 힘을 가진 – 과 만나서 그것들의 운동에 자극받거나 변형되거나 방해받거나 압도당할 수 있다. 그리고 인과적 힘을 행사한다고 하더라도 다른 객체들의 인과적 힘과 상

17 이와 관련하여 알렉산더 로젠버그(Alexander Rosenberg)는 '자연의 법칙(natural laws)'과 '과학의 법칙(scientific laws)'을 구별한다. 자연의 법칙은 "우리가 그것을 찾아내는가 여부와 관계없이 어디서나 늘 참인 규칙성을 가리키고, 과학의 법칙은 자연법칙인 것에 대해 과학에서 우리가 현재의 최선의 추정치로 확립한, 그러므로 오류일 수 있고 더 정확한 과학의 법칙으로 대체할 수 있는, 가설"로서 규칙성을 가리킨다(Rosenberg, 2012: 47). 이렇게 구분하면 예컨대 케플러가 행성의 운동을 탐구하고 그것을 타원궤도의 운동이라고 '과학의 법칙'으로 정식화하기 이전에도 행성은 '자연의 법칙'에 따라 타원궤도를 운동해왔다고 이해할 수 있다.

호 간섭함으로써 고유의 결과를 더 강력하게 발생시킬 수도 있고 그 결과가 중화되거나 상쇄되어 다른 결과를 발생시킬 수도 있는 것이다. 그러므로 특정 객체가 존재한다고 하더라도 문제의 현상을 일으킬 수도 있고 일으키지 않을 수도 있다(현실의 영역). 그리고 그렇게 발생한 특정의 현상 중 일부를 우리가 경험한다(경험의 영역). 흡연과 폐암의 사례에서, 장기간 담배를 피운다고 하더라도(실재의 영역) 예컨대 담배 연기의 자극에 취약한 폐세포를 가진 사람은 쉽게 폐암에 걸릴 테지만, 담배 연기의 자극을 무력화할 수 있는 튼튼한 폐세포를 가졌거나 담배 연기의 성분을 중화할 수 있는 특이한 물질을 보유하거나 섭취하는 사람은 폐암에 걸리지 않을 것이다(현실의 영역). 그리고 폐암에 걸린 사람 중의 일부에 대해 발병 사실을 확인하는 것이다(경험의 영역). 이것은 법칙에 함축된 인과의 필연성이, 해당 객체의 인과적 힘이 다른 인과기제들의 간섭을 받지 않고 행사될 수 있는 조건 속에서만 실현될 수 있다는 것을 의미한다.

> 객체의 속성이나 인과적 힘이 실제로 활성화되는가 아니면 저지되는가의 여부는 조건에 달려 있는데 조건의 출현과 양상은 우연적인 것이다. 어떤 사람이 실제로 노동을 하는가 여부는 그에게 일자리가 주어지는가의 여부에 달려 있다. 화약이 폭발하는가 여부는 그것이 적절한 조건 속에 있는가의 여부에 달려 있다. 그러므로 인과적 힘은 그것을 가진 객체의 성질에 필연적으로 존재하지만, 그 힘이 활성화되거나 행사되는가 여부는 우연적인 것이다. …… 인과기제들이 활성화될 때에도, 그 활성화의 실제 결과는 또다시 그것들이 작동하고 있는 조건에 따라 달라질 것이다. 인과적 힘이나 기제와 그것들의 결과의 관계는 그러므로 고정된 것이 아니라 우연적인 것이다. 인과적 힘은…… 그 힘의 결과와 무관하게 존재한다. 어떤 힘과 그것의 조건들 사이의 관계가 우연적이라는 말은 조건들이 원인 없

이 생겨난 것이라고 상정하는 것은 아니다. 조건들도 다른 기제들에 의해 일어난 것이다(세이어, 2013: 174~175).

실제 세계에는 통상적으로 여러 인과기제가 존재하고 운동하며, 서로 결합하고 간섭하며 작동한다. 특정한 인과기제가 존재한다고 하더라도 그 기제가 산출하는 결과는 다른 기제의 영향에 의해 전혀 다를 수 있다. 심지어 상이한 기제들이 동일한 경험적 결과를 만들어낼 수도 있다. 인간이 개입해서 의도적으로 통제하지 않은 상태에서는 여러 인과기제의 조우는 우연적으로 일어난다. 이런 상황에서는 고유한 속성과 인과적 힘을 가진 특정 객체가 존재한다고 하더라도, 그 객체의 인과적 힘이 어떤 조건에서 작동할 것인가는 우연적으로 정해지며, 작동의 결과도 우연적으로 정해진다[비판적 실재론은 이런 상황을 다양한 객체들이 통제받지 않고 활동하는 '개방체계(open system)'라고 개념화한다]. 특정 인과기제가 다른 기제들의 간섭을 받지 않고 작동하도록 인간이 의도적으로 개입하지 않는, 또는 개입할 수 없는 개방체계에서는 그 기제의 작동과 결과 사이의 관계는 고정된 것이 아니라 가변적인 것이며, 필연적인 것이 아니라 우연적인 것이다. 세계에 존재하는 특정 객체가 고유의 구조를 가지고 있다면, 각각의 경우에 객체의 운동이 어떤 결과를 낳는가에 관계없이, 그 객체는 특징적인 인과적 힘을 가지고 있는 것이다. 인과적 힘의 작동은 필연적인 것이지만, 인과적 힘의 (특정 결과로의) 실현은 우연적인 것이다. 그러므로 법칙은 '(원인)사건 → (결과)사건'의 예외 없는 경험적 규칙성이 아니라 단지 '경향' 또는 '반(半)규칙성(demi-regularity)'으로만 나타날 수 있다.

둘 이상의, 아마도 근본적으로 상이한 종류의 둘 이상의 기제들이 결합해서 결과를 만들어내는 것이 개방체계의 특징이다. 그러므로 우리는 어떤 기제들이 실제로 작동할 것인가를 사전에 알지 못하기 때문에, 그리고 아마도 그 기제들의 결합 양식에 대해 지식을 갖고 있지 못하기 때문에 사건을 연역적으로 예측하는 것이 불가능할 것이다. 개방체계에서의 대부분의 사건들은, 그러므로 '국면(conjunctures)'으로 취급해야 한다(Bhaskar, 2008: 109).

개방체계에서는 현상들이 우리가 알고 있는 필연적인 인과관계에서 벗어나 우연적으로, 정확히 말하면, 여러 인과기제들이 우리가 알아내거나 추정하기 어려운 방식으로 결합해서 발생한다. 필연성은 늘 우연성을 매개로 실현되는 것이다. 따라서 온갖 객체들이 존재하고 운동하는 실제 세계에서는 특정 객체의 속성과 인과적 힘으로서의 자연적 필연성이 예외 없이 실현되는 일이 오히려 예외라고 해야 한다.[18] 실증주의자들은 법칙을 '경험적 규칙성'이라고 주장하지만, 사건들의 예외 없는 경험적 규칙성으로 관철되는 법칙은 없으며, 과학자들은 경험적 규칙성을 관찰하지 못하더라도 법칙의 존재를 부인하지 않는다. 예컨대 만유인력의 법칙은 대기권 안에서는 모든 물체를 지구의 중심을 향해 끌어당기는 중력이 작용한다고 진술하지만, 비행기는 그 중력의 작용을 거슬러 하늘을 날아다닌다. 그러나 비행기가 하늘을 날아다닌다고 해서 만유인력이 소멸되는 것은 아니며, 만유인력의 법칙이 폐기되는 것도 아니다. 만유인력의 법칙이 진술하듯 대기권 안에는 중력이 '보편적으로' 작용하고 있지만, 비행기는 날개의 구조와 엔진의 추력을 활용하여 중력을 상쇄하고 남는 양력을 만들어냄으로써 하늘을 날아다니는 것이다. 이런 사정을 알고 있기 때문

18 물론 다른 어떤 조건도 그것의 작동을 저지할 수 없고 다른 어떤 객체의 작동도 그것의 결과를 중화시킬 수 없을 만큼 강력하게 관철되는 법칙도 있을 수 있다(그 어떤 인간도 죽음을 피할 수는 없다).

에 우리는 일정한 규칙성을 발견할 수 없는 '우발적'인 듯한 현상에 대해서도 단순히 우연이라고 취급하지 않고 원인(들)을 찾고 인과관계의 필연성을 추론한다.[19] 물론 개방체계에서 특정 객체의 속성과 인과적 힘 그리고 그것의 작동 결과를 판별하기는 어렵다. 날아다니는 비행기는 중력의 존재와 작용을 은폐하고, 반짝이는 무쇠는 산화작용을 감춘다. '(원인) 사건→(결과) 사건'의 발생이 없는 경우에도 법칙이 지시하는 객체는 고유의 속성과 인과적 힘을 보유하고 행사할 수 있다. 그렇지만 이렇게 '은폐된' 객체의 속성과 인과적 힘을 찾아내는 것이 바로 과학의 과제이다. 여기서 경험적으로 관찰할 수 있는 '경향'이나 '반규칙성'은 단순한 추세나 '경험적 일반화'가 아니라 특정 인과기제의 작동의 결과일 수 있으며, 그러므로 인과기제 추정과 탐색의 중요한 단서가 된다.[20] 그리고 과학적 작

19 문제의 현상의 원인이 무엇인가에 대한 답은 관찰한 현상의 횟수와 사실상 관련이 없다. 단일 사건에 대한 인과관계 추론은 그릇될 위험이 매우 크지만, 많은 사례들에 기초했을 때에도 인과관계 추론은 그릇될 수 있다. 바스카는 "경험적 규칙성은 법칙 자체가 아니라 법칙의 경험적 근거를 구성할 뿐이며, 법칙의 충분조건은커녕 필요조건도 될 수 없다"라 단언한다(Bhaskar, 2005b: 75, 138). 경험적 규칙성은 법칙의 정식화에서 중요한 단서이기는 하지만, 법칙 진술의 핵심은 'ㄱ이면 ㄴ이다'라는 '예외 없는 경험적 규칙성'이 아니라, 그 규칙성을 만들어낼 수 있는 객체의 속성과 인과적 힘으로서의 자연적 필연성이다.

20 과학의 탐구는 '(원인) 사건→(결과) 사건'의 경험적 규칙성에 대한 관찰로부터 그 규칙성을 발생시키는 객체(의 속성과 인과적 힘)에 대한 추정과 확인으로 나아간다. 과학은 경험적 유형을 '인과적 힘(causal powers)'을 가진 실재하는 객체들의 성질이 실현되는 것으로 상정하고 있는 것이다. 과학은 경험(가능한 것)만이 세계에 존재한다고, (객관적) 존재를 (주관적) 경험으로 환원하는 (경험론적) 존재론이 아니라, 사건들의 경험적 규칙성과 객체 자체(가 가진 속성 및 그것의 인과적 힘)를 구별하는, 즉 (인간의) 경험의 영역과 (실체 자체의) 실재의 영역을 구별하는 (실재론적) 존재론을 전제한다. 그러므로 과학의 탐구는 '형이상학'을 배제하는 것이 아니라 세계에 존재하는 객체가 고유의 속성(들), '인과적 힘(causal power)'을 가지고 있으며 우리는 그런 인과적 힘과 그 힘을 발생시키는 내적 구조를 탐구할 수 있

업은 "① 법칙의 후보가 될 것으로 판단되는 경험적 규칙성이 있는가, 있다면 ② 선행 사건과 결과, 또는 잠정적인 원인과 잠정적인 결과 사이의 실재적 연관을 추론할 근거가 있는가, 있다면 ③ 그 근거를 세계에 존재하는 실체들의 고유한 속성에 귀속시킬 수 있는가"를 단계적으로 탐구해 가는 활동이라고 특징지을 수 있다(Bhaskar, 2005b: 137).

과학에서 법칙은 특정 객체의 속성과 인과적 힘의 작동 결과에 관해서 진술하지만, 그것이 작동하게 되는 개별적인 조건에 관해서는 진술하지 않는다. 지구의 중심이 비행기라는 거대한 물체를 끌어당기지 못하는 조건에 대한 진술을 중력의 법칙에서 찾을 수는 없다. 법칙 진술이 지시하는 객체의 속성과 인과적 힘은 우연적으로 조우하는 조건에 따라 현실적인 결과로 실현될 수도 있고 실현되지 않을 수도 있다. 따라서 법칙 진술은 사실상 '다른 사정이 동일하다면'이라는 가정법적 조건절을 그 자체에 내포하고 있는 것이다. 이것은 법칙 개념이 동반하는 '보편성' 개념을 경험적 규칙성의 보편성이 아니라, 관련된 인과기제가 조건에 따른 특정 결과의 산출 여부와 관계없이 세계 속에 보편적으로 존재하고 작동하고 있음을 의미한다.[21] 또한 법칙에서 개별 사건을 연역해 설명하거나 예측하기 위해서는 실제 여러 조건들을 고려해야 한다는 것, 그러므로 법칙에 근거한 설명과 예측은 부분적이고 맥락적일 수밖에 없다는 것도 알려준다. 특히 예측은, 해당 인과기제가 조우할 조건을 사전에 알 수는 없다는

다는 존재론적 가정과 인식론적 가정을 전제하고 있다. 그리고 그 객체의 구조와 속성이 무엇이며 어떻게 운동하는가를 '과학적으로' 해명하고자 시도한다.

21 법칙에 대한 이러한 이해는 실증주의가 강조하는 포괄법칙적 설명모형의 '포괄' 개념에 대해서도 법칙과 개별 사례의 관계를, 연역이라는 논리적 논증이나, 집합과 원소의 포함관계를 가리키는 것이 아니라, 객체의 자체의 보편적 작동과 '일정한 조건 아래서' 그것이 산출한 결과라고 인과적으로 연관 짓는 것으로 볼 수 있다.

점에서 매우 조건적이고 제한적일 수밖에 없다.[22]

> 과학은 본질적으로 객체들이 어떤 것인지, 그리고 그 객체들이 무엇을 하는지 밝힌다. 현실적으로 무엇이 발생할 것인가를 예측하는 것에는 파생적으로만 관심을 갖는다. 또한 드물게 인위적으로 만들고 통제하는 조건에서만 과학자는 예측을 할 수 있다. 예측의 중요성은 바로 그것이 독립적으로 존재하며 초사실적으로(개별 사실들을 넘어서) 작동하는 객체의 지속적인 성질과 작동 방식을 조명한다는 점에 있다(Bhaskar, 2005a: 97).

실험

인간이 의도적으로 통제하지 않는 개방체계에서는 수많은 인과기제들이 함께 존재하면서 서로 결합하고 간섭하며 일련의 사건을 발생시킨다.

22 이와 관련하여 두 가지 사항을 지적할 수 있다. 먼저, 과학이론이나 법칙을 기초로 세계 속의 어떤 기제를 활성화시켜 우리의 목적에 맞는 결과를 얻고자 하는 '실천'이 그 의도를 성취하기는 쉽지 않다는 점이다. 해당 기제가 특정의 결과를 산출하기 위해서는 그것의 작동을 둘러싼 조건들을 정확하게 알아내고 적절하게 관리해야 할 터인데, 알아내기도 어려울뿐더러 관리하기는 더욱 어렵다. 또한 실증주의 과학관이 강조하는 '가설-연역적 방법'의 유용성이 매우 제한적이라는 것도 알 수 있다. 실증주의자들은 과학의 지식주장에서 발생할 사건에 대한 예측을 연역하고, 실제로 그 사건이 발생하는가 여부를 확인함으로써 해당 지식주장을 채택 또는 기각하는 것을 '과학적 방법'으로 옹호한다(이것은 설명과 예측을 보편법칙과 전제조건들로부터의 논리적 연역으로 개념화하는 포괄법칙 설명모형에 기초를 둔 것이다). 그렇지만 실제로는 아직 발생하지 않은 사건들의 발생에 개입할 조건들을 사전에 확정할 수는 없기 때문에, 법칙(과 이론)에서 연역한 예측이 경험적 결과와 일치하는가 여부가 그 법칙(과 이론)의 진위를 판정하는 근거가 될 수는 없다.

특정한 인과기제가 존재하며 작동한다고 반드시 특정한 결과가 규칙적으로 발생하거나 경험되는 것은 아니다. 다시 말하면, 특정 인과기제의 존재와 그 기제가 발생시키는 사건들 사이에는 일대일의 상응관계가 존재하지 않는다. 과학자는 이런 사건들에서 반(半)규칙성을 발견하고 그것을 만들어내는 인과기제를 추론한다. 그리고 추론한 인과기제가 실제로 존재하고 작동하(였)는가를 확인하기 위해 노력한다. 추론한 인과기제 작동의 결과를 확인하기 위해서는 다른 인과기제들의 간섭을 받지 않은 상태에서 작동하도록 조건을 제공하고 그 결과를 살펴보아야 한다. 즉, 그 인과기제의 작동을 다른 기제들에서 분리하고 고립시켜 탐색해야 한다[비판적 실재론은 이렇게 다른 인과기제들의 간섭을 배제한 채 특정 인과기제만이 고립하여 작동하는 상황을 '폐쇄체계(closed system)'라고 개념화한다]. 과학자의 '실험'은 이런 노력에서 사용하는 대표적인 방법이다. 실험은 과학자가 사유 속에서 재구성하거나 추론한 인과기제가 실제 세계에 존재하고 작동하는가를 확인하려는 시도이다. 그러므로 실험은 과학자가 추론한 인과기제와 세계에 실재하는 인과기제 자체가 다르다는 것, 즉 자동적 객체와 타동적 객체의 구별을 전제한다.

실험실에서 과학자들은 특정한 인과기제의 순조로운 작동을 보호하기 위해 방해 요인들을 인위적으로 통제한다. 과학자들이 특정 인과기제를 고립해서 작동시키는 실험을 고안하는 까닭은 세계의 자연상태, 즉 개방체계에서는 여러 인과기제들이 복합적으로 결합해서 작동하며, 따라서 특정한 인과기제가 작동하더라도 다른 기제들의 작동에 간섭받음으로써 예외 없이 규칙적으로 특정의 결과를 발생시키지 않는다는 것을 알기 때문이다. 특정한 인과기제의 작동이 늘 특정한 경험적 규칙성으로 실현된다면 과학자들이 구태여 실험을 설계하고 실행할 필요가 없을 것이다. 실험에서 과학자는 다른 인과기제들의 작동을 제어함으로써 문제의 인과기제가 규칙적으로 특정한 결과를 만들어내는가를 확인한다. 이런 조건에서는 추론한 인과법칙이 참이라면, 경험적 규칙성을 산출할 것이다. 세계에 인과법칙이 존재함을 드러내는 경험적 규칙성은 다른 기제들의 간섭을 통제하는 실험, 즉 폐쇄체계의 조건에서만 확인할 수 있다.

과학자가 실험적 폐쇄를 통해 만들어내는 경험적 규칙성은 특정 인과기제가 작동하고 있다는 것을 입증하며 법칙의 증거가 된다. 실험은 과학의 탐구 대상은 경험적 유형이 아니라 그것을 만들어내는 인과기제 또는 법칙이라는 점을 드러낸다. 과학자들은 경험적 유형과 그것을 발생시키는 인과기제를 구별하는, 즉 경험적 영역과 실재적 영역을 구별하는 존재론을 전제하고 있는 것이다. 실험은 특정 인과기제의 전개과정에 인간이 (조건의 하나로) 개입하여 '실재적 영역과 현실적 영역과 경험적 영역'을 일치시키려는 시도이다. 그런 뜻에서 실험은 자연상황에서 특정한 결과를 산출하지 않는 채 작동하기도 하는 객체의 구조와 인과적 힘에 접근하는 통로라고 할 수 있다.

실험은 한편으로 문제의 (추정한) 인과기제의 작동을 촉발하고 다른 한편으로 다른 기제들의 작동을 억제하는 두 가지 활동을 통해 '경험적 사실'을 만들어낸다.[23] 그렇지만 실험은 "자연에서 일어날 수 없는 현상을 인위적으로 만들어내는 것이 아니다. 실험은 들여다보고 싶은 자연의 한 조각을 실험실 안으로 끌어들여 자연이 부여할 수 있는 다양한 조건을 최대한 조절해가면서 관찰하는 일이다"(고인석, 2007: 96). 실험상황에서도 경험적 사실이라는 결과를 만들어내는 것은 실질적으로 객체 자체의 속

23 바스카는 두 작업을 각각 '실험적 생산'과 '실험적 통제'라고 부른다. "일반적으로 실험활동은 객체의 인과적 힘의 작동을 자극하는 선행조건과 주변 조건에 대한 일정 정도의 조작과 통제를 필요로 한다. 그러한 조작과 통제는 쉽게 이루어지지 않는다. 실험 설계는 그 자체로 상당한 이론적 노동이다"(Bhaskar, 2005a: 98~99).

성과 인과적 힘이며, 인간의 개입은 그런 인과적 힘이 순조롭게 전개되도록 촉진하는 조건일 뿐 객체의 인과적 힘을 대신하는 것은 아니다.[24] 이것을 알고 있기 때문에 과학의 탐구는 세계에 존재하는 인과기제들, 즉 객체들의 구조와 속성과 인과적 힘을 찾아내고자 한다.

실험적 폐쇄를 통해서 발견하고 확인한 인과기제는 그것의 작동을 경험적으로 확인할 수 있는 조건을 벗어나서도 작동한다[이것을 비판적 실재론은 인과기제의 '초사실성(transfactuality)', 즉 그것의 작동의 결과를 개별 사실에서 확인할 수 있는가 여부를 넘어서는 속성으로 개념화한다]. 법칙의 보편성은 바로 이것을 의미한다. 실제 과학에서 실험의 핵심은 보편법칙을 찾아내는 것이지만 그 보편법칙이 경험적으로 보편적인 것은 아니다. 그리고 법칙이 보편적으로 작동한다는 것을 알고 있기 때문에 우리는 인과기제들에 대한 지식 또는 법칙을 개방체계에서 발생하는 사건을 설명하는 데 이용한다. 인과법칙의 필요성과 유용성도 바로 여기에 있다. 물론 우리는 세계에서 일어나는 사건이 여러 인과기제들의 결합에 의해 복합적인 원

---

24 그러므로 실험의 수행에는 인과기제와 간섭기제에 대한 '이론적' 지식, 그리고 각 기제를 조작하고 통제하는 데 사용할 도구가 필요한데 이들을 고안하는 것은 쉬운 일이 아니다. 게다가 과학의 탐구 대상 가운데에는 인간이 개입해서 실험의 두 가지 작업을 할 수 없거나 하지 말아야 하는 영역, 다시 말해 경험적 연구의 대표적인 방법인 실험이 불가능한 영역들이 많이 있다. 그러므로 "과학에서 전통적인 의미의 실험은 극히 적으며, 추측으로 가설을 만들고 관찰이나 실험으로 이를 확증하거나 기각하는 활동은 거의 찾아볼 수 없다. 대부분의 경험적 연구는 '탐색(exploration)'을 특징으로 하며 전통적 실증주의 과학관에서 제시하는 가설, 예측, 시험의 방법과는 다른 방법을 사용한다. 탐색은 탐지(detection)와 동일한 논리적 특성을 갖는다. 범죄 탐지의 경우, 탐정은 어떤 범죄가 일어났다는 사실과 그 범죄에 관한 약간의 정보를 알고 있다. 그러나 그는 범죄자의 정체에 대해서는 알지 못하거나, 적어도 아직까지는 그 정체를 입증할 수 없다. 마찬가지로 탐색적 연구에서 과학자는 무슨 일이 일어날 것인가에 대해 명확하게 기대하지 못한 채 그것을 찾아내고자 한다"(Harré and Secord, 1973: 70).

인을 지닌 것이라는 점을 알고 있기 때문에 특정 인과기제에 대한 지식은 부분적인 적용가능성만을 갖는다. 예컨대 2013년 7월 6일에 샌프란시스코 공항에 착륙하던 비행기가 왜 사고를 일으켰는지 설명하기 위해서, 우리는 엔진의 출력, 비행기의 속도, 양력 등 객체의 구조와 속성에 관해 알려주는 과학의 이론적 지식에 의존할 것이다. 그렇지만 비행기의 착륙 사고를 연역해낼 수 있는 특수한 정보를 담을 수 있는 일반이론은 있을 수 없다. 우리는 과학의 이론이 포괄하지 않는 특수한 상황들에 대한 지식도 가져야 한다(예컨대 공항의 공사로 착륙유도장치가 작동하지 않았고, 관제사의 근무교대 시간이었으며, 비행기의 엔진 출력 자동조절장치의 작동에 이상이 있었다는 등). 왜냐하면 사고의 발생에 관련된 일련의 사건과 결정(왜 관제사는 공항의 다른 활주로를 이용하여 착륙하도록 안내하지 않았는가, 왜 정비사나 조종사는 자동조절장치의 작동 상태를 점검하지 않았는가)은 개별적이고 우발적이기 때문이다. 그렇지만 인과기제를 해명하는 이론적 지식과 당시 국면의 특수성을 알려주는 상황 정보를 구한다면 우리는 비행기 사고를 설명할 수 있다(활주로 구조 때문에 비행기의 고도를 급하게 낮추어야 했고, 엔진 출력의 조절에 문제가 있어 비행기의 속도가 과도하게 떨어져 적정한 양력을 만들어낼 수 없었다는 등). 우리는 이렇게 관련된 여러 가지 자연적 필연성들에 대한 지식을 확보하고, 당시 공항에서 일어난 전혀 예측할 수 없던 일련의 특수한 상황을 알아냄으로써 비행기 사고가 여러 필연성의 복합에 의해 '결정된' 결과라고 (결정론적으로) 이해한다. 그렇지만 우리는 법칙의 자연적 필연성이 실현되는가 여부는 주어진 조건에 따라 달라지며 따라서 개별 사건의 결과가 미리 결정되어 있는 것은 아니라는 것도 알고 있다. 실제 사건은 여러 인과기제가 함께 작동하는 '다중결정관계(multiple determination)', 또는 '중층결정관계(over-determination)'의 결과인 것이다. 수사적으로 표현하면, 법칙의 필연성은 우연성과 결합하여 관철되며 인과의 결정성은 불확정성(contingency)과 결합하여 관철된다.

경험과 이론

과학은 단순히 현상을 서술하는 것이 아니라 그것을 설명한다. 과학에서 설명은 문제의 현상을 일으킨(것으로 추정하는) 인과기제(들)을 인용함으로써 이루어진다. 그 기제(들)는 객체의 속성과 인과적 힘이며 우리가 그것들을 인식하는가 여부와 관계없이 존재하고 작동한다. 과학에서 경험은, 인간의 경험 여부와 무관하게 존재하고 작동하는 객체에 접근하는 계기이다. 세계의 객체들은 인간의 사유와 독립해 존재하며 운동하기 때문에 인간은 객체와 상호작용하는 경험을 계기로 그 객체의 속성과 인과적 힘을 인식할 수 있다. 과학에서 경험이 중요한 까닭이 여기에 있다. 우리는 경험을 계기로 그것을 일으킨 인과기제를 추론하고 확인한다. 달리 말하면, 경험은 과학이 알고자 하는 '무엇이'와 '어떻게'를 탐색하고 확인할 수 있는 단서이다.[25]

그러나 경험은 세계에서 발생하는 현상 자체가 아니라 그 현상에 대한

---

25 과학이 관찰과 실험에 의한 경험적 '사실'의 수집과 이렇게 수집한 자료로부터 (귀납)논리적 절차를 통한 '이론'(적 법칙)의 수립으로 이루어진다고 이해하는 실증주의 과학관은 객관적 사실의 세계에 속하는 경험적 자료가 과학적 지식의 객관성을 보증하는 원천이며 따라서 과학의 확실하고 궁극적인 기초라고 주장하면서 관찰과 경험적 방법을 강조하고 이론은 경험을 정리하거나 질서 짓는 틀이라고 경시한다. 실증주의의 "순진한 객관주의적 견해에 따르면, 사실들은 스스로 말하며, 오로지 자료로 수집되기만 하면 된다. 이론이 역할을 갖는다면, 그다음에 이어지는 사실들을 질서 짓고 설명하고 아마도 예측하는 단계에서 그럴 뿐이다"(세이어, 2013: 79). 사회과학의 '방법'에 관한 논의들이 이론 생산보다 경험자료 수집의 절차와 방법을 자세하게 다루는 것도 실증주의 과학관의 유산이다.

인간의 지각적 수용이다. 경험은 세계가 인간의 수동적인 감각기관에 제공하는 객관적인 '사실'이 아니라, 경험주체가 능동적인 지각활동을 통해 객체와 상호작용하며 주관적인 관념의 세계에 형성하는 '의식의 생산물'이다. 경험 형성에는 주체의 감각인상뿐 아니라 주관적 해석, 능동적 구성, 개념적 정리 등이 복합적으로 작용한다는 점에서 경험은 '사회적' 성격을 갖는다. 또한 객체의 총체성이라는 관점에서 보면 인간의 경험은 우연적이고 개별적이며 부분적이고 특수한 계기에 지나지 않는다(이것이 경험이 과학적 지식에서 갖는 한계이다). 경험을 이해하기 위해서, 경험을 일으킨 객체를 탐색하기 위해서 과학은 객체에 대한 매우 부분적인 경험을 벗어나야 한다. 비유하면, 과학에서 경험은 확실하지만 빈약한 안내자이다. 과학자는 '창조적' 또는 '이론적' 사유를 통해 그 경험을 일으킨 사건과 그 사건의 인과기제로서 객체의 구조와 속성과 인과적 힘을 추론하고 재구성한다. 과학자가 재구성한 객체에 관한 진술이 바로 이론이다.[26] "이

26 "일상에서 '이론'은 지독한 사변(rank speculation)이나, 기껏해야 심히 의심스러운, 또는 적어도 아직은 증거가 불충분한 가설을 의미한다"(Rosenberg, 2012: 69). "이론은 매우 모호하며 자주 이데올로기적 의미를 함축하는 용어이다. 어떤 것을 이론이라고 부르는 주요한 이유는 그것에 경의를 표하거나 의문을 제기하려는 것이다"(기어리 외, 2008: 63). 특히 사회과학에서 이론이라는 용어는 "사소한 작업가설부터 포괄적이지만 모호하고 혼란스러운 사변을 거쳐 사유의 공리체계에 이르기까지 너무 다양한 것들을 가리키기 때문에 혼란을 야기한다"(다네마르크 외, 2004: 195~196). 사회과학자들은 이론을 ① 경험적 사건을 설명하고 예측하는 데 사용할 수 있도록 관찰자료들을 질서 짓는 틀(ordering-framework)이나 정리체계(filing-system), ② 객체에 대한 검토된 개념화(conceptualization), ③ 가설(hypothesis) 등을 가리키는 데 사용한다(세이어, 2013: 86~87). 그렇지만, 예컨대 상대성이론, 화학반응 이론, 유전 이론, 판구조론 등의 사례에서 알 수 있는 것처럼, 과학이론은 세계에 존재하는 객체의 구조와 속성 그리고 작동하는 인과기제에 관한 주장을 담고 있다. 즉, 객체의 주요한 특징을 언어적 형태로 전환해서 진술하고 있으며, 그러므로 이론은 객체가 가진 특징의 '개념화'라고 이해하는 것이 적절하다. 그리고 이론이 진

론은 경험적 규칙성 현상의 밖, 밑 그리고 배후로 나아가서 우리가 관찰하는 현상을 설명해주는 기저의 과정을 발견한다"(Rosenberg 2012: 70).

> 이론은 '현상의 유형이 왜 그런 방식으로 일어나는가'라는 질문에 대한 답이라고 할 수 있다. 이론은 그것들의 상호작용이 드러난 유형에 책임이 있는 것들의 구성과 운동에 대한 해명을 제공함으로써 이 문제에 답한다. 이것은 원자의 움직임에 입각한 화학반응의 설명처럼 미시적인 설명일 수도 있고, 천체들의 움직임과 힘에 입각한 조석(潮汐)의 설명처럼 거시적인 설명일 수도 있다. 이것을 달성하기 위해서 이론은 빈번하게 사물의 구조와 구성에 대한 우리 지식의 빈 곳을 채워야 한다(Harré 1970: 35).[27]

과학 이론은 우발적이고 부분적인 경험을 벗어나 필연적이고 총체적인 객체의 추론과 재구성으로 도약한다. 존재의 영역을 구분해보면, 사유 속에서 객체를 재구성하는 것은 경험적 영역에서 실재적 영역으로 '도약'하는 것이다. 그러므로 과학은 일종의 '발견의 뜀뛰기 과정(leapfrogging process of discovery)'에 의해 진행된다(하레, 1986: 227). 그리고 과학적 지

술하는 객체의 속성과 인과적 힘이 문제의 현상들의 발생을 설명해준다는 의미에서 이론은 관찰자료의 발생을 정리하고 질서 지을 수 있다. 즉, "이론은 경험적 일반화를 어떻게 얻는가, 예외는 왜 나타나는가를 설명한다"(Rosenberg 2012: 70). '가설'로서의 이론이라는 해석은 이론의 인지적 지위를 지적하는 것으로 정리체계로서 이론이나 개념화로서 이론 둘 모두에 해당한다. 과학활동이 전제하는 자동적 객체와 타동적 객체의 구분은 과학적 지식 또는 이론이 근본적으로 '가설'의 지위를 갖는다는 것을 함축한다.

27 객체의 구조와 속성과 인과적 힘을 진술하는 이론을 "연역적 논리적 구조에 적합하게 체계적으로 표현할 수는 없으며, 실제 과학에서 연역체계로 표현하는 이론은 극히 드물다. 물론 이론을 논리적 체계로 표현할 수 있다면 몇 가지 실질적인 점에서 유익할 것이다"(하레, 1986: 225).

식은 경험적인 것과 논리적인 것에 한정되지 않고, 관찰되지 않더라도 세계에 존재할 (것으로 추론하는) 객체들에 대한 '이론적 지식'을 포함한다. 과학의 탐구는 객체를 총체적으로 파악하는 이론에 의해서 우발적이고 부분적인 것으로서 경험을 적절히 해석하고 이해할 수 있다. 여기에 이론의 중요성이 있다. 경험의 우연성과 개별성은 이론을 통해 객체의 속성, 운동의 필연성과 일반성의 표현으로 이해된다. "과학은 경험적인 것이지만 또한 근본적으로 이론적인 것이기도 하다. 아마도 과학이 경험적인 것에 관심을 갖기보다는 이론적인 것에 더 관심을 갖는다는 것을 보여주는 믿을 만한 사례들은 얼마든지 제시할 수 있을 것이다"(휴즈·샤록, 2000: 125). "세계를 이해하는 데에서 우리는 감각자료에서 이론의 역할 쪽으로, 또는 더 일반적으로 말해서 개념틀의 역할 쪽으로 강조점을 옮겨야 한다"(트리그, 2013: 16).

이론은 세계에 존재한다고 추론하는 객체에 대한 지식을 체계적으로 구성하고 표현한 정신적 구성물, 즉 객체의 구조와 속성과 인과적 힘에 대한 체계적인 개념화이다. 그렇지만 객체로부터 얻은 부분적인 경험에 의해 매개되는 이론이 총체적인 객체를 사유 속에서 완전히, 또는 절대적으로 상응하게 재구성할 수는 없다. 과학에서 경험적 현상의 일정한 유형을 찾아내는 것도 쉽지 않지만, 이런 경험적 유형을 만들어내는 객체들을 상정하고 그것의 성질과 힘을 알아내는 일은 더욱 어렵다. 과학자들은 "이론으로 재구성된 (타동적) 객체는 실재하는 (자동적) 객체와 동일하지는 않으며, 과학에서 절대적 객관성을 획득하기란 불가능하다는 것을 인정한다"(하레, 1986: 51). 또한 이론은 인간의 인식과 무관하게 존재하며, 작동하는 객체에 대한 추론으로 언제나 사유 속의 '가설'이다. 이것이 이론의 한계이다.

물론 이론을 가설이라고 하더라도, 그것이 곧 이론이 허구나 거짓이라는 이야기는 아니다. 이론이 불완전하다는 것이 곧 오류라는 이야기는 아니다. 객체의 구조와 속성에 대한 이론의 진술(타동적 객체)은 실재하는 (자동적) 객체와 유사할 수도 있고 상이할 수도 있다. 이론의 진위는 객체의 구조와 속성을 정확하고 적절하게 진술할 수 있는가 여부에 의해 정해진다. 이론이 실재하는 객체가 지닌 특성의 일부만을 진술하더라도 그것은 정확할 수 있다. 또한 가설로서 이론은 언제나 오류가능성을 안고 있지만, 모든 이론이 동일한 정도의 오류가능성을 지니고 있는 것은 아니다. 가설로서 이론의 진위 여부를 확인하는 계기는 인식 주체가 객체의 존재와 운동의 결과를 지각하는 경험에서 찾을 수 있다. 그러므로 과학에서 경험은 사유 속 이론의 한계를 넘어선다.

> 과학은 언제나 완전히 '사유'에 내부적인 것이다. 그렇지만 지각과 실험에 의해 객체들에 대한, 즉 사유와 독립적으로 존재하는 사물과 인과구조에 대한 접근은 획득할 수 있다. 그리고 그러한 객체들에 대한 지식도 성취될 수 있다(Bhaskar, 2008: 176).

과학이 새로운 탐구에 의해 이론을 정정하거나 심화·발전시켜온 것도 이 때문에 가능했다.

이론과 경험은 주관과 객관의 상이한 영역에 속하는 범주가 아니라, 협약주의적 과학관이 지적하듯 둘 다 인간의 주관적 생산물이다. 이론과 경험은 인간이 객체에 대한 지식을 생산하는 과정에서 동원하는 인지적 자원이며, 주관의 영역 안에서 상대적으로, 그리고 잠정적으로 구별되는 계기이다.[28] 과학에는 경험적 규칙성을 판별하고, 그것에 대한 타당한 이론

28 이런 관점에 보면 '이론'과 '경험'의 경계 자체가 변화해온 것은 당연한 일이다. 이전

적 설명을 고안하며, 그런 다음 이런 설명에서 상정한 객체와 과정의 존재와 작동 여부를 경험적으로 점검하는 특징적인 종류의 변증법이 있다. 과학은 경험과 이론이 중첩하고 교차하는 지속적인 변증법 속에서 일련의 경험적 현상을 판별해내고, 그것에 대한 설명을 구성한 다음, 그 설명을 경험적으로 시험하는 세 가지 국면의 발전 과정에 있다. 그리고 이렇게 해서 작동하는 인과기제를 찾아내면, 그 기제는 다시 더 심층적인 객체를 통해 설명해야 하는 경험적 현상이 된다.

과학의 방법

경험은 이론의존적이거나 이론부과적이며, 경험에 관한 진술의 의미는 고정적일 수 없다. 또한 과학이론은 경험에 의해 결정적으로 확증되거나 반증되지 않는다. 그러므로 경험을 일반화해서 이론을 구성하거나 경험으로 이론을 시험하는 작업이 과학적 연구의 핵심이 될 수는 없다. 과학은 경험에서 출발해 그 경험을 일으킨, 세계에 존재하는 객체를 추론하고 확인해서 그 경험을 설명하는 활동이다. 그러므로 과학의 핵심은 사유 속에서 경험의 영역으로부터 실재의 영역으로 도약해서 가설적 객체들[29] — 그것의 일부는 아직 관찰되지 않았거나 심지어는 관찰불가능한, 그리고 그것

까지는 이론적으로 상정되던 존재들, 즉 '이론적 실체들'이 도구의 발전에 의해 '관찰가능하게' 되거나(쿼크, 바이러스, 게놈 등) 간접적인 방식으로 그 존재를 확인할 수 있게 됨으로써(전기장 등), 경험과 이론의 경계는 변화해왔다.

29 하레와 시코드는 이 객체들을, '접근가능한 기제(accessible mechanisms)', '반(半)접근가능한 기제(quasi-accessible mechanisms)', '접근불가능한 기제(inaccessible mechanisms)'로 분류하면서 과학에서는 접근불가능한 기제에 대한 이해의 발전이 사실상 가장 중요하다고 지적한다(Harré and Secord, 1973: 71~73).

들의 존재와 작동이 문제의 경험을 설명해줄 — 을 재구성하는 과정에 있으며, 과학의 특징적인 방법도 여기서 찾을 수 있다.

> 대부분의 과학은 보통 실험적으로 생산되고 통제된 조건 아래에 있는 자연 속의 일정성(invariances)을 판별해내고, 그것을 지속적인 기제들에 의거해서 설명하고자 하는 2단적 방법(two-tiered method)에 의해 진행된다. 과학적 발견의 논리는 바로, 일정성의 확인으로부터 그것을 설명해주는 기제와 구조의 상상으로 나아가는 운동 속에서 찾아야 한다(바스카, 2005b: 142).[30]

"과학자들은 전형적으로 어떤 현상을 설명하고자 하면서 아직 관찰되지 않은 객체와 구조와 기제에 관한 존재적 가설을 제시하는 이론을 제안하게 된다. 그다음 과학자들은 적절한 이론과 절차의 안내를 받아 이론 속의 잠정적인 실체와 기제의 준거가 실제로 존재하는지 확인하기 위한

30 바스카는 화학반응에 대한 연구를 다음과 같이 예로 들고 있다(바스카, 2005b: 142~143). "$2Na+2HCl = 2NaCl+H_2$"와 같은 공식으로 표현하는 관찰가능한 화학반응은 원자론의 가설과 원자가(어떤 원자가 다른 원자와 이루는 화학 결합의 수) 및 화학결합 이론을 준거로 설명된다. 원자가 이론의 설명항을 구성하는 유형들은 표면에 드러나거나 쉽사리 획득할 수 있는 것이 아니다. 이론의 개념과 객체 및 조건은 모두 과학의 사회적 활동 속에서 생산되어왔고 또한 생산되어야 한다. 이론 자체는 어떤 객체의 눈에 보이는 움직임에 책임 있는 인과적 기제를 서술하는 것에 착수한다. 일단 그것의 실재가 확립되고 (실험실 밖에서도 화학반응이 일어나고 화학법칙이 지속된다는 우리의 가정을 정당화하는) 이론의 결과가 충분히 탐구되면, 과학의 그다음 임무는 화학반응과 원자가에 대해 책임 있는 기제를 발견하는 것이다. 이것은 원자구조의 전자이론에 입각해서 설명되었다. 일단 이러한 설명의 실재가 확립되면 과학은 다시 전자, 양자, 중성자 등의 아원자(亞原子)적 소우주에서 일어나는 일에 책임 있는 기제들에 대한 발견으로 옮겨 간다. 이제 우리는 아원자적 구조에 대한 여러 가지 이론을 가지고 있다.

탐구에 착수한다"(Lewis, 1996: 489). 그러므로 과학의 절차는, ① 경험적 현상을 판별·서술하고, ② 만약 존재한다면 그 현상의 발생을 인과적으로 설명해줄 가설적 기제를 상정하며, ③ 그 기제의 존재와 작동을 입증하는 (적극적으로는 작동시키고자 고안한 기제를 분리하고 실험활동 등에 의해, 실험이 불가능한 경우에는 소극적으로 대안적인 가설적 기제들을 소거하는 작업 등에 의해) 방식으로 진행한다. 간단히 말해, 과학적 연구는 현상의 발생을 설명해줄 가설적 객체들을 어떻게 고안해낼 것인가 그리고 그 객체들의 존재를 어떻게 확인할 것인가의 두 가지 과제를 해결해야 한다.[31]

문제의 현상을 일으킨 인과기제가 무엇인지 알지 못하는 경우, 우리는 "타당하고(plausible), 합리적이고(reasonable) 존재가능한(possible) 인과기제를 추정해내야 한다"(하레, 1986: 228). 가설적 객체들과 기제들의 고안은 과학자의 창조적인 상상력의 산물이다. "과학의 작업은 그것이 실험실 작업대에서의 작업인 것만큼이나 상상력의 작업이다. 과학자들은 합리적으로 구사하는 훈련된 상상력의 도움을 받아서 객체의 속성에 관한 가설을 고안한다. 우리는 먼저 객체의 움직임을 만들어내는 기제를 상상해야 하며, 그것은 장차 유망한 연구경로를 제시할 수 있다"(하레, 1986: 39). 그렇지만 "우리의 지식이 상상력에서 생겨난다고 이야기하는 것으로는 충분하지 못하다. 상상이란 창의적인 만큼 억측일 수 있고, 냉정한 모색인 만큼 환상일 수 있기 때문이다"(Harré and Secord, 1973: 73). 오히려 과학적 상상력은 어떤 통제 아래서 매우 복잡한 과정을 통하여 작동하며, 과학적 방법이란 말하자면 이 과학적 상상력의 운동을 안내하는 원리나

31 비판적 실재론은 사회과학에서 문제의 현상을 발생시켰을 것으로 추정할 수 있는 사회적 객체의 존재를 상정하는 것이 의미 있고 실질적으로 유용하다고 강조한다. 그러므로 비판적 실재론은 "존재론적으로는 대담하지만 인식론적으로는 조심스러운 입장"이라고 특징지을 수 있다(바스카, 2007: 354; 오스웨이트, 1995: 58).

지침을 가리킨다.[32]

> 비판적 실재론은 특정한 방법을 선험적으로 배제하지 않으며, 방법의 선택이 한편으로는 우리가 알아내고자 하는 것에 의해, 그리고 다른 한편으로는 탐구 대상 — 여러 방법들의 도움으로 우리가 알아낼 수 있는 것 — 에 의해 지도되어야 한다고 지적한다. 핵심적인 쟁점은 우리가 방법들의 장점과 약점을 각각 판정할 수 있는 능력을 보유하고 있다는 점이다. 그러한 판정은 훌륭한 근거를 가진 메타이론적 가정들에 기초할 때 가장 잘 수행된다(다네마르크 외, 2005: 335).

실재론적 과학이론가들은 과학자의 실제 연구를 분석해서 상상력이 작동하는 몇 가지 특징적인 양식을 찾아내고 있다. 실증주의 과학관에서 '과학적 방법'으로 강조하는 귀납과 연역의 추론양식과 가설-검증의 절차는 물론, 실증주의 과학관을 비판하면서 확인한 유추와 모형구성, 가추(abduction), 역행추론(retroduction) 등을 열거할 수 있다. 또한 비판적 실재론은 과학에서 중요한 사유능력으로 추상화를 지적한다.

---

32 반면, "실증주의자들은 실험과학자의 임무는 경험적인 것들 사이의 상관관계를 수집하는 일이고 이론가의 임무는 논리적 일관성을 가지고 이러한 상관관계를 연역할 수 있는 연역적 법칙체계를 구성하는 것이라 주장한다. 그러나 실제 과학은 훨씬 더 복잡하고 여러 가지 가능성을 지닌 활동이다"(Harré and Secord, 1973: 68). 과학을 논리와 경험으로 분해하는 실증주의자들은 과학의 가장 중요한 특징은 그것이 창조적 상상력을 구사하는 노동이라는 사실을 무시하고 그러한 논의를 '과학적' 영역에서 제외한다. 그들은 '발견의 논리'와 '정당화의 논리'를 구별하고, 과학적 지식에 관한 의미 있는 검토는 정당화의 논리, 즉 과학의 최종적 산물인 이론의 설명력과 예측력에 대한 논리적 분석에 한정된다고 주장한다. 그들은 가설적 객체의 발견 과정은 합리적 요소가 결여되어 있는 단순한 추측에 지나지 않는 것으로 심리학자나 역사학자의 관심 대상일 뿐이라고 간주한다.

추상화

우리는 개방체계에서 일어난 경험적 현상은 여러 인과기제들(우리 자신도 인과기제들 중 하나이다)의 결합과 간섭의 결과라는 것을 알고 있다. 그러므로 이론 구성 작업은 먼저 상호작용하는 다양한 인과기제들을 사유 속에서 (그리고 가능하다면 그 사유를 실험실에서 물질화하여) 분리하여 각각의 작용을 추론하는 것에서 시작한다. 이런 분리를 추상화라고 부른다. 세계 속의 현상이나 객체가 아주 다양하고 이질적인 요소와 속성으로 구성되기 때문에 그것을 인식하고자 하면 그 요소와 속성을 분리시킬 수 있어야 한다. 실제로 어떤 객체에서 그것과 관련된 수많은 요소들과 조건들 가운데 인식의 목표에 비추어 중요하다고 판단되는 일부만을 뽑아내고 그것에 의해 다른 측면들을 사상하는 정신 작용으로서의 추상화는 모든 인식 활동에서 누구나 사용하는, 그렇지만 자신이 "그것을 사용한다는 것을 자각하는 사람은 많지 않은"(Ollman, 1993: 26), 중요한 도구이다.

객체에 대한 인식과정에서 인간은 객체의 특징들을 사유 속에서 추상화하는 동시에 그것들을 '언어적' 형태로 전유한다. 즉, 객체를 있는 그대로 인식하는 것이 아니라 언어를 통해 분해하고 번역해서 사유 속에서 재구성한다. 세계의 객체(의 요소들)는 언어 속의 개념과 무관하게 인지되거나 알려질 수 없다. 그러므로 과학에서 추상화는 개념을 매개로 진행하는 '개념적 추상화(conceptual abstraction)'이다. 그리고 객체를 개념적으로 추상화하려면 객체의 해당 요소들을 가리키는 개념이 먼저 존재해야 하며, 또한 그것을 공유해야 한다. 과학에서 학습이 필요한 중요한 이유의 하나도 이것이다. 우리는 언제나 우리가 사용하는 언어 속에 이미 존재하는 개념들을 사용해서 객체를 사유 속에서 재생산할 수밖에 없다. 또한 이 때문에 과학적 지식은 '사회적으로 결정된 개념적 구성물'일 수밖에 없다.

네 가지 추론양식

주어진 전제들로부터 엄격하게 논리적인 방식으로 결론을 이끌어내는 추론인 연역은 전통적으로 유일하게 논리적으로 타당한 추론양식으로 인정받아왔다. 다수의 개별 사례들에서 훨씬 더 많은 사례들에 대해 참이라고 상정되는 일반적 결론을 이끌어내는 귀납도, '귀납의 문제' 때문에 논리적인 결함이 있지만, 논리적 형식을 따르는 추론으로 인정받았다. 그리고 실증주의자들은 과학지식이 논리적 측면에서는 이들 두 가지 추론양식을 사용한다고 분석했다. 그렇지만 과학의 설명이 연역논리의 구조를 갖는다는 실증주의자들의 분석을 비판하는 과학철학자들은 과학에서는 연역과 귀납 이외에 가추와 역행추론으로 불리는 추론양식도 사용한다고 지적한다.

그렇지만 이 두 가지 추론양식의 구조와 특성은 아직도 충분히 해명되지 않았다. 이 둘을 구분하는 견해도 있는 반면, 둘이 동일하다고 주장하는 견해도 있다. 두 양식을 구분하지 않고 '역행추론'으로 부르는 바스카는 "그것들이 존재하며 상정된 방식으로 작동한다면, 문제의 현상을 설명할 수 있는 가설적 객체들을 상정하는 사유운동"으로 정의한다(바스카, 1979: 15). 즉, 어떤 가설적인 인과기제의 결과를 확인함으로써 경험적인 현상에서 가설적인 인과기제로 도약하는 추론 또는 알려진 결과에서 그것을 발생시킬 수 있는 원인을 추정하는 추론이다. 이 추론양식은, 예컨대 개별 사례들의 유사성과 상이성에 대한 판별에 기초하는 귀납의 형식으로는 정식화되지 않는다.

역행추론은 귀납이나 연역과는 대조적으로 현상을 설명하기 위해, 즉 책임 있는 인과기제를 찾아내기 위해 판별된 현상의 수준으로부터 다른 '좀 더 심층적인' 수준으로 사유운동 하는 것이다. 예컨대 백조들은 희다는

> 관찰로부터 백조들을 희게 하는 백조에 내재된 (그리고 또한 외재적일 수도 있는) 기제에 대한 이론으로 나아간다. 또는 관찰된 구리조각이 전도성을 보인다는 인식으로부터 구리의 내재적인 이온 구조 — 그것 때문에 구리가 전도성의 힘을 갖는 — 에 대한 설명으로 나아간다(Lawson, 1996: 413).

비유, 유추, 모형

경험적으로 확인한 결과로부터 실재하는 원인을 추론하는 과정에서 과학자들은 비유와 유추와 모형구성의 논리를 활용한다. 이것들은 우리가 알아내고자 하는 객체의 구조와 속성을, 이미 우리가 알고 있는 것들과 연관지어 추정하는 방법으로 그 연관의 밀접한 정도에 차이가 있다. 비유는 과학자가 추정하는 가설적 객체들의 특징적인 성질을 더 친숙한 다른 객체들이나 기제들에 대한 지식으로 치환시켜 객체의 어떤 특징에 대한 개괄적인 이해를 하게 해준다. 예컨대 '전류', '온실가스' 등은 과학이 사용하는 비유의 친숙한 사례이다. 유추의 방법은 알아내려는 객체가 이미 알고 있는 어떤 객체와 유사하다고 가정한 다음, 잘 알고 있는 것에 대한 지식을 토대로 알아내려는 것의 구조와 속성 등을 추정하는 사유이다. 예컨대 "교통수단으로써의 자동차와 말의 유사성과 차이점으로부터, 우리는 자동차를 교통수단으로 사용하는 사회에 대해 우리가 알고 있는 것을 근거로 말을 교통수단으로 사용하는 잘 모르는 사회의 어떤 측면들 — 사람들의 이동의 속도와 범위, 심지어는 대기오염의 정도 등 — 에 관한 추론을 할 수 있다"(하레, 1986: 228~229). 모형은 우리가 이미 알고 있는 것을 근거로 알아내려는 것의 일부 측면을 재구성한다. 예컨대 많이 볼 수 있는 러더퍼드-보어(Rutherford-Bohr)의 원자모형은 태양계의 구조를 근거로 재구성한 것이다. 모형은 알아내고자 하는 객체(subject-주체)의 구조와 속성에 대해, 이미 알고 있는 객체(source-근거)의 그것들을 근거로 추정하기 때문에 유추와 결합되어 있는 추론이다. "과학자들은 주제의 움직임의 기저를 이루는 알려지지 않은 실체와 기제와 구조를 탐구하면서, 그것들이 우리가 이미 알고 있는 근거의 움직임을 지배하는 실체와 기제와 구조들과 유사하다고 잠정적으로 추론함으로써 모형을 구성한다. 모형에 입각해서 과학자들은 자신들의 탐구의 주제를 구조 짓고 이해할 수 있게 된다"(Lewis, 1996: 497). 과학에서 모형은 경험적인 현상의 알려지지 않은 원인들, 즉 인과기제들에 대한 유추로서 중요하다. 그리고 과학이론은 모형으로 재현한 가설적 객체의 속성과 운동에 대한 체계적 진술이라고 할 수 있다.

과학적 지식의 사회적 생산

과학자들은 전형적으로 개념적 추상화와 여러 추론 형식 그리고 비유와 유추 및 모형구성 등의 방법을 사용해서 객체에 대한 서술, 즉 이론을 생산한다. 그런데 이런 방법들을 사용할 때에는 선행하는 지식이 필요하다. 예컨대 유추의 방법으로 어떤 객체의 특성을 탐구하려면 비교 대상 객체(유추의 근거)에 대한 일정한 지식이 먼저 있어야 한다. 과학적 지식은 무(無)로부터 구성되는 것이 아니라 선행하는 지식을 기초로 이루어진다. 과학적 지식의 생산에서 개념적 틀, 언어적 관행, 사회적이고 문화적인 배경적 틀 등의 인지적 자원의 매개는 중요한 구실을 한다. 지식 생산 과정에서 과학자들은 지식을 창출한다기보다 단지 그들이 사용할 수 있는 도구를 가지고 선행하는 지식을 변형한다고 말하는 것이 더 정확할 것이다. 그러므로 바스카는 과학의 작업을 '사회적 노동'으로 개념화한다.

> 과학은 이미 존재하는 이론과 선행적으로 확립된 사실들을 포함하는 주어진 재료에 대해, 주어진 재료를 가지고, 즉 지적이고 기술적인 도구들의 총화(이전의 패러다임 가운데 모형, 비유 그리고 유추를 포함하는)를 수단으로 새로운 이론과 사실을 생산한다. 과학은 사람들에게 주어진 것으로부터 사람들의 창의적이고 숙련된 노동에 의해 생산된다. 그렇지만 상상력의 도구 그 자체는 지식에 의해 제공된다. 그러므로 우리는 지식을 이용해 생산한다. 지식을 만들어내는 원천과 수단은 그 자체가 사회적 산물이며 생산한 지식도 그러하다(Bhaskar, 2008: 176).

과학적 지식은 일련의 물질적이고 인지적인 활동에 의해 생산되는 사회적 생산물이다. 과학 발전의 속도와 방향뿐 아니라 과학적 지식의 내용, 즉 개념, 경험적 발견과 해석의 방식, 이론 선택의 기준 등도 과학자가 위치한 과학공동체 안과 밖의 사회적·정치적·경제적·문화적·기술적 요인들에 영향을 받는다. 간단히 말해, 과학적 지식은 사회적 생산물이기 때문에 사회적으로 변할 수 있으며 따라서 사회와 시대에 상대적이다.[33]

---

33 과학이 사회적 생산물이라는 사실은 과학자들에게 훈련이 필요하다는 것을 의미한다. 과학자들은 정형화된 과학의 방법을 기계적으로 사용해서 지식을 생산하는 것이 아니다. 과학자들은 사회적 실천을 통해, 즉 지식을 생산하는 능동적이고 창조적인 작업을 통해 객체들을 사유 속에서 재생산한다. 노동과정에서 자신의 숙련된 작업을 적용하고 자원을 동원하는 것은 모든 노동 실행자들에게 공통적인 일이며 과학자들도 여기서 예외가 아니다. "사회적 생산물로서 지식도 다른 생산물과 똑같이 그것의 생산과정과 생산자에서 독립되어 있지 않으며 그 자체의 전문가와 장인과 표준과 숙련 등을 가지고 있다"(바스카, 2005a: 59). 그러므로 과학지식을 생산하는 과학자는 표준과 숙련과 전문성을 습득해야 한다. 과학의 탐구는 한편으로 탐구 대상의 특성과, 다른 한편으로 선행하는 지식 및 도구 또는 방법이라는 두 요소에 의해 이중적으로 제약되는데, 당연히 과학자들의 전문성과 숙련 정도와 실행능력의 차이는 이런 제약을 해소하는 데서 차이를 보일 것이며, 그것에 의해 그들이

그러나 과학적 지식이 사회에 상대적이라고 하더라도, 그것이 곧 과학적 지식의 객관성을 부인하는 근거가 될 수는 없다. 과학적 지식은 선행하는 지식에 의해 생산되는 사회적 생산물로서, 또한 사람들의 사유에 내부적인 과정에 속하는 구성물로서 허구일 수 있으며 오류가능성을 가지고 있다. 그리고 이런 맥락에서는 과학적 지식의 타당성은 사회적으로 규정된다는 협약주의자들의 견해가 설득력이 있는 것으로 드러난다. 그렇지만 과학지식의 타당성을 판단할 때 우리는 가설적 객체들이 존재할 개연성의 정도, 그 객체들이 존재하고 운동함으로써 나타날 결과들을 경험으로 확인할 수 있는 정도, 그 객체들에 입각한 설명이 일반적인 설명 개념 및 진리 개념과 조응하는 정도 등 존재적 측면과 인지적 측면을 고려해서 판단한다. 즉, 과학적 지식의 타당성을 사유 내부 과정에 의해서만 판단하는 것이 아니라, '실험'에 관한 논의에서 보았듯이 지식의 진술과 세계의 객체 사이의 상응관계를 고려해 판단한다. 과학이론이 단순히 허구가 아니라 세계에 실재하는 객체와 어떤 부분적인 동형 또는 상응 관계에 있다고 상정하고 세계의 객체를 얼마나 정확하게 재현하는가의 기준에 입각하여 과학이론을 평가한다는 것은 상식이기도 하다. 그러므로 '오류가능한' 과학적 지식의 타당성 여부는 단순히 사회적으로 규정되는 협약의 문제일 뿐만 아니라, 경험적·논리적·이론적이며 동시에 실천적 고려에 의해 규정되는 문제이다.

그리고 지식의 객관성은 '객체를 정확하게 재현하는 지식의 내용'을 가리키는 것으로, 지식의 생산방식과 내용의 관계에서 획득하는 것이 아니라 지식의 내용과 지식의 대상의 관계에서 획득하는 속성이다.[34] 과학지

생산하는 지식에 차이를 낳을 것이다. 이것은 과학의 역사에서 충분히 확인할 수 있는 사실이다.

34 헤더 더글러스(Heather Douglas)는 '객관성' 개념이 '환원불가능하게 복잡한 의미'

식이 세계에 존재하는 객체 – 이것은 '존재론적 객관성'이라고 정의할 수 있다 – 에 관한 인식 내용을 주장하고 그것이 객체 자체와 '상응'한다면 '인식론적 객관성'을 갖는다고 평가할 수 있다. 그리고 지식의 (인식론적) 객관성은 객체 자체의 운동에 개입하는 인간의 실천을 통해서 확인할 수 있다.[35] 우리는 모든 과학지식을 주관적으로 생산하지만 객체와의 상응관계에서 객관성을 획득하는 것이다. 흔히 과학지식에서 주관성의 배제를 객관성 확보와 동일한 것으로 간주하지만, 주관성과 객관성은 대립물이

를 갖는다고 지적하면서 통용되는 여덟 가지 의미를, ①'(지식을 생산하는) 과정'에 적용할 수 있는 것, ②'(지식을 생산하는) 개인(의 관점)'에 적용할 수 있는 것, ③'(생산된) 지식'에 적용할 수 있는 것으로 분류한다(Douglas, 2004). ①에는 조정가능한(manipulable) 객관성과 수렴적(convergent) 객관성, ②에는 편견 없는(detached) 객관성, 가치자유(value-free) 객관성, 가치중립(value-neutral) 객관성, ③에는 절차적(procedural) 객관성, 정합적(concordant) 객관성, 상호적(interactive) 객관성이 포함된다. 물론 "실제 사용에서 여덟 가지 구별되는 의미 중 한 가지만을 불러내는 일은 거의 없다"(Douglas, 2004: 468). 대스턴과 갤리슨(Daston and Galison, 2007)은 과학의 역사에서 객관성을 (객체를 기계처럼 기록하고자 하는 인식 주체를 특징으로 하는) 기계적 객관성, (자료 수집과 조작과 재현에서 공유된 구조를 따르는 인식 주체의 의무를 특징으로 하는) 구조적 객관성, 그리고 (지식 수집 과정에서 자료를 왜곡하지 않도록 적절히 훈련된 판단의 개입을 허용하는) 훈련된 판단의 세 가지 유형으로 구분한다. 엘리자베스 로이드(Elisabeth A. Lloyd)는 객관성이 '관점 없음(perspectiveless)', '공적으로 입수가능함(publicly available)' '관찰자에게서 독립적임(independent of observer)', '진정으로 실재함(really real)'의 네 가지 의미를 갖는다고 구별하고, 앞의 둘을 '인식적 의미(epistemic meanings)', 뒤의 둘을 '존재적 의미(ontological meanings)'로 부른다(Lloyd, 1995).

35 물론 실천적 관계를 통해 지식의 객관성을 확인하는 데 여러 가지 제약과 어려움이 있기 때문에, 또한 전통적으로 객관성의 문제를 지식 외부로 나아가 객체와의 관계 속에 접근하기보다는 '인식론'의 범위 안에서 다루었기 때문에, 객관성을 '몰관점적 객관성(aperspectival objectivity)'이나 '상호주관성(intersubjectivity)' 등 주체의 특정 상태와 동일시하는 주장들이 제기되어왔다. 즉, 객체를 배제한 논의 구조 속에서는 주관성과 객관성이 대립물로 나타난 것이다.

아니라 서로 배제할 수 없는 통일체이다.[36]

또한 특정한 역사적 순간에 생산하는 과학지식은, 물론 어떤 지식은 그 객체를 완전하게 재현하는 절대적인 진리일 수도 있겠지만, 대체로 그 객체를 완전하게 재현하지 못하고 부분적이고, 불완전하게 재현하며, 따라서 부분적이고 불완전한 진리일 수밖에 없다. 또한 과학지식에 진리와 오류가 섞여 있기 때문에 불완전할 수도 있다. 절대적 진리에 도달했다면 과학은 더 이상 필요하지 않을 것이다. 그러나 과학이라는 사회적 활동은 이전의 지식을 심지어는 '혁명적으로' 수정하고 있다. 그러므로 과학적 지식은 절대적 진리 또는 절대적 허위 대신, 완전하지 않고 부분적으로만 객체를 재현한다는 의미에서 부분적 진리 또는 상대적 진리를 담고 있다. 그렇지만 지식이 그 객체의 어떤 측면이나 성질을 정확히 진술한다는 의미에서는 '절대적 진리'를 포함하고 있다고 할 수 있다. 진리의 상대성은 지식의 역동적 발전, 또는 과정 및 단계로서 불완전하고 부분적인 진리 개념을 가리키는 것이며, 이는 진리의 절대적 성격과 모순되는 것이 아니다. 지식은 상대성과 절대성을 모두 포함하며, 계속 발전하는 과정 속에 있다고 할 것이다. 즉, 상대적 진리 속에 포함된 절대적 진리의 축적과 함께 과학은 진보한다.[37] 또한 이 때문에 어떤 과학적 지식도 최종적인 절

36 물론 과학자들은 연구에서 가능한 한 선입견을 배제하고 있는 그대로의 객체를 포착하고자 노력하며, 이러한 '인식적 덕성(epistemic virtue)' — Daston and Galison (2007)의 용어로 — 은 과학지식의 객관성 확보에서 중요한 요소이다. 그렇지만 이런 '의도적 객관성(intentional objectivity)'은 주관적 태도일 뿐이다. 주관성 개입이 곧 객관성의 결여는 아니며 객관성 추구가 곧 주관성의 배제는 아니다. 주관의 완전한 배제 자체가 불가능할 뿐 아니라, 이것이 가능하다고 하더라도 주관이 해석하지 않고 단지 축적하기만 한 과학적 자료가 곧 객관적인 것이 되기는 어려울 것이며, 과학적으로 의미 있는 것이 되기는 더욱 어려울 것이다.

37 예컨대 하레는 "객체를 서술하는 이론이 그 이전의 이론보다 더 내재적인 층에 존재하는 객체를 드러내거나(예: 멘델의 유전인자이론 → 유전물질에 대한 이중나선

대적 진리일 수는 없으며, 과학은 그 종착점을 예측할 수 없는 지속적인 운동 속에 있는 것이다. 이런 의미에서 과학지식은 주관성과 객관성, 그리고 상대성과 절대성의 양면성을 포함한다.

요약하면 과학은, 과학적 탐구의 객체들은 그것들에 대한 인간의 탐구와 무관하게 존재한다는 존재론적 실재론(또는 존재론적 객관주의)과, 인간은 이용가능한 서술이나 담론에 입각해서만 객체들을 알 수 있으며 모든 형태의 지식은[동일한 정도의 오류가능성을 가지고 있다고 상정하는 오류주의(fallibilism)가 아니라] 부분적이고 상대적인 진리 요소를 포함한다고 상정하는 인식론적 상대주의를 전제한다. 또한 과학은, 일부의 지식주장이 다른 지식주장들보다 더 타당하다고 판단할 합리적 근거는 없다는 협약주의(의 판단적 상대주의)의 분석과 달리, 여러 대안적 이론들에 대한 합리적 판단이 가능하며 이때 객체 자체가 판단을 위한 공통의 준거로 구실한다는 (판단적 합리성에 대한) 믿음에 기초하고 있다.[38]

이론 → 게놈이론), 속성의 다양성 대신 구조의 다양성을 진술하는 경우(예: 돌턴의 화학 원자이론 → 전자이론)" 등을 과학의 진보의 사례로 제시한다(Harré, 1975: 270~271).

38 바스카는 과학이 존재론적 실재론(ontological realism), 인식적 상대주의(epistemic relativism) 및 판단적 합리주의(judgemental rationalism)의 전제가정에 기초한다고 지적하면서, "인식론적 상대주의는 존재론적 실재론의 보조물로 인정해야 한다"고 강조한다(2008: 241).

보론 — 가추와 역행추론

연역과 귀납이 그러하듯, 가추(abduction)와 역행추론(retroduction)도 철학자나 과학자는 물론 보통사람도 일상에서 여러 형태로 자주 사용하는 추론양식이다. 아침에 밖에 나가 도로가 물에 젖어 있는 것을 보면, 보통 사람들은 밤새 비가 내렸는지, 또는 새벽에 살수차가 돌아다녔는지 추정한다. 이렇게 어떤 현상을 보고 그 현상을 일으킨 원인을 추정하는 것이 가추이다. 수사관이 단서를 통해 범인을 추리할 때, 사냥꾼이 짐승이 남긴 흔적을 보면서 짐승을 추적할 때, 자동차 정비공이 엔진 소리를 들어가면서 고장 부위를 찾을 때, 의사가 환자와 문답하면서 병을 진단할 때, 고생물학자가 뼛조각이나 화석에서 공룡의 모습을 재현할 때, 고고학자가 출토된 유물을 근거로 과거의 생활상을 재구성할 때, 핵물리학자가 입자가속기와 감광판을 이용해 입자의 성질을 알아낼 때, 사용하는 것이 '가추'와 '역행추론'이라는 추론양식이다. 간단히 말해, 과학자가 어떤 현상을 관찰하고 그 현상을 발생시킨 것이 무엇인가를 추정하는 것이 가추이며, 그 '무엇'이 세계에 존재한다면 문제의 현상이 발생할 것인가를 추정하는 것이 역행추론이다. 그런 뜻에서 가추와 역행추론은 현상에 대한 '설명적' 추정에 특별한 지위를 부여하는 추론양식이다.

그렇지만 이 추론양식의 정확한 형식과 규범적 지위는 논쟁거리이다. 많은 사람들은 가추와 역행추론을 구별하여 사용하기보다는 그 둘을 동일한 것으로 이해하고 있다.[39] 비판적 실재론에서는 가추보다는 역행추

---

39 예컨대 로렌조 마냐니(Lorenzo Magnani)는 'retroduction'이 찰스 샌더스 퍼스(C. S. Peirce)의 고전적 단어 'abduction'을 대체하는 핸슨의 신실증주의적 용어라고 지적한다(Magnani, 2001). 또한 역행추론을 자세하게 논의하는 핸슨(2007)은 상당

론을 더 자주 사용하지만, 근래에는 '가추적 전환(abductive turn)'의 주장

한 정도로 가추의 특징을 역행추론의 특징으로 제시하고 있다. 필리스 치아슨(Phyllis Chiasson)은 둘을 구분하기는 하지만, "가추는 논리적 추론 형식을 가리키고 역행추론은 가추와 연역과 귀납을 통합하는 전체적인 논리적 방법의 형식을 가리킨다"라고 주장하며 가추를 역행추론의 한 측면으로 본다(Chiasson, 2005: 223). 치아슨은 퍼스가 과학적 탐구의 단계를, 첫째 '가설 구성(hypothesis construction)' 단계, 둘째 연역을 통한 '가설의 상술과 증명(explication and demonstration of hypothesis)' 단계, 셋째 '가설의 분류와 시험과 평가(classification, testing and evaluation of hypothesis)' 단계로 나눈 것으로 분석한다. 그리고 연역과 귀납의 추론 형식은 실제의 과학적 탐구에서는 특정한 단계에서만 활용되는 것이 아니라 서로 '순환적 상호작용(recursive interplay)' 속에서 작동한다고 지적하며 가설을 만들어내는 전체 과정을 '역행추론적 과정(retroductive process)'으로 규정한다(Chiasson 2005: 228). 폴 다운워드(Paul Downward)와 앤드루 미어만(Andrew Mearman)도 다음과 같이 지적한다(Dawnward and Mearman 2007: 88). "역행추론은 형식화된 추론의 논리라기보다는 어떤 것에 대한 지식과 다른 것에 대한 지식 사이를 움직이는, 예컨대 표현된 경험적 현상들로부터 그것의 원인들로 움직이는 사유운동이라고 지적하면서, 핵심적인 것은 연구자가 특정한 존재적 맥락을 넘어 다른 맥락으로 움직이며 그러므로 존재론적 깊이를 포괄하는 설명을 만들어낸다는 점이라고 주장한다. 그리고 가추의 과정(그것에 의해 특정의 현상이 더 일반적인 현상으로 재맥락화되는)은 이런 과정의 일부일 수 있다." 즉, 역행추론을 가설을 만들어내는 전체 과정으로, 가추는 그 과정의 일부로 해석한다. 반면, 니콜라스 레셔(Nicholas Rescher)는 가추와 역행추론을 '질적 귀납'의 두 가지 하위 범주로 구분한다(Rescher, 1978: 41). 이 견해 역시 퍼스의 저작에 근거를 두고 있는데 레셔에 따르면, 퍼스는 '가추'와 '역행추론'을 독자적인 논리적 추론 형태의 이름으로 사용하기도 하고 가설을 발생시키는 방법의 이름으로 서로 바꾸어 사용하기도 하지만, 주로 가추는 가설 형성을 지칭하는 데, 역행추론은 가설에 대한 시험과 제거를 가리키는 데 사용했다(Rescher, 1978: 3, 41; Skagestad, 1981: 145 참조).

한편 한국에서는 이 두 개념에 대한 논의가 거의 이루어지지 않았으며, 'abduction'은 '가설 상정', '가추(假推)', 귀추(歸推) '귀류(歸謬)', '상정 논법', '후진추리(後進推理)', '질적 귀납' 등으로 다양하게 번역되고 있다. 'retroduction'에 대한 논의는 소수의 연구에서 간략히 언급되는 데 그치고 있으며, '역행추론'과 '역추' 이외의 번역어는 찾기 어렵다(박준호, 2005를 참고할 것).

까지 등장할 정도로 가추에 대한 관심이 증가하면서 가추 개념에 대한 논의가 활발하다. 그러므로 여기서는 가추에 대해 먼저 살펴본 다음, 역행추론과 그 둘 사이의 관계를 살펴보겠다.

가추

가추라는 추론양식을 처음 정리한 퍼스는 '논리적 규칙의 방해를 거의 받지 않는 논리적 추론'이라고 특징지으면서[Peirce, *Collected Papers*(이하 CP로 표기)-5: 188], 가추를 귀납·연역과 구별되는 '취약한' 제3의 추론양식으로 구별했다.[40] 그렇지만 그의 논의가 가추라는 추론양식의 특징을 완전히 정확하게 그리고 충분하게 해명했다고 할 수는 없다. 무엇보다도 퍼스의 가추 개념은 여러 가지 혼란과 불명확함을 보여준다.[41] 퍼스의 견해

40 조 라이헤르츠(Jo Reichertz)에 따르면, 가추라는 개념은 1597년에 율리우스 포르키우스(Julius Pacius)가 아리스토텔레스의 'apagoge' 개념을 처음 번역하여 사용한 뒤 주목받지 못하다가 20세기 초에 미국 실용주의의 창시자 퍼스가 추론양식의 특징을 처음으로 정리하여 '지식을 확장하는 유일한 추론양식'을 가리키는 데 사용했다(Reichertz, 2010). 퍼스는 심지어 "실용주의의 문제는 가추 논리의 문제에 지나지 않는다"라고 주장했지만, 가추가 실용주의의 전유물은 아니다. 또한 퍼스 이외에는 가추에 관심을 가진 실용주의자도 별로 없다. "가추는 실용주의의 기초이지만 그것들 사이의 관계는 복잡하다"(Aliseda, 2006: 167). 연역을 사용할 때 구태여 아리스토텔레스를 떠올릴 필요가 없는 것처럼, 가추를 사용하면서 구태여 퍼스나 실용주의를 떠올릴 필요는 없다.

41 혼란의 일부는 퍼스가 오랜 기간에 걸쳐 가추이론을 발전시키면서 그의 견해가 중요한 측면에서 변화한 것에서 유래한다. 가추에 관한 퍼스의 저작은 거의 50년에 걸쳐 출간되었다. 그의 견해의 변화는 가추를 가리키기 위해 그가 사용한 여러 가지 용어들에서도 드러난다. 그는 처음에는 'presumption'과 'hypothesis'이라는 용어를(CP-2: 776; CP-2: 623), 그다음에는 'abduction'이라는 용어와 'retroduction'이라는 용어를 사용했다(CP-1: 68; CP-2: 776; CP-7: 97). 퍼스의 abduction이라는 용어는 아리스토텔레스의 'απαγωγη'을 번역한 것이다. 그리고 이 번역에 문제가 있다는 지적이 제기되자 퍼스는 'retroduction'이라는 용어를 사용했다. 헬무트 파프

는 통상적으로 1890년대를 기점으로 두 시기로 구분된다. 전기에는 가추를 추리(inference)로 다루었고, 귀납, 연역, 가추를 서로 독립적인 추리의 세 유형으로 구분한 반면, 후기에는 추리의 개념을 확대해서 방법론적인 과정까지 포함해 논의했다고 평가된다.

예컨대 전기의 논의인 『연역 귀납 그리고 가설(Deduction, induction, and hypothesis)』에서는 콩 주머니의 사례를 사용해(CP-2: 623) 귀납, 연역, 가추의 세 추리 형식을 상이한 삼단논법 형식으로 서술하면서 가추를 약한 종류의 논리적 추론 또는 '가설에 의한 추론(reasoning by hypoth esis)'으로 제시한다.

연역

법칙: 이 주머니에서 나온 콩은 모두 하얗다.

사례: 이 콩들은 이 주머니에서 나왔다.

∴ 결과: 이 콩들은 하얗다.

귀납

사례: 이 콩들은 이 주머니에서 나왔다.

(Helmut Pape)는 가추에 대한 퍼스의 논의를 ① 타당성에 대한 이론(theory of plausibility), ② 발견 및 새로운 가설 창안의 논리, ③ 가설 선호의 논리(가설들 가운데 하나를 선택하고 정당화하는 논리)의 세 가지로 세분한다(Pape, 1999). 그리고 퍼스가 ②와 ③을 융합했고, 종종 ①과 ③을 병합했다고, 즉 퍼스가 가추 과정을 적절하게 구분하지 못했다고 지적한다. 한편 플러틴스키(Plutynski, 2011)는 퍼스의 가추 개념에 대한 논의의 쟁점을 ① 형식화 불확정 문제(formalization indeterminacy problem), ② 경계구분의 문제(boundary problem), ③ 정당화 문제(justification problem), 그리고 ④ 서술의 문제(descriptive problem)의 네 가지로 정리한다.

결과: 이 콩들은 하얗다.

∴ 법칙: 이 주머니에서 나온 콩은 모두 하얗다.

가추
법칙: 이 주머니에서 나온 콩은 모두 하얗다.
결과: 이 콩들은 모두 하얗다.

∴ 사례: 이 콩들은 이 주머니에서 나왔다.

퍼스는 이중 연역만이 유일하게 완전히 확실한 추리이며, '다른 두 추리 형식은 연역의 원칙과 관련되어 있지만, 귀납과 가추는 연역 이외의 다른 원칙을 포함한다'라고 분석한다(CP-2: 807). 퍼스에 따르면, 귀납과 가추는 '확장적 추리'로써, 귀납은 유사한 사례들에서 관찰했던 것과 같은 현상들의 존재를 추리하는 반면, 가추는 직접 관찰한 것과는 다른 어떤 것을 상정한다(CP-2: 640). 귀납이 표본 사례를 모집단으로 직접 일반화하는 것과 달리 가추는 사실의 관찰에서 그것을 설명하는 일반적 원리를 상정한다. 퍼스는 이런 차이를 "귀납은 분류하고, 가추는 설명한다"라고 표현한다(CP-2: 623). 가추에 대해서는, "그것이 꼭 성공하리라는 보장은 없지만 가추를 통해 일반적인 예측을 할 수 있고, 미래를 이성적으로 다스릴 수 있다는 희망을 갖는다"(CP-2: 270)라고 특징짓는다. 그렇지만 연역과 귀납과 가추의 세 가지 추론양식이 명쾌하게 구분되는 것은 아니며, 퍼스 자신은 계속 의견을 수정해나갔다고 알려졌다.

후기의 퍼스는 추론양식을 전제와 결론 사이의 단순한 논리적 증명과정(evidencing process)이 아니라 사유의 전개과정의 특성으로 이해하면서 가추를 논리적 관점을 넘어 방법론적 관점에서 다뤘다. 『실용주의에 관한 강의(Lectures on Pragmatism)』에서 퍼스는 가추, 연역, 귀납을 탐구과정에서 상이한 인식론적 기능을 가지고 상호작용하는 측면들로 제시한다. 퍼스에 따르면, 가추는 과학적 탐구의, 그리고 모든 해석과정의 '첫 번째 단계'를 구성한다(CP-6: 469). '가추'는 설명적 가설을 채택하는 과정이며(CP-5: 145), 타당한 가설의 선택과 형성이라는 두 가지 작용을 포함한다. 전제들을 발견하는 과정으로서, 그것은 원인과 의도를 해석적으로 재구성하고 이론을 발명적으로 구성하는 작업의 기초이다.

> 놀라운 사실 C를 관찰한다.
> 그러나, 만약 A가 참이라면 C는 당연할 것이다.
>
> ---
>
> ∴ 그러므로 A를 참이라고 생각할 이유가 있다(CP-5: 189).

가추는 "사실들을 연구하고 그것들을 설명하는 이론을 고안하는 것"으로 규정된다(CP-5: 145). 가추는 "설명가설(explanatory hypothesis)를 형성하는 과정"(CP-5: 171)으로 "사실에 대한 검토와 그것을 설명하는 이론의 고안으로 구성되며"(CP-5: 145), "사실을 관찰한 다음 어떤 관념이 그 사실을 일으킨 것인지 주장하는 것을 가능하게(CP-5: 603)" 하는 사유 작용이다. 사람들은 '놀랄 만한' 사실, 즉 이제까지 알려져 있는 지식과 관념에 의해서는 설명되지 않는 어떤 사실을 관찰하면 그러한 사실들의 무질서함을 넘어서 거기에 납득할 만한 의미와 인과의 연관을 부여해줄 수 있는 타당한 설명을 모색하게 된다. 그리고 가추는 이 과정에서 관찰된 사실이 왜 일어나는가를 설명하기 위하여 사람들이 동원하는 "현재 상황과는 다른 상황에서 이미 통용되는 전제를 출발점으로 해서"(CP-7: 218), 기존의 전제 속에는 포함되어 있지 않은 결론을 도출하는 개연적 추리이다.

> 가추는 설명적 가설을 형성하는 과정이다. 어떤 새로운 아이디어가 들어올 수 있는 유일한 논리적 조작이다. 이에 반해 귀납에 의해서는 하나의 가치가 결정될 뿐이고…… 연역에 의해서는 가설의 필연적 결과를 전개할 뿐이다. 따라서 연역은 어떤 것이 틀림없이 그러함(must be)을 증명하며, 귀납은 어떤 것이 실제로 그러함(actually is)을 보여준다. 가추는 단지 그럴 수도 있다(may be)고 제안할 뿐이다. …… 그것은 단지 제안을 하고 있을 뿐(이다)(CP-5: 171).

퍼스는 가추를 추측적(conjectural) 또는 추정적(presumptive) 사유로, 더 탐구하고 시험할 새로운 생각과 제안을 만들어내는 방법으로 간주한다. 이 추리의 산물은 어떤 확정된 결론이나 입증된 진리명제가 아니라, 개연적인 짐작이다. 가추는 설명적 가설 형성의 과정이며 가설 선택의 과정으로 탐구에서 사실들 사이의 인과관계를 설명하는 불확실한 이론을 제공한다. 문제의 현상에 대해 가능한 설명을 제공하는 새로운 규칙(에 관해 가추를 통해 고안한 가설)이 타당한가 여부를 우리는 아직 알 수 없다. 가추를 통해 가설을 생성하고, 연역추론을 바탕으로 생성된 가설(전제)에 의해 결과를 예측할 수 있으며 귀납추론에 의해 가설(전제)을 확인할 수 있다(CP-5: 171). 과학적 탐구는 가추를 통해 가설을 설정하면서 시작하며, 설정한 가설에서 다시 현상을 연역함으로써 특정한 결과를 예측하고, 확인한 결과를 귀납에 의해 검증하는 과정을 통해 진행한다. 간단히 말해, 가추를 통하여 가설과 생각들을 만들어내고 연역과 귀납으로 그것을 시험한다는 것이다(CP-6: 469~473; CP-7: 202~219).[42]

우리가 알고 있는 것은 설명을 필요로 하는 사실들이 실제로 관찰되고 있다는 것뿐이다. 이렇게 전제들로부터 논리적으로 도출되지 않는 것을 결론으로 주장한다는 점에서 가추는 귀납과 마찬가지로 확장적이고 종합적인, 또는 확충적(ampliative)인 추리이다.[43] 그리고 '추측에 지나지 않는 것(nothing but guessing)'으로, 매우 취약한 추리로서 오류가능성을 지니고 있다.[44]

---

42 후기 퍼스는 가추의 여러 특징을 제시하는데, 토미스 카피탄(Tomis Kapitan)은 퍼스의 논의를 ① 가추는 추리과정이거나 추리과정을 포함한다는 추리주장(inferential thesis), ② 가추는 새로운 가설들을 생성하고 선택하며 더 많이 검토함으로써 행위과정을 추천하는 것을 목표로 삼는다는 목적주장(purpose thesisi), ③ 가추는 이론들을 생성하는 모든 가공들을 포괄한다는 포괄성주장(comprehension thesis) ④ 가추는 연역이나 귀납과 구별되는 그리고 그것들로 환원될 수 없는 추리 형식(의 구현)이라는 자율성주장(autonomy thesis)의 네 가지로 구분할 수 있다고 분석한다(Kapitan, 1992).

43 이 때문에 일부의 논자들은 가추를 귀납의 한 유형으로 간주한다. 또한 퍼스 자신도 귀납을 '양적 귀납(quantitative induction)'으로, 가추를 '질적 귀납(qualitative induction)'으로 재개념화하기도 했다. 그러나 퍼스는 "가추와 귀납을 함께 단순한 논변으로 취급하는 것을 가장 일반적인 최악의 혼란"으로 규정했다(CP-7: 218). 귀납은 특정의 경우에 관찰된 결과가 비슷한 모든 경우에 동일하게 일어날 것이라고 추리하는 반면, 가추는 관찰되는 '결과'와는 질적으로 상이한 어떤 것(규칙/법칙)을 가정하고 관찰자료를 일반적 규칙에 의해 새롭게 해석함으로써 설명을 도출한다. 전제들을 논리적으로 조작하는 연역이나 관찰결과를 일반화하는 귀납으로는 관찰결과를 근거로 관찰되지 않은 새로운 사실이나 상황에 관한 결론을 이끌어낼 수 없기 때문이다. 즉, 가추는 관찰된 결과를 질적으로 상이한 일반적 규칙의 한 사례로 귀속시키는 추론이므로 '귀납'에 포함시킬 수 없다.

한편 이 세 가지의 추론 형식들에 더해, 퍼스는 그가 유추(analogy)라고 불렀던 또 다른 추론 형식을 제시했다. 이것은 '여러 측면에서 일치하는 일단의 많지 않은 객체들이 또 다른 측면에서도 일치할 가능성이 높다'고 추정하는 추론이다. '예컨대 지구와 화성은 여러 측면에서 일치하기 때문에 이 두 행성에 생물체가 존재하는 점에서도 일치할 가능성이 적지 않다'는 것이다. 유추도 역시 변환적 추론 형식으로, 귀납과 가추의 특성들을 결합시킨 것이다. 퍼스는 다른 학문분과들로부터 유추를 이끌어내는 것을 가추에 대한 유용한 보조물로 간주한다.

그러한 취약성을 지닌 것은 분명하지만 가추는 "새로운 생각을 생성하고 새로운 진리를 산출하는 유일한 사유 유형"이기 때문에 중요하다(CP-5: 145, 171, 590, CP-6: 475, CP-7: 219). 가추의 추리과정이 반드시 참인 것은 아니며 오류가 생길 수도 있지만, 이것이 가추의 논리적 구조에 문제를 야기하는 것은 아니다. 오류는 수정할 수 있기 때문이다. 그리고 퍼스는 오류를 두려워하지 않는 가추의 방법만이 과학적 창의성을 가능케 한다고 본다.

그리고 가추가 '추측'이나 '짐작'을 포함하고 있다는 사실이, 그것이 곧 '허구'나 '허위'임을 뜻하는 것은 아니다. 가추는 형식적이고 명시적인 논거를 드러내지는 않지만, 아무렇게나 전개되는 추리가 아니라, 관찰된 결과에 결합되어야 할 전제, 즉 일반적 규칙이나 법칙을 상정하는 사유과정이다. 다시 말해서 가추는 일반적 규칙과 관찰된 결과를 결합시키고 두 전제의 유사성을 찾아냄으로써 유사성에 근거하여 관찰된 결과를 기존 법칙의 한 사례로 인식할 수 있도록 하는, 그래서 이상한 현상에 의해 촉발된 의문의 상태를 믿음의 상태로 변화시키는 논리적인 추리이며 가설 생성의 논리이다(정용재·송진웅, 2006: 709). "우리는 오직 가추 추론에 의해서만 현상을 이해하거나 알아내는" 능력을 갖는다(CP-5: 171). "섬광처

44 가추 추론의 결과는 허위(false)일 수 있으며, 이런 추리는 전통적으로 '후건긍정의 오류'로 간주해왔다. 따라서 연역과 달리 가추는 달리 엄격한 논리적 추론이 아닌 유사 추론(plausible inference)으로 분류되기도 한다. 마냐니(Magnani, 2001: 17)는, 전제들로부터 결론을 추론하기 위한 논증의 주요 양식들을 세 종류로, 즉 연역적, 귀납적, 허위적(fallacious, 부적절하고 모호한) 추론으로 구분하고, 추론에서 개연성을 표현하는 가추는 허위적 추론의 전형적 형태라고 지적한다. 그리고 이런 맥락에서 "가추는 논증(argumentation)의 한 형태라기보다는 논의(argument)의 한 형태라고 하는 것이 더 정확할 것이다. 그렇지만 추론으로서 가추는 검증가능성, 설명적 타당성, 경제성의 세 가지 조건을 만족시켜야 한다"라는 주장도 제기되었다(Skagestad 1981: 145).

럼 떠오르는"(CP-5: 181) "통찰의 행위"로서 가추는 숙고(contemplation), 공상(daydream) 그리고 퍼스가 감회(musement)라고 부르는 사유작용(CP-6: 458) 등과 같은 창조적·미학적 측면들과도 연결된다. 가추 추리와 지각 판단(perceptual judgements) 사이에는 아무런 첨예한 경계선이 없으며, 지각 판단들은 가추적 추리의 극단적 사례이다(CP-5: 181).

본능과 논리

퍼스의 가추 개념에서 중요한 변화의 한 가지는 그의 후기 저작에서는 추측본능(guessing instinct)을 가추의 중요한 측면으로 간주한다는 것이다. 초기에는 가추의 논리적 형식에 주목하면서 '본능'의 역할을 거절한 반면, 후기에는 가설을 찾아내는 데 인간이 가진 일종의 본능이 작용하는 것으로 이해하고 '추측본능'을 가추의 중심요소로 취급한다. 추측본능은 오류의 가능성을 가지고 있지만 적절한 가설을 효과적으로 찾아내는 것에 도움을 줄 수 있다(CP-6: 476; CP-7: 220). 퍼스는 가추에 대해 "행위주체가 추론과정을 거의 자유롭게 통제하기 때문에 추리이며, 어떤 생각이 또 다른 생각을 제안하도록 허용하기 때문에 통찰력"이라고, 즉 상상력의 자유로운 활동이며 동시에 추리과정이라고 특징짓는다(CP-5: 194). 퍼스에 따르면 적절한 추측의 수행을 위해 가추 추리는 추론자의 '추측본능'에 의거한다. 하지만 그것이 참일 경우에도 주어진 현상을 설명해줄 수 있는 가설은 여럿일 수 있다. 그러므로 가추는 가설 생성과 동시에 두 번째 과제인 가설 선택을 수행한다.[45] 가설 선택에서는 합리적인 '경제의 원칙

45 퍼스의 이런 견해는 과학을 가설연역적 방법에 기초한 '추측과 논박'으로 특징짓는 포퍼의 '반증주의'를 연상시킨다. 그러나 퍼스의 가설성(hypotheticity)은 포퍼의 오류가능성(fallibility) 이상의 내용을 갖는다. 포퍼는 가설(의 반증가능성)을 과학의 구분기준으로 규정하는 반면, 퍼스는 가설을 믿음의 인식적 지위를 판단하는 기준

(principle of economy)' — 가추에서 '주도적 고려사항'인— 이 작용한다. 가추를 통해 어떤 가설이 타당하다고 추리하는 일은 오직 그 가설이 경제적일 경우에만 정당화된다는 것이다(CP-5: 600). 연구에서 '돈, 시간, 생각 그리고 에너지의 경제'를 고려하는 '연구의 경제'는 가설의 최대의 타당성 그리고 가설 형성과 가설 시험 과정의 최대의 효율성을 목표로 한다. 일련의 비교 평가와 선호를 통해 작용하는 경제의 원칙에 의해, 우리는 여러 타당한 가설들 가운데 실용적으로 선택할 수 있다. 즉, "본능이 제안하는 가설 가운데 더 간편하고 더 자연스럽다는 의미에서 단순한 가설이 더 선호된다"(CP-6: 477). 가추는 타당성이라는 실용적 기준의 충족을 목표로 하며, 추론하는 사람의 '추측본능'의 안내를 받는다(CP-7: 46).

그런데 가추를 본능(또는 통찰)의 산물이며 동시에 추리의 산물이라고 파악하는 것은 외견상 모순적인 견해로 보인다. 논리실증주의와 포퍼가 대표적으로 보여주듯, 많은 사람들이 추측(새로운 생각의 고안)에는 '(발견의) 논리'가 없으며(그러므로 심리학이나 사회학이 다뤄야 하는 사안이며), 그 추측을 '정당화하는 과정'에서만 논리(정당화의 논리)가 작용한다고 생각하기 때문이다.[46] 적어도 이런 관점에서는 가추가 본능에 의존한다면 그것은 추론양식이라고 할 수 없고, 그것이 추론양식이라면 본능에 의존한다고 할 수 없다.[47] 하지만 호프만(Hoffmann 1999: 279)은 퍼스가 지각적

이 아니라 실재의 생산적 예상(productive anticipations of reality)으로 이해했다. 그러므로 퍼스의 실용주의는 포퍼의 구성주의적 과학관과 상당히 다르다.

46 이런 관점 때문에 주류 과학철학은 정당화의 맥락에 속하는 입증(confirmation)이나 채택(acceptance)의 문제를 논의 대상으로 삼고 가추는 논의 영역에서 제외해왔다. 퍼스 자신의 논의는 발견의 맥락과 정당화의 맥락이라는 구별이 제기되기 전에 전개한 것이다. 가추를 발견의 논리로 해석하려는 시도는 과학의 설명이 '연역적 구조'를 갖는다는 주류 과학철학을 비판하는 '반연역주의자' 핸슨이 시작했다. 그는 발견의 맥락은 논리적으로 분석할 수 없는 비합리적 영역이라는 생각에 도전했다.

판단을 형성하는 과정과 자기통제적(self-controlled) 추론을 구별하고 자기통제는 순전히 금지적인 것으로 무(nothing)에서 기원한다고 주장함으로써(CP5.194) 가추의 논리적 또는 추론적 측면과 창조적 측면을 구분했다고 지적한다. 즉, 퍼스는 현상을 설명하는 관념은 추리의 결론에서가 아니라 사실과 경험에 대한 지각에서 생겨난다고 이해함으로써 논리적 또는 추리적 형식의 가추 논증과 설명적 가설에 도달하는 과정을 구별했다. 이것을 근거로 호프만은 '가추의 추론적 측면(inferential aspects)'과 '가추의 지각적 측면(perceptive aspects)'을 용법상 구별한다. 추론적 측면이 삼단논법을 특징으로 한다면 지각적 측면, 즉 '만약 A가 참이면 C는 당연한 일일 것이다'라는 형식의 가설이 처음 생겨나는 지각적 판단의 발생은 전제들에 위치한다는 것이다. 그리고 퍼스의 '논리적' 가추 개념을 이들 두 측면에 결합해 설명한다. "가추는 행위자가 사유과정(reasoning)을 거의 자유롭게 통제하기 때문에 추리이며, 생각(ideas)이 다른 생각을 제안하도록 허용하기 때문에 통찰력이 있다"(Hoffman, 1999: 282). 그러므로 '설명적 가설을 형성하는 과정'으로서 가추는 통찰력이라는 본능의 작용에 의한 것이지만 동시에 자동적으로 '자기점검적(self-monitoring)' 또는 '자기교정적(self-corrective)'이라는 특징을 갖는 추리 과정이라는 점에서 '논리적 규칙의 방해를 거의 받지 않는 논리적 추론'이라고 이해할 수 있다.

이런 맥락에서 퍼스는 "실용주의의 문제는 가추논리의 문제에 지나지 않는다"라고 규정한다. 퍼스는 실용주의의 정신을 "우리는 우리의 개념들을

47 예컨대 파볼라(Paavola, 2005)는 퍼스의 저작을 기초로 가추가 심리학이나 사회학의 문제인 추측본능의 산물인지, 아니면 합리적인 규칙준수 절차의 산물인 추론 형식인지를 탐구한다. 그는 가추가 본능에 의존하면 추론형식일 수 없고 추론 형식이라면 본능에 의존하지 않는다고 주장하면서, "가추를 신비로운 본능의 산물이 아니라 순수한 추론 형식으로 이해할 것"을 제안한다.

정확히 파악하기 위해 그 개념들의 귀결을 살펴야 한다"라는 격률(maxim)로 표현한다(CP-5: 4). 그리고 "우리가 개념화한 대상이 가졌다고 생각하는 것의 결과 – 실천적 관련을 가졌다고 할 수 있는 – 를 고려하라. 그러므로 이러한 결과에 대한 우리의 개념화가 그 대상에 대한 우리의 개념화의 전부이다"라고 진술한다(CP-5: 402). "대체로 실용주의 격률은 'a이면 F이다'라는 종류의 가설들의 결과가 무엇일지 말할 수 없다면 사람들은 술어 F를 완벽하게 파악한 것이 아니라는 것을 뜻한다"(Misak, 1991: 3~4). 즉, ① 지금 검토하고 있는 것이, ② 초래할 수 있는 결과의, ③ 실천적 관련을 고려하라고 강조한다. 그리고 이러한 실용주의의 격률은 곧 ① 새로운 가설들을 생성하는 동시에, ② 추후에 더 검토할 가설들을 선택하고(CP-6: 525), 그것에 의해 '행동노선을 추천하는' 자기교정적(self-corrective) 추리로서 가추 논리의 표현이라고 할 수 있다.[48] 가추에서는 "A는 그것의 전체 내용이 이미 '만약 A가 참이라면 C는 당연할 것이다'라는 전제에 존재하지 않는다면 가추적으로 추리 또는 추측할 수 없다"(CP-5: 189). 즉, 가설에서 결과를 도출할 수 없다면 그 가설의 내용에 관해 적절하게 알고 있는 것이라고 할 수 없다.[49] 그리고 이 점에서 실용주의의 문제는 가추의 논리의 문제와 다르지 않다고 지적한다. 퍼스는 다음과 같이

48 실용주의의 격률과 관련하여 ① 가추는 감각에서 일반적인 관념을 형성하는 과정이고, ② 귀납은 일반적 관념과 관련 속에서 감각을 유사한 사건들과 연결하는 습관의 형성을 동반하며, ③ 연역은 가추와 귀납 과정의 결과로 일상적인 수행의 일부가 되는 과정으로 구분할 수 있다(CP-6: 144~146). 모호함에서 일반성으로 하강하고 있다고 할 수 있다.

49 패트릭 배어트(Patrick Baert)는 "실용주의자들이 공유하는 핵심적인 특징을 '구경꾼 지식이론(the spectator theory of knowledge)'에 대한 반대, 보편적이고 과학적 방법의 추구에 대한 거부, 그리고 자기지시적 지식 획득(self-referential knowledge acquisition)을 목표로 하는 연구의 권유"로 정리한다(Baert, 2005). 하지만 자기지시적 지식의 획득과 '자기교정적' 추리로서 가추의 연관은 논의하지 않는다.

부연해서 진술한다.

> 실용주의는 특정한 격률을 제안한다. 만일 그것이 건전할 경우, 그것은 가설로서의 지위를 갖도록 하는, 다시 말해서 희망적 시사로서 주장된 현상들에 대한 설명으로서, 가설들의 허용가능성에 대한 더 이상의 규칙을 불필요하게 만들어야만 한다. 그리고 나아가서 이것이 실용주의적 격률이 수행하는 일의 전부이다(CP-5: 196)

존재의 층위

'사실을 연구하고 그것을 설명하는 가설 또는 이론을 고안하는' 논리이자 방법으로서 가추에 대한 논의들은 대부분 과학적 발견의 맥락, 과학적 방법, 논리적 특성 등 '논리'와 '방법(또는 전략)'의 측면에서 다루어졌다. 반면 가추를 통해 고안한 가설이나 이론의 '설명력'이 무엇에서 유래하는가의 문제는 중요하게 다루지 않았다. 그리고 많은 논의들이 이 쟁점을 고려하지 않았기 때문에 '가추'의 중요한 특성을 포착하지 못했다.

연구자들(뿐 아니라 보통 사람들)은, 예컨대 흡연과 폐암 사이의 관계 등과 같은 '동일한 유형의 경험적 현상의 쌍들'을 발견하면, 이 두 경험적 현상이 특정한 인과기제나 인과적 힘의 작동에 의해 연결된다고 상정하는 '설명적 가설들'을 고안하고, 상정한 인과적 힘과 기제가 설명적으로 타당성을 갖는 것인지, 그리고 실제로 작동하고 있는지를 점검하는 탐구로 나아가게 된다. 즉, 과학 연구는 경험적 사실과 그것들 사이의 상관관계뿐 아니라 그것들을 필연적인 인과관계로 만드는 인과적 힘과 기제의 존재와 운동에 대한 탐구도 포괄한다.[50] 그리고 일련의 탐구를 통해서, 상정

50 이 점에서는 사회과학의 탐구도 "개별현상들로부터 일정한 규칙성을 찾아내고, 그

한 인과적 힘과 인과기제의 작동을 확인한다면, 선행하는 경험적 사실(예를 들면 흡연)과 후속의 경험적 사실(예를 들면 폐암)의 연관이 우연적인 것이 아니라 필연적인 것이라고 설명할 수 있다.

그런데 인과적 힘과 기제의 존재·특성·작동에 관한 탐구는 단순히 '경험적' 자료를 정리하고 가공하는 것만으로 수행할 수 없다. "자료들을 해명하기 위해 고안하는 가설은 그것의 기반이 되는 자료들과 무관한 것은 아니지만 자료들에 포함되어 있지 않기"(Hoffmann, 1999: 274) 때문이다. 즉, 연구자가 일반적 주장을 제출한다면 그것은 그가 귀납과 연역의 논리가 제시하는 것 이외의 추론 방법들을 (의식적으로 또는 무의식적으로) 사용했기 때문에 가능한 것이다.

> 한 종류의 현상이 다른 종류의 현상의 원인이라고 생각하는 우리의 추론은, 단순히 두 종류의 현상들이 함께, 또는 순차적으로 발생하는지, 그리고 첫째 현상이 없이는 둘째 현상이 결코 일어나지 않는지 살펴보는 일이 아니다. 그 추론은 두 현상을 연결하는, 그리고 앞의 현상이 뒤의 현상을 만들어내는 데 작용하는 기제들에 관한 우리의 지식이나 사유에 훨씬 더 많이 기초하고 있다(하레, 1986: 61).

이렇게 경험적으로 판별된 현상(의 유형)으로부터 그 현상을 발생시킨 일련의 인과적 힘이나 기제를 (가설적으로) 상정하는 추론 방법이 곧 가추

규칙성을 발생시키는 것으로 상정되는 실체들과 과정들(에 대한 가설)을 고안한 다음, 상정된 실체들과 과정들의 실재성을 점검하는 세 단계를 거치는 변증법적 운동 과정에 있는 활동"(바스카, 2005b: 113)으로서의 과학의 특징을 공유한다. 바스카는 '현상의 규칙성(의 판별)에서 그것을 설명해주는 실체들과 과정들(에 대한 가설)로 나아가는' 두 단계의 사유운동 속에 '과학적 발견의 논리'가 자리한다고 지적한다.

이다. 가추는 문제의 경험적 현상에서 그 현상이 '왜 발생했는가'를 탐색하는 추리이며, 특정한 인과적 요인이나 실체의 존재와 작용에 대한 추정으로 귀결된다. 간단히 말해, 가추는 경험되는 결과로부터 그것을 발생시킨 원인을 상정하는 것으로 나아가는 추론이다.

그런데 가추를 촉발한 '놀라운 경험'과 가추를 통해 상정하는 그것의 '원인'은 존재론적으로 상이한 영역에 속하는 범주이다. 경험은 인식 주체의 감각기관이 외부 세계의 자극을 수용해서 형성한 '지각'이며 경험적 유형이나 규칙성은 그런 지각들을 인식 주체가 포착하고 정리해서 생산한 구성물인 반면, 원인은 인식 주체의 외부에 존재하며 그 자체의 고유한 힘과 속성과 기제에 따라 작동하는 '객체'이다. 경험의 대상인 '객체' 및 객체가 운동하여 만드는 '사건'은 그 객체나 사건에 대한 인간 주체의 경험에서 존재론적으로 독립되어 있다.[51] 자연세계나 사회세계의 객체들은 다른 객체들과 함께 존재하며 서로 영향을 미치며 움직인다. 경우에 따라 특정 객체에 고유한 힘과 속성에 따른 운동을 상쇄하거나 변형하는 힘이나 속성을 가진 다른 객체들의 간섭에 의해 특정 객체의 힘과 속성의 작동은 제약되거나 상쇄될 수 있다. 특정 객체의 힘이나 속성의 작동 결과를 경험적으로 관찰하지 못한다고 하더라도 그 객체의 존재는 '초경험적으로' 또는 '초사실적으로' 상정할 수 있다. 그리고 층화된 존재론을 전제한다면 과학의 탐구는 경험적 영역에서 실재적 영역으로, 즉 경험의 유형을 확인하는 것에서 그러한 유형을 발생시키는 객체들의 힘과 속성을 상정하는 '존재적 가추(existential abduction)'를 필수적으로 사용하는 것으로

51 간단히 정리하면, 특정한 성질을 가진 객체가 존재하더라도 그 객체를 둘러싼 조건이 적절하지 않다면 그 객체의 성질은 작동할 수 없을 것이며, 따라서 특정의 결과를 만들어내지 못할 것이다. 또 적절한 조건 아래서 그 객체가 성질을 작동하여 특정의 결과를 만들어내더라도 인식 주체가 그 결과를 지각하지 못할 수도 있다.

이해할 수 있다.[52] 이런 식으로 새로운 실체들에 관한 가설을 도입하는 사례는 과학에서 풍부하다. 여기서 가추는 '발견의 논리'(핸슨, 2007)이고, '정신적인 도약(mental leap)'(Reichertz, 2010), '창조적 도약(creative leap)'(Wuisman, 2005)으로 특징지을 수 있다.

그리고 이 도약은 창조적인 만큼 오류가능성을 내포한다. 이 때문에 가추에 대해서는 그것이 '지나치게 허용적(permissive)'이라는 비판이 제기되어왔다. 즉, 추리 형식 또는 탐구 방법으로서 가추를 사용할 때 너무 많은 가설을 만들 수 있고, 이러한 지나치게 많은 가설들을 제거하는 과정에서 제약들을 너무 적게 부과한다는 것이다. 또한 이점에서 가추는 규범적 힘을 가진 추리 방법이라고 할 수 없다는 비판도 제기되었다. 관련된 경험적 증거만을 근거로 과학적 가설이나 이론의 채택 여부를 결정할 수 없다는 문제(problem of the underdetermination of theories by empirical evi-

52 조인래(2001: 390~391)는 ① 단순 가추(simple abduction), ② 존재적 가추(existential abduction), ③ 규칙으로서의 가추(abduction to rules), ④ 유추 가추(analogical abduction)를 구별한다. 마냐니는 설명적 가설들을 형성하고 평가하는 추론 과정인 이론적 가추(theoretical abduction)와 실행적 가추(manipulative abduction)를 구분한다(Magnani, 2004). 또한 이미 축적된 가설들의 백과사전에서 특정한 가설을 선택하는 가추인 선택적 가추(예: 질병의 진단)와 새로운 가설들을 만들어내는 가추인 창조적 가추(예: 새로운 질병의 발견)도 구분한다. 그리고 이론적 가추를 논리 및 언어적/기호적(verbal/symbolic) 추리인 명제적 가추(sentential abduction)와 도형이나 그림 등의 내부화된 모형(internalized model)을 활용하는 모형에 기초한 가추(model-based abduction)로 구별한다. 과학에서 가장 흥미로운 개념적 변동은 모형에 기초한 창조적 가추에 의해 이루어졌으며, 모형에 기초한 추론의 다수는 도구와 매개물을 사용하며 이론적 행위를 넘어서는 실행적 방식으로 수행되었다는 것이 마냐니의 견해이다. 실행적 가추는 행동(doing)을 통해 사유할 때뿐 아니라 행동에 관해 사유할 때도 진행된다. 그렇지만 이런 가추 양식의 구별은 가추 과정에서 주로 동원하는 '인지적 자원'과 가추를 통해 만들어내는 가설의 차이를 드러내는 것이기는 하지만 이 가추 양식을 상호배타적인 것이라고 할 수는 없다.

〈그림 4.1〉 가추의 과정

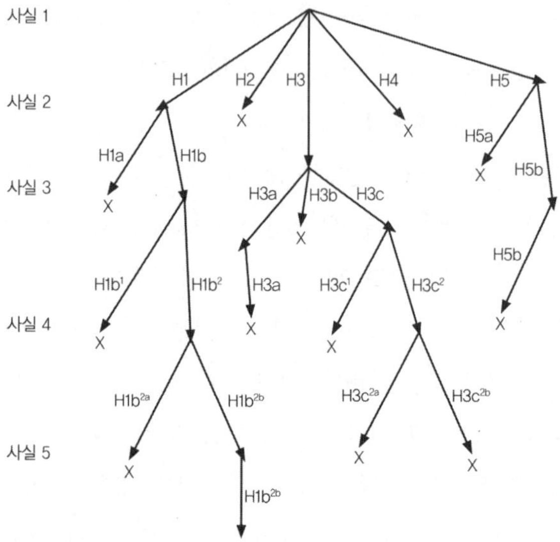

자료: Miller(2003: 3)

dence)가 있다는 것이다(Romeijn, 2008).

그렇지만 '미결정의 문제'가 가추의 유용성을 부인하거나 가추의 사용을 금지하는 이유가 되는 것은 아니다. 우선 더 많은 경험자료와 자원들을 근거로 추리할수록 오류가능성이 감소하며, 그런 까닭에 연구자들은 그것을 가능한 한 많이 확보하고자 한다(〈그림 4.1〉은 경험적 자료들을 근거로 가추를 전개하는 과정을 보여준다). 특히 가추를 통한 창조적 도약은 심리적 판단이나 직관에만 의존해서 실행되는 것이 아니다. 그것은 문제의 인과적 힘과 기제의 존재와 특성과 운동방식에 관한 일정한 지식을 전제하며 경험적 영역의 현상과 실재적 영역에서 객체의 힘, 속성, 운동을 결합하는 숙련된 상상력과 자기점검, 자기교정의 능력을 필요로 한다. 또한 적절한 가설의 고안은 세계와 객체에 대한 기존의 지식과 무관하게 이루어질 수 없기 때문에 해당 분야의 과학지식을 숙달한 정도에 영향을 받을 수밖에 없다. 누구나 가추를 사용하지만, 바로 이러한 상상력과 자기교정 능력과 지식습득의 차이 때문에 경험적 현상을 발생시킨 또는 발생시킬 것으로 상정하는 객체의 실제 성질과 힘과 기제들을 추정하고 확인하는 정도에서는 연구자마다 차이를 보이는 것이다.

역행추론

가추와 역행추론의 개념을 동일시하거나 명확히 구분하지 않는 혼란도 가추와 역행추론을 경험적 영역과 실재적 영역의 분화 및 층화에 입각하여 이해하면 정리할 수 있다. 레셔(Rescher, 1978: 41)는 가추는 '가설의 수립 및 선택'을, 그리고 역행추론은 '가설의 검사 및 제거'를 특징으로 하는 추론양식으로 구분한다. 또한 토라 버틸슨(Thora M. Bertilsson)은 가추는 "법칙이나 발생기제를 탐구하는(seeing) 첫 번째 창조적 국면에서 등장하고, 역행추론은 그다음 단계에서 사건들 사이의 필연적 관계와 우연적 관계를 검사한다(control)"라고 구분한다(Bertilsson, 2004: 385). 가추와 역행추론을 혼용한 퍼스 또한 역행추론에 대해 "이론과 더불어 출발하고, 그 이론과 사실의 일치 정도를 평가하며, 연역과 마찬가지로 새로운 관념을 창출하지는 않는다"라고 말한다(CP-5: 145). 그러므로 그것들을 구분하자면 "가추는 가능한 가설들을 추정하고 역행추론은 이 가설들을 시험하면서 제거해나간다"(연희원, 1998: 204)라고 볼 수 있다. 즉, 역행추론은 특정한 성질을 가지고 존재하며 작동할 것으로 (가추를 통해) 상정된 가설적 객체에서 출발해 그 객체의 운동이 발생시켰을 경험적 사실(의 유형과 규칙성)의 판별로 나아가는 추론이다.[53] 예컨대 흡연과 폐암 사이의 상관관

53 박준호(2005: 75~77)는 레셔의 이런 구분이 퍼스의 용어법과 일치하지 않는다고

계에 대한 경험적 관찰로부터, 가추를 통해서 담배 연기의 성분 중에 폐 세포에 악성종양의 포낭을 발생시키는 속성을 가진 물질이 존재하고 작동한다는 가설을 형성하면, 인간의 사유는 그런 물질이 존재할 수 있는가 그리고 다른 조건이 그 물질의 운동을 방해하지 않는다면 문제의 경험적 사건(의 유형과 규칙성)을 일으킨 것인가를 검사하는 추론을 진행한다. 그

지적한다. 퍼스는 두 용어를 분명 동일하게 사용하며, 또한 레서가 'retroduction'이라 지칭한 것을 퍼스는 여러 맥락에서 'induction'이라는 용어로 표현하고 있다는 것이다. "가설의 형성이나 발명은 가추의 한 단계나 요소일 뿐 가추의 전부는 아니며, 발명한 여러 가설 중 하나를 선택하는 것으로 (가설을 설정하는) 가추의 과정이 완결된다"라는 것이 박준호의 주장이다. 이어서 그는 퍼스의 견해는 "탐구는 가설의 설정으로 완료되는 것이 아니라 가설의 평가를 필요로 하며, 가설의 평가는 가설에서 연역을 통해 예측을 도출하고 실험을 수반하는 귀납적 과정을 통해 시험하는 방법으로 진행한다"라고 정리한다. 요약하면 가추를 통해 가설을 제안하고 연역을 통해 가설의 귀결을 예측하며 귀납을 통해 가설을 시험한다는 것이다(정용재·송진웅, 2006도 참고할 것). 이렇게 이해하면, 'retroduction'은 'abduction'과 동일하게 가설 설정 과정 전체를 가리키거나, 가설의 설정과 시험 과정을 모두 포괄할 것이다. 퍼스 자신은 두 용어를 무차별적으로 혼용하지만, 근래 'retroduction'을 다루는 다수의 논의들이 가추와 역행추론을 구별하고 있으며(예컨대 다네마르크 외, 2005 등을 볼 것), 가설의 형성과 선택이 실제의 인식 과정에서는 동시에 진행되고 통합되어 있더라도 구별하는 것이 방법론적으로 유용해보인다. 개별적인 것들로부터 일반적인 것을 도출하는 귀납도, 그것의 이면에서는 일반적인 것이 개별적인 것을 포괄한다는 연역추론을 전제하고 있으며 따라서 실제에서는 귀납과 연역이 통합되어 있음에도 서로를 구별하는 것과 마찬가지이다. 이런 이유에서 가추는 가설들을 형성하는 추론으로, 그리고 역행추론은 형성된 가설들 가운데 타당한 것을 선택하는 추론으로 구분하는 것이 더 적절하다고 생각한다. 버틸슨(Bertilsson, 2004: 385)도 인과적 발생기제들의 실재성을 상정하고 입증하는 과학적 탐구의 특성을 고려할 때 가추와 역행추론의 구별이 필요하다고 강조한다. 즉, 대부분 경험적으로 관찰불가능한 인과법칙이나 인과적 발생기제들을 발명하는 창조적 국면에서는 가추가 작용하며, 초사실적 일반화를 발생시키는 것을 목적으로 하며 사건들 사이의 필연적이고 우연적인 관계를 통제하는 일련의 논리적·이론적 사유 작용을 역행추론이라고 구별한다.

러므로 "역행추론은 자연적 필연성을 추리하는 일종의 논리적 작동(logical operation)이다"(Bertilsson 2004: 385).

가추는 경험, 즉 관찰된 결과(의 유형이나 규칙성)에서 특정한 인과적 힘과 기제를 갖는 객체를 상정하는 방향으로 나아가는 반면, 역행추론은 특정의 인과적 힘과 기제를 가진 (가설적) 객체가 존재하고 운동한다면 그것이 일으켰을 경험적 사건(의 유형과 규칙성)을 되돌아 추론한다(〈그림 4.1〉을 이용해서 말하면, H_1→사실, H_2→사실, H_3→사실…… 로 되돌아가는 추론이다).[54] 귀납과 마찬가지로 가추도 논리적으로 엄격하지 못한 추리이며, 따라서 이것을 사용해서 가설적 객체를 상정하는 탐구는 논리적 필연성에서 결함을 내포한다. 하지만 과학은 경험적 사건과 결과를, 과학이론의 전제와 결론 사이의 '논리적 필연성'에 입각해 설명하는 것이 아니라, 그 결과를 발생시켰을 (것으로 상정하는) 실재의 '자연적 필연성'을 근거로 설명한다.

그러므로 과학의 탐구에서 가추를 통해 특정한 인과적 힘과 기제를 갖는 객체를 가설적으로 고안하면서, 그 객체의 운동이 필연적으로 어떤 사건이나 현상을 일으킬 것인가를 추정하는 것은 필수적이다. 역행추론은 가추의 방향과 반대로 '실재의 영역'으로부터 '경험의 영역'으로 나아가면서 관찰된 결과가 객체의 운동의, 다른 조건이 그것의 운동을 방해하지 않는다면 일어날, 필연적인 결과인지 점검한다. 이것을 통해 경험적 결과가 객체 자체가 가진 '자연적 필연성'의 산물이라는 것을 확인함으로써 가추를 통해 고안한 가설의 개연성과 타당성에 대한 믿음을 강화한다. 그러

54 연희원(1998: 204)은 "가추의 과제는 이론적으로 가능한 전체 가설들 중에서 가장 그럴듯한 부분을 한정하도록 결정하는 일, 결정을 제안하는 일, 조사할 만한 가치가 있는 가설들을 결정하는 일이며, 역행추론은 이들 가설들을 시험하면서 쓸모없는 것들을 제거해나간다"라며 가추와 역행추론을 구별한다.

므로 가추와 역행추론은 세계에 존재하는 객체들의 '자연적 필연성'을 포착하고자 하는 추론 형식으로, 가설-투사로서 가추와 가설-검사로서 역행추론은 탐구 과정에서 공조한다. 그리고 가추를 통해 상정되고 역행추론을 통해 점검된 자연적 필연성(에 대한 인식)은 경험적 현상을 설명하는 과학이론에서 설명력의 근거가 된다.

물론 실제 탐구 과정에서는 경험적 결과와 객체 자체의 인과적 힘 및 기제 사이를 왕복하는 가추와 역행추론이 동시에 가동해서 문제의 객체(의 인과적 힘과 기제)를 사유 속에서 재구성한다. 즉, 가추와 역행추론은 동전의 앞뒷면처럼 함께 진행하는 사유 과정이며 따라서 둘은 분리되지 않는다. 이것은 개별적인 것(결과나 관찰)으로부터 일반적인 것(사건들의 유형이나 규칙성)으로 나아가는 사유 양식인 귀납추론이 그 이면에서 개별적인 것은 일반적인 것에 포함된다는 연역 논리를 전제하며, 따라서 귀납과 연역이 동시에 진행되는 사유 과정인 것과 마찬가지이다. 네 가지 추론양식을 존재의 층위 구분과 결합하면 〈그림 4.2〉로 나타낼 수 있다.[55]

이러한 네 가지 추론양식은 과학적 탐구와 설명의 필수 요소이다. 과학자는 경험적 사건과 결과들을 정리하고 유형화하면서, 동시에 그러한 결과들을 발생시켰을 객체들을 가설적으로 상정하고 확인하는 나선형적 순환 과정을 통해 탐구를 진행한다. 그리고 이 과정에서 상이한 인식론적 기능을 담당하는 네 가지 추론양식을 결합해 사용한다. 과학에서 가설은 단순히 주어진 이론에서 연역하는 것이 아니다. 과학적 탐구는 경험적 결

55 치아슨(Chiasson, 2005: 227)은 네 가지 추론양식들에 대해, 그 명칭의 라틴어 어원에 기초하여, '가추: ~에서 벗어남(leading away from)', '귀납: ~으로 나아감(leading into) 또는 ~을 포함함(including)', '역행추론: 숙고하여 되돌아감(deliberately leading backward)', '연역: 분리, 제외 또는 부정으로 나아감(leading to separation, removal, or negation)'의 의미를 갖는다고 지적한다.

〈그림 4.2〉 존재의 층위와 네 가지 추론양식

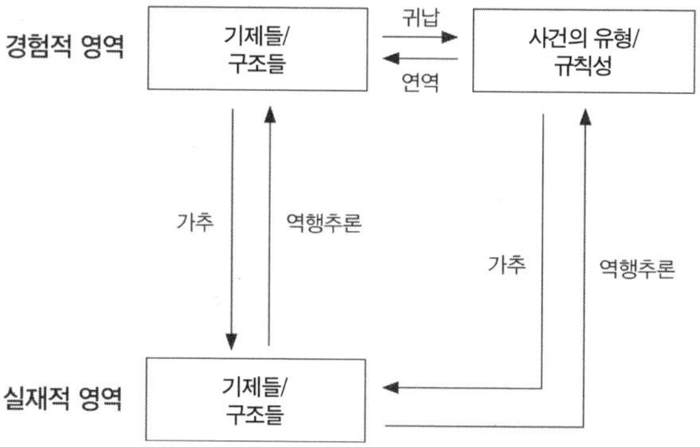

과에서 출발하여 '이러한 경험이 발생하려면 실재는 어떤 성질들을 가지고 존재하며 운동해야 하는가'를 추리하는 가추를 통해 가설(적 객체)을 상정한다. 그리고 '그 객체가 이런 성질들을 가지고 존재하면서 주어진 조건 속에서 운동한다면 어떤 경험적 결과가 발생할 것인가'를 추리해, 가설의 설명적 타당성과 검증가능성을 검토하는 역행추론을 진행함으로써 상정된 실재를 설명적으로 검증한다. 이때 역행추론의 방법을 사용하는 검증은 문제의 경험에 설명을 제공하는, 즉 '설명적(explanatory) 검증'을 특징으로 한다(핸슨, 2007). 과학은 두 추론양식을 사용해서 문제의 경험적 사건이 '가설적(이론적) 객체'의 존재와 운동의 필연적인 결과라고 추정한다. 그리고 이것에 의해 동일한 객체가 동일한 조건에서 작동한다면 미래에도 동일한 사실이 발생하리라고 예측할 수 있게 한다. 그러므로 설명과 예측을 특징으로 하는 과학에서 두 추론 형식은 핵심적인 역할을 담당한다. 가추는 '과학적 탐구의 첫 번째 단계'이다(CP-6: 469). 그리고 가추와 역행추론은 연역과 귀납을 안내하는 전제들의 형성에서 결정적인 역할을 수행한다(Bertilsson, 2004: 377). 귀납은 상정된 가설의 결과를 시험하고(연희원, 1998: 203) 연역은 가설을 논증하는 보완적인 역할을 실행

<그림 4.3> 과학적 탐구에서 네 추론양식의 사용

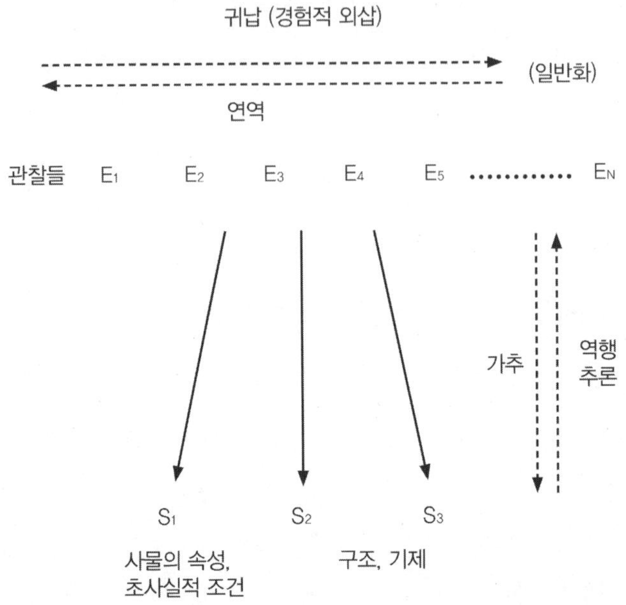

한다(Wuisman, 2005: 369). <그림 4.3>은 이런 복합적 과정을 보여준다.

과학적 탐구는 감각기관에 포착된 경험적 현상을, 창의적인 사유 능력을 발휘해서 그 현상을 발생시킨 객체의 인과적 힘과 기제를 추정하고 확인함으로써 설명하고자 하는 체계적인 시도이다. 경험적 현상의 일정한 유형을 판별해내는 한편, 그 유형의 현상을 발생시킨 객체의 인과적인 힘이나 기제를 추론하는 과학적 탐구 작업에서 연구자들은 다양한 추론 형식들을 보완적으로, 그리고 반복순환적으로 구사함으로써 일정한 성질과 힘을 갖고 존재하며 운동하는 객체를 사유 속에서 재구성하고 그것의 존재를 확인하고자 노력한다. 특히 이 과정에서 가추와 역행추론은 경험적 현상들의 연쇄라는 전제로부터 인과적 힘과 기제의 존재와 운동이라는, 기존의 전제 속에는 포함되어 있지 않은 새로운 결론을 이끌어내도록 작용한다. 그리고 그것에 의해 특정한 인과적 힘과 기제가 존재하고, 다른 요인의 방해나 간섭이 없다면, 필연적으로 문제의 경험적 현상들이 발생한다는, 과학지식이 가지고 있는 설명력의 기초를 제공한다. 그러므로 가추와 역행추론은 과학적 탐구의 핵심 부분이며, 이 추론양식을 숙련하고 적절하게 사용하는 것은 생산적이고 효과적인 사회과학 연구의 수행을 위해 필수적이다.

제5장

자연과학과 사회과학

지금까지의 논의에서는 자연과학과 사회과학을 구분하지 않은 채 자연과학을 중심으로 과학의 특징을 분석했다. 사회에 대한 연구는 '과학'일 수 없다는, 또는 과학이어서는 안 된다는 견해가 오랫동안 강하게 제기되어왔지만, 이 견해의 타당성을 판단하기 위해서는 먼저 '과학이란 무엇인가'라는 물음에 대해 정확한 입장을 가지고 있어야 할 것이기 때문이었다. 이제 과학에 대한 더 정확한 견해를 기초로 사회연구가 '과학'일 수 있는지 살펴보겠다.

자연주의 또는 실증주의

사회를 어떻게 연구할 것인가? 이것은 사회를 연구하는 과학자라면 누구나 이미 답을 가지고 있는 문제이다. 가장 유력한 답은 자연과학에서 확립된 과학적 방법을 사회현상의 탐구에도 적용해야 한다는 주장으로 '자연주의'[1], '자연과학과 사회과학의 방법론적 통일' 명제, 또는 '방법론적 일원론(methodological monism)' 등으로 불린다.

근대 서구의 자연과학이 이룬 진보는 그것의 방법에 대한 찬탄과 선망을 낳았으며,[2] 사회과학에서도 그 방법을 꾸준히 준거와 이상으로 삼게 되었다.[3] 자연과학을 '과학'의 전형으로 상정하고 사회연구도 자연과학을

---

1 '자연주의'는 그 밖에도, 예컨대 순전히 물리주의적인 존재론에 대한 믿음이나 인간도 자연의 일부라는 믿음 등을 의미하는 여러 가지 방식으로 사용한다(Papineau, 2009). 사회과학에서는 대체로 자연주의를 인간이 객관적인 자연적 질서에 속한다는 것, 그리고 사회세계는 물리세계의 연속이거나 물리세계에서 생겨난다는 입장을 의미하는 것으로 취급한다(Williams, 2000: 49~50). 사회를 자연과학의 방법으로 이해할 수 있다는 믿음은 사회가 자연세계의 일부라는 믿음에 기초를 두고 있다.

2 근대 자연과학은 코페르니쿠스, 케플러, 갈릴레이, 뉴턴으로 이어지는 16~17세기의 과학혁명을 통해 확립되었다. 그런데 이들의 작업은 대체로 순수하게 과학적인 것으로 간주되기보다는 1차적으로는 종교적인 것으로, 즉 신의 정신과 완벽한 창조물의 성질을 이해하는 수단을 제공하는 것으로 간주되었다. 또한 1687년에 출간된 뉴턴 저서의 제목이 『자연철학의 수학적 원리(Philosophiae Naturalis Principia Mathematica)』였던 것에서 알 수 있듯 17~18세기에 '과학(science)'이라는 용어는 아직 널리 사용되지 않았고 자연과학은 철학의 일부로 분류되어 '자연철학(natural philosophy)'으로 불렸다('과학'이라는 단어는 19세기에 점차 과학적 방법과 결합된 탐구로서 근대적 의미를 갖게 되었으며 20세기 초에 보편적인 용어가 되었다). 그러다가 과학혁명과 함께 "성경이나 종교적 독단을 근거로 자연을 그렇게 쉽게 설명할 수 있을 것인가에 관한 회의주의가 중세 기독교의 세계상을 대신하게 되었다. 비록 종교적인 요소가 여전히 강했지만, 자연세계와 사회세계에 대한 전통적인 신학적 태도를 세속적인 것으로 변형시키기 위한 기반이 마련된 것이다"(휴즈·샤록, 2000: 53). 그리고 과학의 위상은 17~18세기 계몽주의를 통해 확산되었다. 계몽주의는 과학을 지식의 전형으로 믿고, 과학의 역사를 이성의 승리로 간주하며, 과학적 방법을 자연세계와 사회세계에 관해 사유하는 새로운 방식으로 예찬했다. 과학은 계몽의 다른 이름으로, 인간을 미신과 독단에서 해방시키고 더 나은 삶으로 인도하는 신뢰할 수 있는 도구라는 믿음은 근대를 관통해왔다.

3 과학의 방법에 관해서는 '과학의 창립자'로 불리는(Smith, 1998: 48) 베이컨과 데카르트가 정리했다. 베이컨은 인간 지식의 기초에 대한 설명으로 아리스토텔레스적 유산의 경험론을 계승한 반면, 데카르트는 플라톤의 합리론적 전통을 계승했다. 두 사람 모두 회의주의를 극복하고 세계에 대한 지식에 새로운 확실성을 제공할 지적 방법을 찾고자 했다. 베이컨은 과학적 관념에 믿을 만한 기초를 제공하는 방법으로 경

본받아야 한다는 입장의 초기 대표적인 사례는 19세기 초 콩트의 '실증과학(positive science)으로서 사회학'의 이상에서 찾을 수 있다.[4] 콩트는 뉴턴의 업적에 감명 받아 그것에 필적하는 사회연구를 추구하며 '사회물리학'이라는 이름 – 뒤에 '사회학'이라고 바꿨지만 – 을 사용했다. "콩트의 주장 가운데 가장 영향력 있는 것은 가치와 신념을 포함하는 사회를 자연과학에서 사용하는 것과 동일한 탐구의 논리를 사용해서 연구할 수 있다는

험, 실험, 귀납 그리고 성실한 관찰의 권위를 옹호했으며, 따라서 중세 스콜라주의의 선험적 방법을 기각했다. 그는 실험적으로 검증한 지식의 질서정연한 축적을 강조했다. 자연에 대한 참된 지식은 실험의 면밀한 고안과 수행, '가장 일반적인 공리'의 추구, '정신에서 비롯된 거짓 관념, 의견, 용인된 전통의 제거'를 필요로 하는 것이었다(그는 동굴, 종족, 극장, 시장의 네 가지 우상론으로 유명하다). 반면 데카르트는 과학적 지식을 위한 기초 도구로서 수학, 특히 기하학의 확실성을 믿었다. 그가 보기에, 수학적 원칙은 무시간적이고 불변적인 것이었으며, 따라서 자연법칙을 표현하기에 가장 적절한 언어였다. 이들이 각각 대표하는 교의는 여러 측면에서 매우 다르지만, 인간지식이 기초에 의거해야 한다고 상정하는 공통점을 지녔다. 데카르트는, 스피노자(Baruch De Spinoza)와 고트프리트 라이프니츠(Gottfried Wilhelm Leibnitz) 등과 같은 다른 합리론 철학자들과 함께, 감각경험과 실험 및 관찰의 가치를 부정하지는 않으면서도 자명한 전제들로부터 이어지는 논리적 연역의 역할을 강조했다.
반면 베이컨, 존 로크(John Locke), 흄 및 그 밖의 경험론 철학자들은 지식의 추구가 직접적인 감각경험에서 출발한다는 견해를 취했으며, 실증주의 철학은 인식론적 구분의 바로 이 가지를 더욱 진전시킨 것이었다(휴즈·샤록, 2000: 51~52). "서구 과학의 관점은 인간의 이성을 중심에 놓음으로써 종교적 신념과 양립하는 한에서만 새로운 지식의 사용을 가능하게 한 데카르트보다는, 실험적 방법을 강조함으로써 신념의 문제에 의문을 제기하는 위험을 피하는 한편, 관찰가능한 증거를 제공할 수 있게 한 베이컨이 지배하게 되었다. 그렇지만 베이컨도 인간 상상력의 역할을 배제한 것은 아니었다"(Smith, 1998: 52). 이런 믿음은, 근래 이른바 '반기초주의자들'의 공격을 받고 있지만, 여전히 강력하게 지속되고 있다. 근대과학 확립시기의 방법에 관한 자세한 논의는 김국태·배선복·정병훈(2004)을 볼 것.

4 "'실증과학', '실증과학의 철학'이라는 용어는 콩트가 만든 것이 아니라, 소설가 스탈 부인(Madame de Stael)이 1800년에 처음 도입했다"(Gordon, 1991: 271).

단언일 것이다"(휴즈·샤록, 2000: 53). 그리고 여기서 사회에 대한 자연과학의 추구는 '실증주의'라는 이름을 얻게 되었다.[5]

19세기에, 사회에 대한 연구를 사변에서 '과학'으로 전환시키고자 했던 밀, 허버트 스펜서(Herbert Spencer) 등과 같은 사상가들은 물리적 현상에 대한 탐구와 사회적 현상에 대한 탐구 사이에 아무런 방법론적 차이도 없으며, 두 현상들 사이의 차이는 사회적 현상이 훨씬 더 복잡하다는 점뿐이라고 생각했다. 예컨대 밀은 자연과학이나 사회과학 – 밀의 용어로는 '도덕과학' – 은 동일하게, 개별 사례들에서 일반법칙을 발견하는 귀납과 그렇게 발견한 인과법칙을 근거로 특정 조건 아래서의 귀결을 추론하는 연역의 두 가지 방법을 사용한다고 주장한다. 자연과학이 자연의 법칙(laws of nature)'을 찾는다면 사회과학은 '정신의 법칙(laws of mind)'을 찾는다는 것이다.

> 이러한 견해는 19세기 전체에 걸쳐 자연과학 및 그 과학의 응용의 놀라운 성공에 의해 지속적으로 강화된 권위를 획득했다. 이 진보의 표지들(가운데) 가장 유명한 것은 1859년에 출판된 다윈의 『종의 기원(On the Origin of Species)』이었다. 이 책은 인류가 피할 수 없게 자연의 일부분이며 적응과 변이라는 동일한 과정과 법칙의 지배를 받는다는 주장의 근거로 사용될 수 있는 견해에 대한 체계적인 진술을 제공했다. 곧 사회과학들도 이러한 통찰을 인간사회에 대한 이론을 발전시키는 데 사용하기 시작

5 "실증주의자가 자연과학을 사회과학을 위한 모형으로 사용하려는 가장 분명한 이유는 자연과학이 막대한 문화적 권위를 보유하고 있다는 점이다. 사회과학자도 이런 종류의 권위를 인정받기 위해서 자신의 학문분과가 과학으로 충분히 확립되어 있다고 제시하고자 할 만하다. 새로 등장하는 사회과학이 아직 인정받기 위해 투쟁하던 19세기 실증주의의 전성기에는 이것이 특별히 중요했다"(벤턴·크레이브, 2014: 48).

했다. 예컨대 마르크스는, 헤겔주의라는 전혀 다른 철학적 전통 속에서 태어나고 자랐지만 자본주의에 관한 그의 기념비적 저작『자본(Das Kapital)』을 다윈에게 헌정했다고 알려져 있다. 스펜서는 다윈의 저작을 그 자신의 이론과 방법에 대한 변호물로 명시적으로 채용했다. 세기말에 이르러, 실증주의의 과학주의적·결정론적 견해는 사회과학의 야망으로서 확고하게 닻을 내렸다(휴즈·샤록, 2000: 54).

여기서 상기할 것은 '모든 사회과학 ― 정치경제학, 사회학, 인류학, 사회심리학, 문화지리학, 기타 등등 ― 은 거의 문자 그대로 인간의 진보에 대한 확고한 신념에 기초했다'라는 점이다. 자연과학의 성공은 인간 정신이 세계를 이해할 수 있고 또한 과학(의 방법)을 사용해서 세계를 인간의 요구에 맞게 통제할 수 있음을 입증했다. 그러므로 "초기의 사회과학자들은 사회현상에 관한 경험적으로 확실한 지식체를 구축하고자 하면서 사회적 진보가 가능성하다는 믿음과 사회과학적 지식이 진보를 촉진하는 데 공헌할 수 있다는 기대를 가지고 있었다"(Gordon, 1991: 151). 그들의 이상은 단순히 과학적 방법의 '채용'에 그치는 것이 아니라 과학을 통한 사회의 진보에 있었다.[6] "예측하기 위하여 알아내고, 행위 하기 위하여 예측한

6 과학혁명은 인간의 이성에 대한 신뢰를 낳았고 이성의 능력으로 진보를 이룰 수 있다는 낙관적 믿음으로 이어졌다. 뉴턴 물리학의 성공은 지식의 변화뿐 아니라 세계관의 변화를 일으켰다. 이 세계관은 인간은 이성을 통해 세계의 운행을 감지하고 통제할 수 있으며 필요에 따라 자연을 이용할 수 있다는 생각으로 발전했다. '아는 것이 힘이다(Scientia est potentia)'라는 언명에서 드러나듯 17세기 초에 이미 베이컨은 자연에 관해 알아낸 지식을 통해 자연을 지배하고 통제할 수 있기 때문에 과학은 인간의 삶을 개선하는 것을 목표로 해야 한다고 정리함으로써 과학적 진리와 실천적 유용성을 동일한 것으로 파악한 바 있다. 데카르트도 지식을 통해 인간이 자연의 주인이자 소유자(maître et possesseurs de la nature)가 된다고 선언함으로써 베이컨과 마찬가지로 자연의 지배와 이용이라는 과학의 목표를 정당화했다. 계몽주의는 여

다"라는 콩트의 언명은 연구의 목표가 예측과 통제에 있음을 잘 보여준다. 콩트는 과학의 합리성을 도덕적 규정과 혼합하고자 시도했으며, '실증주의'의 창시자라는 명성을 얻었지만 그의 견해에는 과학보다 도덕적 규정이 더 많았다. 밀은 사회과학의 규범적 특성을 함축하면서 '도덕과학(moral sciences)'이라는 이름을 사용했다. 뉴턴 이래 과학의 성공은 인간의 일이 진행되는 데 관심을 가진 (밀 등과 같은) 사람들에게, 그 일을 과학적으로 알아낼 수 있으며, 사회적 삶을 더 공평하고 효율적으로 만드는 '과학적' 강령을 고안할 수 있다는 확신을 낳았다. 밀은 도덕과학을 포함한 모든 과학이 고전물리학의 추상적이고 연역적인 특성을 향해 진보한다고 믿었다(Williams, 2000: 18~19). 그들은 "과학은 사회가 어떻게 작동하는가를 드러낼 수 있고, 합리적인 사회질서를 개관하고 계획하고 실행할 수 있다고 주장했다. 진리의 추구로써 과학은 사회공학의 수단을 제공하고, 그럼으로써 갈등과 전쟁 등과 같은 사회적 해악을 제거하며 인간의 진보를 성취할 수 있다는 것이다. 이제 진보인가 파국인가의 선택은 인간의 손에 달려 있는 것으로 간주되었다. 종교적 신념의 확실성을 과학의 확실성에 대한 믿음이 대체했다"(Smith, 1998: 78). 19세기에 실증주의는 단순한 과학철학에 그치지 않았다. 그것은 과학의 성취를 찬양하는 일반적인 세계관을 표현했다(블래키, 2000: 31). 이 시기의 실증주의는 '자연주의(또는 과학의 통일)'와 '과학주의' 그리고 '과학적 정치'의 주장을 특징으로 했다.

그리고 '과학'의 특징에 관한 초기 실증주의의 견해는 대체로 '경험론'

기서 이성의 힘에 의한 '진보' 개념을 산출했다. 계몽사상가들은 인간이 이성의 힘에 의해 자연과 인간과 사회에 관한 보편적 진리를 발견할 수 있으며 이것을 기초로 문화와 문명의 진보를 성취할 수 있다고 믿고, 지식·자유·행복을 합리적 인간의 목표로 상정했다.

의 입장을 따르고 있다. 예컨대 콩트의 '과학철학'은 ① 연구의 대상에 대해 알아낸 것을 현상, 즉 경험적인 것에 한정하고, ② 원인에 대한 헛된 탐구 대신 '현상의 법칙'에 대한 연구를 추구하며, 그러면서도 ③ 지식의 기초인 관찰을 추론과 적절히 조합할 것을 요청하고, ④ '일반적 사실들' 아래 '단일의 현상'을 포섭시키는(말하자면, '가설-연역적') 설명을 주장하고, ⑤ 과학이 진보하면서 과학적 지식이 (층화되고 환원불가능한) 통일체로 점점 더 체계화할 것으로 보고 있다(Manicas, 1987: 59~61).[7] 과학에 대한 이런 견해는 뉴턴의 과학에 대한 이해에 기초한 것이라고 할 수 있다. "뉴턴의 발견이 철학에서 거대한 낙관주의와 과학에서 확신의 시대를 선도했고, 뉴턴이 사용한 방법을 따르면 다른 분야에서도 비슷한 성공을 거둘 수 있을 것이라는 믿음이 있었다. 뉴턴과 그의 후예들이 촉발한 과학의 성공 및 그것이 나타낸 기술의 성공이 없었더라면, 사회세계에 대한 연구들은 적어도 초기에는 전혀 다른 특징을 가졌을 것이다"(Williams, 2000: 17~19). 뉴턴의 탐구는 핵심적 공리의 연역과 그 공리를 실험해서 얻은 확증의 방법을 사용하는 것으로 받아들여졌다. 대체로 "(베이컨에서 유래하는) 다루는 객체에 대한 정밀한 관찰 및 과학적 거리두기의 강조와 (데카르트에서 유래하는) 인간의 의식이 지식의 근원이라는 가정의 창조적 혼합이 사회에 대한 과학적 전망을 구축하고자 하던 사람들에게 강력한 영향을 미쳤다. 초기의 사회과학은 외부의 실재에 대한 인간의 의식이 지식의 근원이라는 믿음과, 자연의 신비를 이해하기 위하여 과학의 실천은 객체와 분리되어야 한다는 믿음의 이러한 잠재적 결합에 의해 형성되었다. 이런 믿음은 사회과학의 초기 발전에 뿌리 깊게 영향을 미쳤으며 19세

7 피터 매니카스(Peter Manicas)는 20세기 실증주의 또는 실증주의 과학철학도 ①~④의 주장들에 해당하는 분명한 유사물들을 가지고 있다고 지적한다(1987: 60).

기 실증주의에서 가장 분명하게 찾아볼 수 있다. 현재 존재하는 모든 사회과학은 어떤 식으로든 19세기 실증주의에서 유래한다"(Smith, 1998: 53).

뒤르켐은 자연과학에 대한 (적어도 그 자신이 보기에는) 지배적인 인상과 일치하는 사회과학 개념을 정당화하고 사회연구를 (자연)과학으로 확립하기 위해 해결해야 했던 여러 쟁점들과 씨름했다. 자연과학에 대한 그의 인상은 부정확한 것이었지만, 법칙, 인과적 설명, 객관성, 그리고 엄격한 방법을 강조하고 자신의 실제 연구에서 이를 실행하고자 했다(뒤르켐의 실증주의에 대한 자세한 논의는 휴즈·샤록, 2000: 60~75를 볼 것). 뒤르켐에 따르면, 사회현상은 규칙적이고 질서 지어진 현상이며, 정확한 방식으로 연구한다면 그것은 인간을 다루는 자연과학의 대상이 될 수 있는 것이었다. 뒤르켐은 『사회학적 방법의 규칙들(Regles de la methode sociologique)』(2판 서문)에서 다음과 같이 주장한다.

> 과학 분야의 아직 탐구하지 않은 영역을 탐사할 때 사회학자는 물리학자나 화학자나 생리학자와 동일한 정신의 상태를 가져야 한다. 그가 사회세계를 파고들 때 그는 자신이 모르는 것을 파고든다는 것을 깨달아야 한다. 그는 자신이 사실들 — 그것들을 지배하는 법칙은, 생물학이라는 과학이 생겨나기 이전에는 생명의 법칙들에 대해 그러했던 것처럼, 생각지도 않았던 것이다 — 의 존재 속에 있다고 느껴야 한다. 그는 놀랍고 당황스러운 것들을 발견할 준비를 하고 있어야 한다.

뒤르켐의 "목표는 여러 가지 형태의 관념적인 것을 그것의 독특한 속성들을 손상시키지 않은 채 자연의 영역으로 가져가는 것이다"(휴즈·샤록, 2000: 61에서 재인용). 이를 위해 뒤르켐은 사회적인 것의 실재성을 확인하고 그것을 과학적으로 탐구할 수 있는 방법을 찾아내고자 했다. 언어, 도덕규범, 경제조직, 법률, 관습 등의 사례에서 확인할 수 있듯, '사회적 사실들'은 인간에게 외부적인 것이며, 인간의 의지에 저항하고 인간을 구속한다는 점에서 '사물들' 일반의 속성을 갖고 실재한다. 그리고 과학의 보증서는 원인을 탐구하는 데 있다. 그러므로 사회과학은 사회적 사실들을 목적론적인 원인이 아니라 결정론적인 원인(그리고 그것에 대해 개인들이 의식하지 못하는)에 의해 설명해야 한다. 사회적 사실들에 대한 설명은, 주어진 결과가 늘 특정한 원인에서 기인한다는 가정 위에서 시험해야 한다. 또한 과학은 추측이나 사변이 아니라 '관찰할 수 있는 것'을 다룬다. 하지만 사회과학에서는 원인을 확인하는 직접적인 실험이 불가능하기 때문에, 뒤르켐은 비교 방법을 사용했다.

뒤르켐의 『자살(Le suicide)』은 실증주의의 과학적 사회연구의 대표적인 사례로 과학의 성질에 관한 그의 철학적 견해와 그 견해를 사회현상의 탐구에 적용하는 것 사이의 관계를 인상적으로 보여준다. 뒤르켐은 어떤 사회의 자살률이 그 사회의 정신 질병의 비율이나 유전 등과 같은 개인적 요인과 관련이 없음을 확인하는 한편, 이타주의적·이기주의적·아노미적 자살로 자살의 유형을 구별했다. 그리고 사회집단들의 사회적 통합의 정도와 개인들의 자살 성향 사이의 상관관계를 찾아내고 이를 일반법칙으로 정식화했다. 그리고 자연과학에서 볼 수 있는 것처럼, 개별 사례들을 이 일반법칙에서 연역해서 설명한다.

법칙: 개인이 사회집단에 통합된 정도가 강하면 그 개인의 자살 성향은 약하다.

초기조건: 기혼자는 미혼자보다 가족에 더 통합되어 있다.

사건: 기혼자의 자살률이 미혼자의 그것보다 더 낮다.

뒤르켐의 자연주의와 관련해서 지적할 또 다른 중요한 측면은, 사회과학적 연구의 결과를 사회개혁의 문제들에 적용하고자 했다는 점이다. 사회개혁에 대한 관심은 과학에 기초한 도덕주의적이고 개량적인 콩트 이래의 전통이었다. 뒤르켐은 사회적 과정이 인과법칙의 지배를 받는다는 것을 보이고, 훈련된 탐구를 통해 그 법칙에 대한 지식을 획득함으로써 결국 사회개혁의 기초가 될 과학적 토대를 획득하고자 했다.

1920년대 비엔나학단의 논리실증주의는 19세기 실증주의의 자연주의 교의를 (일부는 암묵적으로) 계승했다.[8] '과학의 통일(unity of science)'이라는 오토 노이라트(Otto Neurath)의 구호는 이런 믿음을 압축적으로 보여준다. 그들은 모든 영역을 가로질러 하나의 방법을 사용하는 통합된 과학만이 존재한다고 생각했다. 카르납은 다음과 같이 주장한다.

새로운 논리의 도움으로, 논리적 분석은 통합 과학(unified science)으

8 논리실증주의자들은 "콩트의 역사철학을 형이상학적인 것이라고 생각했기 때문에 '실증주의'라는 용어를 기피했다"(오스웨이트, 1995: 18~19; Halfpenny, 1982: 47). '진술의 의미는 그것의 검증방법(method of its verification)이다'라는 언명으로 표현하듯, 논리실증주의는 우리가 명제를 어떻게 검증할 수 있는가를 진술할 수 없다면 그 명제를 의미 없는 것으로 취급했다. 그리고 경험과 입증가능한 방식으로 결합되어 있지 않은 사변적·형이상학적 사유를 의미 없는 것으로 규정하여 과학적 지식에서 숙청하고자 했다. 이런 입장 때문에 비엔나학단의 논리실증주의는 콩트의 실증주의와 관련이 없다는 주장도 유력하게 제기되었다[예컨대 Kolakowski(1972)]. 고든은 "비엔나학단의 1929년의 선언은 초기 프랑스 실증주의와 유사성을 보이지만 인식론이 아니라 사회철학의 측면에서 그러할 뿐이며, 자연과학과 관련해서는 초월적 형이상학을 강력하게 비난하고 '과학적 세계관'으로 그것을 대체할 것을 탄원하려는 점에서만 유사할 뿐 프랑스 실증주의와 논리실증주의는 우연하게 이름만 동일한 서로 다른 철학"이라고 주장한다(Gordon, 1991: 304). 그럼에도 고든은 인식론의 측면에서도 콩트와 비엔나학단(과 그 후계자들)은 "절대적으로 확실한 지식이 가능하다는 생각을 공유하고 있었다"라는 점은 인정한다(Gordon, 1991: 591).

로 이어진다. 근본적으로 상이한 방법이나 상이한 지식 원천을 가진 상이한 과학들이 있는 것이 아니라, 오직 하나의 과학이 있을 뿐이다. 이 과학 안에서 모든 지식은 그것의 자리를 차지하고 있으며, 사실 기본적으로 동일한 종류의 지식이다. 과학들 사이에서 보이는 근본적 차이라는 외양은 그것들을 표현하기 위하여 우리가 상이한 하위언어들을 사용해서 생긴 것의 현혹적인 결과이다(Caldwell, 1994: 16에서 재인용).

사회과학들은 그것들이 다루는 현상의 규모와 다양성 때문에 과학적 법칙의 확립에서는 덜 성공적이지만, 이것은 원칙상의 어려움이 아니라 실행상의 어려움이다. 사회과학도 결국에는 물리적 사건을 다룬다(Ayer, 1959: 21).

이런 입장의 "논리실증주의는 20세기 중반 과학철학을 지배하게 되었으며"(Halfpenny, 1982: 59), "포퍼가 1950년대 후반에 지식주장에 대한 확증은 귀납의 문제 때문에 논리적으로 불가능하다고 비판하면서 반증가능성을 과학의 기준으로 제시할 때까지는 자연과학에 대한 영어권의 해석에 막대한 영향을 미쳤다"(Smith, 1998: 98~100). 그렇지만 논리실증주의를 비판하고 '비판적 합리주의'를 제안한 포퍼도 '과학적 방법의 통일'이라는 입장은 공유했다.

자연에 대한 이론적 과학과 사회에 관한 이론적 과학의 방법들 사이에 아무런 차이도 없다고 주장하려는 것은 아니다. 분명히 그러한 차이는, 여러 사회과학에서와 마찬가지로 여러 자연과학에서도 존재한다. …… 그러나 나는 두 영역에서의 방법이 근본적으로는 동일하다는 주장에 관해서 콩트와 밀 그리고 다른 많은 사람에게 동의한다(Popper, 1961: 130~131).

논리실증주의는 반증주의의 수정과 결합하고 '포괄법칙적 설명모형' 및 '가설연역적 방법' 등을 정식화하면서 과학의 구조와 방법에 관한 '표준적 견해(received view, standard view)' 또는 '법칙적 설명의 정통' — 오스웨이트의 표현으로 — 으로 영어권의 사회과학을 지배했다(블래키, 2000: 35). 특히 "논리실증주의는 최대 확장기인 1930년대에 미국의 사회과학에 수입되어 사회과학의 성공을 이끌면서 미국이 지배하는 현상이 확장되고, 특히 사회학이 성장함과 함께 '사회과학에서 실증주의의 시대'를 열었다"(Williams, 2000: 21).

> 1930년대부터 1960년대에 이르기까지, 미국의 사회과학은 대부분 실증주의적이었다. 그것의 지배적 관심은 사회적 삶에 대한 일반법칙 — 그것에 시험가능한 귀결을 도출할 수 있는 — 을 확립하고, 개념들을 관찰가능하고 측정가능한 것으로 조작화하고, 순수하게 수집하고 조직한 경험적 자료를 통계적으로 조작하는 것이었다(키트·어리, 1993: 143).

그리고 1970년대 이래 실증주의에 대한 비판이 크게 일어났음에도 사회연구에서 실증주의적 '자연과학' 추구의 지배력은 오히려 확대되고 강화되었다.

논리실증주의자들은 경험적 사실에 기초한 진리와 단어의 의미에 기초한 진리라는 두 가지 진리가 있다고 믿었다. 전자의 모형은 (훌륭한) 과학이고 후자의 모형은 수학과 논리학이었다. 과학은 직접 경험의 확실성에서 시작함으로써 경험적 진리를 제공한다. 과학의 특징과 방법에 관해, 논리실증주의는 경험적(종합적)이거나 선험적(분석적)인 진술이 아니면 의미 없는 것이라는 원칙과 "지식의 기초는 경험이며 이론은 논리적·수학적 해석체계라는 두 가지 전제가정에서 출발한다"(오스웨이트, 1995: 34).[9] 관찰적 증거에 대한 압도적 의존은 논리실증주의의 특징이다(Caldwell, 1994: 14). 모든 (의미 있는) 관념은 감각 경험에 근거한다. "가설의 검증은 오직 관찰을 통해서만 일어날 수 있고, 검증을 수행하는 수단은 관찰진술이다. 어떤 것을 관찰할 수 없다면 그것은 검증할 수 없는 것이며, 검증할 수 없다면 우리는 그것을 주장할 자격을 갖지 못한다"(Carnap, 1969: 108~109).[10] 과학에서 관찰진술, 즉 내용을 갖는 '종합적 진술'을 제외하고는 논리학과 수학의 '분석적 진술'만이 역할을 갖는다. 그렇지만 이 진술은 동어반복적인 것으로 명제에 구조만을 제공할 수 있고 세계에 관해서는 새로운 것을 아무것도 드러내지 않는다. 지식주장의 정당성을 확인하기 위해서는 관찰증거를 수집해야 하며, 그러므로 과학은 개별 사례에서 변수들 사이의 관찰된 관계에 관한 지식을 구성하는 논리적 과정인 귀납의 방법을 사용한다. 그리고 이것을 기초로 아직 관찰하지 않은 다른 사례에서 그러한 관계에 관한 보편적 일반화를 만들어낸다. 이때 인간의 정신은 감각자료를 수집하는 수동적 수용자이며, "과학적 진술은, 그것이 가리키는 것들을 거울처럼 반영하는 사진이나 그림이라고 할 수 있다"(Smith 1998: 97). 분석적 진술이나 검증가능한 진술 이외의 다른 진술은 과학적인 것이

---

9 "비엔나학단은 1929년에 발표한 선언 '과학적 세계관(The Scientific Conception of the World)'에서 그것이 두 가지 특징을 갖는다고 강조했다. 첫째, 그것은 경험론적이고 실증주의적이다. 즉, 지식은 오직 경험에서만 나오며 경험은 직접 주어진 것에 의거한다. 이것은 정당한 지식의 내용에 한계를 정한다. 둘째 그것은 논리적 분석이라는 특정 방법의 적용을 특징으로 한다. 과학적 노력의 목표는 경험적 자료에 논리적 분석을 적용함으로써 통일된 과학에 도달하는 것이다"(Halfpenny, 1982: 47). 그들은 "과학의 개념들은 오로지 감각적 세계(sensory-world)의 사물과 사건만을 가리켜야 하며 과학적 담론의 언어는 엄격하게 재현적이어야 한다고 주장하는 점에서 극단적 경험론자(ultra-empricist)였다"(Gordon, 1991: 593).

10 "카르납은 검증가능성(verifiability)보다 확증가능성(confirmability)이라는 용어를 더 선호했다"(Caldwell, 1994: 12).

라고 볼 수 없다. 그것들은 형이상학적이며 의미 없는 것이다. 그러므로 논리실증주의는 '논리+실증'을 과학의 핵심으로 간주한다[그렇지만 "논리학과 실증주의 사이의 제휴는 철학적 필연이 아니라 역사적 우연이다"(폰 리히트, 1994: 30)]. 이런 주장은 바로 과학의 구조와 방법에 관한 '표준적 견해' 또는 2장에서 논의한 '실증주의 과학관'의 중심 내용을 구성하며, 따라서 제2차 세계대전 이후 사회연구가 추구하는 과학의 특징이 되었다.[11]

또한 "콩트가 그러했듯, 논리실증주의자들도 과학적 방법의 명확성과 객관성이 광범위한 사회의 구제의 수단이라고 믿었다"(Williams, 2000: 21). "한 세기 전의 콩트와 마찬가지로 비엔나학단의 구성원들, 특히 노이라트는 적어도 초기에는 계몽의 새로운 시대를 위해 작업했다.[12] 그들은 모든 학문분과를 합리적 행위를 위한 기초를 제공할 수 있는 진정으로 과학적인 것으로 만들고 그것에 의해 그 시대의 사회적 혼란 – 이 경우에는 제1차 세계대전이라는 재앙 – 의 반복을 피하고자 하는 동기를 가지고 있었다. 그렇지만 그들은 19세기 실증주의자들과 달리, 인간의 일반적 조건을 성찰하고 역사 및 사회진보의 방향에 대한 이론을 만들어내고자 하는

11 윌리엄스는 논리실증주의의 지배가 사회과학에 3중의 유산을 남겼다고 평가한다. ① (유익한 것으로) 사회과학을 압박하는 형이상학(constricting metaphysics)의 대부분을 잘라버리고, ② 그 결과로 '과학적' 사회학에 엄격함을 요구하고, ③ (덜 유익한 것으로) 사회과학에 순진한 경험론(naive empiricism) — 특히 사회세계에서 관찰과 관련해서 강력하게 주장되는 — 을 부여했다는 것이다(Williams, 2000: 21~22). 참고로, 관찰적 증거가 과학적 지식의 기초라는 논리실증주의의 주장은 경험적 증거에 기초를 둔 것이 아님에도 논리실증주의자들은 그들 자신의 기준과 달리 그 주장을 의미 없는 것으로 취급하지 않았다(Gordon, 1991: 594).

12 "노이라트는 마르크스주의를 '엄격하게 과학적이고 비형이상학적인 사회학'을 창조하려는 가장 완벽한 시도라고, 마르크스의 물질론은 정신과학 전통에 속하는 이해사회학자들이 보여주는 관념론적 대항 흐름보다 더 나은 것이라고 주장했다"(Halfpenny, 1982: 58).

관심은 배제했다. 그들은 사실에 대한 과학적 지식에서 도덕적으로 바람직한 것을 도출할 수는 없다고, 과학은 특정한 조건에서 무엇이 일어날 것인가를 이야기할 뿐 무엇이 일어나야 하는가를 말할 수는 없다고, 도덕은 과학이 다룰 수 없는 직관이나 기호의 문제라고 믿었다. 그들은 모든 과학이 동일한 형식을 취하기 때문에 통일될 수 있다는 자연주의적 믿음을 가지고 있었지만 콩트나 스펜서와 달리 도덕을 과학에서 배제했다" (Halfpenny, 1982: 46~47). 그럼에도 비엔나학단의 1929년 '선언'의 "과학적 세계관의 정신이 합리적 원칙에 따라 경제적·사회적 삶을 형성하고 있다"라는 확신 있는 진술은(Gordon, 1991: 593) 논리실증주의가 과학의 목표나 유용성을 합리적 행위의 기초에 두고 있음을 알려준다. 과학의 진보와 과학의 적용을 통한 사회의 진보에 대한 믿음은 포퍼도 공유한다. 포퍼는 사회적 조건을 원하는 쪽으로 개선하기 위하여 사회제도를 구성하거나 만드는 '사회공학', 그중에서도 '점진적(piecemeal)' 계획을 옹호하고 사회과학이 '사회공학'을 실천적 목적으로 삼아야 한다고 강조한다.[13]

13 사회공학과 관련해 포퍼는 두 형태의 예측을 구분한다. 그중 하나는 '예언(prophecy)' 으로, 이것은 천문학자나 기상학자가 제시하는 미래 사건에 대한 예측으로서, 역사주의자들은 사회적 사건에서 이런 형태의 예측을 열망한다. 다른 하나는 '기술적 예측(technological prediction)'으로, 이것은 공학적 목적에 봉사하기 위해 물리학 등의 분야에서 제시하는, 예컨대 로켓이 대기권을 벗어나기 위해 필요한 속도와 그 속도를 얻기 위해 필요한 에너지의 양에 대한 예측이다. 포퍼는 '반증가능성'을 과학의 기준으로 믿기 때문에 경험적으로 시험할 수 없는 역사적 예언은 가짜과학으로 간주한다.

반자연주의

사회연구에서 (자연)과학적 추구는 지배적인 경향이었지만, 사회는 "자연과학과 동일한 방법으로 연구할 수 없다"라는 대립적인 주장을 늘 동반했다.[14] 과학적 방법의 사용에 반대하는 주장은 기본적으로 인간(의 일)은 자연적 사실과는 질적으로 다르다는, 그러므로 자연과학의 방법으로는 파악할 수 없다는 믿음에 기초한다. 객체에 의미를 부여하며 의식적으로 행위 하는 인간의 특징 때문에 사회세계의 탐구에는 자연과학의 절차를 사용할 수 없다는 것이다. 사회연구는 인과기제와 법칙을 끌어들이는 설명이 아니라 문헌 해석에 더 가까운 이해를 추구해야 한다. 흔히 법칙정립적(nomothetic) 연구와 개체서술적(ideographic) 연구의 대립, 또는 설명(Erklän)과 이해(Verstehen)의 대립으로 특징지어지는 두 입장의 대립은 이른바 '자연주의 논쟁'으로 불리며 이미 18세기부터 지속되었다. "실증주의와 방법론적 이원론 사이의 대립은 형성되는 사회과학을 구조 지었으며"(Outhwaite, 1998: 23), "자연과학과의 비교는 사회과학의 자기정체성의 일부로 자리잡고 있다"(앤더슨, 1988 : 315).

"(반자연주의의) 계보는 과학혁명보다 앞선다. 이미 17세기에 토머스 홉스(Thomas Hobbes)와 잠바티스타 비코(Giambattista Vico) 등과 같은 사상가들은 인간의 자원론적(voluntaristic) 특성을 강조했다. 의식적이고 자

14 오스웨이트에 따르면 사회를 '자연과학과 동일한 방법으로 연구할 수 없다'라는 주장은, 각각 존재론적이고 인식론적인 경향의, 하지만 실제로는 서로 침투하는 두 가지 주장 가운데 어느 하나 또는 둘의 조합에 의존한다. ① 사회세계는 물질세계(의 나머지 부분)와 본질적으로 다르다. 그러므로 사회세계에 대한 우리의 지식은 근본적으로 (자연과학과) 다르다. ② 사회세계를 연구하는 우리의 '인지적 관심'은 나머지 세계에 대한 우리의 관심과 근본적으로 다르다. 그러므로 사회세계에 대한 우리의 지식은 근본적으로 다르다(Outhwaite, 1998: 22).

기반성적이며 창조적인 존재로서 인간을 연구하는 데에는 그렇지 않은 방식으로 움직이는 세계의 객체들을 연구하는 것과는 상이한 접근, 즉 설명과 예측이 아니라 이해와 해석에 기초한 접근이 필요하다는 것이다'" (Williams, 2000: 18, 88). 또한 18세기 말에서 19세기 초에는 정신적·문화적 가치의 상실과 왜곡을 우려해 실증주의를 거부하는 관념론 및 반과학주의적 낭만주의의 흐름이 나타났다.[15] 그리고 19세기 후반 독일에서 나

15 과학적 지식의 지배 또는 우위에 대한 낭만주의의 저항은 18세기 후반 산업화를 통해 과학의 강력한 효과를 광범하게 인지한 때부터 나타났다. 예컨대 시인 윌리엄 블레이크(William Blake)는 "예술은 삶의 나무이고 과학은 죽음의 나무이다"라고 말하면서 '사악한 악마의 맷돌(dark satanic mills)'이라는 표현으로 산업혁명의 기술발전 과정이 문화를 파괴하는 것을 경고했다. 그가 보기에 "기계의 불쾌한 굉음은 섬뜩한 노동 및 생활 여건, 불확실한 고용, 빈곤, 질병, 저주스러운 환경 그리고 조기 사망으로 보상되었다". 그는 뉴턴, 로크, 베이컨이 대표하는 근대의 과학정신이 인류에게 악마적 영향을 미치고 있다고 주장하고, 근대과학의 기계론적 세계관을 대신할 신비주의적인 '영감의 물리학(visionary physics)'을 제시하고자 했다. 산업혁명 이래, 예술과 문학은 순수하고 자연적인 것과 결합했고, 과학은 합성적이고 잔인한 것과 결합했다. 과학은 인간적인 것의 대부분을 구성하는 정서적이고, 미학적이고, 윤리적이고, 감각적이고, 상상적이고, 의도적인 특성들을 위축시켰다. 이것에 반발해 낭만주의는 이성과 회의주의에 반대하고 감각과 감성의 중요성을 강조했다. 19세기의 반과학주의자들이 보기에, 프랑스 혁명에 뒤이은 '테러'의 야만성은 인간의 일에 적용했을 때 과학이 갖는 악마적 잠재력의 증거였다. 혁명에 따른 처단의 절정기였지만 영국의 산업혁명을 따라잡기 위해 과학적 연구와 교육을 강조하던 시기이기도 했던 1792~1794년 사이, 정부는 당시 저명한 수학자이자 물리학자인 라자르 카르노(Lazare Carnot)를 전쟁 지원 책임자에, 화학자인 라부아지에를 국가 회계 책임자에 지명함으로써 과학 전문가를 활용하고자 했다. 혁명정부는 '과학자들'을 동원해서 고통과 심리적 압박을 줄일 수 있는 인도적인 사형 집행 장치로 단두대를 고안하고, 이 처단의 방법조차도 과학적으로 가장 진보한 것이므로 가장 자비로운 것이라고 선전했다(Williams, 2000: 71).

한편 반과학주의적 낭만주의 운동의 중요한 한 갈래로 자연에 대해 한층 더 유기적이고 총체적인 관점을 가진 독일의 '자연철학주의(Naturephilosopgie)'는 19세기 독일 물리학자들에게 깊은 영향을 끼쳤으며, 구체적으로 뉴턴 역학이 결여한 에너

타난 '방법론 논쟁'의 핵심 쟁점은 사회과학에서 정신과 물질의 구분의 문제였다.

빌헬름 딜타이(Wilhelm Dilthey)는 프리드리히 슐라이어마허(Friedrich D. E. Schleiermacher)의 견해에 기초해서 자연과학들의 실증주의적 방법론은 인간들이 자연적 객체인 경우를 제외하고는 인간 현상들에 대한 이해에는 부적합하다고 주장했다. 딜타이에 따르면 정신과학과 자연과학의 차이는 단순하게 그것들이 다루는 대상의 질적 차이에 있다. 자연과학의 대상은 인간과 독립되며 따라서 감각을 통한 객관적·외적·법칙적 일반화에 의해 파악할 수 있다. 그러나 정신과학의 대상인 인간의 행위에는 '의도(intention)'가 개입되어 있기 때문에 법칙적 일반화를 통한 외적 파악이 불가능하며 인과적으로 설명할 수 없다. 자연세계의 인과성은 항상 그 안에서 "원인과 결과를 충족시킨다".

반면 인간들 사이의 상호작용은 인과법칙에 따라 기계적인 연쇄반응으로 일어나지 않는다. 인간의 행위는 기계적으로 구성된 것이 아니기 때문에 개인의 특수한 상황에 따라서 예측할 수 없는 일이 종종 발생한다. 정신과학에서 상호작용의 표현은 인과성에 의거해서 확정할 수 있는 그런 관계가 아니다. 인간의 삶에 대한 연구는, 인간들이 그들 자신에게 의미를 갖는 세계 속에 살고 있는 목적을 가진 창조자들이라는 사실에 기초를 두어야 한다. 자연과학이 대상으로 삼는 사건은 외부로부터, 현상으로서, 개별자로서 의식 속에 나타나지만 정신과학의 그것은 내부에서, 현실로서, 역동적인 연관관계로서 의식 속에 창조적으로 나타난다. '정신과 문화 그리고 사회적인 것은 그것의 본질적 성질에 의해 자연과학의 세계와는 상이한 것이며 따라서 상이한 연구방법을 필요로 한다. "정신적 실

지 개념을 바탕으로 열역학(thermodynamics)을 성립시키는 데 크게 기여했다.

재'에 대한 탐구의 방법은 행위, 사건 그리고 인공물을 인간의 삶 내부로부터 인식하는 것, 즉 그것들을 격리되어 인식되는 어떤 외적 실재인 것처럼 관찰해서가 아니라, 그것들 속에서, 그리고 그것들을 통해서 살고 있는 사람들이 경험하고 알아낸 것에 입각해 인식하는 것이다. 내적 지각과 외적 지각의 구분은 이해와 설명의 대립에 상응하며 따라서 딜타이는 '자연은 설명하고 정신생활을 이해한다'라고 엄격하게 그 둘을 구분했다. 즉, 사람들에 대한 지식은 오로지, 다른 사람의 경험에 대한 상상적 재창조 — 그들의 세계의 사물들이 그들에 대해 갖는 의미를 파악하기 위한 — 에 근거를 둔 해석적 절차를 통해서 획득될 수 있었다"(휴즈·샤록, 2000: 164~166). 그러므로 정신과학은 자연과학과 달리 '감정이입' 또는 '이해'의 방법을 사용한다.[16]

"(신칸트주의자인) 하인리히 리케르트(Heinrich Rickert)는 실재가 자연(nature)과 문화(culture)로 구분된다고 보는 딜타이의 이분법을 거부했다. 그렇지만 그것이 자연과학의 방법을 사회, 문화 그리고 역사의 세계에 적용할 수 있다는 것을 함축하는 것은 아니었다. 리케르트는 자연과학과 사회과학 또는 문화과학 사이의 차이는 존재론보다도 논리학에서 기인하는 것으로 파악했다. 인간은 자신의 지식이 정신의 외부에 정신과 독립되어 존재하는 실재를 믿을 수 있게 재생산하는가 여부를 알아낼 수 없다. 인간은 오로지 현상으로 나타나는 사물을 알 수 있으며, 사물들 자체를 알 수는 없다. 사실은 현상으로부터 구성되며, 정신에 의해 형식과 내용 모

16 딜타이는 이해의 과정을 ① 자신을 타인의 입장에 위치시킴, ② 모사(copying), ③ 추체험(re-living)의 3단계로 구분한다. 한편 카를 오토 아펠(K. O. Apel)은 딜타이 이후 '이해와 설명'을 대립시키는 주장의 전개를 ① 딜타이의 구분 원칙을 따르는 빌헬름 빈델반트(Wilhelm Windelband), 리케르트, 베버 등의 논의, ② 20세기 초중반, 헴펠, 오펜하임, 포퍼 등의 신실증주의, ③ 후기 비트겐슈타인의 언어이론을 기초로 한 윈치, 게오르크 폰 리히트(G. H. Von Wright) 등의 논의로 구분한다.

두를 부여받는다. 모든 인간지식은 선택적인 것이며, 특정의 이해관심에 따른 추상화를 포함한다"(휴즈·샤록, 2000: 166~168). 우리는 자연현상들에 대해서 그것의 독특하고 특수한 속성에 관심을 갖는 것이 아니라 그것의 일반적인 특징에 대한 지식에 만족한다. 반면 "문화과학은 몰가치적인 자연을 다루는 것이 아니라 인간이 가치 있는 것으로 인정한 목적에 따라 창출한 것, 즉 역사 및 문화를 다룬다. 따라서 이것을 다루는 학문은 역사적·문화적 사상들에 스며 있는 가치연관을 특수성의 관점에서 재구성하고자 한다"(이봉재, 2005: 239). 인간의 생산물은 가치를 체화하고 있으며, 인간의 역사를 구성하는 독특한 배열의 의미를 파악하기 위해서 사회과학자들은 바로 이 가치를 이해할 필요가 있는 것이다. 상이한 이해관심은 상이한 종류의 지식을 요청한다. 일반법칙의 발견에 관심을 갖는 자연과학은 법칙정립적 재현을 추구하는 반면 구체적이고 독특한 사례에 대한 이해에 관심을 갖는 역사과학 또는 문화과학은 개체서술적 재현을 특징으로 한다. 자연과학은 가치문제와 무관한 일반법칙에 관심을 갖는 반면 문화과학은 개인적 과정에, 그리고 그것을 공유된 인간의 가치에 연결 짓는 데 관심을 갖는다. 리케르트는 다음과 같이 요약한다. "자연과학은 연구주제인 자연을 몰가치적이고 의미를 갖지 않는 것으로 다루면서 그것을 일반 개념으로 이끄는 반면, 문화과학은 그 연구주제인 문화를 의미 있고 가치연관적인 것으로 다룸으로써 자연과학의 일반화 방법에 만족하지 않는다"(이봉재, 2005: 239에서 재인용). 딜타이의 반자연주의는 위 분류에서 첫 번째 차이, 즉 존재론적 차이에 기초하는 반면 리케르트는 두 번째인 인식론적 차이에 기초한다.[17]

---

17 "반자연주의는 실증주의보다 훨씬 더 다양하고 이질적인 흐름이다. 관념론이라는 이름은 이 흐름의 일부 측면에만 적절하고 더 나은 이름은 해석학(hermeneutics)일 것이다. 이 유형을 대표하는 인물은 요한 드로이젠(Johann Droysen), 딜타이,

리케르트의 영향을 강하게 받은 베버는 자연과학과 사회과학의 본질적인 차이는 존재론적인 것이 아니라 방법론적인 것이라는 견해를 지지했다. 베버는 당시 사회과학적 방법 논쟁을 지배한 실증주의와 직관주의 — 우리는 다른 사람들을 그들의 정신에 대한 우리 자신의 감정이입적 직관을 통하여 이해할 수 있다는 견해 — 두 가지 모두를 거부했다. 두 지식 형태의 차이는 직관주의자들이 주장한 것과 같은 존재론적 이유 때문이 아니라, 탐구의 가치론적·이론적 목적에서의 차이에서 기인한다. 자연과학과 사회과학의 차이는, 사회과학에서는 바로 인간들이 탐구의 주체이면서 객체이기 때문에 생겨난다. 이것은 사회에 대한 지식이 일종의 자아지식이라는 것을 의미한다. 사회-문화과학이라면 어떤 것이든 자연과학에서 채용한 것과는 구별되는 방법을 사용해야 한다. 그렇지만 지적 탐구를 추구하는 방식에는 실질적인 차이가 있다고 하더라도, 두 가지 형태의 지식은 이론적 견해를 형성하는 방식에서는 동일하다. 중요한 차이는 이해의 '이론적 이해관심' 또는 '목적'에 있는데, 자연과학은 보편적·일반적 개념들과 명제들 또는 법칙들의 생산에 이론적 이해관심을 갖는 반면, 사회-문화과학에서의 이해는 주관적으로 의미 있는 현상에 대한 이해를 목적으로 한다. 역사와 사회세계에서 우리가 주관적으로 의미 있는 것이라고 받아들이는 이해관심의 종류를 결정하는 것은 우리 자신의 문화 속에 있는 가치이다. 이러한 상이한 종류의 이론적 이해관심들은 다른 하나로 환원할 수 없다. 의미의 이해 또는 해석이라는 사회-문화과학의 이론적 이해관심은 이해(verstehen)의 방법, 즉 사회적 행위자들의 주관적 경험을 재구성하는 시도를 필요로 한다. 베버는 '가치연관'의 개념을 사용해서 사회

신칸트주의자인 리케르트와 빈델반트, 리케르트의 영향을 받은 베버와 게오르크 짐멜(Georg Simmel), 그리고 이탈리아의 베네데토 크로체(Benedetto Croce)와 영국의 콜링우드를 들 수 있다'(폰 리히트, 1994: 24).

적 사실과 자연적 사실을 구분하고 사회과학의 독특한 특성(즉, 그것들이 개별 사례에 관심을 갖는다는 것)을 인정했지만, 그렇다고 해서 그것들이 학문의 객관성이라는 엄격한 기준을 충족시킬 수 없기 때문에 비과학적이라고 생각하지는 않았다. 딜타이를 따라서, 베버는 사회-역사적 과학을 위한 지식의 특징적인 형태로 '해석적 이해(interpretative understanding)'의 중요성을 인정했다(베버의 접근에 관한 자세한 논의는 휴즈·샤록, 2000: 169~177을 볼 것). 그렇지만 『경제와 사회』 첫부분을 보면 그의 입장을 단순한 '반자연주의'로 규정하기는 어렵다.

> 사회학은 사회적 행위에 대한 해석적 이해를 시도하고, 그것에 의해 그 행위의 과정과 결과에 대한 인과적 설명에 도달하고자 하는 과학이다. 우리는 행위 하는 개인들이 그의 행동(behavior)에 주관적 의미를 부여하는 한에서 '행위(action)'를 이야기할 것이다. 행위는 그것의 주관적 의미가 다른 사람의 행동을 고려하는 한, 그리고 그것에 의해 그 과정 속에서 다른 사람의 행동에 지향되는 한 '사회적'이다.

오히려 베버는 "인과적 설명에 대한 자연주의의 강조와 주관적 의미의 해석적 이해에 대한 반자연주의의 요구를 통합하고자 했다"(키트·어리, 1993: 220). 사회연구는 행위에 대해 그것의 '동기'에 대한 지식을 포함하는 '설명적 이해'를 제공하며, 행위자에게 동기를 귀속시키는 것은 '인과적 설명'의 일종이다. 그러므로 동기적 설명은 다른 형태의 인과적 가설과 마찬가지로 경험적으로 시험해야 한다. 물론 동기를 귀속시키는 가설에 대한 만족스러운 경험적 시험은 거의 불가능하며 비교의 방법이나 상상적 실험 등의 절차에 호소할 수밖에 없다. 경험적 시험을 거친 설명적 가설은 '인과적으로 적합한 것'이다. 그렇지만 그 가설은 또한 '의미 수준에서도 적합한 것'이어야 한다(베버의 인과적으로 적합하고 의미적으로도 적합한 설명에 관한 자세한 논의는 키트·어리, 1993: 220~228을 볼 것).[18] 간단히 말해, 베버는 설명과 이해의 대립 또는 '해석적 이해의 이점과 과학적 기준의 요구를 조화시키고자 했다'(휴즈·샤록, 2000: 169).

하지만 베버가 시도한 '종합' 이후, 반자연주의는 "분석철학의 수렴유파(convergent move)에서 예기하지 않은 동맹자, 철학적 지지기반의 새로운 원천을 만났다"(오스웨이트, 1995: 28; Outhwaite, 1998: 25).[19] 후기 비트겐슈타인을 따르는 일상언어 학파의 일원으로 분류되는 피터 윈치(Peter Winch)는 『사회과학이라는 이상(The Idea of a Social Science)』— 한국어 번

18 동기적 설명이 인과적 설명의 한 형태라는 베버의 견해와 관련해, ① 동기적 설명이 인간 행위에 대한 이해에서 중심적인 것이기는 하지만 인과적 설명은 아니라는 반론과 ② 사회과학에서 인과적 설명이 중심적이지만 동기적 설명에서 언급하는 항목들(의도, 목적, 정서, 가치, 믿음 등)은 경험적으로 시험가능한 것이 아니므로 과학적 설명의 요건을 충족할 수 없다는 반론이 있다. 그러나 키트와 어리는 이유에 입각한 설명이 인과분석과 양립가능하며, 경험적 시험불가능성이나 관찰불가능성을 이유로 주관적 상태에 관한 언급을 '과학'에서 배제하는 것은 적절하지 않다고 지적한다(키트·어리, 1993: 228~252).

19 '수렴유파'는 분석철학과 대륙적 전통의 정신과학을 통합하고자 하는 분석철학의 유파를 가리킨다. 분석철학은 자연주의를 옹호하는 논리실증주의를 주요한 원천으로 두며, "분석철학에 대한 대중적 인상은 수정된 논리실증주의이다"(오스웨이트, 1995: 27~28). "실증주의를 방법론적 일원론, 완전성에 대한 수학적 이상, 포괄법칙적 설명모형을 옹호하는 철학으로 이해한다면, 과학철학 및 방법론에 관해 분석철학은 근래까지도 압도적으로 실증주의적 정신 속에 있었다. 분석철학의 주된 하위 흐름 중 하나인 (일상) 언어철학은 후기 비트겐슈타인과 연결되는데, 이 하위 흐름은 (최근까지도 현재적이기보다는 잠재적이었지만) 실증주의에 반대하는 경향을 가졌다. 반면 러셀의 논리적 원자론과 초기 비트겐슈타인 그리고 비엔나학단의 신실증주의를 계승한 다른 한 하위 흐름은 실증주의적 경향을 가진다. 또한 과학의 진보와 인간사에 대한 합리론적인 사회공학적 태도의 고양을 통해 진보가 일어난다는 암묵적인 믿음을 19세기 실증주의와 대부분 공유한다"(폰 리히트, 1994: 30~33).

역판은 『사회과학의 이상』과 『사회과학의 빈곤』이라는 두 가지 제목으로 출간되었다 — 에서 "베버가 인간의 행위가 준수하는 규칙(rule)이 자연과학의 인과적 법칙(law)이 논리적으로 다르지 않다고 잘못 추론한다"라고 비판한다(윈치, 2011: 203). 자연적 객체는 법칙의 지배를 받는(laws governed) 반면, 사회적 객체는 규칙을 준수한다(rule following)는 것이다. 자연적 객체는 그것에 대한 사람들의 개념과 무관하게 존재하지만 사회적 객체는 사람들의 '생각' 또는 '개념'에 의존해서 존재한다. 즉, 실제로 존재하는 것이 아니라 우리가 (언어 사용을 통해) 존재한다고 생각함으로써 존재하며 그러므로 사회관계는 오로지 사람들의 관념 속에서만, 그리고 그것을 통해서만 존재한다. 간단히 말해, "사회관계는 실재에 관한 관념(ideas)의 표현이다"(윈치, 2011: 79). 그러므로 사회적 객체에 대한 이해는 자연적 객체에 대한 이해와 완전히 다르며, 따라서 사회적 삶의 연구에 자연과학의 방법과 가정을 부과하는 것은 오류이다. 자연과학은 사실의 영역에서 과학의 방법 — 실험의 방법과 경험적 탐구 — 을 통해서 실재하는 개별 사물 및 과정의 본질, 원인, 결과에 관한 새로운 발견을 추구하고 개별 사례들에서부터 일반화하는 방식으로 진행한다.

반면 실재에 대한 인간 이해의 본성을 연구하는 활동은 철학이며, 사회현상의 일반적 본질을 구명하고자 하는 사회과학의 중요한 이론적 문제는 과학이 아니라 철학에 속한다. 따라서 사회과학은 과학이 아니라 선험적 추론의 방법과 개념적 탐구(또는 분석)를 통해 개념에 조명을 가하는 일종의 철학이다. 그러므로 '사회과학이 발전하려면 철학의 방법이 아니라 자연과학의 방법을 따라야 한다'라는 '사회과학이라는 이상'은 잘못된 것이다.[20] 요약하면 윈치는 사회적 객체가 행위자의 생각(또는 개념)에

20 윈치가 이런 주장을 제출할 때 "사회과학자들의 지배적인 태도는 그들의 연구가 사

의존해 존재하는 존재론적 특성 때문에 인식론적으로도 설명이 아니라 이해를 추구해야 하며, 방법의 수준에서는 실험이나 경험적 탐구가 아니라 선험적 추론과 개념적 탐구를 사용해야 한다고 주장한다.

한스-게오르크 가다머(Hans-Georg Gadamer)의 철학적 해석학도 '반자연주의의 새로운 전기'가 되었다(Outhwaite, 1998: 26). 가다머는 『진리와 방법(Wahrheit und Methode)』에서 '의미를 갖는' 인간 행위를 다루는 사회과학은 인과적 설명을 포기하고 행위의 의미를 '이해하는' 학문이 되어야 한다고 주장한다. 이해의 출발점은 '이미 그리고 항상' 우리가 특정한 생활세계에 뿌리내리고 있는 상황이다. 해석자를 포함한 모든 행위자들은 세계 내에서 주어진 특정한 자기-이해로부터 이해를 시작하며, 모든 이해는 '상황지평'을 가지고 있다. 그리고 현존재의 근본적인 유한성과 역사성에 따라 이해도 유한성과 역사성으로부터 벗어날 수 없다. 이러한 유한성은 극복해야 할 결핍이나 부족의 상태가 아니라 현존재의 고유한 근본 상태로서 바로 이해의 기초이다. 현존재가 유한하다는 것은 현존재가 세계 내 존재로서 시간에 의해 규정된다는 것, 즉 역사성을 갖는다는 것을 의미하고 그가 전통 속에 서 있다는 것을 나타낸다. 해석자는 전통의 영향 속에서 대상을 이해해온 방식에 입각해 다른 어떤 것을 이해한다. 선판단은 생활세계 내에서 역사적으로 형성되어온 전통을 반영한다. 낯선 생활세계를 이해한다는 것은 그 세계의 원래 의미를 찾아내는 것이 아니라 그것의 의미를 해석자의 지평으로 끌어들이는 (유동적이고 변화하는) '지평융합'의 과정이다. 그렇지만 선판단은 지식의 생산을 왜곡하는 요소가 아니

회에 대한 진정한 자연과학이 창출되는 도상에 있다는 것이었다. 이해와 같은 개념이 사회과학자들이 추측과 가설을 만드는 것을 해명하는 데에는 도움이 된다고 하더라도, 사회현상을 설명하고 예측하기 위해 정식화한 사회과학적 가설의 타당성 및 시험의 문제와는 관련이 없다는 독단이 득세하고 있었다"(번스타인, 1996: 59).

라 지식 자체를 '가능하게' 하는 인식의 조건이다. 이해는 특수한 '방법'이 아니라 생활세계에 처해 있는 인간의 '존재양식'이다. 낯선 생활세계나 과거를 이해하는 데 해석자의 지평 '밖의' 절대적 기준을 통한 이해는 근본적으로 불가능하다. 선판단에서 자유로운 이성의 힘을 통해 대상을 '객관적으로' 파악할 수 있다는 믿음은 근대과학이 만들어놓은 환상에 지나지 않는다. 그리고 가다머는 "인간과학에서는 자연과학의 의미에서의 연구대상을 이야기할 수 없다"라고 강조한다. 가다머에 따르면, 역사성을 결여한 자연과학과 달리 정신과학은 과거의 역사와 실제로 관련 맺으며 전승된 역사의 매개 속에서 인식을 전개한다. 역사적 지식의 진정한 의도는 구체적 현상을 일반적 규칙의 특수한 경우로 설명하는 것이 아니라 그것의 단일성 속에서, 그 독특함 속에서 역사적 현상을 이해하는 것이다.[21]

하지만 위르겐 하버마스(Jurgen Habermas)는 가다머와의 논쟁에서 "가다머는 반성의 힘을 부인하지만 반성은 전통의 주장을 거부하는 능력을

21 가다머는 해석학적 문제의 보편성(universality of hermeneutical problem)을 주장한다. 이것은, 어떤 이해 — 심지어 자연과학적 연구 — 도 해석학의 문제가 개입될 수밖에 없다는 것이다. 이해가 사회과학만의 독특한 '방법'은 아니며, 인간의 존재론적 조건이라면 사회과학적 이해뿐 아니라 자연과학적 인식도 '객관화하는(objectifying) 것'이라고 할 수 없다. 이것은 협약주의의 '경험의 이론의존성' 명제를 상기시킨다. 가다머는 『진리와 방법』에서 근대 자연과학이 내세우는 객관주의를 비판한다. 아울러 자연주의를 비판하는 (낭만주의적) 해석학에 대해서도 그것이 저자의 의도라는 궁극적인 기준을 상정함으로써 객관주의의 변형된 형태로서 주관주의에 그치고 있다고 비판한다. 『진리와 방법』은 가다머 자신이 서론에서 밝히듯, 인간과학들의 방법론이 아니라 그것들의 방법론적 자아의식을 넘어서 그것들이 진정으로 무엇인가 그리고 세계에 대한 우리의 경험의 총체성과 그것들을 연결 짓는 것이 무엇인가를 이해하고자 시도한다. 그렇지만 인간과학과 대비할 때 가다머는 자연과학에 대해 해석학의 보편성을 거의 허용하지 않는 과도한 객관주의적 그림을 그리고 있다. 가다머의 입장은 자연에 대한 과학과 역사에 대한 과학의 차이를 과장하여 대비한다(오스웨이트, 1995: 99~101).

통해 자신의 힘을 증명한다"라고 비판한다(Habermas, 1989: 170)[22]. 하버마스는 이해가 선입견에서 자유로울 수 없다는 점에서는 가다머에게 동의한다. 이해는 상황구속적이며 설명과 판단을 위한 '객관적' 기준은 존재하지 않는다. 아무리 정교한 이론이나 방법이라도, 그것은 그 과학자의 전통에 의해 오염된 것이며 선입견에 의해 제약된 것이다. 그러므로 과학을 세계에 대한 유일한 지식체계로 간주하고 과학적 지식의 객관성이나 중립성을 주장하는 실증주의적 사회과학은 이해의 상황구속성을 간과하는 객관주의의 오류에 빠진 것이다. 그렇지만 하버마스는 반성의 힘이 역사적 현실로부터 벗어날 수 없다고 주장하는 가다머와 달리, 비판적 반성이 역사적 현실을 토대로 하지만 그것을 넘어설 수 있다고 강조한다.[23] 그리고 하버마스는 인간의 역사적 삶은 ① 노동을 통한 물질적 기초의 재생산, ② 일상언어를 통한 상호주관적 의사소통 관계에의 참여, ③ 왜곡된 삶의 조건들에 대한 반성과 비판이라는 측면을 가지고 있으며, 모든 형태의 인식은 인식 주체의 삶의 관심에 의해 유도된다고, 혹은 인간의 실천적인 생활세계의 관심에 뿌리를 두고 있다고 주장한다. 그러므로 세계에 대한 인식은 자연 지배에 대한 '기술적 관심'과 상호작용 참여에 대한 '실천적 관심' 그리고 지배와 억압으로부터 벗어나 자율적인 삶을 추구

---

22 가다머와 하버마스의 견해와 흔히 '전통(tradition)'과 '비판(critique)'의 대립으로 불리는 둘 사이의 논쟁에 관한 자세한 논의는 이구슬(1996)을 볼 것.

23 초기의 하버마스는, 반성의 권리가 해석학적 접근의 자기 제한을 요구하고 전통의 맥락을 넘어서는 준거체계를 요구한다고 강조했다. 그 준거체계는 사회적 행위를 제약하는 객관적 맥락, 즉 기술적 이용의 절차에 들어오는 외적 자연과 사회적 권력관계의 억압적 성격에 반영되는 내적 자연이라는 실재의 강제를 가리킨다(Habermas, 1989: 172~174). 그렇지만 후기에는 준거체계에 대한 논의를 제외하고, 행위자와 해석자가 의사소통하는 과정에서 공유한 규칙이 존재하며 그것에 의해 해석의 상황에서도 합리성의 기준을 상정할 수 있다는 견해를 제시한다.

하려는 '해방적 관심'에 의해 유도되며, 이것들 각각에 의해 '경험분석적 과학', '역사해석적 과학', '비판지향적 과학'의 지식체계를 형성한다. 여기서 하버마스는 (해석학적 전통의) 반자연주의 자연과학과 정신과학이라는 이분법 대신 비판적 사회과학을 포함하는 3원 모형을 제시한다.[24]

---

24 하버마스에 따르면, 이 3원 모형에서 경험분석적 과학은 특수한 조건이 주어지면 항상 가능한 기술적 통제와 관련해 현실을 포착하고, 역사해석적 과학은 주어진 해석적 출발점마다 고유한 것으로 나타날 수 있는 행위지향적 상호이해의 상호주관성과 관련하여 현실에 대한 해석을 포착한다. 그리고 비판지향적 과학은 방법적 자기반성의 과정을 용이하게 하고 삶의 자기의식적 발전에 장애가 되는 것들을 해체하고자 한다. 여기서 하버마스는 사회세계에 대한 '경험분석적 과학'의 가능성을, 적어도 논리적으로는 부인하지 않으며, 이 점에서 인과 설명의 자연과학과 의미 이해의 사회과학이라는 자연주의 논쟁을 특징짓는 전통적인 이분법을 벗어났다고 할 수 있다. 오스웨이트는 "의사소통행위 이론 등에서는 하버마스가 3원 모형에 관한 세부적인 사항들은 포기했지만 기본적인 착상은 유지하고 있다"라고 분석하며, "해방적 모형의 비판적 사회과학 — 이해를 방해하는 인과적 장애물들을 제거하고자 하는 — 에서 객관적 과정에 대한 설명과 예측과 통제에 관심을 갖는 경험분석적 접근과 이해의 확대에 관심을 갖는 해석학적 접근의 보완성을 주장한다"라고 지적한다. 그리고 "설명과 이해라는 대립적인 주장을 화해시키려는 20세기 후반의 세 가지 영향력 있는 시도의 하나" — 다른 둘은 기든스의 구조화 이론 및 비판적 실재론이다 — 라고 평가한다(Outhwaite, 1998: 26~27). 이 평가에는 동의할 수 있다고 하더라도, '경험분석적 과학'과 기술적 통제의 관심 그리고 '역사해석적 과학'과 이해의 관심을 연결하는, 그러므로 경험분석적 과학에서는 이해의 관심을 배제하고, 역사해석적 과학에서는 설명과 예측(과 통제)의 관심을 배제하는 하버마스의 견해가 타당한 것인가에 대해서는 의문을 제기할 수 있다. 오스웨이트는 다른 곳에서 "경험적 과학의 기술적-도구적 지향이라는 하버마스의 견해는 실증주의적 자연과학관에 과도하게 영향받았다"라는 점을 인정한다(오스웨이트, 1995: 131).

비판적 실재론의 자연주의

자연주의 논쟁은 사회연구가 자연과학의 특징과 방법을 사용(해야)하는가에 대한 논쟁이다. 논리실증주의자나 포퍼 같은 실증주의 입장의 자연주의자들은 과학이 법칙에 입각한 설명을 특징으로 하며 사회연구도 자연과학도 다름없이 '포괄법칙적 또는 법칙연역적 설명모형'에 입각한 설명을 추구(해야)한다고 주장한다. 이런 주장에 반대해서 해석학자나 윈치 등의 반자연주의자들은 사회현상은 자연현상과 달리 의식을 가진 능동적인 인간 행위자들에 의해 발생하며 의미나 동기나 이유를 내포하기 때문에, 또는 법칙의 지배를 받는 것이 아니라 규칙을 준수하는 것이기 때문에 설명이 아니라 '이해'를 추구(해야)한다고 주장한다. 사회현상이 의미나 이유를 내포하기 때문에 '이해'가 필요하고, 사회연구는 사회적 삶을 법칙적 일반성들에 포섭시키는 작업이 전혀 아니라는 반자연주의자들의 주장은 정확하고 적절한 것이다.

그리고 "근래의 과학철학 논쟁의 한 가지 함의는 자연과학이 더 이상 실증주의가 제시하는 과학 모형과 상응하지 않는다는 것이다"(Delanty, 1997: 135). 협약주의와 비판적 실재론에 관한 논의에서 보았듯, 이론과 경험을 엄격하게 분리할 수는 없으며 자연과학의 방법을 '경험적 탐구'로 환원할 수도 없다. 또한 자연과학의 설명도 '포괄법칙+초기조건'의 모형으로 축소할 수 없을 뿐 아니라 설명의 특징을 일반화 및 법칙의 적용에서 찾을 수 없다는 것이다. "법칙연역적 설명모형은 인간 과학의 설명에 관해서만 작동하지 않는 것이 아니라 어떤 곳에서도 작동하지 않는다"(Manicas, 2006: 11). 과학의 설명은 현상이나 사건의 발생에 관련된 실체들, 구조들, 기제들의 인과적 성질과 힘에 대한 준거를 포함하며 '포괄법칙 설명모형'으로 정식화할 수 없는 복잡하고 다원적인 구조를 갖는다.

최근의 과학철학은 (자연)과학주의의 방법론적 일원론이 옳은지를 문제 삼는 대신, 과연 자연과학의 방법론이 분명한 것이며 완전히 형식화할 수 있는 것인지를 의문시한다. 그들(협약주의자들)은 자연과학 역시 그것을 완전히 형식화할 수 있는 방법론을 갖고 있지 않다고 주장(한다)…… 이른바 '정당화론자'들은 이론 평가의 초역사적·형식적인 연산법을 방법론적 목표로 추구한다. 그러나 협약주의자들에 따르면 과학적 탐구는 비형식적 요소, 역사적 제약 등을 본질의 일부로서 필요로 한다. …… 이른바 과학적 방법으로 알려져 있는 가설연역적 방법과 귀납적 방법은 과학 방법론의 모두가 아니라 기껏해야 어떤 부분적 측면의 형식화일 뿐이며, 과학은 언제나 비과학적 지식을 전제한다(이봉재, 2005: 242~245).[25]

---

25 협약주의 과학관이 자연과학은 객관적이고 합리적인 지식을 생산하는 활동이라는 견해를 부인함으로써 자연주의 논쟁은 이미 그 기반을 상실했다. 그렇지만 사회과학에서 협약주의적 과학관의 등장, 또는 과학철학에서 전체론적 전환의 영향은 다른 방식으로 나타났다. 사회과학자들은 반대자에게 자신을 납득시키지 못하는 경쟁이론들 사이의 의사소통의 단절을, 예컨대 기능주의 패러다임과 정치경제학적 패러다임과 같은 패러다임의 대립으로 규정하고, 그것이 사회과학이 미성숙하다는 표현이 아니라 과학 자체의 또는 인간 자체의 조건이라고 정당화했다. "사회과학에서는 협약주의 과학철학을 긍정적으로 사용하기보다는 가능한 비판들에 대한 강력한 방어물로 이용했다"(오스웨이트, 1995: 25).
한편, 협약주의적 과학관의 득세는 사회과학의 실제 연구방법에 혼란을 가져왔다. 의미의 해석을 사회연구의 본령으로 삼아온 연구자들도 없지는 않았지만, 지금까지 대부분의 사회과학자들은 표준적 견해의 지침을 따라 '귀납과 일반화 → 법칙정립 → 연역에 의한 설명과 예측이라는 정형화한 방법에 의한 합리적·객관적 작업으로서의 과학'을 추구해왔다. 그러나 과학적 작업이 협약에 따라, 또는 아무렇게나 수행된다는 협약주의의 주장은 그러한 방법의 포기를 촉구하는 것이었다. 그렇다고 협약주의가 '본받을 어떤 새로운 연구방법'을 제시해주는 것도 아니었다. 게다가 협약주의의 주장은 과학적 지식의 확실성과 객관성을 부인하고 그것의 '특권적 지위'를 박탈하는 것이어서 불편했다. 그러므로 대부분의 사회과학자들은 협약주의의 통찰에도 의식적·무의식적으로 예전의 '협약'인 실증주의적 연구방법을 그대로

그러므로 자연주의 논쟁의 주요 쟁점들인 '경험적 일반화'나 '법칙연역적 설명 논리'를 사회연구에서 추구(해야)할 것인가, 또는 '개념적 탐구'가 사회연구를 특징짓는 독자적이고 고유한 방법(이어야 할 것)인가 등의 문제는 사실상 성립조차 할 수 없는 것이다. 그럼에도 반자연주의자들은 자연과학을 실증주의 과학관에서 주장하는 것처럼 단순히 개별 현상을 보편법칙에 포섭시키는 작업으로 특징지을 수는 없다는 점은 간과했다. 예컨대 윈치는 "자연과학은 경험적 일반화를 추구하지만 사회연구는 대상 속에 있는 이해가능한 연관의 발견을 추구한다"거나 "자연과학은 경험적 탐구를 사용하는 반면 사회연구는 철학과 마찬가지로 개념적 탐구를 사용한다"라고 주장한다.[26] 과학의 법칙을 경험적 일반화와 동일시하고 철학(적인 것)을 과학의 영역에서 배제하는 반자연주의자의 주장은 과학을 '논리+실증'으로 분석하면서 과학에서 철학을 배제하는 한편, 자연과학적 설명을 일반화 및 법칙의 적용으로 규정하는 논리실증주의자들의 '표준적 견해'와 다르지 않다. 논리실증주의자들은 철학을 '진정한 지식'에서 제외하는 반면, 윈치는 철학을 그 자체의 고유의 영역을 갖는 '진정한 지식'의 지위를 부여하는 점에서만 차이가 있을 뿐이다. 그리고 대부분의 반자연주의자들은 (적어도 자연)과학적 지식의 특성에 관해서는 논리실증

따르고, 또한 그것에 의해 정당성을 획득하는 방식의 연구를 수행했으며 이런 양상은 지금도 계속되고 있다.

26 "사회연구에서 인과적 지식의 가능성에 반대하는 윈치의 주장은 인간의 사회적 규칙 준수에 포함된 규범적 규칙성과 과학적 인과법칙의 기초를 형성하는 사건규칙성의 구별에 의존한다. 이 구별은 과학의 법칙을 항상적 결합으로 해석하는 견해에 의존한다"(벤턴·크레이브, 2014: 315). 하지만, "윈치의 이러한 견해는 자연과학에 대한 희화화에 가까우며 지나치게 단순화한 개념에 기반을 둔 것이다"(번스타인, 1996: 58). 비판적 실재론은 경험적 사건의 일정한 결합과 과학의 법칙 사이에는 존재론적 간격이 있다고 지적한다.

주의자들의 견해를 의심 없이 받아들여 전제가정으로 공유한 채,[27] 다만 그런 과학을 사회연구로 영역을 확장하려는 이른바 '방법론적 제국주의', 또는 '실증주의에 의한 식민화'에 대해서만 반대하고 있는 것이다.[28] 간

---

27 이런 사례는 어렵지 않게 찾을 수 있다. 브래들리와 셰퍼는 이렇게 말한다. "사회과학은 자연과학과 근본적으로 다르다. 사회과학자는 사실 물리학자나 화학자나 생물학자와 마찬가지로 진정한 과학자이다. 그렇지만 해석적 측면이 자연과학에서 그러한 것보다 훨씬 더 명백하기 때문에 피사의 사탑에서 서로 다른 질량의 물체를 떨어뜨리는 갈릴레오의 이미지는 사회과학자가 모방하기에 적절한 모범이 아니다. 오히려 사회과학자는 자신이 통제할 수 없었던 독특한 사건을 탐구하기 위해 주의 깊게 자료를 수집하는 셜록 홈스와 훨씬 더 유사하다. 실증적 사회과학과 '사회물리학(social physics)'의 꿈은 이룰 수 없는 것이다. 아주 많은 사회현상들은 경험과학의 가정들을 충족하지 않는다. 이것은 사회과학이 주의 깊은 관찰, 측정 그리고 추론 등과 같은 과학적 기법들을 거부해야 한다는 이야기가 아니다. 오히려 사회과학자는 자신이 연구하는 상황을 심하게 왜곡하지 않으면서, 과학의 가정에 적합하도록 모형으로 구성할 수 있는지 끊임없이 경계해야 한다. 그러므로 사회과학에서 설득력의 기준은 자연과학의 그것과는 다르다. 그 기준은 통제된 실험이 아니라, 모든 자료들을 고려하고 해석을 명백하게 포함하는 매력 있는(compelling) 설명이다. 탐구의 목표 또한 다르다. 보편법칙(nomothetic laws)의 정식화가 아니라 그러한 매력적인 설명의 창출이 목표이다"(Bradley and Schaefer, 1998: 71).
이 책의 견해를 미리 말하면, 자연과학자들도 모든 자료를 고려하고 해석을 수행하며 매력 있는 설명을 추구하기 때문에 셜록 홈스와 유사하다는 것이다. 또한 (가설적) 설명을 고안하기까지의 갈릴레오는 셜록 스즈와 다르지 않았으며 다만 갈릴레오는 예외적으로 자신의 설명을 시험할 수 있었다는 점에 차이가 있을 뿐이다.

28 '방법론적 제국주의'의 전형은 1942년에 발표한 헴펠의 「역사에서의 일반법칙의 기능(The Function of General Laws in History)」(이 글은 Hempel, 1965: 231~243에 재수록되어 있다)에서 볼 수 있다. 헴펠은 "다른 모든 경험적 탐구 분야에서와 마찬가지로 역사학에서도 과학적 설명은 오로지 적절한 일반적 가설들에 의해서나 이론들 — 체계적으로 연결된 가설들의 덩어리인 — 에 의해서만 성취할 수 있다"라고 주장했다. 그리고 이런 주장에 대한 동의 위에서, "개별 행위를 특수한 경우로 포괄할 수 있는 사회적 행위에 대한 포괄이론 또는 법칙적 진술 — 설명에서 중심을 이루는 — 이 부족하기 때문에 사회과학은 아직도 의미 있는 설명력을 달성해내지 못하고 있다"라는 평가도 제시되어왔다(루드너, 1986: 107~110). 윈치의 반자연주의

단히 말해, 기존의 자연주의 논쟁은 자연과학의 특징과 방법을 부정확하거나 부적절하게 표현한 그림을 놓고 사회과학도 그 그림에 잘 들어맞(아야 하)는가를 공허하게 다투어온 셈이 된다. 그러므로 '사회세계를 자연과학의 방법과 동일한 방법으로 연구할 수 있는가'라는 문제는 자연과학의 특징과 방법에 대해 더 정확한 이해에 기초해 검토할 필요가 있다. 이런 진전된 논의는 비판적 실재론에서 찾을 수 있다.

바스카는 1979년에 발표한 논문 「사회과학적 지식의 가능성과 자연주의의 한계(On the possibility of social scientific knowledge and the limits of naturalism)」(이 글은 바스카, 2007: 133~176에 재수록되어 있다)에서 '분석철학에서 가장 영향력 있는' 윈치의 『사회과학이라는 이상』을 검토한다. 사회연구는 과학일 수 없(고 철학이어야 한)다는 윈치의 주장은 ① 자연과학은 경험적 규칙성(과 법칙)의 확인을 목표로 삼는 반면 사회연구의 설명에서 경험적 규칙성(으로서의 법칙)은 충분조건은커녕 (예컨대 베버의 견해와 달리) 필요조건조차 되지 않으며, 그 대신 사회과학적 설명은 그 대상 속에 있는 이해가능한 연관의 발견에 의해 성취되고, ② 사회세계에서 '사회적 사물(또는 객체)들'은 행위자들이 그것에 대해 가진 관념을 통해서만 존재하는 일종의 내적 관계이기 때문에 사회에 대한 '(자연)과학'은 불가능하다는 두 가지로 요약할 수 있다.

먼저 ①의 첫 번째 논점과 관련해서, 실증주의의 포괄법칙 설명모형의 주장과 달리 자연과학의 특징인 '설명'은 개별 사례를 (경험적 규칙성으로

주장은 이런 상황, 즉 "포괄법칙 설명모형은 모든 종류의 설명에 대해 사용할 수 있으며, 사회과학의 설명을 포함한 모든 과학적 설명은 이 모형의 용어로 짜일 수 있어야 한다"라는 믿음이 지배하던 상황에서(앤더슨, 1988: 336) 제출된 것이다. 이런 상황적 맥락을 고려하면 윈치가 자연과학의 설명방식을 일반화 및 법칙의 적용으로 특징짓는 것도 납득할 수 있는 일이다.

서) 법칙에 포섭시키는 절차로 축소할 수 없는 작업이다.[29] 과학의 탐구는 경험적 현상의 유형을 판별하고, 그 현상을 인과적으로 발생시켰을 (가설적) 실재들을 추론하며 그 실재들의 존재와 작동을 입증하는 (또는 대안적이며 가설적 실재들을 소거하는) 방식으로 '경험적 영역'과 '실재적 영역'을 왕복하는 사유작용을 통해서 진행한다. 경험적 규칙성은 실재하는 인과기제의 작동을 보여주는 증거일 뿐 법칙과 구별된다.

> [문제의 (가설적) 실재들의 성질과 힘과 작동 방식에 관한 진술인] 인과법칙은…… 폐쇄된 조건 아래서만 경험적 규칙성으로 나타난다. 그러므로 포퍼와 헴펠의 독특한 주장과 반대로, 그리고 윈치의 암묵적 가정과 반대로, 사건들의 항상적 결합(경험적 규칙성)을 얻을 수 있는 가능성에 의존한, 경험적 규칙성으로부터의 연역가능성은 자연과학적 설명에 대해서도 필요조건이나 충분조건이 될 수 없다. 인과법칙과 그것의 경험적 근거 사이에는 존재론적 간격이 있는데, 자연주의 논쟁의 양쪽 논자들은 지금까지 이 점을 무시해왔다. 이 간격은 표준적인 실증주의의 방법론적 명령을 명백하게 적용불가능하게 만들 뿐 아니라, 또한 우리에게 친숙한 그것의 해석학적 대립물도 무효화한다(바스카, 2007: 137).

29 실증주의 과학관에서는 'A이면 B이다'라는 형태의 법칙 진술은 (우연적인) 경험적 규칙성을 표현할 뿐이며 우리가 법칙에 부착시키는 필연성의 개념은 심리적 첨가물일 뿐이라고 주장한다. 이에 따라 법칙연역적 설명모형은 원인과 결과 사이의 자연적 필연성 대신 전제와 결론 사이의 논리적 필연성을 설명의 요건으로 제시한다. 즉, 실재가 가진 인과기제와 힘으로서의 원인을 소거하고, 전제와 결론 사이의 합리적 논증의 관점에서 설명의 구조를 분석한다. 그러나 'A이면 B이다'라는 경험적 규칙성의 진술은 이전에도 그러했다는 동어반복일 뿐, '왜' A이면 B인가를 '설명'하는 것은 아니다.

그리고 ①의 두 번째 측면을 검토하면, 윈치는 행위 개념은 인과적 필연성 개념과 논리적으로 양립불가능하며, 따라서 사회연구에서는 자연과학적인 인과적 설명이 불가능하다고 주장한다. 이런 견해는 '이유는 원인이 아니다'라는 주장으로도 표현된다. 그리고 이 주장은, 윈치의 견해를 계승하고 옹호하는 휴즈 등에 따르면, "이유의 판별은 그 이유가 어떤 행위의 이유인가에 대한 진술이며, 원인과 결과 사이의 관계를 찾아내는 종류의 경험적 탐구를 수행할 수 없다는 점, 이유는 (관련된) 행위에 우선하는 선행물이 아니며, 이유와 행위는 서로 독립되거나 우연적인 규칙성의 관계를 맺는 아니라 개념적 연관이 있다"라는 점을 논거로 한다(휴즈·샤록, 2000: 197).[30]

30 "일상의 삶에서는 행위의 이유와 원인은 흔히 뒤바뀌어 사용된다"(Williams, 2000: 51). 물론 이들도 다음은 인정한다. "원인이라는 개념 자체가 매우 다양한 방식으로 사용되며, 그것들이 모두 흄의 (우연적인 경험적 규칙성으로서의) 인과성 개념에 포함되는 것도 아니다. 왜 그런 행위를 했는가를 해명할 때 이유, 동기, 의도 등은 원인과 양립불가능하지 않다. 일상언어의 관행에서는 인과귀속과 동기(또는 이유) 추정이 부합한다." 그럼에도 이들은 "행위에 대한 인과적 설명을 추구하는 결정론적 관점은 행위 서술에서 행위자의 자유의지를 제거하는 개념적 난점을 발생시킬 것"이라고 주장한다. "행위를 포함하는 모든 현상이 반드시 원인을 가지고 있다는 생각에 집착하는 것은, 부분적으로 과학에 관한 실증주의적 견해, 즉 과학적 설명양식은 보편적·인과적이라는 견해에 대한 집착의 표현이다"라는 것이 이들의 기본적인 문제들이다. "행위를 과학 아래 예속시키면 그것을 인과적으로 설명해야 하며, 따라서 이유가 행위를 설명한다면 이유도 일종의 원인이어야 한다"라는 것이다(휴즈·샤록, 2000: 197~200). 그렇지만 이유와 행위를 인과관계와 연관 짓는 것은 둘 사이에서 행위자의 '자유의지'를 제거하는 것이라는 이들의 추론은 인과관계를 (우연적이고 기계적이고 외부적인) 경험적 규칙성의 관계로 간주하는 흄의 인과성 개념 — 실증주의 과학관의 핵심인 — 을 전제하는 것이다. 적어도 자연과학에 관한 한, 이들은 '실증주의적 견해에 집착'하고 있다. 대부분의 "반자연주의자들이 사회에 대한 (자연)과학의 추구가 인간과 사회와 역사적 과정에 대한 기계론적 견해를 벗어날 수 없을 것"(Manicas, 2006: 10)이라고 생각하는 까닭도 이런 집착에서 유래한다.

그렇지만 이해와 설명은 상호배타적인 인식형태가 아니다. "이해를 방법이 아니라 인간 존재들 상호 간의 참여 양식에서 가장 근본적인 존재론적 조건으로 보는 폴 리쾨르(Paul Ricoeur)는 설명과 이해의 구별을 철폐하고 객관적인 설명과 주관적인 이해가 대립적인 것이 아니라 보완적인 관계에 있다고 역설한다. 설명은 이해를 위한 것이며, 또한 이해해야 설명할 수 있다. 자연과학적 연구 성과들도 설명과 이해의 변증법의 소산이며 인간 행위의 의미 해석에도 설명과 이해의 변증법(또는 순환)이 필요하다는 것이다"(김선하, 2004: 174~179). "사건에 대한 설명은 이해를 전제하며, 설명은 이해보다 더 많은 것 – 인과성 – 을 필요로 하기 때문에 우리는 일상의 대부분의 복잡한 사건들에 대해 설명의 발목(ankle)에만 도달한다. 인과기제 및 인과성의 개념은 사건의 이해와 설명 둘 모두에서 중요한 특징이다. 과학의 목표는 문제의 현상을 발생시키는 자연의 기초적 과정에 대한 이해를 제공하는 것이며, 이것은 세계에서 작동하는 특정 인과기제들에 대한 판별을 필요로 한다. 실재하는 인과기제들과 과정에 대한 진술로서 이론은 문제의 현상뿐 아니라, 그 현상을 발생시킨 인과기제들의 여러 가지 가능한 운동에 대한 이해를 제공한다"(Manicas, 2006: 15~23). 그러므로 사회연구에서는 인과적 설명이 불가능하거나 불필요하다는 반자연주의자의 주장은 '이해를 배제한 협소한 설명'의 개념을 전제하는 것이다. 이것은 법칙연역적 설명모형에서 상정하는 논리적 절차로서의 설명 개념과 다르지 않다.

반자연주의자인 폰 리히트는 "모든 설명은 사물에 대한 우리의 이해를 증진하려는 것"이라고 인정하면서도, "이해는 설명에는 없는 심리학적 요소를 포함하며, 설명과 달리 지향성(intentionality)이나 의미론적 차원과 관련을 갖는 점에서 차이가 있다"라고 주장한다(폰 리히트, 1994: 26). 그리고 "인간사에서 원인은 자연적 사건에서의 원인과는 전혀 다르다"라고(폰 리히트, 1994: 66), 즉 "행위와 그것의 결과 사이의 연관은 내재적이고 논리적이지만 인과적(외재적)이지는 않다"라고 지적한다(폰 리히트, 1994: 104). 사회세계는 행위자가 행위를 통해 의도를 구현하는 장이므로, 인과적인 것과 외재적인 것을 대상으로 하는 설명의 방법으로는 파악하기에 부적절하고, 내재적인 것과 논리적인 것을 대상으로 하는 이해의 방법이 필요하다는 것이다. 그러나 과학에서 원인과 결과 사이의 인과관계는 '외재적인 것'이 아니다. 과학의 탐구는 인과적 연관이 관련된 객체(들)의 성질과 힘, 즉 자연적 필연성의 작동에 의해 발생한다고 전제하며, 따라서 인과적인 것에서도 자연적 필연성이라는 내재적 속성이 핵심이다. 그럼에도 반자연주의자들은 인과적인 것을 외재적인 것으로 간주한다.

그럼에도 실증주의 과학관은 과학에서 수행하는 것이나 과학으로 승인하는 것에 대해 매우 협소하고 제한적인 그림을 제시했다. 경험적인 것에 존재론적·인식론적 특권을 부여하는 실증주의 과학관은 과학의 인과법칙을 'A이면 B이다'라는 경험적 규칙성으로 규정함으로써 인과적인 것을 관찰가능한 것, 즉 외재적인 것으로 환원한다. 실증주의 과학관은 세계에 대한 과학적 서술은 순전히 이론중립적인 관찰언어로 진술해야 한다고 명령하며 과학에서 해석적 차원을 철저하게 부정한다. 실증주의적 자연주의자들은 이 명령을 순전히 행태적인(behavioral) 서술을 의미하는 것으로 받아들였다.[31] 이것은 사회과학이 과학으로서 적절하게, 또는 정당하게 수행할 수 있는 많은 활동을 배제하는 결과를 낳았다. "이해(understanding)나 납득가능성(intelligibility) 등과 같은 개념들을 단지 사

31 사회연구에서 이유-설명의 중요성을 무시하는 실증주의적 자연주의의 오도적인 결과는 목적, 의도, 정서, 가치, 믿음 등 주관적 상태를 가리키는 용어들의 설명적 가치를 부인하거나, 조작적 정의 등을 사용해서 이것들을 관찰가능한 것들과 연결하고자 하는 이른바 행태주의에서 대표적으로 찾아볼 수 있다.

람들의 주관적 상태의 성질을 추정하는 심리적이고 실용적인 도구로 취급하고 직관적 형태의 비경험적 지식을 과학의 영역에서 축출했다"(Manicas, 2006: 12). 과학의 인과적 설명은 외재적 연관을 다룰 뿐이며, 심리적 요소나 의도 등의 '정신적인 것'은 과학의 탐구 대상이 될 수 없다는 반자연주의의 주장도 이것과 다르지 않다. 키트와 어리는 "행위와 이유 사이의 개념적 연관 때문에 이유에 입각한 설명은 인과적인 것으로 해석할 수 없다"라는 반자연주의의 주장이 실증주의 과학관의 부정확하고 부적절한 견해를 의심 없이 수용한 데에서 유래한다고 지적한다. 그리고 "흄의 우연적 규칙성으로서 원인-결과라는 실증주의적 개념을 벗어나면, 목적, 의도 동기, 규칙 등과 같은 인간의 주관적 상태도 행위에 대한 설명에서 중요한 요소로 정당하게 취급할 수 있으며, 그러므로 이유-설명도 인과적 설명으로 정당한 지위를 갖는다"라고 논증한다(키트·어리, 1993: 228~254).

과학에서 설명은 단순히 개별 사례를 포괄법칙에 포섭시키는 절차로 이루어지지 않으며, 설명과 이해는 배타적인 범주가 아니다. 자연과학도 개별 사례를 경험적 규칙성에 포섭시키는 것을 목표로 하는 것이 아니라, 현상들의 인과적 발생 연관에 대한 이해를 추구한다. 또한 이유와 원인을 상이한 종류의 범주라고 하더라도, 그러므로 "이유는 원인일 수 없다고 부인하더라도, 이유에 의한 설명은 자연과학에서 기제에 의한 설명모형과 유사하다고 주장할 수 있다"(오스웨이트, 1995: 79). 즉, 사회현상의 '이해'에서 특징적으로 보이는 이유-설명도 인과적 설명의 한 형태로 생각할 수 있다. 다시 말해, 경험되는 현상이 왜, 그리고 어떻게 발생하는가를 설명하려는 시도라는 점에서는 사회연구도 자연과학과 근본적으로 다르다고 할 수 없다. 그러므로 윈치의 주장 ①은 자연주의에 반대하는 근거가 될 수 없다. 오히려 ①은 반자연주의자들이 과학을 '논리'와 '실증'으로 환원하고, (심리적 요소나 의도와 같이 관찰불가능하며 '정신적인 것'을 배제한) 경험적인 것만을 다루도록 한정하는 (논리)실증주의의 부정확하고 부적절한 견해를 공유하고 있음을 드러낼 뿐이다. 실증주의적 자연주의자와 반자연주의 모두 '과학'은 이해의 방법을 사용하지 않는다고 주장하는데, 다만 반자연주의에서는 사회연구가 이해의 방법을 사용(해야)하기 때문에 과학이 아니라고 주장하는 점에서만 차이를 보이는 것이다.

사회과학의 가능성

윈치는 사회세계에서 '사회적 사물(또는 객체)들'은 행위자들이 그것들에 대해 가진 개념 및 행위 없이는 존재하지 않기 때문에 사회에 대한 '(자연)과학'은 불가능하다고 주장한다(주장 ②). 이 주장은 사회연구는 개념적 연구를 특징으로 하기 때문에 경험적 연구를 특징으로 하는 과학이 아니라 철학과 유사하다는 판단을 근거로 한다.

> 과학은 철학과 달리…… (사물을 이해하면서) 자신의 기준을 자의식 없이 적용한다. 그러한 사안에 관해 자의식이라는 것은 철학적인 것이기 때문이다. 이렇게 철학적이지 않고 자의식이 없는 것은 자연의 탐구에서는 대부분 옳고 적절하다. 그러나 인간사회에 대한 탐구에서는 그것은 재앙이다. 인간사회의 성질은 상이하고 경쟁하는 삶의 방식들로 구성되어 있고 각각의 방식들은 사물의 이해가능성에 대해 상이한 해명을 제공한다 (윈치, 2011: 184).

과학의 경험적 탐구가 '비철학적·무자의식적'이라는 주장은 철학 또는 형이상학을 과학의 영역에서 숙청하는 (논리)실증주의의 교의에 근거한다. 그러나 자연과학이 경험적 탐구를 중요한 방법으로 사용한다고 하더라도 형이상학적 요소와 개념적 탐구를 배제하는 것은 아니기 때문에, 실증주의의 견해는 물론 윈치의 이런 주장도 정확하고 적절한 것이 아니다. 자연과학 방법론도 방법론적 일원론자들이 비형식적·직관적 요소로 과학의 영역에서 배제해온 이해의 차원을 포함하고 있다.[32] 여기서 '설명의 자연과학'과 '이해의 정신과학'이라는 전통적인 이분법은 타당성을 상실한다. "과학자들의 작업에서 과학의 어떤 보편적인 특징짓기나 처방(prescription)을 끌어내기는 어렵다"(차머스, 2004: 340). 이미 힐러리 퍼트넘(Hillary Putnam)이 지적했듯, "뉴턴 역학, 양자역학, 다윈의 진화론 등 자연과학의 분야를 동시에 포괄하는 방법론이 있는 것이 아니라 각 과학의 유형에 걸맞은 부분적(local) 방법론이 있는 것"이다(이봉재, 2005: 247).

---

32 생키(Sankey, 2000)는 과학적 방법에 관한 견해를 대략적으로 일원론(monism)과 다원론(pluralism)의 두 진영으로 나눈다(물론 혼합적인 입장도 있다고 인정한다). 일원론자는 과학이 과학의 역사를 꿰뚫어 그리고 여러 과학적 연구분야를 가로질러 변하지 않는 단일하고 보편적으로 적용가능한 방법을 특징으로 지닌다고 분석한다. 일원론의 두 가지 주도적 형태는, 과학이 관찰한 자료에서의 귀납추론에 근거한다고 지적하는 귀납주의와 관찰한 현상을 설명하고자 제안한 추측적 가설의 가차없는 논박의 시도를 과학의 방법으로 취급하는 포퍼의 반증주의이다.

이와 대조적으로 근래의 방법론적 다원주의자들은 변함없는 방법이라는 이상 대신 이론 평가를 지배하는 다양한 방법론적 규칙을 강조한다. 이 규칙은 과학 안에서 시기와 분야에 따라 다양하며, 새로운 규칙을 도입하기도 하고 낡은 규칙을 버리기도 한다. 과학의 실천 과정에서 규칙을 수정하기도 하고 정교화하기도 한다. 그리고 다양한 규칙이 있기 때문에 과학자들은 대안적인 이론의 평가에서 상이한 규칙을 강조할 수도 있다. 그러므로 방법론적 다원주의는 과학을 단일하고 고정된 방법이 아니라 일련의 평가적 규칙들 — 이론 평가의 맥락에서 과학자들이 사용할 수 있는 — 을 특징으로 한다고 주장한다. 그는 쿤, 파이어아벤트, 라우든 등을 다원론자로 분류한다.

실재론적 과학철학은, "과학이 다루는 대상들의 실질적인 차이에 근거해서, 그리고 그 대상들과 맺고 있는 관계에서의 차이에 근거해서, 사용하는 방법에 중요한 차이가 있다는 것"을 인정한다(바스카, 2007: 135~136).[33]

그러므로 사회적인 것의 존재론적 특징에 관한 진술로서 윈치의 주장 ②는 자연적 객체와 상이한 사회적 객체를 연구하는 사회과학이 ('과학'인가의 쟁점이 아니라) '어떤 특징을 갖는' 과학(일 수 있을 것)인가의 쟁점을 제기하는 것으로 받아들일 수 있다. 바스카는 "자연구조와 달리 사회구조는 그것들과 연관된 행위와 무관하게 존재하지 않고, 행위자의 개념과 무관하게 존재하지 않으며, 또한 상대적으로만 존속한다는 '존재론적 차이'를 가지고 있으므로 사회과학은 독특한 과학일 수밖에 없다"라고 강조한다. 그리고 사회과학은 그것이 다루는 '사회적인 것'의 속성이 존재론적·인식론적 측면에서 차이를 보이기 때문에 과학으로서 제한적인 특징들을 갖게 된다고 주장한다.

존재론적으로, 자연의 구조와 달리 사회구조들은 행위자의 활동을 통해서만 존재를 유지한다는 의미에서 행위의존적이고, 행위자들이 자신들이 수행하고 있는 것에 관한 생각에 의존하여 재생산된다는 의미에서 개념의존적이다. 그리고 자연의 구조와 달리 사회구조는 공간과 시간에 따라 상이하다는 의미에서 공간·시간의존적이다. 이런 특징은 먼저 사회구조 또는 사회적인 것의 '실재성'이라는 쟁점을 제기한다. 자연세계의 객체들은, 상식적으로만 보더라도 물질적으로 존재하며 따라서 실재한다고 인정할 수 있다. 하지만 믿음이나 가치, 감정, 도덕, 여론, 관계 등과 같은

33 바스카는 자신의 입장인 자연주의가 그것의 두 가지 변종, 즉 연구주제의 본질적인 동일성을 상정하는 환원주의라는 변종이나, 자연적 객체들과 사회적 객체들을 동질적인 것으로 취급하는가 여부와 관계없이 연구하는 데 적합한 방법들에 아무런 중요한 차이도 없다고 생각하는 과학주의라는 변종과는 다르다고 주장한다.

것들에 대해서는 동식물이나 기체, 화학합성물 등과 같이 존재한다고 인정하고 자연과학이 탐구하는 것처럼 탐구할 수 있는가의 문제가 생긴다. 이에 대해 바스카는 "과학에서 상정된 객체의 실재성은 관찰가능한가라는 지각적 기준이 아니라 사물들에 변동을 가져올 수 있는가라는 인과적 기준을 통해 판별하는데, 해석학의 전통과 윈치 등은 개념적인 것과 지각가능한 것을 나누는 이분법을 사용함으로써, 인과적 기준에 의해 실재성을 부여할 수 있는 가능성을 무시한다"라고 비판한다. 인간이 경험할 수 있는지를 기준으로 존재 여부를 규정하는 것은 '인간중심적'인 오류이다. 무엇이 존재하는가 또는 존재한다고 납득할 수 있게 말할 수 있는가의 문제는 우리가 무엇을 경험할 수 있는가 또는 무엇을 확실하게 알 수 있는가의 문제와 구별해야 한다. 전기장이나 자기장, 또는 바이러스 같은 실체들은 (적어도 육안으로는) 관찰할 수 없지만, 쇳가루의 움직임이나 질병 감염 등의 결과를 통해 그것의 존재를 확인할 수 있다. 근래 확인된 톱 쿼크(top quark)나 힉스 입자의 존재에서 알 수 있듯이, 과학에서는 경험적 현상의 발생을 설명하기 위해서 '이론적 실체들'을 상정하며, 이론적 실체들에 '설명적 실용성과 유용성'을 넘어서 '존재론적 실재성'을 부여할 수 있는 것이다. 이때 그 실체의 존재 여부는 경험적 기준이 아니라 인과적 기준에 의해 판별할 수 있다. 존재의 인과적 기준에 따르면, 어떤 실체의 관찰가능성 여부와 무관하게 그 실체가 작용을 해야 생겨나는 어떤 현상을 발생시키면 그 실체를 실재하는 것으로 승인하게 된다.

'관찰가능성'이라는 경험적 기준에 입각할 때 사회세계에 존재하는 실재는 개별 인간들이라는 것은 '자명한 진리'로 승인할 수 있다. "'집합체들'에 입각한 설명에 만족할 수 없다. 모든 사회적 현상 그리고 특히 사회제도의 작동은 인간 개인의 결정 등에 의해 나타나는 것으로 이해해야 한다"라는 방법론적 개인주의의 교의는 이런 자명한 진리에 기초한다. 그렇지만 개인의 행위에 대한 설명은 언제나 비개인적인, 즉 사회적인 요인을 끌어들일 수밖에 없다.

> 왜냐하면 사람에게 독특한 속성을 가리키는 술어는 모두 그것의 사용에서 사회적 맥락을 전제하기 때문이다. 부족민은 부족을 함축하고 수표 거래는 은행 체계를 함축한다. 설명은, 그것이 일반법칙에 포섭시키는 방식의 것이든, 동기와 규칙에 귀속시키는 것이든, 또는 재서술(판별)에 의한 것이든, 언제나 환원할 수 없는 사회적인 술어들을 포함한다(바스카, 2007: 142).

그리고 "사회적 관계라는 그물이 개인 행위의 전제조건이라고 한다면, 개인은 실재한다고 생각하면서 사회관계는 실재하지 않는다고 생각하는 것은 납득할 수 없다"(오스웨이트, 1995: 76). 개인에게만 존재론적 실재성을 부여하는 것은, 관찰가능성이라는 지각적 기준을 근거로 존재 여부를 판단하는 경험론적 존재론의 관점에서만 타당하다. 그렇지만 이런 입장은 바스카가 지적하듯, "경험이라는 인식론적 범주에 존재론적 특권을 부여하는 형이상학적 독단이다".[34] 왜냐하면 사실상 존재하는 모든 것을

34 그러므로 방법론적 개인주의는 경험론적 독단을 벗어나지 못한 "순진한 존재론적 입장의 인식론적 표현"(바스카, 2005c: 44), 또는 "경험론적 존재론에 근거한 방법론적 강령"(오스웨이트, 1995: 166)이라고 규정할 수 있다. 바스카에 따르면, 방법론적 개인주의에는 사회학적 환원주의와 심리학적 원자론이 작동하고 있으며, 이런 교의가 규정하는 탐구 대상과 탐구 방법을 사용한다. 그리고 사회과학의 침체에는 방법론적 개인주의에 큰 책임이 있다. 개인주의적 규정을 준수하는 대표적 사례는 공리주의, 자유주의 정치이론, 리카도 이전의 고전파 및 신고전파 경제학 등이다(바스카, 2007: 140~146).
그렇지만 비판적 실재론 안에서도 "자연과학에 대한 실재론적 접근의 가장 영향력 있는 주창자의 한 사람인 하레는 사회구조의 실재성을 부인하며 사회과학에서 방

관찰할 수는 없으며, 관찰가능하지 않더라도 존재하며 그것의 고유한 속성을 실행하는 실체들이 있을 수 있다는 것이 더 '자명한 진리'이기 때문이다.

사회과학에서도 경험적 현상을 설명하기 위하여 그 현상을 발생시켰을 어떤 사회적인 존재를 (존재의 인과적 기준을 적용하여) '이론적으로' 상정하고 여러 가지 방식으로 그것을 확인할 수 있다. 물론 사회세계의 이론적 실체들은 자연과학에서 상정하는 이론적 실체들처럼 '사물적인' (또는 '물상화한') 존재 형식을 갖지는 않는다.[35] 예컨대 '계급'이라는 사회적 실재는 그것을 구성하는 개별 인간들을 벗어나서는 존재하지 않으며 오직 '개인의 행위'를 통해서만 그것의 실재성을 드러낸다. 자본주의의 계급관계 속에 존재하는 자본가 개인 또는 노동자 개인은 (그가 '계급'의 개념을 갖고 있지 않더라도) 그의 사유와 행위를 통해서 계급관계에 고유한 (즉, 그것을 구성하는 개인에게 귀속할 수 없는) 지배와 복종, 착취와 의존의 속성을 표출한다. 행위자들이 개인에게 고유한 속성 및 힘과, 행위자들이 맺고 있는 관계에 의해 형성하는 발현적 속성 및 힘을 구별할 수 있으며, 이것으로 개인과 구별되는 사회적인 것으로서 계급이 사회세계에 실재하고 있음을 입증한다.[36] 사회적인 것은 개인의 행위에 의존하여 존재하고 개

법론적 개인주의를 강력하게 옹호한다"(벤턴·크레이브, 2014: 224). 하레는 사회제도나 사회구조는 개인적 경험의 사실을 해석하는 데 도움을 주는 '설명적 편의성'을 가질 뿐 '실재성'은 갖지 않는 구성물로 간주한다.

35 사회과학에서 이론적 실체는 '이차적 실체(second-order entities)'라는 또 다른 중요한 의미를 갖는다. 즉, "사회과학의 이론적 실체들은 그것들을 사용하는 이론과 독립된 직접적 준거를 갖지 않는다"(Outhwaite, 1992: 178~179). 오스웨이트는 사회과학에서의 이론적 실체들은, 첫째 자연과학에서의 그것들과 같이 이론적 실행의 수준에서 이론적이며, 둘째 자신들이 무엇을 하고 있는가에 대한 행위자들 자신의 이론의 수준에서 이론적이라고 특징짓는다.

36 "A라는 어떤 사람이 그 자체로 노예인 것은 아니다. 그는 사회 속에서 그리고 사회

인의 행위를 통해서 존재를 드러내지만 개인으로 환원할 수 없는 발현적 속성을 갖는 독자적인 실재인 것이다. 그러므로 계급과 같은 사회적인 것의 실재성을 지각적 기준에 의해 '자명하게' 부정할 수는 없으며, 오히려 '개인의 행위'에서 그것의 표출을 관찰한다면 인과적 기준에 입각해 그 실체의 존재를 이론적으로 상정하는 것이 과학적으로 더 타당한 접근이다. 사회과학은 개인이나 집단의 행위뿐 아니라 그것에 함축되어 있는 '사회적인 것', 즉 개인들(과 집단들) 사이의 지속적인 관계에, 그리고 이 관계들 사이의 관계들의 속성과 힘에 관심을 갖는다. 각각의 과학 분과들은 그것이 고유하게 탐구하는 특정한 실체의 실재성을 상정하고(철학적 존재론), 그 실체의 성질과 구조와 힘을 밝혀내는(과학적 존재론) 활동이다. 사회과학자는 경험적 현상의 유형을 발견하면 그 유형의 발생에 인과적으로 관여했을 가설적 실체들의 존재와 속성과 힘을, 이론과 경험을 비롯한 여러 인지적 자원을 동원해서 추론하고 탐구하며 사유 속에서서 재생산한다. 그리고 이렇게 생산한 지식의 타당성을 경험적·논리적·이론적·실천적 고려에 의해 확인한다.[37] 심리과학과 구별되는 사회과학의 연구가 가능하고도 필요한 이유가 여기에 있다.[38]

를 통해서 노예이다. 노예라는 것, 시민이라는 것은 사회적 특성이며, 사람 A와 사람 B라는 인간들 사이에서 생겨나는 관계이다"라는 마르크스의 진술(Marx, 1973: 265)은 사회관계로서의 사회적인 것이 갖는 성질과 힘에 관한 인식을 잘 보여준다. 토니 로슨(Tony Lawson)은 "사회구조는 중력장이나 자기장처럼 직접 감지할 수 없고 오로지 관찰된 다른 현상들을 일으키는 그것의 드러난 능력을 통해서만 존재함을 알 수 있는 그러한 객체"라고 규정한다(Lawson, 1996: 414).

37 참고로 오스웨이트는 사회과학적 지식의 타당성을 판단하는 몇 가지 기준을 제시한다. ① 상정된 실체와 기제가 현상을 설명할 수 있다. ② 그 실체와 기제의 존재를 믿을 수 있는 충분한 이유가 있다. ③ 대등하게 좋은 대안의 존재를 생각할 수 없다. ④ 관찰불가능성을 이유로 상정된 실체를 배제하지 않아야 한다. ⑤ 특정 실체들을 통한 설명은 더 넓은 맥락과 조화되어야 한다(오스웨이트, 1995: 90~91).

사회적인 것의 개념의존성은 또한 사회과학이 다루는 대상이 '자동적 객체인가'라는 쟁점도 제기한다. '과학의 자동적 대상' 명제는 실재하는 객체들은 그것에 대한 우리의 인식과 무관하게 존재하고 움직인다는 '존재적 자동성'을 의미한다. 우리는 그 대상을 사유 속에 '타동적 객체'로 재구성·재생산함으로써 인식하게 된다. 그런데 인간들로 구성되는 사회세계에서 사회적인 것은 인간의 개념과 행위에 의존해서 존재하기 때문에,

38 실제 과학을 분석하면 여러 가지 존재론적 가정을 찾아낼 수 있다. ① 세계는 물리, 화학, 생물, 심리, 사회 등 여러 층위로 구분된다는 것, ② 상위의 층위는 하위의 층위들의 요소들로 구성되지만 그 요소들의 성질로 환원할 수 없는 고유한 발현적 속성을 갖는다는 것, ③ 특정의 속성과 힘을 가진 객체가 존재하더라도 적절한 조건이 주어지고 다른 객체들의 간섭이 없어야 특정한 현상을 발생시킨다는 것, ④ 그러므로 세계에서 인과기제의 영역과 사건의 영역과 경험의 영역은 구분된다는 것 등도 그러한 가정들의 일부이다. 사회세계에는 생물학이나 심리학적인 층위로 환원할 수 없는 고유의 층위가 존재하며, 사회현상의 발생에 작용하는 이 층위의 실재들이 인간 및 사회과학의 연구대상이 된다. 바스카에 따르면, 사회적인 것이 독자적 실체로 '외재성'과 '강제성'을 갖는다며 그것의 발현성과 실재성을 인정하는 뒤르켐의 견해는 집합주의적 입장으로 부를 수 있으며, 뒤르켐은 이런 존재론을 실증주의적 방법론과 결합했다. 반면 의미 있는 인간의 행위를 통해, 혹은 행위의 결과로 사회적인 것들이 구성된다고 간주하는 베버는 본질적으로 개인주의적 존재론을 신칸트주의의 방법론과 결합했다. 그럼에도 사회적인 것의 발현적 속성을 포착하는 뒤르켐은 경험론적 방법론을 고집함으로써 그의 존재론적 견해가 제공하는 가능성을 제한했고, 이념형을 사용하면서 확보한 가능성은 경험론적 존재론에 대한 그의 지속적인 믿음에 의해 제약된다. 여기서 바스카는 사회사상에서의 네 가지 경향을 다음과 같이 도식화한다.

	방법	대상
공리주의	경험론적	개인주의적
베버	신칸트주의적	개인주의적
뒤르켐	경험론적	집합주의적
마르크스	실재론적	관계적

즉 행위자의 생각이 문제의 객체에 외부적인 것이 아니라 그러한 객체의 적어도 일부를 구성하기 때문에 그 객체들이 '존재적 자동성'을 갖는가에 대한 의문이 생기게 된다. 행위자의 행위에 의존하고 개념이나 의미를 내포하는 사회적인 것에 대해, 인간의 인식에서 독립해 존재한다고 규정하기 힘든 것처럼 보이는 것도 사실이다. 그렇지만 이때 사회적인 것에 포함되는 '개념'이나 의미는 그것을 연구하는 사회과학자의 개념이 아니다. 그것은 그의 연구대상인 사회적인 것을 구성하는 행위자의 개념이다.[39]

---

39 덧붙이면, 사회적인 것들이 모두 사람의 행위나 개념에 일방적으로 의존해서 존재한다는 주장도 늘 타당하다고 할 수는 없다. 먼저 사회적인 것들의 개념의존성을 인정하더라도, 행위자가 가진 개념이나 의미는 행위자 자신이 창안한 것이 아니라 사회적 맥락 속에서 구성되고 공유되는, 그러므로 개별 행위자의 개념이나 행위로 환원할 수 없는 '사회적인 것'이다. 그리고 이 때문에 사회적 맥락 속에서의 의미와 개념이 행위자 자신이 의식하고 있는 의미나 개념과는 서로 다를 수도 있다. 예컨대 자본주의적 사회관계를 재생산한다는 개념을 가지고 일터에 출퇴근하는 노동자나, 가부장제적 사회관계를 재생산한다는 개념을 가지고 결혼하는 부부는 많지 않을 것이다. 또 '종북좌파'를 공격하면서 자신이 냉전·반공 이데올로기를 강화한다고 생각하는 사람도 많지 않을 것이다. 사실상 대부분의 사회적 삶은 체화된 활동을 포함하는 습관적이고 관례적인 것으로 그것의 의미에 대한 의식적인 사유 없이 진행된다.

또한 행위자의 행위나 개념이 없다 하더라도 존재할 수 있는 사회적인 것도 있다. 내가 '권력'의 개념을 가지고 있지 않더라도, 또 많은 경우 그것이 실제로 내게 특정 행위를 강제하지 않더라도, 국가권력은 언제나 내 삶의 모든 영역에서 작동한다. "권력의 작동을 구성하는, 즉 권력 구조의 지배를 받는 활동들이 권력 구조의 존재에 필수적인 것은 아니다. 예컨대 국가가 지닌 완전히 강제적인 권력은, 세금을 부과하고 군인을 충원하고 훈련시키고 무장시키는 것과 같은 그러한 활동들은 권력관계의 구조 유지에 필수적일 것이지만, 행사되지 않은 채 계속 보유될 수도 있다. 사회과학적으로 중요한 사회적 것들의 대부분은 행위자들이 그것에 대해 가진 개념과는 상이한 속성을 갖는다"(벤턴, 2005: 197~200). 이것은 사회과학이 필요한 중요한 하나의 이유이기도 하다.

> 연구대상인 사람들의 사유 속의 객체들은, 자기성찰의 경우를 제외하면, 연구하는 사람의 그것과는 다르다. 그리고 이와 반대로 생각하는 것은 잘못된 일이다. 사회적 현상들이 행위자나 주체와 무관하게 존재할 수는 없지만, 대체로 그 현상을 연구하는 특정 개인과는 무관하게 존재한다. 사회과학자들과 역사학자들은 객체에 대한 해석을 생산하는 것이지, 일반적으로 객체 자체를 생산하는 것은 아니다(세이어, 2013: 84).

사회과학자의 입장에서 보면 그 개념은, 그것을 연구하는 자신의 개념과 구별되고 자신의 개념에서 독립해서 존재하는 '자동적 객체'이다. 따라서 사회적인 것이 행위의존적이거나 개념의존적인 성질을 가지고 있더라도, 사회세계에서도 탐구 대상인 사회적인 것들은 사회과학자의 인식에서 독립하여 존재하는 '존재적 자동성'을 가지고 있으며, 따라서 실재하는 자동적 객체와 그것을 사유 속에 재구성한 타동적 객체의, 또는 있는 그대로의 세계와 인간이 알아낸 세계의 구분은 여전히 유효하다.

사회과학이 연구하는 '자동적 대상'으로서 사회적인 것은 의도나 목적을 가지고 의식적으로 행위 하는 능동적인 행위자들이 구성한 세계이다. 행위자가 행위 하기 위해서는 자신이 무엇을 하고 있는가에 대해 일정한 생각 – 반드시 그 생각이 행위에 관해 정확한 것일 필요는 없다 – 을 가져야 한다. 그러므로 사회과학은 사회적인 것들의 산출과 물질적 효과를 설명해야 할 뿐 아니라, 행위자들의 일상적 행위에 담겨 있는 다양한 관념들과 의미들 – 그것이 실재에 대한 정확한 견해들과 개념들에 근거하든 허위의 견해들과 개념들에 근거하든 간에 – 을 해석하고 이해해야 한다. "사회과학에서 의미의 중심적인 중요성에 대해, 그리고 의미를 단순히 기록하거나 측정하는 것이 아니라 이해해야 한다는 사실에 대해 관심을 기울이는 점에서 해석학은 정확하다"(오스웨이트, 1995: 85).[40]

> 화폐 사용의 사례에서 우리는 작고 둥근 금속판을 넘겨주고 소를 받는 물리적 움직임을 관찰할 수 있고, 우리의 관찰자료를 가공하기 위해 책에 있는 온갖 통계기법을 사용할 수 있다. 그렇지만 연구하고 있는 사회에서 행위자들이 화폐 및 그것의 사용에 대해 가지고 있는 의미를 알지 못한다면 우리는 실제로 일어나고 있는 일에 대해, 또는 그것이 어떤 종류의 '행위'인가에 대해 아무런 견해도 가질 수 없을 것이다(세이어, 2013: 56).

이때 사회과학의 연구는 자연과학과 달리 사회적인 것에 대한 행위자들 자신의 해석을 해석해야 한다. 그렇다고 하더라도 사회적인 것의 개념의존성 및 행위의존성은 사회과학적 작업을 제약하는 장애가 아니라 그것에 도움을 주는 자원이라고 할 수 있다. 사회과학자는 사회구성원으로서 그 사회 속 행위자들의 해석을 공유하고 있으며, 그것에 의해 사회적

40 '행위자들 자신의 해석'에 대해, 윈치 등은 바로 그것이 해당 사회에서 사회적인 것을 구성하기 때문에 행위자들 자신의 의미를 파악하는 것이 사회연구가 정당하게 수행할 수 있는 일의 전부라고 간주한다. 그렇지만 사회적인 것의 이해에서 행위자 자신의 "일상적인 생각이나 해석을 최종적인 권위로 간주할 수는 없다. 이론적 논증(특히 초월적 논증의 사용을 포함하는)과 경험적 증거는 사회구조에 대해 보통의 행위자들이 제시하는 것과는 다른, 또는 심지어는 모순되는 해명으로 이어질 수도 있기 때문이다"(벤턴·크레이브, 2014: 231). 또한 동일한 상황에서도 행위자들 자신의 해석이나 의미부여가 다양할 수 있고, 맥락에 따라 변화할 수 있다. 그리고 사회적인 것에 대한 의도적 설명이 인과적 설명과 대등하거나 그것을 대체할 수는 없을 것이다. 행위자 자신의 해석과 의도가 그의 행위를 상당 정도 결정할 수 있지만, 행위자의 해석과 행위의 발생에는 행위자의 주관적 상태를 넘어서는 요소들도 작용하기 때문이다. 따라서 더 충분한 설명은 행위자의 해석과 의도와 신념을 인용할 뿐 아니라 그러한 해석과 의도를 '합리적인 것' — 가치합리성의 기준이나 도구합리성의 기준에서 — 으로 구성하는 요소들을 포함해야 한다. 한편, 다네르마르크 등은 "행위자 일상의 거짓된 관념은, 그것이 부적절한 방식으로 이해하게 만드는 현상 자체의 본질적 측면일 수도 있기 때문에, 연구자에게는 정확한 정보와 똑같이 중요한 정보일 수 있다"라고 지적한다(다네마르크 외, 2005: 71).

인 것을 연구할 때 자신의 해석에서 출발할 수 있다.[41] "사회과학자는 주의 깊게 탐구하려는 거의 모든 사회적 과정의 구조에 관해서 사회구성원으로서 자신의 상식적 사유로부터 직관적 이해를 얻는다. 그 직관은 옳을

---

41 "이때 연구자는 사회과학에서 작동하는 이중의 해석학(double hermeneutic)에 직면하게 된다. 이중의 해석학은 대상 자체의 해석학적 성격과 그 대상을 이해하는 과정의 해석학적 성격을 동시에 포착하는 개념이다. 사회과학자는 연구를 수행하면서 사회적인 것의 개념과 의미를 해석한다. 그런데 사회적인 것에 관련된 행위자들은 이미 특정한 개념과 의미를 가지고 그것에 참여하고 있다. 그러므로 사회과학 연구는 행위자가 세계를 해석하고(1차 해석), 다시 행위자의 해석을 사회과학자가 해석하는(2차 해석) 이중의 해석학을 포함한다"(블레이처, 1989, 특히 8장을 볼 것). 그리고 이것은 사회과학의 중요한 특징 중 하나라고 할 수 있다. 자연과학에서도 과학자들은 이론적 맥락 속에서 범주들과 개념들과 용어들을 해석하고 그것을 이용하여 발견들을 해명하며 그런 의미에서 자연과학 연구는 '단일한 해석학'을 포함한다. 그렇지만 사회과학은 행위자들의 해석을 연구자가 다시 해석하는 또 다른 수준의 해석을 포함한다.

한편, 기든스는 '이중의 해석학'을 이것과는 조금 다른 의미로, 사회과학의 연구대상인 행위자들과 사회과학자 사이의 상호해석적인 상호작용(mutual interpretative interplay)을 가리키는 데 사용한다. 사회과학자는 행위자들의 관념과 의미를 해석하기 위해 연구대상인 행위자들과 늘 상호작용해야 한다. 그렇지만 의식적 주체로서, 행위자들도 사회과학자와의 상호작용을 통해 그들 자신의 일상적 관념과 의미를 변경하고 그것에 의해 그들 자신의 사회세계를 변화시킬 수도 있다는 것이다. "자연과학과 달리 사회과학에서는 연구자의 개념 장치를 일상의 행위자들이 전유하는 것(appropriation)을 막을 방법이 없다. 사회과학자가 고안한 개념과 이론은 그것들을 적용하여 분석하고자 하는 사회세계의 안과 밖에서 유통된다. 사회과학에서 독창적인 관념들이, 그것들이 포착하고자 하는 실재에 관해 타당성이 있다면, 사회적 행위자들은 그것들을 전유하고 활용하는 경향을 보인다(Giddens 1987: 19)." 간단히 말하면, "사회현상은 행위자의 학습에 의해, 그리고 행위자의 인식 변화에 의해 본질적으로 변화할 수 있다"라는 것이다(세이어, 2013: 53). 그렇다고 해도, 사회과학이 사회적인 것에 대한 지식을 생산하는 과정과 행위자들이 그 지식의 영향을 받는 과정은 본질적으로 구별될 수 있다. 기든스의 이중의 해석학 개념은 아마도 사회과학자가 연구 수행, 특히 발견과 그것의 해석에서 자연과학자보다 훨씬 더 주의해야 한다는 윤리적 책임을 함축할 것이다.

수도 있고 그를 수도 있지만, 사회과학적 이론화에서 출발점이 될 수 있고 또한 되어야 한다. 이 점에서 사회적인 것의 개념의존성과 행위의존성은 사회의 이론화에서 장애가 아니라 자원이라고 할 수 있다"(오스웨이트, 1995: 85~88).[42]

또한 공간·시간의존성은 사회적인 것에만 독특한 것은 아니다. "자연적 기제도 사회적 기제와 마찬가지로 영원한 것이 아니라 일정한 존재조건을 가진 것이며, 그 조건은 어떤 공간 및 시간에는 나타날 수 있고 어떤 공간 및 시간에는 나타나지 않을 수도 있다"(벤턴, 2005: 200~201). 그리고 사회적인 것이 특정한 시기와 특정한 장소에만 존재한다는 것이 그것의 실재성과 존재적 자동성을 부정하는 것은 아니다. 사회구조가 단지 상대적으로만 지속적이라는 사실이 그것이 실재한다는 것을 부정하는 것은 아니며, 그것이 발생하는 특정한 시간적·공간적 한계 안에서 그것을 과학적으로 탐구하는 것을 금지하는 것도 아니다. 그러므로 사회적인 것이 존재론적 측면에서 과학적 탐구의 가능성을 제약하는 특성을 가졌다고 말하기는 어렵다.

사회세계에서 '실험불가능성'은 인식론적 측면에서 사회과학의 가능성을 제약하는 중요한 장애로 지적된다. 실험은 현상의 발생에 책임이 있다고 추론한 인과기제(들)를 고립시켜 그것의 존재와 작동 결과를 확인하기 위해 세계에 인위적으로 '폐쇄체계'를 형성하는 활동이다. 실험적 폐쇄가 가능하기 위해서는 문제의 인과기제를 고립시킬 수 있어야 하고(폐쇄의

42 오스웨이트는 다음과 같이 말한다. "사회과학은 상식적 사유와 매우 유사하다. 사회과학들은 사회적인 것들에 관해, 우리가 직관으로 정식화하는 것보다 근본적으로 새로운 지식을 그다지 많이 제공하지 않는다. …… 대략적으로 말하면, 사회과학은 출발선에서는 자연과학보다 앞서서 뛰어나가지만 새로운 지식을 추구하여 곧장 앞으로 달리는 대신 작은 원둘레를 빙빙 돌고, 또 출발선을 다시 살펴보는 데 많은 시간을 보내고 있다"(오스웨이트, 1995: 77, 86).

외적 조건), 고립시킨 인과기제의 속성이 변하지 않아야 한다(폐쇄의 내적 조건). 그러나 사회세계에서는 특정한 인과기제를 인위적으로 고립시킬 수도 없을뿐더러, 고립시킨다고 하더라도 그 인과기제를 구성하는 '행위자들'이 의식을 가진 능동적 주체이기 때문에 개념과 행위를 변경하고 그것에 의해 인과기제의 속성을 변화시킬 수 있다. 간단히 말해, 사회세계에서는 폐쇄체계를 만들 수 없다. 그러므로 자연과학들과 달리 사회과학들에서는 통제된 실험과 예측 그리고 이론에 대한 결정적 시험이 불가능하다'는 주장이 제시된다. 사회과학에서는 자연과학이 산출한 것과 대등한 정도의 경험적 증명과 설명력을 갖는 이론의 산출을 기대할 수 없다거나, 경험적 확인과 측정이 실질적으로 거의 불가능하다거나, 현상의 반복이 불가능하다는 주장의 이유도 사회세계에서 폐쇄체계 형성의 불가능성에 근거를 두고 있다.[43]

---

43 바스카는 "사회 변형의 시기나 위기의 시기들에는 이전까지 불투명하던 사회의 기저적 구조들이 인간들에게 훨씬 더 잘 보이게 될 것이며, 그것에 의해 자연과학에서 실험이 수행하는 역할과 부분적으로 유사한 것을 제공할 것"이라고 지적한다(바스카, 2007: 169). 그렇지만 실험가능성은 과학의 기준이 될 수 없다고 주장하는 벤턴은 "① 이런 시기들은 이론에 대한 경험적 통제나 정정의 수단이 아니라 새로운 지식을 생산할 수 있는 조건이라고 할 수 있고, ② 위기가 아닌 사회들에 적합한 경험적 통제의 수단이 없다면, 위기의 시기를 특징으로 하는 사회들에 대해서만 사회과학이 가능하다는 이야기가 될 뿐 아니라, ③ 사회적·정치적 위기는 일반적으로 의견 차이의 해소가 아니라 사회세계에 대한 대립적인 해석들의 양극화를 낳는다"라고 반대한다. "어떤 이론에 근거해 사회적 실천을 실행한다면 그 실천은 부분적으로 실험과 유사하다. 즉, 사회 자체를 거대한 자기구성적이고 자기해석적인 실험으로 이해할 수 있다"라는 것이 벤턴의 입장이다(벤턴, 2005: 192). 한편 다네르마르크 등은 '사회적 실험'은 '전통적 실험'과 다르다고 강조하며, 반사실적 사유(counterfactual thinking), 사회적 실험(social experiments), 병리적 사례들에 대한 연구(studies of pathological cases), 극단적 사례들에 대한 연구(studies of extreme cases), 사례 비교 연구(comparative case studies)의 여섯 가지 연구방법을 전통적인 실험의 강력한 대안으로 제시한다(다네마르크 외, 2005: 169~170).

그렇지만 이것을 검토하려면, 먼저 자연과학들에서는 이론에 대한 결정적 시험이 가능한가를 물어야 한다. 고전적인 실험에서조차 폐쇄체계를 만들었다는 것은 사실상 가정이며, 실험에서 사용하는 도구에 관한 이론적 가정이 더해진다. 그리고 이보다 더 중요한 것으로, 과학에서 결정적인 실험·예측·시험이 필수적이라는 믿음은 사실에 부합하지 않는다.

> 일련의 자연과학들에서는 실험적 폐쇄가 이론에 대한 경험적 통제의 수단이 될 수 없다. 지질학이나 생물진화론과 같은 역사적 자연과학은 개방체계에서 다수 기제의 상호작용에 입각해서 현상을 설명한다. 이러한 과학은 각각, 이론을 생산하고 정정하는 데 경험적 통제의 요소들을 포함시키기 위한 기술을 발전시켜왔으며, 이것들의 상당수는 사회학에서 통계의 사용과 직접 비교할 수 있다. 고전적인 실험적 폐쇄는 (과학에서 경험적 통제를 위해 사용하는) 여러 가지 기술 중의 하나이며, 모든 자연과학들이 아니라 일부의 자연과학들만이 사용할 수 있는 기술이다(벤턴, 2005: 203~204).

자연세계에도 실험이 불가능한 영역들은 많이 존재하며, 이 영역들을 대상으로 하는 자연과학 분과들은 이론에 대한 경험적 통제를 위해 실험 이외의 기술을 사용한다. 마찬가지로 사회과학 분과들도 그것이 다루는 대상이 허용하는, 그리고 대상에 적합한 연구방법들을 사용한다. 예컨대 화석을 경험적 자료로 사용해서 생물체의 발생이나 환경을 탐구하는 고생물학자와 출토된 유물을 통해서 예전의 삶의 모습을 연구하는 고대사학자의 연구방법에는, 그리고 그들이 만들어내는 지식주장에는 근본적인 차이가 있다고 할 수 없다. "실험/예측/시험의 가능성 여부는 인식론적 문제가 아니라 방법론적 문제이다"(벤턴, 2005: 203).44

그러므로 사회적인 것의 존재론적 특징이 사회에 대한 과학의 불가능성 또는 제한적 가능성을 함축한다는 주장은 근거가 불분명하다. 사회의 존재론적 특성을 근거로 사회과학의 가능성을 부인하는 것은 일부 물리학이나 화학 등 제한된 범위의 과학을 전형으로 상정한 실증주의 과학관에 사로잡혀 있음을 드러낼 뿐이다. 실증주의 과학관 또는 표준적 견해, 즉 "자연과학의 방법에 대한 통속적 견해를 근본적으로 교정하면 전통적인 자연과학-사회과학의 이분법에서 벗어날 수 있다. 그 이분법을 벗어나면, 전통적인 일원론자들이 직관적 요소로 규정해서 과학에서 배제하던 '이해'의 차원이 자연과학 방법의 한 측면이라는 것을 인식할 수 있다"(이봉재, 2005: 246). 각각의 과학 분과는 모든 과학에 유효하며 '유일한 과학적 방법'을 사용하고 설명모형을 따르거나, 자연적인 것과 사회적인 것으로 양분할 수 있는 방법을 사용하는 것이 아니라, 탐구 대상의 특성에 따라 중요한 차이가 나타나는 방법을 사용할 수밖에 없다.

> 철학이 '과학'에 관해 이야기할 때, 실제로는 단지 물리학에 관한 이야기인 경우가 많다. …… 그렇지만 물리학의 성과는 과학 안에서 예외적인 것이며 따라서 이 학문분과에만 초점을 맞추는 것은 오해를 초래하고 비생산적일 수 있다. …… 이를테면, 지질학 등과 같이 그 자체로 과학으로 충분히 존경받고 있지만 물리학으로부터 철학자들이 뽑아낸 상상적인 이상에 접근하지 못하고 있는 학문분과들(도 있다)…… 선진과학을 본받겠다는 사회과학의 야망(과 관련해서는)…… 이론물리학이 아니라 지질학이 사회과학이 닮을 수 있는 자연과학의 모습을 훨씬 더 잘 보여줄 수도 있

44 벤턴은 '생물진화론, 천문학, 지질학, 발생학 등의 분과들을, 여러 측면에서 인간의 역사·사회·심리과학들에서 볼 수 있는 것과 직접 비교할 수 있는 인식론적이고 방법론적인 문제들을 제기하는 자연과학'의 사례로 든다(벤턴, 2005: 206).

다. 사회과학이 과학철학자들이 색칠한 '과학'이라는 추상적 그림이 아니라 물리학과 거리가 먼 자연과학 — 예컨대 천문학, 식물학, 지질학 등과 같은 — 에 스스로를 대비시킨다면 과학으로서 사회과학의 지위는 큰 문젯거리로 보이지 않을 것이다(휴즈·샤록, 2000: 321~322).

벤턴이 지적하듯, "사회과학들이 통념적으로 생각하는 것보다 훨씬 더 자연과학과 같다(또는 같을 수 있다)고 말하는 것이 아니라, 자연과학 또는 적어도 일부의 자연과학들이 통념적으로 생각하는 것보다 훨씬 더 사회과학적이라고 말하는 것이 정확하다. 이것은 실증주의에서 오랫동안 주장해온 일종의 일원론적(monolothic) 통합과학을 옹호하는 것이 아니다. 더 중요한 것은 상이한 과학의 방법에는 중요한 차이들이 있으며, 그 차이들은 그 과학의 주제 속에, 그리고 그 과학과 그 주제의 관계 속에 존재하는 실질적인 차이들에 근거를 두고 있다는 점이다. 인식론적으로는 그렇지 않다고 하더라도 방법론적으로 과학들은 방법의 상이함과 유사함이 교차되고 중첩되는 '가족유사성'을 보여준다"(Benton, 2005: 208~209). 그리고 "자연과학이 그러한 것 못지않게, 사회과학도 다양한 방법론적 접근을 필요로 한다. 각 접근들의 장점은 과학의 실제 속에서만, 그리고 그것들이 사회세계에 대한 우리의 이해를 풍부하게 해주는 것으로 보이는 정도에 의해서만 판단할 수 있다"(오스웨이트, 1995: 168).

실제의 사회연구는 자연과학에서는 발견되지 않는 방법을 사용해왔고 사용할 것이며, 그 역도 마찬가지이다. 그러나 구체적인 연구에서 상이한 자연과학들도 마찬가지로 다양한 방법을 채용한다. 이러한 상이한 실천의 배후에는 어느 정도의 기본적인 과학적 미덕(certain basic scientific virtues)의 추구가 자리하고 있다. 자연주의자들은 이러한 미덕이 사회연구의 방법도 뒷받침할 수 있다고 믿는다. …… 사회과학도 원칙에서, 그리고 실천에서 자연과학들의 기본적인 미덕을 성취할 수 있다(Kincaid, 1996: 3).

사회과학의 가능성을 고려할 때, 실증주의적 자연주의가 오랫동안 주장해왔던 일원론적(monolothic) 통합과학 개념은 허구라는 것, 사회과학들이 일부 '자연과학들에서 볼 수 있던 종류의 지각적 예증과 설명적 힘을 가진 지식을 생산(해야)할 것이라는 19세기의 열망이 유토피아주의라는 것'을 깨달아야 한다. "과학이 되기 위해 자연과학을 어느 정도까지 모방할 것인가의 문제에서, 사회적 삶에 대한 이론들이 상정하는 실체들과 기제들이 어떤 성질과 지위를 갖는가의 문제로 쟁점을 바꾸어야 한다"(오스웨이트, 1995: 86~87, 138). 그리고 여러 자연과학 분과들이 그러하듯, '사회과학은 필연적으로 잠정적이고 이론적으로 다원적이며 불완전한 것'이라고 인정해야 한다.[45]

45 그렇지만 이러한 특징을 정확하고 확고한 자연과학적 지식에 대립시켜 과장할 필요는 없다. 협약주의 과학관이 강조하듯, 자연과학도 그 '기초'가 취약하며 관습, 독단, 제도, 후원관계 등의 영향에서 자유롭지 않다(Outhwaite 1998: 31).

제6장

사회과학과 실천

'사회를 왜 연구(해야)하는가'라는 질문은 '사회를 어떻게 연구(해야)하는가'라는 질문 못지않게 중요하다. 아니 어떻게 연구할 것인가를 고민하려면 그에 앞서 연구를 하겠다고 작정해야 하고, 이렇게 작정하려면 먼저 그 질문에 대한 답을 가지고 있어야 한다. 왜 사회를 연구하는가?

과학적 정치

이 질문에 대해서도 실증주의자들은 일찍부터 답을 제시해왔다. "예측하기 위해서 알아내고, 행위 하기 위해서 예측한다"라는 콩트의 선언이 대표적으로 보여주듯, 고전적 실증주의자들은 계몽주의의 기획을 계승하여 사회과학의 목표를 사회세계에 대한 예측과 통제에 두었다.[1] 그들의

1 "아주 실질적인 의미에서, 콩트의 실증적 사회학의 기획은 계몽주의의 연속이다. 계몽주의는 사회적·정치적·경제적 쟁점들에 대한 이성의 적용을 진보와 해방과 개선에 대한 관심과 결합했고 그 결과 현상에 대해 비판적이었다. 계몽주의의 이러한 비판적 합리주의는 생시몽과 콩트의 실증주의 — 경험과 실험으로 단련한 이성의 적용

이상은 단순히 자연과학의 방법의 '적용'에 그치는 것이 아니라 과학을 통한 사회의 '진보'에 있었다. "사회과학의 공공적 역할에 대한 이런 견해는 널리 공유되고 있으며, 자연과학의 방법을 사회연구에 확대하는 것을 다시 정당화한다. 자연과학이 이미 성취한 양적 신뢰성, 객관성, 보편적 적용가능성에 대한 주장을 기초로 해야만 정책입안자들이 사회과학을 진지

을 통해서 편견과 무지와 미신과 편협을 제거할 보편적 과학을 추구하는 것으로 이해할 수 있는 — 의 선구자이다"(Hamilton, 1992: 20~21). 그러므로 당연히 이 목표는 사회에 관해 알아낸 지식을 가지고 사회를 지배하고 통제할 수 있으며, 그것을 통해 인간의 삶의 조건을 개선할 수 있다는 계몽주의적 믿음, 즉 전통의 권위가 제공하는 예속된 안정을 거부하고 인간의 이성을 자발적으로 사용함으로써 부단히 더 나은 세계를 만들어나갈 수 있다는 자신감에 기초한다. 계몽사상가들은 거대한 성과를 낳았던 당시의 과학을 계몽된 이성의 전형으로 간주하면서, 과학(적 방법)을 통해 이 세계를 완전하게 알 수 있고 완전하게 통제할 수 있다는 믿음을 갖게 되었다. "아는 것이 힘이다"라는 베이컨의 진술은 자연을 아는 것이 곧 자연을 지배하는 힘이라는 것을 의미했다. 베이컨은 "자연을 잡아 묶어 인간의 노예로 삼아야 하며, 과학자는 자연을 고문해서 그 비밀을 알아내는 것을 목표로 한다"라고 선언했다. 또한 계몽주의자들은 사회세계에도 과학적 방법을 적용할 수 있으며 이성과 과학적 지식을 사용해서 변화와 진보를 달성할 수 있다고 믿었다. "과학은 인간의 이해관심에 가장 해로운 자연의 측면들에 대한 인간의 통제력을 증대할 것이라는 전망을 제공했다. 사회과학의 기초적 개념들은 계몽주의의 진보 개념, 즉 경험에 기초한, 그리고 이성을 통한 지식을 적용해 인간을 더 행복하게 만들 수 있고 잔혹과 불의와 폭정에서 인간을 해방시킬 사회제도를 창출할 수 있다는 생각과 밀접하게 결합되어 있다"(Hamilton, 1992: 37). "여러 측면에서 미국혁명과 프랑스혁명은 근대적인 사회 및 정치이론의 최초의 대규모 적용이었다. 혁명을 흔히 훌륭한 사회적 지식을 사용해서 사회적 삶을 개선할 수 있는 상황을 만든 것으로 해석했다. 사회과학이 무엇인가에 대한 견해도 이런 맥락에서 형성되었다"(Wagner, 2003: 537). 그러므로 사회세계에 대한 예측과 통제의 추구는 계몽주의의 '이상'이나 '기획'이나 '열망'이라고 특징지을 수 있다. 덧붙이면, 인간 조건을 개선하는 데에서의 과학지식이 주요한 역할을 한다는 믿음과 기대는 계몽주의의 강력한 특징이며, 그런 의미에서 많은 논자들이 계몽주의의 유산을 가리킬 때 전망이나 시각 등과 같은 온건한 용어보다 '기획' — 일반적으로 열망 — 이라는 용어를 사용한다.

하게 취급할 것으로 기대할 수 있었다. 오늘날 대부분의 국가에서, 사회적·경제적 삶의 사실상 모든 측면 – 질병과 건강과 사망의 유형, 결혼과 이혼, 실업, 소득 격차, 태도와 가치, 소비유형 등 – 에 관한 공식 통계를 수집하고 있으며, 이것들을 수집하고 해석하고 정책적 함의에 관해 자문하도록 사회과학자를 고용하고 있다"(벤턴·크레이브, 2014: 53). "과학적 지식을 사용해 사회의 조직에 관한 모든 문제들을 이성적으로 해결하고, 또 그러한 결정에 비과학적인 (따라서 비이성적이라고 할) 종류의 것들이 영향을 미치는 것을 배제하려는 실증주의의 이상"을 키트는 '과학적 정치(scientific politics)'의 교의로 이름하며, 브라이언 페이(Brian Fay)의 『사회이론과 정치적 실천(Social Theory and Political Practice)』을 인용해 다음과 같이 정의한다(Keat, 1981: 17~18).[2]

> 사회과학적 지식의 기술적 적용에 근거해서 정치적 결정을 내리게 된다면, 정치적 주장의 특성은 극적으로 변화할 것이다. 여기서 요점은, 적어도 이상적으로는, 공학이나 의학에서는 의견의 차이를 개인의 가치나 소망에 입각해서 표현하지 않는다는 것, 또는 의견이 다른 사람들이 그들이 속해 있는 사회 질서 속에서 가지고 있는 권력이나 지위를 근거로 논쟁을 하지는 않는다는 것, 또는 그 논쟁을 표현의 미묘함이나 수사학적인 힘에 의해 해결하지는 않는다는 것이다. 쟁점들은 명확하고 계량가능하고 시험가능하며, 모든 사람들이 접근할 수 있는 이러한 객관적 특징에 의해

2 키트는 과학적 정치라는 개념을 최초로 정식화한 사례로 홉스를 언급하는 한편, 과학적 정치를 옹호하는 실증주의는 19세기 유럽에서, 특히 생시몽과 콩트 및 그들의 추종자들에 의해 주요한 이론적·실천적 현상이 되었다고 지적한다. 생시몽은 '실증과학의 기초 위에 조직된 사회에서는 정치적 결정은 모든 인간의 의지와는 전혀 무관한, 오직 과학적 증명의 결과일 수밖에 없다'고 강조했다.

> 당면의 문제를 결정하는 방식으로 쟁점들에 관한 논쟁을 수행한다는 것이다. …… 만약 정치가 응용과학이 되고자 한다면 그것이 가진 추측적이고 자의적이며 감정적이고 개인적인 요소들을 제거하고, 그것의 논증과 결정 또한 공학에서의 그것과 동일한 중립적인 특징을 가져야 한다. …… 과학적 논증과 마찬가지로 정치적 논증에서도 확인가능한 진리라는 믿을 만한 공공의 기준이 있어야 하며, 따라서 특정한 문제에 대한 보편적으로 승인가능한 결정적 해답의 가능성이 있어야 한다. 바로 이러한 방식으로 사회과학은 현대의 정치적 사유를 규정하는 '의견의 무정부 상태'를 제거할 수 있을 것이다.

그렇지만 사회과학의 지식이 억압과 몽매에서 인간해방에 기여한다는 계몽주의적 열망은 논리실증주의에 이르러 '사실'과 '가치'를 구별하는 경험론적 교의와 결합함으로써 그 내용에 변화가 생겼다. 계몽주의는 "기존의 사회질서를 초월하는 진리의 기준, 즉 사실로서 존재하는 것이 아니라 목표로서 사회질서가 표현하는 기준에 의해 인간의 실천을 판정했다는 점에서 부정(negative)의 철학이다. 계몽주의 철학자들은 그것의 제도 속에 이성과 자유라는 가치를 구현하고 있는 '진정한' 인간사회 개념을 출발점으로 삼았으며 바로 이런 개념에 입각해서 18세기 사회의 '사실들'을 비이성적이고 억압적이라고 단죄할 수 있었다"(벤턴, 1984: 70~71).

가치자유 과학?

경험론자들은 과학에서 가치판단을 배제해야 한다고 주장한다. 과학은 관찰과 실험과 형식적 추론을 사용해서 세계를 있는 그대로 재현하고

자 하는 엄밀한 시도라고 그들은 주장한다. 객관적 사실(정확하게는 '경험')과 주관적 믿음을 구별하는 경험론은, "존재 명제에서 당위 명제를 도출할 수 없다"라는 흄의 훈령이 압축적으로 보여주듯, '객관적' 사실과 '주관적' 가치를 엄격하게 구별했다. 가치는 인간 주체의 주관적 판단과 정서적 반응의 문제로서 경험적으로 진위를 판별할 수 없으며, 객관적 사실에 대한 과학적 인식의 문제와는 논리적으로 구별된다는 것이다. "가치는 문화적·사회적 구성물로서 역사와 권력의 부수적인 결과이며, 객관적이거나 합리적인 기초를 결여한 것이다"(Gorski, 2013: 543). 과학적 진술의 진위는 경험적으로 검증할 수 있지만, 가치판단에 대한 검증은 불가능하다. "과학은 사실을 다루지만, 그것에 놓여 있는 가치는 논리적으로 연역할 수 없다. 사실은 객관적 사안으로 과학적 검증과 반증의 대상이다. 과학적 방법은 사실에 관한 이견이 있는 경우 합의된 절차를 제공할 수 있지만, 사실에 부여된 가치에 관한 이견을 해결하는 절차는 없다"(트리그, 2013: 173~174). 그러므로 가치의 문제는 과학의 영역에서 배제해야 한다.[3]

마찬가지로 "사회과학 연구는 규범적 편향을 벗어나는 것이 중요하다. 왜냐하면 그것은 사회정책을 안내하는 데 중요한 객관성을 파괴하기 때문이다"(Rosenberg, 2008: 227). 오직 사실의 문제만을 다루는 과학은 행위의 결과에 관한 조건적 예측을 정식화할 뿐 그러한 행위의 목표를 정당화

3 사회과학의 '가치자유'(또는 가치중립)를 주장하는 이런 입장은 '가치자유의 교의'로 불린다. 그리고 기든스는 '가치자유의 교의'를 '실증주의'의 중심적 특징으로 지적한다(Giddens, 1977: 64). 덧붙이면, '발견의 맥락'과 '정당화의 맥락'을 구분하는 실증주의 과학관은, 과학의 가설 발견 과정에서는 연구자의 주관적 요소들 — 가치를 포함하는 — 이 작용하지만, 그 가설을 평가하는 정당화 과정은 엄격한 연역, 통제된 실험, 치밀한 검증/반증 등을 통해 주관적 요소들의 개입을 배제하고 이것에 의해 과학의 가치자유를 성취한다고 주장한다.

할 수는 없다. 과학적 지식은 정치적·도덕적으로 중립적이다. 사회과학자는 갈등하는 가치들에 관해 어느 것이 더 좋은 것인가에 대해서는 아무런 이야기도 할 수 없고, 단지 여러 가지 대안적 가치들의 가능한 결과들을 검토할 수 있을 뿐이다. 과학은 오직 합리적인 것만을 다루며, 기술적으로 정향된 도구적 활동이다. 과학적 지식은 그것을 어떻게 사용할 것인가를 결정하는 사람의 의도와 목적에 따라 유용할 수도 있고 유해할 수도 있는 도구일 뿐이다.[4]

사실과 가치의 이러한 분리의 한 가지 주요한 결과는 가치의 문제 — 실

4 베버도 "사실에 관한 합의는 가능하지만 가치에 관한 합의에는 원칙적으로 도달할 수 없다는 경험론적 가정 때문에 가치자유를 옹호한다"(트리그, 2013: 204). 그는 "학자가 자신의 가치판단을 개입시킬 때마다 '사실'에 대한 완전한 이해가 중단된다"라고 「직업으로서 학문(Wissenschaft als Beruf)」에서 주장한다(Weber, 1997: 232). 그리고 「사회과학적 그리고 사회정책적 인식의 '객관성'」에서 다음과 같이 주장한다. "가치기준의 수용 여부는 가치판단을 내리는 주체 자신의 가장 사적인 결정사항이며 그의 욕구와 양심의 문제이지 경험적 지식의 문제가 아닌 것이다. …… 경험과학은 그 누구에게도 결코 그가 당위적으로, 도덕적·규범적으로 무엇을 해야만 하는지는 가르칠 수 없으며, 단지 그가 무엇을 할 수 있는지, 그리고 경우에 따라서는 그가 무엇을 원하는지를 가르쳐줄 수 있을 뿐이다"(Weber, 1997: 38). 가치자유의 교의를 통하여 베버는 사회과학은 오직 사실을 문제를 다루어야 하며 어떤 수단을 통해 어떤 결과에 이를 수 있다는 것을 말할 수 있을 뿐, 가치의 문제에 대해서는 윤리적으로 중립을 지켜야 한다는 믿음을 표현한다.

그런데 베버의 '가치자유(Wertfreiheit)' 주장은 1900년 무렵 독일 사회정책학회의 방법론 논쟁을 역사적 배경으로 하고 있다. 이 논쟁에서 학회의 주도자인 아돌프 바그너(Adolph Wagner), 구스타프 폰 슈몰러(Gustav von Schmoller) 등은 가치판단에 관한 과학적 기준이 존재하므로 사회과학은 가치에 관한 연구와 통합되어야 하며, 사회과학 연구의 최종 목적은 윤리적·도덕적으로 올바른 사회정책을 제시하는 것이라고 주장했다. 이에 대해 베버, 베르너 좀바르트(W. Sombart) 등은 과학이 사실에 대한 사유적(思惟的) 질서인 반면 정책은 이상에 대한 진술이므로 다른 영역에 있다고 구분하고, 규범이나 이상을 확인하여 실천을 위한 방안을 제출하는 작업은 경험과학의 임무가 아니라고 주장하며 '가치자유'를 사회과학의 방법론적 원리로 제기했다.

제의 삶에서 사실의 문제와 마찬가지로 (아마도 더) 중요한 — 를 자의적인 감정의 영역으로 추방하고 과학적인 또는 이성적인 탐구와 토론의 가능성을 봉쇄하는 것이었다. 사회과학에서는 기존의 사회적 '사실'에 대한 가치판단을 금지하고, 가치의 관점에서 새로운 사실의 탐구를 금지하는 것이었다. 직설적으로 말하면, 실증주의는 기존의 사회질서에 대한 가치판단을, 그리고 가치의 관점에서 새로운 사회질서의 추구를 사회과학에서 쫓아냈다. 기존 질서에 대한 이성적 비판의 가능성을 봉쇄하고 이성을 사회적 삶의 사실들에 종속시키는 것은 실증주의 사회과학의 공공연한 목표이다. 하버마스가 '독일 사회학의 실증주의 논쟁'에서 지적하듯, "사실과 가치의 이원론은 허용가능한 지식을 엄밀한 경험과학들로 축소하고 그것에 의해 삶-실천의 문제를 과학의 지평에서 완전히 제거했다"(Adorno et al., 1976: 145). 계몽주의의 부정의 철학은 인간의 이성을 기준으로 사회적 실재를 측정하는 반면, 실증주의는 지배적인 사회질서를 기준으로 인간의 이성을 측정한다. 그러므로 실증주의의 과학적 정치의 교의는 사회과학의 비판적 차원 또는 계몽주의 열망의 부정의 철학을 폐기하고, 긍정(positive)의 과학만을 추구하는 것이었다. 단순히 "기존 질서를 옹호하고 정당화하는 것이 실증주의적 사회과학의 개념적 관심이 되었다"(벤턴, 1984: 71). 가치자유 사회과학에 대한 열망이 기존 질서의 후원을 배경으로 사회과학 전 분야를 지배하고(트리그, 2013: 188),[5] 정책 지향 사회과학

5 "과학을 특정 영역 또는 방법론으로 제한하는 한편, 가치를 과학의 경계 밖에 남겨두고 그것에 의해 종교적이고 사회적인 논쟁에서 벗어남으로써 과학자들은 자신들의 작업을 방해받지 않은 채 원활하게 계속할 수 있었다. 마찬가지로 기존의 사회적 가치를 옹호하는 사람들도 과학과 가치의 명확한 구분에서 이득을 보았다. 과학과 가치는 혼합되지 않는다고 고집하면 사회의 기존 가치들이 보호된다. 이 말은 가치중립적 과학이라는 발상 자체가 가치문제에 대한 인간들의 결정에서 나온 결과라는 점을 시사한다"(트리그, 2013: 185).

의 전통이 자리 잡았다.[6] 오늘날에도 대다수의 사회과학자들이 예컨대 실업, 빈곤, 경제발전, 불평등, 범죄, 이주 등과 같은 사회현상의 원인과 대책을 찾아냄으로써 합리적인 정책의 기초를 제공하는 것을 사회과학의 주요한 목표로 상정하는 것에서 알 수 있듯, 그 믿음의 정도는 다르지만 이러한 과학적 정치의 교의를 공유하고 있다.

그렇지만 사실과 가치를 객관적인 것, 주관적인 것과 등치하고 가치의 문제를 과학의 탐구 영역에서 배제하는 실증주의의 전통적 주장은 "사실과 이론의 두 측면 모두에서 오류이다. 사실의 측면에서 사회과학은 정치적 목표를 가진 세력, 특히 권력집단과 끊임없이 동맹관계를 맺어왔다. 이론의 측면에서 모든 지식은 역사적으로 상대적인 가치, 이해관심 및 분류틀을 전제한다"(Riley, 1974: 4~5).[7] 우선 과학 자체가 '진리(인 지식의 생산)'라는 가치를 추구하는 가치 함축적 활동이다. 과학은 관찰이나 실험의 결과를 왜곡하지 않고, 자신의 견해에 반대하는 주장 ― 그것을 누가, 왜 제기하는가와 관계없이 ― 을 진지하게 고려하며, 세계가 무엇인가가 분명해지면 자신의 편견을 버려야 한다는 등의 가치를 전제한다(벤턴·크레이브, 2014: 81). 과학이 거짓, 사기, 오류, 가짜과학 등을 거부하는 것도 여기

6 "사회과학이 제도화된 시기에 근대화를 주도하는 공업화를 추진하면서 광범한 사회개량을 옹호한 정치적·사회적 집단들은 사회문제를 다루는 정치적 행위가 기본적으로 사회문제에 대한 폭넓고 체계적인 경험적 분석에 기초해야 한다는 믿음을 수용하게 되었다. 심각한 사회문제에 대한 자각의 증대는 사회과학의 모습을 형성하는 핵심적 요인이었다"(Wagner, 2003: 540).

7 "과학의 공학적 효용이 너무나 뚜렷해진 지금, 과학은 상업적·군사적 이해관계에서 자유롭지 않으며, 연구주제의 설정이나 연구방향 등에서 전혀 순수하지 않다는 것이 분명해졌다. 물론 협약주의 과학철학은 과학의 판단과 실행이 증거와 논리만으로 구성되지 않는다는 것, 연구자와 과학공동체의 가치에서 자유롭지 않다는 것을 폭로했다. 이에 따라 한동안 가치와 절연됨으로써 특별한 객관성을 확보해낸다고 여겨지던 과학이 갑자기 가치로 가득한 것으로 바뀌었다"(이봉재, 2003: 31).

서 유래한다.[8] 실질적으로, 과학은 현상의 이해와 설명을 목표로 하는 활동이다. 목표 추구 활동은 그 목표와 목표 달성을 위한 방법에 대한 가치 평가를 내장하고 있다. 그러므로 과학은 신뢰성, 정확성, 시험가능성, 정합성, 개념적 명료성, 일관성, 설명력, 발견력 등을 가치 있게 평가하고 독창성, 보편성, 초연성, 반복가능성 등을 중시한다. 이런 것들은 과학의 실천을 본질적으로 구성하는 가치로, 지식 자체의 특성과 관련된 것이라는 점에서 과학내부적 또는 인식적 가치라고 할 수 있다.[9] 또한 과학은 필연적으로 관찰과 실험과 형식논리 이상의 것을 포함한다. 모든 관찰은 개념적 해석이라는 능동적 과정을 포함하고 있다. 이론구성은 상상력을 사용하는 창의적 활동이다. 과학에서 비유의 역할은 훨씬 더 넓은 문화에서 착상을 이끌어내는 것을 포함한다. 이런 활동들은 가치에서 자유로울(value-free) 수 없다. 더 근본적으로는 "과학은 자유, 존엄, 공정, 정직, 개방, 비판 등의, 인식적 가치의 추구를 보호하거나 촉진하는 사회적 가치에 의하여 성립할 수 있었다"(이봉재, 2003: 32~35).[10] 또한 과학은 인식적 가치에 직접 영향을 미치지 않는, 예컨대 인간을 실험 대상으로 삼으면 안 된다는 믿음 등과 같은 사회적 가치도 포함한다.[11] 그러므로 과학은 근

8 "분명히 이런 가치를 공유하지 않는 사람들은, 예컨대 권력이나 부를 과학이 추구하는 궁극적 가치로 믿는 사람들은 그들의 연구결과를 조절하거나 왜곡할 가능성이 높다"(Gorski, 2013: 546).

9 머튼이 열거하는 과학의 네 규범 — 보편주의, 공동주의, 탈이익주의, 조직적 회의주의 — 도, 실제 연구에서 과학자가 이것들을 얼마나 실행하는가의 문제와 별도로, 과학이 추구(해야)하는 인식적 가치라고 할 수 있다.

10 리센코주의의 사례는 자유를 제한하고 비판을 봉쇄하는 권위주의 체제는 과학의 발전을 왜곡하고 억압한다는 것을 분명하게 보여준다. 이는 사회적 가치가 인식적 가치의 추구에 결정적으로 중요하다는 점을 입증하는 '반면교사'이다. 한편, 헬렌 롱기노(Helen Longino)는 두 가지 가치를 구성적 가치(constitutive values)와 맥락적 가치(contextual values)라고 부른다(Longino, 1990: 4~7).

본적으로 가치부과적 활동이다.

더욱이, 사회적 가치의 개입은 여기서 그치지 않고, 과학적 지식의 인식적 내용에도 영향을 미칠 수 있다.[12] 사실-가치의 이분법에 따르면, 사실은 '저기 외부에(out there)' 있는 객관적 실재이고 가치는 그러한 사실에 대해 판단하는 주관적 행위이다. 그러나 협약주의가 지적하듯, 과학의 '사실'은 외부 세계가 인식 주체에게 제공하는 '객관적인 것'이 아니라 인식 주체가 감각을 매개로 사유 속에서 생산하는 '주관적인 것'이다. 비판적 실재론의 용어로 말하면 '자동적 객체'가 아니라 '타동적 객체'이다.[13]

---

11 휴 레이시(Hugh Lacey)에 따르면, 과학은 특히 자연객체들에 대한 인간의 통제와 유물론적 전략이라는 사회적 가치를 내장하고 있다.

12 그렇지만 이것이 과학지식을 가치관여로 환원할 수 있다는 이야기는 아니다. 경험론에 반대하는 논자들은 과학이 본래 그리고 불가결하게 가치를 포함한다고 지적하지만, 한편으로는 연구대상에 관한 객관적 지식의 생산을 목표로 하는 실천으로 간주되는 과학에 필수적이며 과학을 지원하는 (과학 내부적인) 규범 및 가치와, 다른 한편으로는 이러한 목표를 추구하는 것을 방해하거나 순전히 외부적인 그러므로 부적합한 가치는 여전히 구분할 수 있다. "경험론적 견해의 핵심적 직관은 과학은 우리가 선호할 세계가 어떠할 것인가를 다루는 것이 아니라는 것이다. 오히려 과학은 오로지 과학자가 사물들이 실제로 존재하는 방식에 관한 증거를 보면서 자신이 중시하는 가설을 기꺼이 포기해야만 진보할 수 있다. 과학이 단순히 자연에 관한 우리 자신의 소망과 선호를 제시하는 사안이라면 실험이나 관찰을 수행하는 것은 아무런 의미도 갖지 못할 것이다"(벤턴·크레이브, 2014: 80).

13 사실과 가치는 주관의 영역 안에서 상대적·잠정적으로 구별되는, 그리고 인간의 인식의 변화와 발전에 따라 경계가 변화하는 계기들일 뿐이다. 홍성욱에 따르면, "흄의 사실과 당위의 구분을 칸트는 더욱 정교화했다. 순수이성비판, 실천이성비판, 판단력 비판의 3부작에서 칸트는 가치체계를 진리의 영역, 옳고 그름의 영역, 취향의 영역이라는 세 가지로 나누었다. 진리의 영역에서는 명제의 진위 여부가 쟁점인 반면, 옳고 그름의 영역에서는 도덕적 선악이 쟁점이며, 취향의 영역에서는 미적 조화가 쟁점이다. 사실과 당위를 분리한 흄과 마찬가지로 칸트는 이 세 영역을 서로 독립적인 것으로 간주하고, 이 가치체계들을 근대성의 핵심으로 규정했다. 종교적 독단이 과학을 억압할 수 없고, 도덕이나 법의 이름으로 개인의 취향을 탄압할

사실과 가치는 객관과 주관의 상이한 영역에 속하는 범주가 아니다. 실제의 과학은 그 결과들을 수정하고 교정하며 다른 이론이나 시각과 통합하는 지속적인 평가적 활동이다. 과학의 '사실'은 평가를 포함하며 평가는 가치를 전제한다. 가치가 궁극적으로 세계에 대한 주관적 인식에 기초한다면, 사실도 마찬가지이다. 사실이 외부 세계의 사물이나 사물의 속성이 아니라 외부 세계와 인간의 상호작용 형태라면 가치도 마찬가지이다.[14] 경험의 이론의존성 명제와 이론의 경험적 미결정성 명제는 이른바 (경험적) '사실'의 (재)생산에는 주체의 감각인상뿐 아니라 주관적 해석과 능동적 구성, 개념적 정리 등이 복합적으로 작용하며, 이론의 생산과 선택에

수 없으며, 개인의 자유와 권리의 영역을 과학의 이름이나 권력자의 취향 때문에 억압할 수 없다는 (해방적 취지의) 것이었다. 그렇지만 과학, 윤리와 법, 예술 영역을 기계적으로 엄격하게 분리할 수는 없다. 예컨대 인종의 차이를 이전에는 과학의 영역으로 간주했으나 이제는 도덕의 문제로 취급하고, 질병으로 취급하던 동성애를 이제는 취향으로 취급하는 것에서 볼 수 있듯, 과학의 발전은 도덕과 법의 영역을 계속 새롭게 규정하고 있으며, 취향을 바꾸기도 한다. 세 영역을 구분할 수는 있지만, 그 경계를 고정 불변의 것으로 간주할 수는 없다"(홍성욱, 2004: 136~138).

14 세월호 침몰 사건을 '부작위에 의한 살인'이라고 서술하는 것은 '가치판단'을 포함한다. 하지만 그 사건을 교통사고라고 '가치자유적으로' 서술하는 것은 오히려 그 사건의 본성을 은폐한다. 대체로 사회현상에서는 사실의 문제가 가치의 문제와 혼합되어 있으며, 사회현상을 '객관적으로' 서술하는 유일한 길은 '평가적 서술'을 통한 것이다. 그리고 "어떤 진술이 사실진술인가 가치진술인가는 그 진술의 대상이나 진술 자체에 의해 독립적으로 결정되는 것이 아니라 그 진술을 사용하는 맥락 또는 상황에 의해 결정된다. 나아가 맥락이나 상황은 그 대상의 특성뿐만 아니라 그 진술을 한 주체의 목적과 의도, 그리고 주변적 조건들을 포괄하는 형태로 이루어진다. 그러므로 사실진술과 가치진술의 구별 근거는 진술 자체에 있는 것이 아니라, 우리가 세계와 상호작용하는 방식들의 문제라고 해야 할 것이다. 우리는 동일한 대상 — 물리적이든 추상적이든 — 에 대해 사실적으로 경험하거나 가치적으로 경험할 수 있기 때문이다. 가치의 문제는 우리가 특정한 대상이나 사태를 이해하고 경험하는 (달리 말하면 상호작용하는) 방식의 문제이다"(노양진, 2005: 14~15, 18).

서도 경험만이 기초와 심판자로 구실하지 않는다는 점을 알려준다. "이론과 경험적 증거 사이에는 논리적 추리로 채울 수 없는 불확실한 공백이 있다. 과학자공동체의 여러 배경적 가정들이 이 공백을 채우는데, 배경적 가정에는 광범위한 사회적 가치들 및 이해관심도 포함된다"(Doppelt, 2007: 193~194). 예컨대 여성의 '자연적(?)' 본성에 관한 남성우월주의적 견해나 인종차별주의 이론 등과 같은 이데올로기적 가치들도 바로 이 공백을 통해 과학에 침투하며, 그것에 의해 과학지식의 생산과 선택을, 아마도 편향적으로, 유도할 수 있을 것이다.[15] 그러므로 실증주의가 구분하는 '발견의 맥락'은 물론 '정당화의 맥락'에서도 주관적 요소와 가치의 개입은 제거할 수 없다.

가치는 과학에서 '사실'로 취급하는 것에 여러 가지 방식으로 스며들고 그것을 색칠한다. 사실과 가치 사이에 어떤 차이가 있는 것은 분명하지만, 그 때문에 곧 사실과 가치가 분리되고 둘 사이에 아무런 상관이 없다고 할 수 있는 것은 아니다.

> 사실과 가치의 분리는 과장되었다. 사실의 영역과 가치의 영역은 쉽게 그리고 명확하게 분리되지 않는다. 더구나 존재와 당위의 상호 혼합은 '편

15 반면, 인종 간 평등이라는 가치를 따르는 연구자는 이런 믿음과 상반되는 증거를 평가하는 데 어려움을 겪을 것이다. 홍성욱은 "과학에서 종종 외부적 가치가 인식적 요소로 변형되어 과학들의 실천 속에 다른 인식적인 요소와 융합된다고 분석하며, 우주의 조화에 관한 케플러의 믿음, 연금술과 신플라톤주의에 대한 뉴턴의 믿음, 리터의 자연철학, 패러데이의 종교관, 다윈의 정치경제학에 대한 견해 등을 과학자들의 실천 속에서 인식적 요소로 작용한 외부적 가치의 사례로 지적한다"(2004: 32~34). 과학자들은 이런 가치를 그것이 과학에 외부적인 것이라는 점을 인식하지 못할 만큼 과학의 인식적·합리적 요소들과 융합하여 사실과 설명을 구성하는 데 사용해왔다는 것이다.

견'의 문제를 훨씬 뛰어넘는다. 가치는 훨씬 근본적인 그리고 덜 분명한 방식으로 사실을 굴곡 짓는다. 종종 사실들 자체가 '가치부과적'이다. 그리고 충분히 인식하지 못하고 있지만, 가치도 사실부과적(fact laden)이다(Gorski, 2013: 543).

"사실과 가치는 원천적으로 대등한 범주들이 아니며, 이분법적으로 구획되는 범주들은 더더욱 아니다. 사실-가치 이분법은 실증주의자들의 이론적 필요에 의해 정형화된 가상의 구도일 뿐이다"(노양진, 2005: 18).[16] 퍼트넘이 강조하듯, "사실과 가치는 처음부터 분리불가능하게 얽혀 있다. 사실에 관한 지식은 가치에 관한 지식을 상정하며, 과학이 순수하게 실재를 기술할 수 있다는 생각은 환상일 뿐이다"(Putnam, 2002: 33). 과학이 사실만을 다룬다는, 그리고 과학만이 사실을 다룬다는 주장은 성립할 수 없다.

이런 점을 고려하면, 탈근대론자들이 "계몽주의의 이념을 조롱하고, 탈근대주의가 계몽주의의 열망에 기초한 근대의 기획을 전복하고자 하는 것"(트리그, 2013: 334)도 충분히 납득할 수 있다. 협약주의 과학관을 수용한 탈근대론자들은 과학의 사회성과 주관성을 강조하면서 과학의 중립성과 객관성의 신화를 해체했다. 탈근대주의에 따르면, 과학은 여러 가지 공약불가능한 (인지적·윤리적·역사적·정치적) 언어게임 또는 여러 형태의 지식 가운데 하나일 뿐이며, 인식적으로 더 우월한 것이 아니다.[17] 중립

16 "사실의 범주와 가치의 범주 사이에 명확한 경계선을 긋기 어렵다. 과학이론이 처음부터 가치를 내포한다는 견해도 불가능한 구분에 의존하는 것이다. 왜냐하면 우리가 믿어야 할 것을 선택하는 다른 방식들에서 원칙적으로 가치를 분리할 수 없기 때문이다. 가치에 대한 언급은 과학적으로 확립된 사실의 세계에 대비할 때에만 실질적으로 이해할 수 있을 것이다. 가치라는 개념은 그 자체가 실증주의적 가정에 물들어 있다"(트리그, 2013: 178~179).

17 상이한 언어게임은 상이한 기준과 규칙에 의해 지배되며 따라서 더 이상 지식이나

적·객관적·보편적이며 진보와 해방의 수단으로 간주해온 과학적 지식은 실제로는 권력과 지배의 필수적인 구성요소이다. 말하자면, 중세가 종교와 신을 통해 지배되었다면 근대는 과학과 이성의 숭배를 통해 지배되고 있다. 근대는 종교와 신을 추방하고 비이성적인 영역에 대한 믿음을 추방한 것이다.

특히 탈근대주의는 계몽주의의 진보와 해방 그리고 이성이라는 거대서사의 암울한 이면을 폭로하면서 과학과 과학의 합리적 사유를 근대 이후 인간 위기의 '진정한' 원인으로 지목한다. 사회과학은 17세기 과학혁명의 특징이라고 믿었던 탐구 방법을, 이성을 통해 환경을 지배하려는 인간의 더욱 광범한 시도의 일부로서 물리적 세계에 대한 설명에서 사회에 대한

진리에 관한 특권적인 주장을 펼칠 수 없다. 데리다는 획일적 진리의 가능성을 부정하면서 진리와 편견의 구분을 제거하고 진리의 복수성을 지적한다. 또 푸코에 따르면 진리의 재생산은 권력을 통해 이루어지고 권력의 행사는 진리의 창출을 통해서만 가능하게 된다. 이런 면에서 진리와 이데올로기의 구분은 무의미하며, 권력에 의해 편향되지 않은 진리추구 활동은 불가능하다.

"과학은 자신의 정당성 문제를 감추는 데 성공하기는커녕 오히려 모든 의미 차원에서 정당성에 관한 문제제기를 피할 수 없다. 이 정당성 문제는 인식론적인 동시에 사회정치적이다. …… 과학적 지식과 비과학적 (서사) 지식을 나란히 병치시켜놓으면 과학적 지식의 존재가 서사적 지식과 마찬가지로, 그리고 그에 못지않게 필연적인 것은 아니라는 사실을 이해하는 데 도움이 된다"(리오타르, 1992: 69, 85).

그럼에도 자족적으로 정당화할 수 없는 '과학'은, 근대사회에서 절대정신의 변증법, 의미의 해석학, 합리성, 노동주체의 해방, 또는 부의 창출과 같은 정치와 철학의 큰 이야기(grand narrative)에 호소하는 메타 담론을 통해 자신의 우월성을 정당화하면서 지배력을 확장해왔다. 게다가 과학의 진리 주장은 테러리즘의 한 형태로서 반대의견을 억압하고 강자의 논리를 정당화하며, 타자의 주장을 소외시킨다. 과학적 지식이라는 간판을 달고 있는 담론은 다른 (과학적·비과학적) 담론이 생산한 사회적 의제를 불신하면서 자신의 규범적 정체성 및 질서 개념에 권위를 부여한다. 여기서 과학 역시 문화적·권력적 특권의 그물에 걸려 있는 사회적 힘이라는 사실이 드러난다.

설명으로 확장하는 것이었다. 그렇지만 과학이 내장하고 있는 자연과 세계에 대한 지배의 의지는 필연적으로 인간 자신에 대한 '전체주의적' 지배를 수반할 수밖에 없었다.

> 계몽의 충동은 처음부터 자연의 무의식적인 인간 지배에서 인간을 해방시키는 것을 수반했다. 이성, 진리, 과학 그리고 기술적 통제는 본능의 무성찰적 노예 상태에서 인간의 정신을 해방시키는 수단이었다. 이러한 해방적 추동력은 필연적으로 지배에 대한 의지(will-to-domination)를 통해 자신을 표현했다. 그 의지는 일차적으로 자연세계에 행사되었지만 기술사회의 도래가 사회적 삶에 대한 더더욱 광범한 통제를 필요로 하면서 인간세계로 점점 더 확대되었다. 그러므로 이성은 자기실현의 도구에서 계산적 지배의 도구로 변형되었다(코너, 2010: 601).

근대를 규정해온 '이성'에 대한 믿음은 혼란스럽고 억압적인 현실로 귀착되었다. 진보가 실현가능하고 필수적이라는 계몽주의의 이념은 전체주의적 사유와 정치적 억압을 조장한다.[18] 계몽의 전통은 합리론적 독재의 경향을 내장하고 있는 것이다. 이성적 동기가 추동하고 이성적 행위가 창출한 것을 이성이 지배할 수 없는 것으로 드러났다. 이성에 근거한 총체성에 대한 향수, 즉 지각과 개념의 화해 그리고 투명한 경험과 의사소통이 가능한 경험과의 조화에 대한 향수는 테러와 같은 것으로, 현실을

18 이런 맥락에서, 탈근대론자들이 크게 의지하고 있는 과학철학자 파이어아벤트는 "오늘날 우리가 알고 있는 과학 또는 전통적인 철학 양식에서의 '진리의 추구'가 괴물을 만들어낼 가능성은 없는가? 그것이 인간에게 해를 끼치고, 인간을 불행하고 차갑고 독선적이며 멋도 없고 유머도 없는 기계로 만들 가능성은 없는가"라고 묻는다(Feyerabend, 1978: 175).

포착하려는 일종의 환상이며(리오타르, 1992), '이성광기(ratiomania)'이다(Feyerabend, 1978: 170). 그러므로, 예컨대 리오타르가 보여주듯, 탈근대주의는 진보와 해방에 공헌하는 지식이라는 계몽주의의 열망을 포기하고 진리의 추구 대신 불확실성과 수사학적 논쟁이라는 탈근대적 조건을 인정해야 한다고 주장하면서 보편적 이성의 분산, 사변적 주체의 해체, 형이상학적 철학의 분해를 시도한다. 계몽주의의 이념을 실현하기 위해 보편성, 절대성, 통일성, 전체성을 축으로 해서 개별자, 구체자, 다양자, 상대자를 포섭하고 평가하고 정당화하는 근대의 기획을 폐기하고 개별자들 간의 불일치(paralogie)와 차이(différence)를 인정하는 탈근대의 기획이 필요하다는 것이다. 그리고 이런 인식은 '과학의 종언' 주장으로 이어진다. 라우든은 "오늘날 우리의 세계를 연구하면서 우리는 통일적이고 보편적이며 객관적인 추구로서의 과학이 종언에 도달했다는 불안한 느낌을 가지고 있다. …… 우리는 과학이 좀 더 주관적이고 상대적이며 사회적 태도와 이데올로기 – 예를 들어 마르크스주의나 여성주의 – 의 영향을 받는 기획이라고 생각하기 시작했다"라는 종류의 분위기가 '인간학'의 전형이 아닌가 의심하고 있다(라우든, 1997: 34).[19]

---

19 "계몽주의적 모형의 사회과학 지식에 대한 탈근대주의의 도전은 다음과 같은 계몽주의의 교의들에 대해 전체적인 거부나 적어도 심각한 이의제기를 포함한다. ① 사회에 대한 우리의 지식은, 사회 자체와 마찬가지로, 전체적이며 누적적이고 대체로 진보적이라는 견해. ② 우리는 사회에 대한 이성적인 지식을 얻을 수 있다는 견해. ③ 그러한 지식은 보편적이며 객관적이라는 견해. ④ 사회학적 지식은 예컨대 이데올로기, 종교, 상식, 미신, 편견 등과 같은 '왜곡된' 사유형태와는 다르며 그것보다 우월하다는 견해. ⑤ 사회과학적 지식은 일반적으로 인간에게 정신적 해방과 사회적 개선을 가져올 수 있다는 견해. 요약하면, 탈근대주의는 근대사회의 구조가 극적으로 변동하기 시작했을 뿐 아니라, 사회에 대한 근대적 사유의 기초도 쓸모없고 독단적인 것이 되었다고 주장한다"(McLennan, 1992). 이런 입장은 사실상 18세기의 낭만주의에서 비롯하는 '반과학주의'의 한 형태라고 할 수 있다. 반과학주의는

물론 인간과 사회에 대한 과학적 연구의 산물, 즉 사회과학의 개념, 이론, 설명 등은 그것을 생산하는 사람들의 이해관심과 가치의 영향을 받고 그 흔적을 담고 있다는 것, 서구 근대의 이성과 과학지식이 계몽과 해방의 원리를 대표하면서도 다른 한편으로 과학적·정치적·경제적 폭력을 행사하면서 차별과 착취와 억압의 도구로 기능해왔다는 사실을 부인할 수는 없다. 계몽주의의 열망에 대한 탈근대주의 비판의 합리적 핵심도 여기에 있다. 그렇지만 이 비판이 곧 '이성의 포기'라는 주장으로 이어질 것은 아니다. 도구적 이성의 작동이 비합리적이며 억압적인 현실의 낳았다는 고발도 이성적 사고에 기초를 두고 있다. 이성의 인식 능력과 해방 잠재력을 부인한다면 현실에 대한 지식과 비판은 불가능하게 된다.[20] 또한 과학에서 가치와 사실의 이분법이 오류라는 지적이 객관적 지식 추구로서 '과학의 종언'을 의미하는 것도 아니다.

> 과학이 가치자유이며 과학의 사실이 객관성을 가장 잘 구현한다는 견해는 모두 오류이다. 그렇지만 이것이 과학이나 객관성에 대한 믿음을 포

홀로코스트, 히로시마, 체르노빌, 킬링필드, 인종청소, 기후변화 등의 재앙을 사례로, 근대의 과학정신이 인류에게 악마적 영향을 미치고 있다고 지적하면서 과학적 지식의 지배를 거부해왔다.

20 탈근대론자들은 여기서 탈근대주의는 이성의 포기가 아니라, '이성에 대한 비판적 이의제기' 또는 계몽주의의 기획과 그것의 합리성들에 대한 비판적 성찰과 '총체화하는 이성 개념(totalising idea of reason)'에 대한 반대를 뜻한다고 물러선다. 그러나 전통의 권위를 부인하고 계몽과 해방을 추구하는 (총체화하는) 이성과 진보와 해방에 대한 믿음을 탈신비화하고 비판하는 이성, 즉 계몽주의적 이성과 탈근대적 이성이 완전히 다른 것인가? 그리고 두 이성이 완전히 다르다면, 합리성을 비판하고 진보의 이념을 거부하는 탈근대적 이성을 이성으로 인정할 수 있는가? 오히려 탈근대주의는 억압적 현실에 압도당하여, 현실의 합리성에 대한 회의를 이성의 합리성에 대한 회의로 치환하고 있다고 평가하는 것이 정확하다.

기하고 불편한 상대주의를 받아들이도록 강제하는 것은 아니다. …… 가치는 세 가지 주요한 방식으로 과학과 교차한다. 첫째, 가치들, 특히 인식적 가치들이 과학적 연구 자체를 안내한다. 둘째, 과학 작업이 늘 특정한 문화 속에 자리 잡고 있기 때문에 그 문화의 가치가 개별 실행자들을 통해 의식적·무의식적으로 과학에 들어온다. 그렇지만 그 가치들이 초래할 수 있는 편향 효과를 제어하는 기제가 있다. 끝으로 과학에서, 결과물로서 또는 과정으로서 가치들이 생겨나며 이것들은 문화나 사회에 광범하게 재분배된다. 과학적 발견들은 사회의 가치들에 대해, 가치들 자체는 새로운 것이 아닐 수 있더라도, 새로운 도전을 제기할 수 있다(Allchin, 1999: 1~2).

간단히 말해, 과학에서 사실과 가치의 문제에 관한 탈근대론자들의 인식은 불충분하고 부정확하다. 과학에서 가치의 배제는 불가능하며 사실과 가치의 엄격한 구분도 불가능하다. 그렇지만 이것이 과학에서 사실과 가치를 전혀 구분할 수 없다거나 지식의 생산과 선택이 주관적인 가치선호에 따라 자의적으로 아무렇게나 이루어진다는 이야기는 아니다. 과학에서 '사실'로 취급하는 것은 사실들에 관한 일련의 복잡한 믿음들 – 인식적 가치들과 사회적 가치들을 포함한 – 과 결합되어 있으며, 가치들은 과학에 침투할 때 다른 믿음과의 길항을 통해 개입한다. "과학의 뿌리에 있는 가장 명백한 가치는 진리이다"(트리그, 2013: 179). 과학은 객관적 지식의 생산이라는 가치를 지향하며, 다른 가치들의 개입에 대해서는 일차적으로 이 가치에 비추어 허용 여부를 판단하게 된다.[21] "과학자는 인식적 이

21 "서구 과학은 잘못된 안내를 제공해온 것으로 판명된 편견들과 가정들을 걸러내고자 수 세기에 걸쳐 노력해왔다. 과학자들은 종교적·정치적 믿음들이 지식 획득이라는 기본적인 목표를 손상할 수 있는 방식으로 이 이론이 아니라 저 이론을 선호하도록 편향되게 한다는 것을 깨달아왔다"(트리그, 2013: 179~180). 이런 맥락에서

유와 규범적 이유를 분별할 수 있고, 실제 작업에서는 둘 모두를 고려한다"(Kincaid, 1996: 45). 과학지식의 인지적 내용에 침투하는 사회적 가치들에 대해서도 적어도 정합성, 정확성, 일관성, 신뢰성 등의 인식적 가치의 규정에 따라 해당 시기의 지배적인 과학적 지식에 비추어 타당성을 검토하고 침투 여부를 허용한다.[22]

보면, 실증주의가 강조하는 '과학의 가치자유' 교의는 객관적 지식 생산의 추구라는 과학의 가장 기본적인 가치[가 연구자의 주관적 선호나 편견의 작동을 제한(해야)한다는 인식]의 변형된 표현이며, 그 교의의 정당성도 여기서 유래하는 것으로 드러난다. 그런데 키트는 가치자유의 교의가 적어도 두 가지 차원 — ① 과학이론의 타당성을 평가하는 기준은 특정한 정치적·도덕적 입장의 채택이나 거부와 전혀 관계가 없(어야 한)다. 이론의 진위는 규범적 입장과 무관하게 결정할 수 있다. ② 과학적 지식만을 근거로 정치적·도덕적 판단을 지지할 수는 없다. 과학적으로 확인할 수 있는 적절한 주장에 동의할 수는 있지만, 과학적 지식이 옹호하는 주장이 바람직한가에 관해서는 정당하게 반대할 수 있다 — 을 갖는다고 분석한다(Keat, 1981: 18). ①은 객관적 지식 생산의 추구라는 가치의 표현인 반면, ②는 과학지식과 가치판단을 분리하는(분리해야 한다는) 가치의 표현으로, 사회과학은 가치판단의 문제를 탐구하지 않는다(않아야 한다)는 주장으로 이어지게 된다.

한편, 더글러스는 과학 탐구의 전 과정에서 가치가 핵심적 역할을 수행하고 있기 때문에 '가치자유'의 이념이 과학에서 타당하지도 않고 바람직하지도 않다고 지적한다. 그리고 과학 탐구에서 가치와 (경험적) 증거가 수행하는 역할들을 구별하고 가치의 기능을 과학의 핵심적인 인식적 계기에서 간접적 역할에 제한할 것을 요구한다. 가치의 역할을 이렇게 제한하는지 여부가 과학의 성실성(integrity)과 신뢰성(reliability)을 결정하고 적절한(acceptable) 과학과 정치화한 과학, 유효한(sound) 과학과 쓰레기(junk) 과학의 차이를 낳는다는 것이다(Douglas, 2009: 176).

22 쿤은 과학자들이 "정확성, 일관성, 적용범위, 단순성, 결실성(fruitfulness) 등의 기준들을 복합적으로 사용한다"라고 지적한다(Kuhn, 1977: 322). 이런 기준들에 대한 해석과 기준을 충족하는 정도 그리고 이런 기준들 사이의 상대적 중요성에 대한 판단은 자동적·기계적으로 이루어지는 것이 아니라 과학자의 몫이며, 과학적 지식의 차이도 여기서 생겨난다. 덧붙여, "과학은 원래 이론에 대한 세밀한 시험과 상상적인 확장을 반복하는 지난한 과정이다. 반복되고 교차되는 시험의 연속을 통해서 과학은 인식적 가치의 지배를 확보한다. 비인식적 (또는 사회적) 가치에 대해서도

그러므로 과학에서 가치를 결코 숙청할 수 없다고 하더라도, 그것이 곧 과학은 과학자의 자의적이고 독단적인 생산물이라는 것을 입증하는 것은 아니다. 또한 과학의 가치부과성이 객관적 진리 추구로서 과학의 전망을 부인하는 것도 아니다.[23] "과학 자체가 아집을 만들어낼 수도 있지만, 과학은 편견과 아집에 도전하는 성공적인 방식임을 입증해왔다. 다른 믿음들이 자신의 과학적 견해를 지배하도록 허용하는 사람은 그 믿음들이 타당한 근거를 가진 것이라는 점을 확신해야 하며, 개방적이고 합리적인 논쟁에서 그 믿음들을 기꺼이 정당화할 수 있어야 한다"(트리그, 2013: 183). "과학적 방법은 미신과 편견을 지식으로 대체하기 위해 사용할 수 있는 가장 강력한 도구이며, 그러므로 우리는 폭넓게 해석된 자연과학의 방법으로 그러한 사회구조를 연구할 수 있고 연구해야 한다"(Kincaid, 1996: 15). 과학지식을 절대적 진리나 만능의 도구로 이상화하는 것은 터무니없

거듭되는 세밀한 '인식론적' 시험을 통해 그것의 인식적 의의를 확인하게 된다. 과학의 엄밀한 상호검사 또는 비판 — 달리 말하면 '비판적 합리성' — 이야말로 과학적 부주의뿐 아니라 협잡이나 가치, 이데올로기에 의한 왜곡을 억제하는 기능을 갖는다고 할 수 있다. 그리고 과학자의 지식주장을 상호비판에 의해 과학지식으로 준별하는 과정은 과학이 '공공적(public) 지식'이라는 점을 의미하는 것으로 과학공동체가 근대과학의 성립에서 막중하게 기여한 까닭도 여기에 있다. 과학공동체(학회)에서 수행해온 연구 성과들의 소통, 연구 성과의 공공적 검증, 발견의 우선권 개념의 제도화 등의 활동은 과학의 공공성을 인식론적으로 보증하는 중요한 사회적/제도적 장치이다"(이봉재, 2003: 46~47).

23 가치를 과학의 객관성에 대한 위협으로 간주하고 과학에서 가치 배제를 주장하는 입장과 (사회)과학의 필연적인 가치부과성을 이유로 과학의 객관성을 거부하는 입장은 대립적인 것이지만, 과학에서 객관성과 가치관여는 양립불가능하다는 전제가정을 공유하고 있다. 하지만 지식의 '객관성'은 '주관성'의 배제와 동일한 것이 아니라는 점에서 이 두 입장이 공유하는 가정은 부정확한 것이다(이 책 189쪽 주 36을 참고할 것). 한편 머독에 따르면, 인식적 가치뿐 아니라 윤리적인 가치도 진리를 추구한다(Murdoch, 1992: 183~222).

는 오류이지만, "사회적 가치들의 개입가능성을 이유로 과학의 객관성 자체를 부정하는 근래의 급진적 과학 비판은 오히려 위험하며 현실적이지도 못하다. 우리가 불신해야 할 것은 과학자체가 아니라 과학에 대한 지나친 신뢰와 과장된 혐오이다. 과학은 여전히 문명의 중대한 성취이며, 진리와 자유, 개방성, 개인성 등의 인간적 가치들을 구현하고 있다"(이봉재, 2003: 33, 51~53). 과학지식이 불완전하고 불충분하며 또한 위험한 것이라고 하더라도 과학지식을 제거한 무지는 더욱 불완전하고 위험한 것이라고 해야 한다. 이성에 대한 무비판적인 신뢰는 위험한 것이지만, 이성에 대한 거부는 자기파괴적인 것이다. 과학적 합리성에 대한, 그리고 이성을 통한 진보와 해방의 가능성에 대한 계몽주의적 신뢰는 여전히 유효하다.

게다가 "비록 사회과학이 규범적 사안보다 실증적(서술적 및 설명적) 사안을 먼저 다루지만, 우리의 일상에서는 규범적 사안이 더 중요하다"(Sayer, 2011: 23). 사회적 삶의 핵심에는 늘 도덕적이거나 정치적인 가치문제가 자리하고 있다.[24] 우리는 많은 경우 옳고 그름 또는 좋고 나쁨을, 늘 명확한 것은 아니라고 하더라도 판단할 수 있고 또한 실제로 판단하고 있다. 따라서 사회적 삶에 대한 진술은 많은 경우 가치판단을 포함하게 된다. 그리고 이런 판단이 이성과 무관하게 직관이나 우연에 의해 이루어진다는 주장은 납득하기 어렵다.

---

24 세상에는 '있는 그대로의 사실(brute facts)'뿐 아니라, '제도적 사실(institutional facts)' — 존 설(John Searle)의 용어로 — 과 '매우 윤리적인 사실(thick ethical facts)' — 버나드 윌리엄스(Bernard. Williams)가 지적하는 — 도 존재한다. 퍼트넘은 '잔인함(cruelty)'이나 '용감함(bravery)' 등과 같은 '두꺼운 윤리적 개념(thick ethical concepts)을 '순전히 서술적인 부분'(가치자유적 언어로 완전히 묘사할 수 있는)과 '순전히 평가적인 부분'으로 분해할 수 있다는 생각은 철학자의 환상이라고 주장한다(Putnam, 2002: 39~42).

> 나치 치하의 독일에서…… (a) 나라의 인구가 줄었다, (b) 수백만의 사람들이 죽었다, (c) 수백만의 사람들이 죽음을 당했다, (d) 수백만의 사람들이 학살당했다라는 네 가지 진술은 모두 참이다. 그러나 (d)는 가장 평가적일 뿐 아니라 실제 일어난 일에 대한 최상의, 즉 가장 정확하고 정밀한 서술이다. 그리고 이 때문에 (d)를 제외한 나머지는 잘못된 언어매개적 힘을 발생시킨다. 왜냐하면 어떤 사람이 정상적으로 죽었다고 말하는 것은 그가 인간 행위에 의해 죽임을 당하지 않았다는 함의를 담고 있기 때문이다. 수백만의 사람들이 죽임을 당했다고 말하는 것도 그들의 죽음이, 나치 치하에서의 그것처럼, 하나의 조직적이고 잔인한 학살 작전의 일부였다는 것을 함축하지 않는다. …… 진술 (d)만을 과학적으로 적합한 서술로 인정하는 것이 서술의 과학적 적합성에 대한 기준이다(바스카, 2005c: 99).

특히 앞의 네 가지 진술은 사실상 가치판단에서 자유로운 사실판단은 없다는 것을 알려준다. 예컨대 '인구가 줄었다'라는 사실판단은 왜 그리고 어떻게 인구가 줄었는가에 대한 사실 확인을 외면하는 가치판단에 기초한 것이고, '수백만의 사람들이 죽음을 당했다'라는 죽음의 원인에 대한 사실 확인을 배제하는 가치판단의 표현이다. 그리고 사실판단에서 논리적으로 가치판단을 이끌어낼 수 없다는 것도 참이 아니다. 예컨대 '녹색성장 개념은 허구이다'라는 사실판단은 '녹색성장 개념은 타당성과 신뢰성을 결여했다'라는 것을 의미할 뿐 아니라, 특별히 다른 사정이 없다면, '녹색성장 개념은 옳지 않은 것이다'라는 부정적 가치판단을 수반한다. "다른 조건이 동일하다면, 거짓인 것이 아니라 참인 것을 믿는 것이 더 바람직하고, 거짓의 믿음을 발생시키는 제도를 참인 믿음을 발생시키는 제도로 대체하거나 변형하는 것이 더 바람직한 것이다"(콜리어, 2010: 249~250).

"사실과의 대비를 폐기하면, 우리가 가치 있다고 평가하는 것이 우리가 존재한다고 믿는 것과 마찬가지로 합리적으로 근거를 갖는다고 생각하지 못할 이유는 없다. 더 이상 가치평가가 존중할 수 있는 과학의 영역 밖의 인식론적 진공에서 일어난다고 이해할 수는 없다"(트리그, 2013: 179). "가치판단도 합리적으로 옹호할 수 있는 것이다. 일의 상태가 인간의 필요나 요구나 이해관심의 만족을 가져온다는 것을 입증한다면 그것은 곧 도덕적으로 바람직하다는 것을 입증하는 것이다"(키트·어리, 1993: 298).[25] 그럼에도 실증주의는 사실-가치 이분법을 강조(또는 강요)함으로써 가치를 '이성'의 영역에서 추방하고 가치문제에 대한 합리적 논의와 과학적 탐구의 가능성을 원천적으로 배제하는 치명적인 폐해를 낳았다.[26] 실증주의 과학

25 로저 트리그(Roger Trigg)가 지적하는 것처럼, "우리가 목표를 합리적으로 선택할 수 없고, 단지 목표 달성을 위한 수단을 발견할 수 있다는 가정은 논쟁거리이다. 논리적으로 욕구가 이성보다 앞선다면, 우리가 어떤 행위를 하는 것은, 때로는 우리가 그렇게 해야 한다고 합리적으로 믿기 때문이 아니라 우리가 그렇게 하기를 원하기 때문이라는 이야기가 될 것으로 보인다. 우리가 원하는 것이 우리가 얻고자 하는 것을 결정하고, 우리의 이성은 단지 그것을 얻는 방법을 우리에게 제공할 뿐이라는 것이다. 그러나 인간의 이성은 우리가 원하는 것을 효과적으로 성취하는 방법이나 상이한 욕구들 사이의 갈등을 해소하는 방식만을 보여주는 것이 아니다. 우리는 어떤 욕구는 합리적이거나 선한 것으로 평가하고 어떤 욕구는 비합리적이거나, 심지어 사악한 것으로 비판한다. 이것은 이성이 욕구의 노예에 머물지 않는다는 것을 알려준다. 그리고 우리가 합리적으로 다룰 수 있는 목표가 아니라 수단뿐이라는 주장이 부적절한 것임을 드러낸다. 경험론 철학이 이성을 욕구에 예속시키는 것은 흔히 이견들을 해소하는 것의 어려움에서 생겨난다는 결론을 피하기는 어렵다. 또다시 우리는 과학에는 합의에 이르는 확립된 절차가 있다는 의심스러운 사실로 돌아간다"(트리그, 2013: 205~206). 즉, 과학은 '사실'을 기초로 이견들을 해결하는 확립된 절차를 가진 반면, 가치의 영역에서는 이견을 해결할 기초나 절차가 확립되어 있지 않다는 통념은 타당하지 않다.

26 가치가 이성의 범위 밖에 있다는 가정은 잔존하는 실증주의의 그림자이다. 실증주의에 따르면, 우리가 이성적인 논증과 판단을 통해 가치를 변경하는 일은 불가능하다.

관을 추종하는 사회과학은 가치판단과 평가의 문제를 자의적이고 비합리적인 선호와 독단과 권력의 문제로 치부하고 '사실'의 문제만을 다루어왔으며, 그 결과 가치부과적이며 사회적인 삶의 세계를 더 정확하고 폭넓게 지각할 능력을 결여한 불구(不具)의 학문이 되었다.[27] 게다가 사실-가치의 이분법은 이런 불구의 사회과학 연구를 가치의 문제와 무관한 것으로 제시함으로써, 사회과학자들은 그들의 연구에서 유래하는 사회적 결과들에 관해 아무런 책임도 없다는 면죄부를 발행하는 결과를 초래한다.

이론과 실천

사회과학이 사회적 실천에 기여할 잠재력은 일차적으로 과학이론이 갖는 설명과 예측의 능력에서 찾을 수 있다. 이것은 사회과학의 '공학적' 또는 '기술적' 사용이라고 할 수 있으며, 대체로 이론과 실천의 구분에 근거한다. 그렇지만 더 정밀한 이해가 필요하다.

욕구의 충족과 환경의 변화를 의도해 대상에 작용을 가하는 실천과, 대상의 구조와 성질을 파악하기 위해 관조하는 이론이라는 아리스토텔레스

27 "사회과학의 가치부과성을 널리 인식하고 있음에도 사회과학들에서는 여전히 가치의 이성부과성(reason-laden charater) 또는 합리적 특성(reasonable character)을 적절히 다루지 못하고, 가치를 편견의 근원, 객관적 사유에 대한 위협으로 간주하고 규범성을 혐오하는 경향이 지배적이다. 물론 이런 혐오의 기초에는 사실-가치의 이분법뿐 아니라 반자유주의(illiberalism)와 자민족중심주의에 대한 거부라는 합리적인 가치판단도 자리하고 있다"(Sayer, 2011: 24). 한편, 퍼트넘은 검증가능성을 기준으로 가치에 대한 논의를 '지식'의 영역에서 완전히 배제하고 가치문제에 대한 지식의 가능성을 부인하는 실증주의를 일종의 '회의주의'라고 지적한다(Putnam, 1994: 39~41).

적 구분에 의지하여, 통념적으로 과학은 대상을 파악하는 활동이고 실천은 대상에 작용을 가하는 활동으로 간주한다. 실천은 이론에 기초하거나 이론을 응용하는 활동이라고 생각하지만, 이 경우에도 실천은 이론의 성립에 의해 객체의 성질을 파악한 후에 그것을 활용하는 행위로 받아들여지는 점에서 둘은 분리된다. '이론'의 어원인 '테오리아(theoria)'는 관조(contemplation) 또는 사변(speculation)을 의미한다. 이론은 개입이 아니라 이탈이다. 일차적으로 이론은 정신의 눈으로 세계의 사물들을 바라보는 것을 가리킨다. 그렇지만 이것이 순전히 세계에 대한 관조나 사변을 통해서만 이론을 만들어낸다는 이야기는 아니다. 세계 속에서 실제로 활동하면서 또는 실천하면서 이런저런 경험을 획득하지 않고서는 그 세계에 관해 알아낼 수 없다는 것은 자명한 사실이다. 그러므로 둘을 엄격하게 분리할 수는 없다.[28]

과학적 지식을 포함한 모든 지식은 일(또는 '노동')과 의사소통적 상호작용이라는 두 가지 주요한 형태의 맥락 속에서 발전되고 사용된다. 이 두 맥락들은 밀접하게 관련되어 있지만, 어느 것도 다른 것으로 완전히 환원할 수는 없다. 세계의 객체들을 변형·수정·조작하는 노동의 맥락에서 우리는 작업의 경과와 결과를 성찰하고 기록하며 방법과 목표와 기획을 만

28 아리스토텔레스는 인간의 기본 활동을 관조를 의미하는 '이론(theoria)', 행위를 의미하는 '실천(praxis)', 생산을 의미하는 '창작(poiesis)'의 세 가지로 구분한다. 아리스토텔레스가 이론(인식)이 먼저 있고 실천과 제작이 뒤를 잇는다는 견해를 보이기는 했지만, 이론, 실천, 창작의 구분은 '편의상의 구분'일 뿐이며, 어느 하나가 특별히 우위를 갖지는 않는다. 또한 인간의 활동 자체를 실천으로 이해하면 이들 각각은 사유 실천, 행위 실천, 창작 실천이라고 할 수 있고 '이론과 실천'의 구분은 '사유 실천과 행위 실천'의 구분이라고 할 수 있다. 그러므로 이론과 실천을 대립적인 것으로 파악하는 것은 부정확한 이해로 드러난다.

들어낸다. 세계에 개입하는 이러한 알아나감의 과정에서 우리는 실천적 지식을 검출하고 검토한다. 그러므로 지식과 관련해서 문제가 되는 것은 세계에 대해 의도한 변형 ― 지식의 능동적인 '객관화' ― 에 성공했는가 여부이다. 마르크스가 단언하듯, 인간의 사유에 객관적 진리성이 부여될 수 있는가 여부는 이론의 문제가 아니라 실천의 문제이다. 인간은 실천 속에서 자신의 사유의 진리성을, 즉 그것의 실재와 힘을 증명해야 한다(Sayer, 2011: 36~37).

우리는 세계에 존재하는 객체들, 즉 자연적 객체들과 사회적 객체들에 작용을 가하며, 거기서 산출되는 결과물을 이용하고, 그것에 의존해 살아간다. 실천은 인간과 세계 사이의 상호작용으로, 인간과 독립해 존재하는 세계 속의 객체들에 물질적 토대를 두고 있으며, 이 토대를 수동적인 요소로 포함한다. 사람은 실천 과정에서 세계의 객체들이 전개하는 필연적 법칙성에 종속되면서 객체의 성질과 힘, 관계, 운동법칙에 관해 인식할 필요가 있다는 자극을 받는다. 실천은 사람이 단순히 객체에 행동과 작용을 가해서 객체(의 산출물)를 자신의 욕구와 의도에 맞추어 변형하는 것이 아니라, 객체에 고유한 속성의 실현을 (다른 객체들과 결합하여) 전개하거나 억제하도록 촉진하고 원조하는 활동이다. 그러므로 실천은 한편으로 객체를 사람의 목적과 의도에 맞게 변형시키는 '합목적적' 활동이면서, 다른 한편으로 객체가 고유하게 보유하는 힘과 성질과 운동법칙의 작동을 촉진하거나 중립화하는 것으로서 '합법칙적' 활동이다.[29] 합법칙적 활동

29 그러므로 세계를 자신의 의도나 목적에 맞게 변화시키려는 '실천'은 단순히 인간이 자신의 의지와 힘을 세계에 부과하는 것이 아니다. 의도한 변화는 세계에 존재하는 실체의 속성이나 힘을 자극하거나 제어하고 조합해야만 얻을 수 있다. 즉, 실천은 세계의 객체들이 가진 필연성을 제거하는 활동이 아니라 그 필연성을 사람의 이익

이기 때문에 사람의 실천은 객체에 대한 인식 없이 진행될 수 없으며 따라서 먼저 작용을 가할 객체들의 존재, 그것의 성질과 힘, 운동법칙, 다른 객체들과 상호연관 등에 대한 일정한 지식 – 그것이 아무리 부정확한 것일지라도 – 을 전제한다.[30] 즉, 사람은 단순히 활동하는 것이 아니라 활동의 대상인 객체와 자신의 활동 자체를 사유의 대상으로 삼는다. 그리고 객체들과 직접 상호작용하는 실천 속에서 객체들의 성질들에 관한 더 많은 정보를 획득하고 그것으로 기존의 지식을 변형하며 새로운 지식을 구성한다.

사람은 객체에 작용을 가하는 실천에서 객체를 직접적으로, 그렇지만 부분적으로, 또 우연적으로 포착한다. 그리고 실천에서 이탈해 관조함으

에 부합하는 방식으로 실현하도록 촉진하는 것이다. 예컨대 수백 명의 사람과 짐을 실은 채 중력을 이기고 하늘을 나는 비행기는, 단순히 '하늘을 날아라'라는 명령에 의해 하늘을 나는 것이 아니다. 중력의 작용을 중립화할 있는 양력을 찾아내고 작동시킬 수 있게 된 후에야 인간은 하늘을 날아다닐 수 있는 자유를 얻었다. 간략히 말해, 실천의 목표 또는 해방은 객체들에 고유한 운동법칙의 전개를 통해서 실현되며, 그런 뜻에서 적절한 실천은 합법칙적이면서 동시에 합목적적이어야 한다.

여기에 더해서 실천은 세계의 실체에 대한 이론 또는 정확한 지식뿐 아니라 세계의 실체들의 운동에 개입해서 그 운동을 변경할 수 있는 힘을 필요로 한다. 이것은 자연세계에 대한 실천에서나 사회세계에 대한 실천에서 다르지 않다. 특히, 이런 사정은 (인간의) 자유의지와 (세계의) 인과적 결정관계를 대립적인 것으로 파악할 수 없음을 알려준다. 인간의 자유를 세계의 필연에서 벗어나는 것이라고 이분법적인 것으로 대립시킬 것이 아니라, 필연을 매개로 실현하는 것이라고, 또는 필연이 자유로 전화되는 것이라고 변증법적으로 이해해야 한다. 물론 이때의 인과관계는 'A이면 언제나 B이다'라는 경험적 규칙성으로 나타나는 기계적 관계가 아니다. 세계는 개방체계이며, 개방체계에서는 원인 A가 작동하더라도 조건에 따라 결과 B는 발생할 수도 있고 발생하지 않을 수도 있다.

30 자연 및 사회에 대한 지식의 실천적 특징을 보여주는 사례로는, 자연과학에 관해서는 해킹(Hacking, 1983)을, 사회과학에 관해서는 피에르 부르디외(Bourdieu, 1977; 1990)를 볼 것.

로써 이론에서 객체를 총체적으로, 그리고 객체에 고유한 필연성들을 사유 속에서 재구성한다. 이론은 실천이 형성하는 '생생한 직관'에서 벗어나지만 바로 그것에 의하여 객체를 더 심층적이고 풍부하고 정확하게 파악할 수 있게 된다. 여기서 이론은 실천으로 환원할 수 없는 고유의 영역과 논리를 확보하며, 이론 자체의 발전을 목표로 삼는 활동이 '자립적인' 실천으로 성립되었다. 종종 '이론적 실천'으로 부르기도 하는 파생적인 실천으로서 과학활동이 그것이다. 그러나 이론을 형성하는 지각과 사유의 활동이 물질적이며 대상적인 활동으로서의 실천을 대신할 수는 없다. 또한 주체가 객체를 인식하는 한 가지 형태로서 과학활동을 인식의 기초가 되는 실천에서 분리할 수는 없다. 이론은 실천을 매개로 객관적 세계에서 실현되는 것이 그 발전의 논리적이고 현실적인 귀결이며, 또 그것에 의해서만 진리 여부를 확인받을 수 있다. 그러므로 이론과 실천은 서로 대립하며 통일된다. 이론은 실천보다 선행하면서 실천의 지점을 포착하고 실천의 방향과 내용을 선도한다. "이론을 실천으로 전환함으로써 사람의 삶을 고양(Förderung)할 수 있다"는 주장(Habermas, 1978: 84)이 가능한 것도 이 때문이다. 그렇지만 실천은 객체와 상호작용하고 이론의 계기와 내용을 안내하면서 이론보다 선행한다. 실천은 이론의 기초이자 목표로서, 그리고 진리의 검증기준으로서 이론을 규정한다. 실천의 발전은 이론의 발전을 추동하고 이론의 발전은 실천의 발전으로 귀결되는 상호관계 속에서 서로에 스며들어 영향을 미치는 역동적 통일체로 함께 발전해나간다.

> 실천은 이론이 아직 실천의 수준에까지 도달하지 않아도, 또 이론이 실천의 합법칙성을 예측하지 않아도 정확할 수 있다. …… 어떤 측면에서 실천은 항상 이론보다 폭이 넓다. 왜냐하면 실천은 실천에 속한 객관적 계기들에 맞서야 하기 때문이다. 다른 한편 실천의 윤곽을 올바르게 반영하는

> 이론은 바로 그 때문에 주어진 실천보다 폭이 넓다. …… 왜냐하면 이론은 실천을 직접적인 사실의 상태로 해소시키지 않기 때문이다. 따라서 이론은 실천보다 더 (내용이) 풍부할 수 있다(슈틸러, 1985: 269~270).

이것은 이론의 생산이 과학자 또는 '이론가'의 전유물일 수 없다는 것을 의미한다. 사람은 누구나 세계의 자연적·사회적 객체들과 상호작용하며 살아가고, 따라서 누구나 '실천'을 안내하고 예측하는 '이론'을 생산하고 보유한다. "이론은 단지 실재에 대해 우리가 가지는 개념에 지나지 않는다. 그런 개념을 가진 사람이 과학자인지 실천가인지는 문제가 되지 않는다"(다네마르크 외, 2005: 309). 다만 사회적 분업에서 이론 생산 자체를 목표로 삼는 실천, 즉 이론적 실천을 전담하는 이론가가 자립했을 뿐이다. 하지만 이론가는 객체 자체와의 직접적인 실천적 연관에서 이탈해서 '관조'하기 때문에 객체를 더 심층적으로 포착할 수도 있지만, 실천에서 얻는 직관을 상실할 수도 있다. 객체에 대한 인식은 무엇보다도 그 객체와의 직접 접촉을 계기로 삼기 때문에 이것은 사회적 분업에서 이론가에게 치명적인 약점이 된다. 그럼에도 많은 경우 사회과학자들이 생산한 지식을 '과학'으로 존중하며 판단의 근거로 삼기도 하고 사회적 실천에 적용하기도 한다. 특히 사회 현실의 변화를 추구하는 실천가나 정책집행자는 사회과학자에게 더 많은 과학지식의 생산과 제공을 요청하고 있다.

사회세계와 사회적 실천

사회를 대상으로 하는 실천이 사회과학의 안내를 받고자 한다면, 또는 사회과학이 실천에 기여하고자 한다면, 먼저 사회가 어떤 특징을 가진 실재이며 어떻게 운동하고 변동하는가를 이해할 필요가 있다. 실천이 '합법칙적' 활동인 한, 실천은 객체 자체의 속성과 힘과 운동법칙에 대한 인식에 기초해야 하기 때문이다. 사회는 두 가지 구분되는, 그렇지만 서로 관련된 요소들, 즉 행위주체인 사람들과 (행위주체들의 상호작용에서 발현한) 사회구조들로 구성된다. 구조는 내적으로 관계를 맺고 있는 일련의 사회적 객체들로 구성되며 하나의 구조는 차례로 더 큰 구조의 일부일 수도 있다. 행위주체는 의식과 의도를 가지고 활동하는 존재이다. 행위주체는 원하는 것을 얻으려는 의도에서, 즉 목표를 달성하기 위해서 그 목표를 달성할 수 있는 수단들을 사용한다. 이것은 분명히 사회구조들과 행위주체들 사이의 가장 중요한 차이이다. 사회구조들은 목표를 설정할 수 없으며 행위를 수행할 수 없다. 오직 사람만이 그렇게 할 수 있다. 행위주체만이 유일하게 사회에서 능동적으로 활동하는 원인이다. 사람은 목적에 맞춰 행위 할 뿐 아니라 그 행위를 '반성'할 수 있는 속성을 가지고 있다.

사회구조들은 행위주체인 사람들 사이의 내적 관계로 구성되지만, 사람들의 속성들과는 상이한, 그리고 그것들로 환원할 수 없는 그 자체의 새로운 속성들, 즉 발현적 속성들을 획득한다. 예컨대 자본가-노동자, 여성-남성, 집주인-세입자 등의 관계에서, 각 개인들은 그들의 개인적인 속성과는 구별되는 특유의 속성과 힘을 획득하고 관련된 상황에서 그 속성과 힘을 행사한다. 아무리 너그러운 자본가라 하더라도 생산물을 노동자가 소유하도록 허용할 수는 없다. 그리고 사람이 사회에서 태어나고 사회 속에서 살아간다는 점에서, 사회구조는 그 자체의 속성과 힘을 보유한 채 개별 행위주체보다 먼저 존재한다. 사람들의 목적, 이유, 의도 및 계획 등에서 비롯되는 행위들과 그러한 행위들의 지속과 변동을 가능하게 하고 제약하는 사회구조는 구별할 수 있다. 목적성, 의도성, 활동성 그리고 때로는 반성성이 행위주체의 특징적인 속성이지만 그것이 사회구조의 변동을 규정하는 것은 아니다. 사회구조 속에서 사람들은 위치를 차지하고 역할을 수행한다. 사회는 사람의 행위를 통해서 존재하며 행위는 언제나 이러저러한 사회구조들을 표현하고 이용한다. 사회는 사람들의 의도적인 행위의 필요조건들을 제공하며, 의도적인 행위는 사회의 필요조건이다. 사람들은 의식적으로 활동하면서 대체로 무의적으로 사회구조들 – 실질적으로 그들의 활동을 가능하게 하면서 동시에 제약하는 – 을 재생산(때로는 변형)한다.

> 사회구조와 인간 행위주체는 존재적으로 상호의존적이지만 본질적으로 구별된다. 사회는 항상 인간 행위주체의 존재하는 조건(물질적 원인)이며 동시에 인간 행위가 지속적으로 재생산하는 결과이다. 이것이 구조의 이중성이다. 그리고 인간 행위는 (일반적으로 의식되는) 노동, 즉 (보통은 의식적인) 생산이면서, 동시에 (사회를 포함하는) 생산 조건들의 (보통은 무의식적인) 재생산이다. 이것이 실천의 이중성이다(바스카, 2007: 184).

사회세계에서 활동하는 행위주체, 즉 사람은 외부적으로 통제하고 조작할 수 있는 존재가 아니다. 사람은 자기해석적이고 반성적인 존재여서 자신의 해석에서 배울 수 있고, 그 해석을 변화시킬 수 있으며, 따라서 새로운 방식으로 행위 하고 반응하면서 그것을 통해 그다음의 행위를 변화시킬 수 있다. 사람은 물질적 상황에 의해 영향받지만 그 상황에 대응해서 고정된 방식으로 행위 하는 것이 아니라 맥락과 의도에 따라 상이하게 행위 한다. 간단히 말하면, 사회세계의 객체들은 자연세계의 객체들이 가진 것보다 훨씬 더 다양하고 변화가능한 (심지어 불안정한) 인과적 속성과 힘을 가지고 있는 것이다.[31]

(사람들은) 의도적 영역에 존재하며 그러므로 사람을 다루는 과학들에서는, 유기체들 — 행위주체들 — 이 믿음을 가지고 있는 한, 그들의 행위들은 특정한 속성을 드러낸다. 그 믿음은 의식되지 않을 수도 있고 정식화되지 않을 수도 있으며 암묵적일 수도 있지만, 틀림없이 거기에 존재한다. 그렇지 않다면 우리는 순전히 자연적인 현상을 다루고 있는 것이다. (Bhaskar, 1986: 163).

그러므로 자연과정을 대상으로 하는 실천과 사회과정을 대상으로 하는 실천은 질적으로 상이하다. 사회과정을 대상으로 하는 실천은 사회과정에 관여하는 행위자들의 의식과 행위의 매개를 필요로 한다. 사람들은 그들의 고유한 속성과 힘 때문에, 사회의 영향을 받고 사회에 의해 모양지어진다. 동시에 현상을 기존의 방식과는 다른 방식으로 해석하고 다른 반응 방식을 창조하고 학습하며, 그럼으로써 새로운 종류의 사람이 되는 것도 사람들의 고유한 특징이다. 이러한 능력 때문에 사람은 자신이 그것의 일부인 사회세계를 변화시킬 수도 있는 것이다.

사회의 재생산(과 변형)은 대부분 무의식적으로 일어나지만, 선행하는 조건들의 기계적인 결과가 아니라 능동적인 행위 주체들의 의도적이고

31 따라서 사회적 행위를 그것의 맥락을 제거한 채 단순한 행위들의 조합으로 환원해서 분석하는 사회과학은 사회현상을 적절하게 서술하거나 설명할 수 없다. 과학일반이 생산하는 지식이 오류가능하고 정정가능한 불완전하고 불충분한 것이라는 인식론적 한계에 더하여, 사회과학은 연구대상 자체가 늘 변화하기 때문에 그 지식이 불완전하고 불충분할 수밖에 없다는 존재론적 제약을 갖는다. 한편, 사람과 달리 사회구조는 의식과 의도를 갖지 않는다. 그렇다고 하더라도 사회는 행위주체인 사람들이 행위 하면서 사회구조를 재생산하고 변형시키는 한에서만 존재할 수 있기 때문에 사람들의 의식과 의도에 대한 해명은 사회에 대한 연구에서 필수적이고 핵심적인 부분이 될 것이다.

숙련된 행위의 성과이다. 예컨대 사람들이 핵가족을 재생산하기 위해 결혼하는 것은 아니며, 자본주의 경제를 재생산하기 위해서 일하는 것도 아니다. 그럼에도 이 구조들의 존재와 재생산은 개별 행위주체들의 행위의 필수조건이면서 동시에 (경우에 따라 의도하지 않은) 결과이다. 사회구조와 개별 행위주체들은 상호의존적이지만 어느 하나를 다른 하나로 환원하거나 서로를 동일화할 수 없는, 또한 서로 다른 것에 입각해서 설명하거나 다른 것으로부터 재구성할 수 없는, 존재론적으로 구별되는 실재들로 상이한 속성과 힘을 가지고 있다(이에 따라 심리과학의 영역과 사회과학의 영역도 구별된다).[32] 사회구조는 여러 상황에서 개별 행위주체들을 특정한 관계 속에 위치시킴으로써 그들이 특정한 행위들을 수행하거나 수행할 수 없게 하는 조건을 형성한다. 이 점에서 사회적 실천은 근본적으로 사회구조들의 지속이나 변동을 겨냥해야 한다. 특히 사회구조의 변동은 그것을 변화시키려는 행위주체들의 목적과 활동만으로 설명하기 어렵다. 예컨대 남성과 여성 사이의 관계에서 발현한 가부장적 사회구조의 변동은 남성-여성의 협력과 갈등을 지속 또는 변화시키려는 양쪽 행위주체들의 의식적·무의식적 실천들에서 기인하지만 그것만큼, 또는 그것 이상으로, 여성의 경제활동 증가와 교육기회 확대 등과 같은 다른 사회구조들 – 물론 가부장적 사회구조에 관계 맺고 있는 – 에서의 변동에서 기인한다.

이론과 실천의 사회적 분업에 따라 사회과학은 사회구조의 존재, 속성

32 바스카는 사회구조와 행위주체의 관계를 다음과 같이 표현한다.

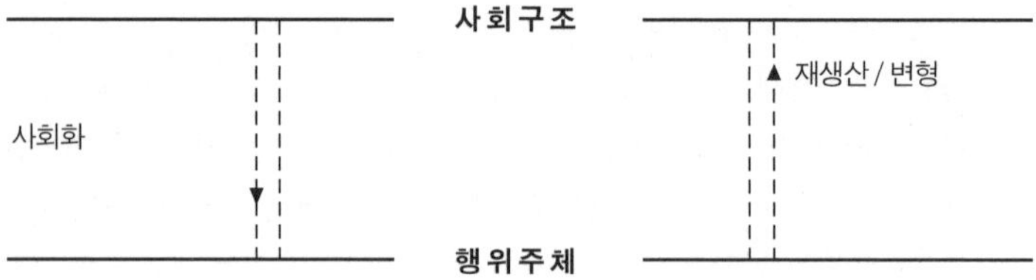

과 힘과 운동법칙 등을 탐구해 이론화함으로써 개별 행위주체들이 그들의 상호작용 속에서 의도와 요구에 맞추어 기존의 사회구조를 지속시키거나 변동하거나, 아니면 해체하고 새로운 구조를 구성하려는 사회적 실천에 안내를 제공할 수 있다.[33] 이 경우 사회과학은 사회구조의 변동을 위해 필요한 실천의 방안들을 제시하고 변동 이후 구조의 특징에 대해 예측할 수 있을 것이다. 그렇지만 사회과학이론이 실천을 안내할 수 있는가의 문제와 관련해서는 두 가지 사항을 고려해야 한다.

먼저, 이론은 세계에 실제로 존재하며 작동하는 '자동적 객체'를 대체로는 부분적으로, 그리고 불완전하게 사유 속에서 재생산한 '타동적 객체'이다. 그러므로 실천 과정에서 조우하게 되는 자동적 객체의 속성과 측면들을 특정한 이론이 모두 포착해서 제시하는 것을 기대하기는 어렵다. 게다가 이론은 세계에 실제로 존재하며 작동하는 모든 객체를 대상으로 하는 것이 아니라, 그것들 가운데 일부 객체(들)의 속성과 힘과 운동법칙만을 해명한다. 이론은 부차적이거나 우연적인 요인들을 사상(捨象)하고 재구성한 것이기 때문에 태생적으로 추상적일 수밖에 없다. 특정 이론이 진술하는 객체의 운동법칙과 그것의 예측된 결과는 폐쇄체계 안에서만, 즉 다른 객체들의 작동에 의해 방해받거나 간섭받지 않는 한에서만 실현될 수 있다. 사회과학에서 모든 이론은 그것이 다루는 객체(들) 이외의 객체와 관련해서는, '다른 조건이 동일하다면'이라는 조건절을 전제하고 예측하는 것이다. 그렇지만 사회세계는 그 객체(들) 이외의 다른 객체들도 함

33 물론 모든 사회과학 지식이 사회현상의 발생에 작용하는 인과적 요인들과 과정들을 해명하고자 하는 것은 아니다. 사회세계를 구성하는 사회구조, 속성, 운동법칙을 판별해내고자 하는 과학지식도 있지만, 현상들에 관한 자료를 수집하여 정리하는 서술적 사회과학도 있고(사회통계가 대표적이다), 인과적 설명은 생략한 채 곧장 사회문제의 해결을 겨냥한 정책을 제안하는 응용 사회과학도 있다.

께 존재하며 작동하는 '개방체계'이고, 따라서 그 객체(들)를 둘러싼 '조건'은 그때그때 다를 수밖에 없다.

실제의 사회현상들은 사회세계에 존재하는 객체들의 필연적 관계와 우연적 관계의 결합에 의해 발생한다.[34] 현상을 이해하기 위해서는 필연적 관계에 대한 파악이 필수적이지만, 그리고 이론은 바로 이 점에서 실천에 기여하지만, 사건이 언제 어디서 어떻게 일어나는가를 설명하고 예측하려면 우연적 관계들도 고려해야 한다. 그러므로 설령 이론이 그것이 다루는 (자동적) 객체를 정확하게 재구성한 '타동적 객체'를 진술하고 있더라도, 다양한 (자동적) 사회적 객체들의 필연적이거나 우연적인 상호작용에 의해 실제로 전개되는 사회현상들을 그 이론으로 적절하고 충분하게 설명할 수는 없다.

더욱이 능동적 행위주체들로 구성된, 그러므로 그들의 행위를 인위적으로 통제할 수 없는 사회세계에서 장차 어떤 구조들이 어떤 조건 아래서 서로 개입하고 간섭하며 운동해서 어떤 사건을 발생시키고 사회를 어떻게 변동시킬 것인지 정확하게 예측하는 것은 실질적으로 불가능하다.[35]

---

34 "'다른 조건이 동일하다면(ceteris paribus)'이라는 조건은 사회과학 지식에 한계를 부과하는 주요한 요건이다. 그러나 이 조건이 사회과학에만 고유한 것은 아니다. '다른 것들이 동일하다면'이라는 구절은 물리학에서도 자주 나타난다. 기초적인 물리학 법칙은 단일한 힘을 고립시켜 서술한다. 그러나 자연현상을 설명할 때 우리는 으레 여러 힘들이 작동하는 복합적인 물리적 과정에 직면한다. 물리학자들은 다수의 미봉적 원칙(ad hoc principles)과 경험법칙(rules of thumb)을 사용해서 '다른 조건이 동일하다면'이라는 구절을 실재와 결합한다. 이 점은 다른 확고한(hard) 과학들에서도 마찬가지이다"(Kincaid 1996: 64).

35 실증주의자들은 '예측'의 성공 여부를 이론의 진위를 판별하는 기준으로 삼는다. 그러나 개방체계에서는 이론이 다루는 객체(들) 이외의 다른 객체들이 함께 작동하기 때문에 문제의 객체의 운동이 늘 동일한 결과를 산출할 수는 없다. 그러므로 예측이 실패했다고 해서 반드시 이론이 오류인 것은 아니다. 또한 점성술 등의 사례에

사회세계에서 행위주체의 활동이 '의도하지 않은 결과'를 낳는 것은 예외가 아니라 당연한 일이다. 따라서 사회과학의 이론은 실제 현상과 잘 부합하지 않으며 부분적인 설명력만을 가질 수밖에 없고, 그래서 흔히 지나치게 '이론적'이라거나 '추상적'이라는 비판을 받을 수밖에 없다. 또한 이론이 근원적으로 갖는 이러한 두 가지 한계를 고려하면 '현실은 이론과 다르다'라는 익숙한 지적에 대해서도 충분히 동의할 수 있다.[36] 그리고 사회현상에 관해 확신에 가득 차서 실천의 지침을 제시하고 예측을 제공하는 이론가는 오히려 불신하는 것이 타당하다. 그렇지만 이것은 이론이 사회적 실천에 도움이 되지 않는다거나 불필요하다는 이야기는 아니다. 행위주체가 사회구조의 속성과 힘에 대한 지식을 가지고 있다면, 그것을 기초로 관찰되는 사회현상의 발생에 작용하는 핵심적인 인과적 요인과 과정을 훨씬 더 쉽게 판별하고 이해할 수 있다. 또한 그렇게 하면서 훨씬 더 적합한 방식으로 자신이 계획하는 행위들의 가능성과 결함과 한계들을 추정할 수 있다. 이런 종류의 지식이 없다면, 사회현상에 대한 분석과 접근은 언제나 피상적일 수밖에 없거나 심지어는 엉터리일 것이다.

이론에 이런 고유한 한계는 이론가와 실천가 사이의 '분업'에 관한 통상적인 견해를 수정할 필요가 있음을 알려준다. 통상적인 견해에서는 이

서 알 수 있듯 예측의 성공이 반드시 이론의 진리성을 증명하는 것도 아니다.

36 '사회과학은 사회에 대한 예측적 과학과 어렴풋하게 닮은 것을 발전시키지도 못했고, 긴박한 사회적·경제적 문제들에 대한 효과적인 해결책을 제공하지도 못했다'라거나 '사회에 대한 경험과학으로서 사회과학은 대체로 실패했다'라는 진술에서 드러나듯, 사회과학의 연구가 '현실의 삶'에 관해서, 더구나 사회의 가능한 변화에 관해서 알려주는 것이 별로 없다는 점은 대부분의 사회과학자들도 인정한다. 현실의 삶에 별다른 적합성과 유용성이 없음에도 실천가들이 사회과학자들에게 실천에 필요한 지식의 생산과 제공을 요청하는 것은 그들 자신의 실천을 사회과학 지식에 의지해서 정당화하려는 의도에 따른 것이라고 할 수 있다.

론가, 즉 과학자는 과학지식을 생산하고 적절한 실천 방안을 제안하는 이론적 실천을 전담하는 반면, 실천가는 그러한 이론의 제안에 입각해서 현실적인 사안들을 처리하는 물질적 실천을 전담하는 것으로 제시된다. 그리고 일반적으로는 실천에 사용할 처방전과 같이 최종적이고 완전한 형태로 정리된 이론을 제공해줄 것을 이론가에게 기대한다. 그렇지만 이론가는 근본적으로 이런 기대를 충족하기 어렵다. 실제의 사회현상을 이해하거나 예측하기 위해서는 이론이 해명하고 있는 객체(들)에 더해서 그 밖에 부차적이고 우연적인 요인들에 대한 지식을 추가해 과학지식을 더 구체화해야 한다. 그러나 사회세계에서 활동하는 대신 '상아탑'에 고립되어 사변에 몰두하는 사회과학자는 상황에 따라 다르게 활성화되고 개입하는 부차적이고 우연적인 요인들과 직접 조우하기 어렵다. 사회현상의 진행 과정에 작용하는 필연적인 요소와 우연적인 요소를 구별하고 인식하는 데 필요한, 그리고 특정 상황에서 가능하고 필요한 실천의 내용과 방식들을 추정하는 데 필요한 통찰력과 전문 지식을 갖춘 사회과학자는 많지 않다. 과학자가 실천을 위한 처방을 제공한다면, 그 처방이 고려하지 못한 여러 요인들의 개입과 작용 때문에, 부적합할 뿐 아니라 사실상 실천을 오도(誤導)할 위험이 크다. 그리고 이런 처방을 '과학'의 이름으로 정식화한다면 그것은 사실상 근거 없이 과학의 권위를 오용하는 것이다.[37] 물론 이론은 실천보다 선행하면서 정확한 내용으로 실천을 선도하

37 사회적 분업에서 사회과학자들은 세계에 대한 관조적 관계에서 명제적 형태의 지식을 발전시키는 일을 전담하는 위치에 있다. 그런 이유에서 사회과학자들은 명제적 지식과 언어적 의사소통만으로 세상을 살아갈 수 있는 것처럼 생각하고, 의도한 변화를 이끌어내기 위해 세계 속의 객체들에 작용을 가하는 물질적 실천보다 추론하고 진술하는 인식적 실천을 더 우위에 두는 경향이 있다. 그리고 이러한 특징을 그들의 연구대상인 사회에 투사함으로써, 사회적 행위가 일상의 (정식화되지 않은) 실천적 의식에 의해 안내되는 정도를 낮게 평가하는 경향이 있다. 이런 맥락에서,

며, 그런 이론을 생산하는 것이 이론가의 임무이다. 그렇지만 사회과학자가 제공할 수 있는 것은 '실천 전략'이나 '정책 처방'이 아니라 단지 추상적인 과학지식뿐이다. 적절한 실천 처방을 만드는 점에서는, 이런 추상적인 지식에 더하여 사회세계에서 실제로 활동하며 여러 구조들과 요인들에 관해 획득한 '생생한 직관'을 종합할 수 있는 실천가가 훨씬 유리한 위치에 있다.

> 우리는 과학자와 실천가, 계획자 사이에 직무를 새롭게 배분할 것을 제안한다. 현재의 분업에서는 과학자들이 사실과 예측을 전달하고 이것을 기초로 적절한 행위를 제안하는 것처럼 보인다. 그렇지만 그렇게 하는 과학자는 사회과학이 허용하는 활동의 범위를 벗어나는 것이라고 생각한다. 사회과학자의 역할은 훨씬 더 제한되어야 하며 실천가의 역할은 더 확대되어야 한다는 것이 우리의 제안이다(다네마르크 외, 2005: 308).

과학에서 사실과 가치의 이분법은 부정확한 것이며 과학은 가치를 배제할 수 없다. 그렇다고 하더라도, 편견과 독단에 도전하는 객관적 진리 추구로서 과학의 전망을 부인할 수는 없다. 과학에 대한 과장된 신뢰도 위험하지만 과장된 혐오도 자기파괴적이다. 여전히 우리는 과학지식에 기초한 실천을 포기할 수 없다. 하지만 이론과 실천의 관계에 관한 기존의 견해를 수정할 필요는 있다. 여러 영역의 실천가들은 사회과학자들에게 실천에 적합한 과학지식을 제공할 것을 요구하며, 또한 사회과학자들은 그런 지식을 생산할 수 있는 것처럼 참칭하지만, 이런 입장은 오류를

특히 사회과학의 경우 "현대사회에서 과학의 이론적 권위는 흔히 상정하는 것보다 훨씬 취약한 반면 사회적 권위는 압도적이다"라는 파이어아벤트의 지적을 상기할 필요가 있다.

내포하고 있다. 과학자에게 이론 생산의 능력과 기회를 독점할 자격을 부여하는 지배적인 견해는 사실상 근거가 취약한 것이다. 사회과학자는 탐구를 통해 판별해낸 일부의 사회구조와 기제와 경향들에 대한 '추상적인' 이론적 지식을 제공할 수 있을 뿐이다. 그러한 지식을 사회세계에 작동하는 수많은 요인들에 대한 통찰과 결합하여 구체적인 지식으로 발전시키고 실천 속에서 '적용'하는 것은 실천가들이 맡은 과제이며 책임이다.

설명적 비판

이론의 '실천적 적용' 개념은 사회과학이 사회현상에 대한 타당한 서술과 설명 그리고 예측을 만들어내며, 객체들을 정확하게 '반영'하고 재현하는 것을 목표로 삼는다는 생각을 암묵적으로 전제하고 있다.[38] 사회과학이 사회세계가 어떻게 구성되고 운동하는가에 대한 과학지식을 발전시켜야 한다는 생각은 대부분의 사회과학자가 공유한다. 그리고 사회과학이 실천가들에게 과학지식을 제공하여 그들이 상황을 변화시킬 수 있게 한

38 이론(관념적인 것)이 객체(실재하는 것)를 '반영'한다는 진술은, 인간의 정신이 객체를 수동적으로 받아들여 모사한다는 주장이 아니다. '반영'은 사람의 의식의 성질을 나타내는 것이 아니라, 객체 자체('자동적 객체' 또는 '실재 객체')와 인식과정에서 사유 속에서 재구성하는 객체('타동적 객체' 또는 '사유 객체') 사이의 관계를 나타내는 비유인 것이다. 인식의 출발점인 외부 세계와의 접촉 자체가 사람의 실천의 산물이며, 또한 접촉에서 형성된 감각으로부터 사람의 사유 활동에 의해 개념적인 파악으로 이행한다. 그러므로 인식은 외부 세계의 객체가 제공하는 자극(또는 경험)을 기계적으로 받아들이는 수동적인 수용이 아니라, 실천을 계기로 객체와 상호작용하는 과정에서 사람이 사유능력을 가동하여 능동적이며 창조적으로 객체를 전유하는 것이다. 반영과 창조는 똑같이 인식의 특성을 규정하는 개념이며, 인식은 그 대상을 사람의 사유 속에 창조적으로 반영하는 변증법적 과정이다.

다는 주장은 사회현상에 대한 외부적 지식의 축적을 목표로 하는 사회과학의 발전을 추동한다. 그렇지만 사회과학은 의식적으로 활동하는 사람들로 구성된 사회세계를 탐구 대상으로 삼기 때문에, 그 대상과의 관계에서 이러한 외부적 지식의 실천적 적용 이외의 또 다른 층위를 갖는다.

사회과학이 연구하는 대상인 사회(적인 것)는 자연과학의 대상들과는 달리 관념을 포함하고 있다. 사회세계에서 활동하는 인간 주체는 자신의 행위에 관해 일정한 견해나 믿음 – 어느 정도는 정확한 것일 수도 있고 그릇된 것일 수도 있는 – 을 가지고 있으며 그런 뜻에서 사회적 행위는 개념의 존적이다.[39] 따라서 "사회에 널리 퍼져 있는 관념들에 대한 해명은 그 사회에 대한 사회과학적 해명의 본질적 부분이다"(콜리어, 2010: 249). 사회과학은 (개념적인 것을 포함한) 사회적 객체와 그 객체의 (재)생산과 유지의 구성요소인 사람들의 믿음을 검토하고 그것이 무엇에 의해 일어났는가를 탐구하면서 사람들의 (상식적인) 믿음을 넘어서는 이해와 설명 그리고 그 믿음의 근거에 대한 이해와 설명을 추구한다. 이때 사회과학의 해명은 문제의 현상과 관련된 믿음들이 허위이거나 왜곡되거나 부적절하거나, 또는 조건이 행위자들이 믿고 있는 것과는 다르다는 것을 드러낼 수 있다.

복지경제 속에서 기아에 관한 아마르티아 센(Amartya Sen)의 연구는 사회과학이 갖는 가치연관성의 모범적인 현대적 사례이다. 그는 기아에 대한 적절한 인과적 분석을 제시하는데, 이 분석은 많은 경우 식량 공급량

---

39 행위자들이 가진 견해도 일종의 '사회과학'이나 '사회이론'이라고 할 수 있다. 그러므로 "사회 없는 사회과학이 불가능한 것과 똑같이 사회과학 (행위자들이 가진 원시-과학적 또는 이데올로기적 이론) 없는 사회도 상상할 수 없다. 또한 사회과학의 연구대상인 행위자들은 사회과학이 제시하는 지식의 영향을 인과적으로 받게 된다는 점에서 사회과학은 자연과학과 달리 그 연구대상과 관련해 내부적 특성을 갖는다"(바스카, 2007: 168).

이 감소하지 않았음에도 기아가 발생한 이유를 보여준다. 우리의 믿음과는 반대로, 기아의 증가는 식량의 공급 및 이용가능성과는 그다지 관계가 없으며, 경제적 삶을 가능하게 하는 재화에 대한 사회적 권리부여(social entitle ments) 및 복합적인 사회적 상호의존의 와해와 관련이 있다는 것이다. 그러므로 센의 연구와 같은 인과분석은, 그것이 새로운 전략과 처방을 제안한다는 점에서 실천적이고, 그것이 기아와 빈곤에 관한 지배적인 견해의 허위성을 제시한다는 점에서 비판적이다. 센의 분석은 사회진보의 방향을 제시하고 있으며, 그러므로 개량적인 사회개혁이라는 훌륭한 계몽적 의미에서 비판적이고 실천적이다(Bohman, 1991: 188).

센의 설명은 기아 문제 해결을 위해서는 식량 생산체계의 개편이 아니라 재화에 대한 권리부여 및 사회적 상호의존의 구축이 필요하다는 실천전략을 제시한다. 그렇지만 센의 설명은 그보다 먼저 기아는 식량 부족에서 기인한다는 많은 사람들의 믿음이 틀렸음을 폭로한다. 그러므로 연구대상을 정확하게 해명하는 사회과학은 그것에 의해 연구대상(이 가진 견해나 믿음)을 규범적으로 평가하고 비판하게 된다. 또한 사회과학자는 그러한 믿음이 오류나 허위라는 지적에 그치지 않고 더 나아가 그런 믿음이 왜 존재하고 어떻게 기능하는가를 해명하고자 할 것이다. 센의 연구는 잘못된 믿음이 사회 내 특정 집단의 기아 발생에 복합적으로 작용하는 실업, 임금 감소, 식량가격 상승, 식량배급 체계 미비 등의 여러 사회·경제적 요인들을 포착하지 못한 피상적 인식에서 유래한다는 것을 입증한다. 이런 해명은 식량의 공급이 부족하지 않음에도 일단의 사람들을 기아에 몰아넣는 사회제도나 장치에 대한 '부정적인 평가'를 수반하면서 기아에 대한 사람들의 믿음과 그것의 근거를 침식하게 된다. 그릇된 견해보다 참된 견해를 믿는 것이 더 타당하다면, 어떤 제도가 그릇된 믿음을 만들어낸다고 지적하는 것은 그 제도를 비판하는 것이다. 그리고 이 지적은 (다른 것이 동등하다면) 그릇된 믿음을 만들어내고 유지하는 제도를, 참인 믿음을 만들어내고 유지하는 제도로 대체하거나 변형하도록 행위자들의 견해와 행위를 변경(하도록 요구)할 요인이나 근거가 된다.

> 더 나아가, 특정 제도와 그것에 관한 허위의 믿음이, 예컨대 허위의 믿음이 그 대상인 제도의 보존에 기여하는 것과 같이, 기능적 관계에 있을 수도 있다. 어떤 제도가 많은 사람을 억압하는 경우, 그 제도는 그런 허위의 믿음으로 보호해야만 안정적일 것이다. 그런 경우, 진실을 제시하는 것은 그 제도를 비판하는 일일뿐만 아니라 그 제도를 손상하는 것이다. 그러므로 사회제도에 대한 설명의 생산은 대체로 그 제도를 비판하고 변화시키는 것의 전제 조건에 그치지 않는다. 때때로 그것은 그 제도를 비판하는 것이며, 그 제도의 전복 작업을 시작하는 것이다(콜리어, 2010: 250).

충실한 사회과학은 사회현상을 설명하면서 사람들이 가진 특정한 믿음이 허위나 오류라는 것을 보여줄 뿐 아니라, 그러한 잘못된 믿음을 만들어내는 사회적 조건들을 해명한다. 그리고 그것으로 사람들의 (그릇된) 믿음에 대한, 나아가 그런 (그릇된) 믿음에 의해 유지되는 사회적 객체들과 그런 (그릇된) 믿음을 발생시키는 근원에 대한 비판이 된다. 어떤 믿음이 허위라고 자각하게 되면, 사람들은 자신의 행위를 변경할 적절한 이유를 갖는 것이며, 그것에 의해 제도와 구조를 변경할 수 있게 된다. 현상의 원인 및 관련된 믿음에 대한 해명, 믿음의 오류나 허위성에 대한 판단과 그것에 책임이 있는 객체에 대한 부정적 평가 그리고 그 원천을 제거하려는 활동에 대한 긍정적 평가는, 고려할 다른 사정이 없다면, 사회과학에서 피할 수 없다. 이것은 사회과학자가 자신의 연구에 특정한 가치나 목표를 부과하는 것이 아니라, 사람들의 행위의 구성요소인 믿음이 타당한 것인가를 해명하는 사회과학 탐구에 고유한 귀결이다.

사회과학에서 충분히 발전된 형태의 설명은 모두 사회비판에 사용할 수 있다. 비판적 사회과학이라고 하더라도, 예컨대 마르크스주의의 가치 이론의 경우처럼 명시적으로 그 목적을 밝힌다는 차이를 제외하면, 그것의 방법과 이론에 독특한 점은 없다. 과학적 특성에 충실한 사회과학이론은 인간의 삶의 영역에 대해 공적이고 경험적인 시험을 받는 종합적인 설명을 제공한다. 억압적이거나 착취적인 현실에 대한 설명은 현재의 사회질서에 대한 부정적 평가를 함축하며 그것에 의해 비판적 성격을 띤다. 또한 사회적 조건에 대해 사회 개혁의 기초가 될 수 있는 지식의 형성을 촉진한다는 점에서 실천적이다(Bohman, 1991: 191, 194).[40]

40 제임스 보만(James Bohman)은 비판이론이 '과학적, 비판적, 실천적'이어야 한다는 페이의 견해에 '자기반성적'이어야 한다는 요건을 추가한다. 보만에 따르면, 비판이론은 단순한 문제 해결에 추구하는 대신 인간의 자유를 제한하고 인간의 고통을 일으키는 조건의 극복, 즉 인간해방을 목표 — 현재의 사회적 배열 속에서는 성취할 수 없는 목표 — 로 삼는다. 비판이론의 설명은 해방의 가능성의 사회적·역사적 조건을 해명할 수 있어야 할 뿐 아니라 그 이론 자체의 잠재적인 해방적 효과와 결과도 자기반성적으로 해명할 수 있어야 한다(Bohman, 1991: 194). 물론 비판적 사회과학은 이런 요건들을 충족시킬 것을 추구하겠지만, 과학적인 사회과학이라면 목적적으로 추구하지 않더라도 이런 요건들을 충족할 것이다. 이런 맥락에서 바스카는 엥겔스가 폴 라파르그(Paul Lafargue)에게 보낸 편지(1884.8.11)를 인용한다.
"마르크스는 당신이 그에게 귀속시킨 '정치적·사회적·경제적 이상'을 거부했습니다. 과학의 인간은 이상을 갖는 것이 아니라 과학적 결과를 고심해서 만들어냅니다. 만약 그가 정치적 입장을 가지고 있다면 그것이 실행되도록 투쟁합니다. 그러나 그가 이상을 가지고 있다면 그는 과학의 인간일 수 없습니다. 그 까닭은 그렇다면 그는 처음부터 편견을 가질 수 있기 때문입니다."
그리고 바스카는 엥겔스가 마르크스의 과학적 결과가 정치적 입장을 함축할 수 있는 가능성을 언급하는 것을 잊었다고 지적한다(바스카, 2005c: 94). 한편 바스카는 간단히 말해, "사회과학은 본래 해방의 충동을 가지고 있으며, 사회과학 지식이 갖는 설명의 힘은 해방의 갈망을 촉발한다"(Bhaskar, 1986: 169; 바스카, 2007: 183). 사회비판은 사회과학의 본래적인 속성이며 사회과학의 이해와 설명은 그 자체로 '설명적 비판(explanatory critique)'이다.[41]

이점을 고려하면 사회과학의 목표가 객체로서의 사회에 대한 더 많은 지식을 제공하는 것이어야 하는가 아니면 사람들의 해방을 돕는 것이어야 하는가라는 이분법적 질문은 성립할 수 없는 것이다. "사회과학은 사회적 객체들에 대해 본래적으로 비중립적이며 필연적으로 비판적이고 자기비판적이며 가치가 주입되어 있을(value-impregnated) 뿐 아니라 가치를 주입하는(value impregnating) 것이다. 사회과학은 상식적인 (그리고 초보 과학적인) 견해들에 대한, 이러한 견해들의 진정성과 인식적 중요성을 존중하는 설명적 실천에 근거를 둔 과학적 비판의 가능성에 의해 본질적으로 해방적 충동을 갖는다. 설명적 비판의 가능성이 사회과학의 해방적 잠재력의 핵심을 구성한다"(바스카, 2007: 178, 202).[42] 게다가 사회과학은

비판적 사회과학의 네 단계를 구별한다. 첫째 단계는 문제 — 충족되지 않는 요구, 고통을 주거나 허위인 믿음들 등과 같은 — 를 판별해내는 것, 둘째 단계는 이러한 문제들의 원천 — 특정 형태의 억압이나 차별 등과 같은 — 을 찾아내는 것, 셋째 단계는 문제의 이러한 원인에 대해 부정적인 판단을 부여하는 것, 넷째 단계는 이러한 원인을 제거하려는 행위들에 대해 (다른 사정들이 동일하다면) 긍정적인 판단을 부여하는 것이다.

41 예컨대 마르크스의 정치경제학 탐구는 정치경제학에 대한 비판, 그리고 정치경제학을 만들어내고 그것을 참인 것처럼 보이게 만드는 자본주의 사회에 대한 비판을 포함하게 된다. 즉, 마르크스의 『자본』은 3중 비판의 구조를 가지고 있다. ① 기존 이론들에 대한 비판, ② 그러한 이론들이 반영하거나 합리화하는 실천적 의식에 대한 비판, ③ 그러한 의식의 발생을 일으키는 조건들에 대한 비판이 그것이다. 그리고 마르크스(일반적으로 마르크스주의 전통에서)는, 이렇게 비판된 (담론적·실천적) 의식을 허위적인 것일 뿐 아니라 '이데올로기적인 것'으로 간주한다. 이때 '이데올로기'는 '과학'과 대립되는 것이다(바스카, 2007: 213~214).

그 대상에 대해 '내재성'을 갖는다. 연구대상인 사람들은 사회과학 연구와

42 동일한 '과학적' 사회과학 지식이 실천적 적용과 비판의 두 가지 목표를 동시에 충족한다는 사실은 인식적 관심의 차이가 인식의 유형을 결정한다는 하버마스의 주장이 부정확한 것이라는 점을 알려준다. "하버마스주의자들에게는 미안하지만, 설명적 사회과학이 필연적으로 해방적 함의를 갖더라도 해방에 대한 관심에서 연구를 시작해야만 하는 것은 아니다. 연구대상의 속성들 가운데 무엇을 연구할 것인가는 실천적 관심 — 순수과학에서는 설명적 중요성에 대한 그리고 응용과학에서는 기술적·산업적·의학적·군사적·금융적 또는 더 일반적으로는 사회문화적 중요성에 대한 — 에 의해 선택하지만, 그것의 인과적 힘과 구조 및 기제에 대한 판별은 이론적 관심을 동기로 한다"(바스카, 2005c: 93~94). 하버마스에 따르면, 인간의 실천 영역은 노동 영역과 상호행위 영역으로 구분할 수 있고, 노동 영역에서 인간의 삶에 대한 관심은 자연을 통제하려는 기술적 관심이며 상호행위 영역에서의 관심은 상호이해와 자기이해의 가능성을 보존하고 확장하려는 실천적 관심이다. 기술적 관심에 의해 유도되는 인식의 유형은 경험분석적 과학이고, 실천적 관심에 의해 유도되는 인식 유형은 역사해석학적 과학이다. 여기에 더하여 '파생적 위치'에, 노동과 상호행위의 영역에서 지배와 이데올로기에 의해 야기되는 인류의 왜곡된 경험과 자기이해로부터 벗어나려는 관심, 즉 해방적 관심이 있다. 인간의 자율(Autonomie)과 성숙(Mündigkeit)에 대한 이성의 계몽적 관심과 일치하는 해방적 관심에 의해 유도되는 인식의 유형은 비판지향적 과학 또는 비판이론이다.
한편, 신실용주의자인 배어트(Baert, 2005: 50~51)는 사회연구를 설명적 작업으로 '축소'하는 것에 반대한다. 실용주의자들은 지식이 외부 세계의 수동적 반영(mirroring)이 아니라고 주장한다. 지식은 외부 환경에 대처하는(cope with) 사람들의 능력과 관련지어 파악해야 하며, 이런 맥락에서 지식은 활동적인 것(something active)이다. 즉, 지식은 무엇인가를 성취하고자 하는 것이다. 그것은 지식이 인지적 관심이나 목표(aims)와 결합되어 있다는 이야기이다. 연구는 상이한 인지적 관심이나 목표를 가질 수 있으며, 설명은 그것들 가운데 하나이지 유일한 것이 아니다. 사회연구의 다른 목표들로는 이해, 비판, 해방 그리고 자기이해 등이 있다. 이러한 인지적 관심의 어느 것도 다른 것보다 인식론적 우선성(priority)을 갖지 않는다고, 사회연구에서는 설명 이외의 자기이해 등과 같은 인지적 이해관심의 추구가 중요하다고 배어트는 주장한다. 간략히 말해, "과학적 탐구의 핵심(essence of scientific inquiry) 같은 것은 없다는 것, 지식은 대화(dialogue)의 한 형태일 뿐이라는 것"이 그의 입장이다(Baert, 2005: 144). 그렇지만 사회 현실에 대한 비판이나 해방이나 (자기) 이해가, '설명' 없이 또는 설명과 별개로 추구할 수 있는 목표라고 할 수는 없다.

지식에 의해 영향받고 변화할 수 있으며, 이런 변화는 사람들이 구성하는 사회적 객체의 변화로 이어질 수 있다.[43] 이 때문에 사회과학은 궁극적으로 사회세계의 지배 권력과 긴장 관계에 설 수밖에 없다.

---

43 그렇지만 마르크스가 강조하듯 "비판의 무기는 무기의 비판을 이길 수 없다". 설명적 비판으로, 문제가 되는 사회 현실을 개선할 수 있는 것은 아니다. 폭로와 의심, 즉 설명적 비판이 수반하는 "계몽의 직접적인 결과는 해방이 아니라 사회 현실과의 불화일 것이다. 그러한 불화는 혁명적인 비판적 활동으로 이어질 수도 있지만 도피나 절망으로 이어질 수도 있다"(바스카, 2007: 219). 사회과학의 효력은 사람들의 실천이라는 물질적 요인에 의해 공동 결정되는 구체적인 상황 속에서 실현될 수밖에 없다. 사회과학 지식은 실천을 위해 필요하기는 하지만 충분하지는 않은 것이다(물론 이때의 실천은 단순히 지식의 적용이라는 사회공학적 접근이 아니라, 잘못된 믿음과 그 근거의 해체와 해방이라는 내적 과정을 매개로 한다). 실천을 위해서는 행위주체들이 ① 객체의 속성과 힘을 알아야 하고, ② 객체의 운동에 영향을 미칠 수 있는 힘과 기회를 가져야 하며, ③ 자신들의 실질적인 이해관심 속에서 행위 할 수 있어야 한다. 사회과학이 무매개적으로 또는 실천이 무조건적으로 사회 현실의 변형을 성취할 것으로 기대하는 것은 '이론주의' 또는 '주의(主意)주의'의 착각이다.

맺음말

이 책의 중심축은 실증주의 과학관에 대한 비판과 과학에 대한 새로운 해명이었다. 실증주의 과학관은 1900년대는 물론 사실상 지금까지도 사회과학이란 무엇이며 그것을 어떻게 실행하는가에 대한 사회과학자들의 '자기이해'를 사로잡고 있다. 이 책은 과학철학에서 실증주의에 대한 비판과 새로운 해명들을 고려하면 사회과학에서 '실증주의-해석주의'의 논쟁은 더 이상 성립할 수 없다고 지적했다. 협약주의 과학관이나 비판적 실재론의 과학관에서 제기하는 중요한 주장은 자연과학의 실제 특징과 방법은 실증주의 과학관에서 서술하는 것과는 상당히 다르다는 것이다. 이 두 입장을 검토하면서 이 책은 과학에 대한 기존의 이해는 전통적인 이론과 경험의 구분, 사실과 가치의 분리, 설명과 이해의 차이, 자연과 사회의 대립 등을 과장하거나 오해해왔다는 것을 논증했다.

그리고 이 책은 비판적 실재론의 입장에서, 첫째, 과학은 그것에 대한 우리의 지식에서 독립해서 실재하는 세계가 있다는 것, 둘째, 우리는 이러한 실재하는 세계에 관한 지식을 획득할 수 있다는 것, 셋째, 우리의 경험은 세계에서 일어나는 사건들의 일부만을 포착할 뿐 아니라, 세계에서 일어나는 사건들은 세계에 존재하는 것들이 운동하며 서로 영향을 미치는 과정에서 발생한다는 것, 넷째, 세계에 관해 우리가 형성하는 경험적 사실들은 이론에 의존하지만 이론에 의해 결정되지는 않는다는 것, 다섯째, 과학지식도 늘 오류가능성을 가지고 있지만 또한 (적어도 부분적인) 진리성을 갖는다는 것, 여섯째, 과학의 방법은 형식화할 수 없을 정도로 다양하고 복잡하며 적어도 일부의 자연과학은 통념적으로 사회과학에서 사용한다고 생각하는 방법들을 사용한다는 것, 일곱째, 사회과학 지식의 경우 다양한 수준과 형태의 사회적 실천이 있기 때문에 그것의 유용성은 사회적 상황들에 따라 상이하지만 설명적 지식은 궁극적으로 해방적 함축을 갖는다는 것 등을 주장했다.

하지만 이 책의 관점에서는 '과학관'과 '과학 자체'의 구별이 중요하다는 점을 강조해야 한다. 비판적 실재론의 용어로 말하면, 과학관은 '타동적 객체'이고, 과학 자체는 '자동적 객체'이다. 실증주의자들이나 협약주의자들 또는 비판적 실재론자들이 과학의 특징과 방법을 무엇이라고 말하든, 과학자들은 그런 견해에서 독립해 탐구를 실행하며 지식을 생산하고 있다. "모든 이론은 회색이며, 오직 영원한 것은 저 푸른 생명의 나무이다"라는 괴테의 경구도 있지만, 실재는 이론보다 훨씬 더 풍부하고 복잡하다. 예를 들어, 과학철학에서는 과학자는 물론 보통사람들도 연역, 귀납, 가추, 역행추론이라는 추론양식을 사용한다고 서술하지만, 어쩌면 사람들은 이 네 가지 이외에, 아직은 포착하지 못하거나 이름 붙이지 못한 추론양식을 사용할 수도 있다. 과학 자체는 각각의 과학관이 서술하는 과학의 모습보다 더 다양하고 풍부하고 복잡하다. 그러므로 독자들에게 중요한 것은 이 책에서 다루는 과학관들 — 타동적 객체들 — 을 이해하는 일이 아니라 과학 자체에 대한 자신의 견해 — 또 다른 타동적 객체 — 를 정교화하는 일이다.

그런데 사회과학이 무엇이며 그것을 어떻게 실행하는가에 대해 진지하게 점검하는 사회과학도는, 특히 한국 사회과학계에는 거의 없다. 대부분의 사회과학도들은 자신의 작업의 기초를 형성하는 이런 철학적 쟁점들에 대해 의식하지 않은 채 또는 고민하지 않은 채 평온한 무관심 속에서 연구를 수행한다. 50여 년 전의 피터 메다워(Peter Medawar)의 지적은 오늘날에도 여전히 유효하다.

> 과학적 방법론의 목표가 탐구의 체계 또는 심지어 과학적 행위를 위한 실천의 규칙(code)을 규정하거나 해설하는 것이라면, 과학자들은 그것이 없이도 잘해나갈 수 있는 것으로 보인다. 대부분의 과학자들은 과학적 방법에 관한 수업을 받지 않으며, 교육받은 사람들이 교육받지 않은 사람보다 과학자로서 작업을 더 잘 수행하는 것도 아니다. 다른 어떤 학습분야에 대해, 그것을 숙달한 사람에게 아무런 이점도 제공하지 않는다고 해서, 가르침을 받을 필요가 없다고, 가르침을 받더라도 익힐 필요가 없다고 이야기할 수 있을 것인가?(Medawar, 1969: 8)

그러나 철학적 기초에 대한 성찰 없이도 별다른 문제없이 과학적 연구를 수행한다는 것이 '철학 없이' 과학적 연구를 수행한다는 이야기는 아니다. 연구자 자신이 의식하는가 여부의 차이는 있지만, 모든 과학적 작업은 이미 철학적 지식에 기초하고 철학적 지식을 내포하고 있다.

사회과학의 철학적 기초에 대한 검토는 사회과학자가 자신이 어디에 있는지 어디로 가는지를 확인하는 '지도 읽기'로 비유할 수 있는데(벤턴·크레이브, 2014: 3), 한국의 대부분의 사회학도들은 지도를 찾아보는 일 없이 자신의 머릿속에 있는 지도에 따라 목적지를 향해 나아가고 있는 셈이다. 물론 종이 위에 그려져 있는 지도가 사회과학도의 머릿속 지도보다 사회과학의 지형을 더 정확히 알려준다고 할 수는 없다. 다시 말하면, 철학적 쟁점들에 대해 교육받은 사람이 가진 철학적 견해가 교육받지 않은 사람의 그것보다 반드시 더 적절하고 타당한 것이라고 단정할 수 있는 것은 아니다. 연구를 수행하면서 자연발생적으로 형성한 견해가 학습을 통해 습득한 견해보다 더 정확할 수도 있는 것이다. 또한 지도가 정확하다고 하더라도 사회과학자가 그 지도에서 자신의 위치와 목표와 경로를 정확히 찾을 수 있는가는 다른 문제이다. 게다가 지도에서 자신의 위치와 목표와 경로를 정확히 찾았다고 하더라도, 실제의 연구에서 그 경로를 이탈하지 않고 목표에 도착할 수 있는가라는 문제는 여전히 남아 있다. 사회과학의 철학적 기초에 관해 정통하다고 해서 그것에 의해 실제의 사회연구를 더 과학적으로 수행할 수 있는 것도 아니다. 수영 교본을 열심히 공부하는 사람이 그렇지 않은 사람보다 반드시 수영을 더 잘하는 것은 아닌 것과 같은 이치이다. 언제나 아는 것과 하는 것 사이에는 간극이 있기 마련이다.

그렇다고 하더라도, 철학적 기초에 대한 공부가 사회과학도에게 쓸모없는 것이라고 할 수는 없다. 어떤 일을 잘하고자 하는 사람이라면 단지 그 일을 자연발생적으로, 또는 습관적으로 하기보다는 더 잘 앎으로써 하고자 할 것이다. 수영하기를 좋아하고 잘하고자 하는 사람이라면, 체득적으로 수영하기보다는 교본을 공부함으로써 자신의 방법을 '반성'하고 교정하면서 수영 능력을 향상시키고자 할 것이다. 마찬가지로, 더 타당하고 충실한 연구 성과를 산출하고자 하는 사회과학도라면, 자신 연구의 목표와 과정과 방법과 결과를 반성하고 수정하면서 더 적절하고 효과적인 연구를 수행하고자 노력할 것이다. 철학적 기초에 대한 검토는 이런 노력의 중요한 요소이다. 사회과학의 철학적 기초에 대한 공부는 사회과학자가 특정한 방법이나 절차를 사용해서 특정한 형태의 과학지식을 만들어낼 때 왜 그렇게 하는가를 이해할 수 있게 한다. '왜 그러한가'라는 질문은 바로 과학의 정신이기도 하다. 철학적 기초에 대한 검토는 이러한 과학의 정신을 과학활동 자체에 '반성적으로' 적용하는 것이다. 과학의 인간이라면 목격하는 현상들에 대해서뿐 아니라 자신의 작업에 대해서도 언제나 왜 그러한가를 질문하고 답할 것이다. 그리고 이런 검토는 과학자가 연구할 문제와 연구의 방향과 범위와 방법 등을 선택할 때 더 의식적·이성적으로 접근하도록 안내할 것이다. 그렇다 하더라도 과학의 인간에게는 실제 연구 수행이라는 더 중요하고 어려운 작업이 기다리고 있다. 마르크스는 『독일 이데올로기(The German Ideology)』에서 다음과 같이 강조한다.

> 추상(철학 논쟁이나 방법론 논쟁)은 그 자체로는 아무런 가치도 없다. 추상은 단지 역사자료를 정리하는 일을 쉽게 해주고 정리된 자료들의 순서를 표시해주는 데 사용될 뿐 역사상의 여러 시대들을 체계적으로 정리할 수 있는 방법 또는 틀을 마련해주지 않는다. 힘든 일은 역사자료들을, 그리고 역사의 실제 모습을 검토하고 정리하고자 할 때에야 비로소 시작되는 법이다(마르크스·엥겔스, 1998: 50).

참고문헌

가워, 베리(B. Gower). 2013. 『과학의 방법』. 박영태 옮김. 서울: 이학사.

고인석. 2007. 『과학의 지형도』. 서울: 이화여자대학교출판부.

기어리 외(R. N. Giere, J. Bickle and R. Mauldin). 2006. 『과학적 추론의 이해』. 조인래·이영의·남현 옮김. 서울: 소화출판사.

김국태·배선복·정병훈. 2004. 「방법」. 서양근대철학회 지음. 『서양근대철학의 열가지 쟁점』. 서울: 창비. 49~90쪽.

김선하. 2004. 「새로운 과학문화를 위한 해석학적 모색 — 설명과 이해의 변증법」. ≪철학논총≫, 38집, 4권. 165~182쪽.

노양진. 2005. 「경험으로서 가치」. ≪범한철학≫, 제39권, 5~28쪽.

뉴턴스미스, 윌리엄(W. H. Newton-Smith). 1998. 『과학의 합리성』. 양형진·조기숙 옮김. 서울: 민음사.

다네마르크, 베르트(B. Danermark) 외. 2005. 『새로운 사회과학방법론』. 이기홍 옮김. 파주: 한울.

라우든, 래리(L. Laudan). 1997. 『포스트모던 과학논쟁』. 이범 옮김. 서울: 새물결.

라카토스, 임레(I. Lakatos). 2002. 『과학적 연구 프로그램의 방법론』. 신중섭 옮김. 서울: 아카넷.

라카토스·머스그레이브 엮음(I. Lakatos and A. Musgrave eds.). 2002. 『현대과학철학논쟁』. 조승옥·김동식 옮김. 서울: 아르케.

래디먼, 제임스(J. Ladyman). 2003. 『과학철학의 이해』. 박영태 옮김. 서울: 이학사.

루드너, 리처드.(R. Rudner). 1986. 『사회과학의 철학』. 신원형 옮김. 서울: 연구사.

리오타르, 장 프랑수아(J. F. Lyotard). 1992. 『포스트모던의 조건』. 유정완 외 옮김. 서울:

민음사.
마르크스·엥겔스(K. Marx and F. Engels). 1988.『독일 이데올로기』. 박재희 옮김. 파주: 청년사.
바스카, 로이(Roy Bhaskar). 2005a.「철학과 과학적 실재론」. 아처 외 엮음.『초월적 실재론과 과학』. 이기홍 옮김. 59~110쪽.
_____. 2005b.「과학적 발견의 논리」. 아처 외 엮음.『초월적 실재론과 과학』. 이기홍 옮김. 111~200쪽.
_____. 2005c.「사회들」. 아처 외 엮음.『비판적 자연주의와 사회과학』. 이기홍 옮김. 41~121쪽.
_____. 2007.『비판적 실재론과 해방의 사회과학』. 이기홍 옮김. 서울: 후마니타스.
박영태 외. 2011.『과학철학: 흐름과 쟁점 그리고 확장』. 서울: 창비.
박준호. 2005.「퍼스의 귀추와 가설의 방법」, ≪범한철학≫, 제37권, 65~84.
번스타인, 리처드.(R. J. Bernstein). 1996.『객관주의와 상대주의를 넘어서』. 정창호·황설중·이병철 옮김. 서울: 보광재.
베버, 막스(M. Weber). 1997.『막스 베버의 사회과학 방법론 1』. 전성우 옮김. 서울: 사회비평사.
벤턴, 테드(Ted Benton). 1984.『사회과학의 철학적 기초』. 안상헌 옮김. 서울: 도서출판 풀빛.
_____. 2005.「실재론과 사회과학」. 아처 외 엮음.『비판적 자연주의와 사회과학』. 이기홍 옮김. 185~209쪽.
벤턴·크레이브(Ted Benton and Ian Craib). 2014.『사회과학의 철학: 사회사상의 철학적 기초』. 파주: 한울.
블래키, 노먼(Norman Blaikie). 2000.『사회이론과 방법론에 다가서기』. 이기홍·최대용 옮김. 파주: 한울.
블레이처, 조지프(Josef Bleicher). 1989.『해석학적 상상력』. 이한우 옮김. 서울: 문예출판사.
세이어, 앤드류(A. Sayer). 2013.『사회과학방법론』. 이기홍 옮김. 파주: 한울.
슈틸러, G.(G. Stiehler). 1985.『모순의 변증법』. 양운덕·김재용 옮김. 서울: 중원문화.
아처·바스카·콜리어·로슨·노리에 엮음(M. Archer, R. Bhaskar, A. Collier, T. Lawson and A. Norrie eds.). 2005a.『초월적 실재론과 과학』. 이기홍 옮김. 파주: 한울.
_____. 2005b.『비판적 자연주의와 사회과학』. 이기홍 옮김. 파주: 한울.
앤더슨, R. J.(R. J. Anderson). 1988.『철학과 인문과학』. 양성만 옮김. 서울: 문예출판사.
연희원. 1998.「퍼스의 상정논법에 관한 연구」, ≪철학연구≫, 제21호, 177~213.

오스웨이트, 윌리엄(W. Outhwaite). 1995. 『새로운 사회과학철학』. 이기홍 옮김. 서울: 한울.
와인버그, 스티브(S. Weinberg). 2007. 『최종이론의 꿈』. 이종필 옮김. 서울: 사이언스북스.
윈치, 피터(P. Winch). 2011. 『사회과학의 빈곤』. 박동천 옮김. 서울: 모티브북.
이구슬. 1996. 『해석학과 비판적 사회과학』. 서울: 서광사.
이봉재. 2003. 「과학과 가치」. ≪과학철학≫, 6-2호, 29~55쪽
_____. 2005. 「방법 이후의 사회과학」. ≪과학사상≫, 제50호, 230~251쪽.
이영의. 2011. 「과학방법론」. 박영태 외 지음. 『과학철학: 흐름과 쟁점 그리고 확장』, 191~205쪽.
정병훈. 2011a. 「역사주의 과학철학 쿤」. 박영태 외 지음. 『과학철학: 흐름과 쟁점 그리고 확장』, 100~130쪽.
_____. 2011b. 「파이어아벤트: 객관주의와 상대주의를 넘어서」. 박영태 외 지음. 『과학철학: 흐름과 쟁점 그리고 확장』, 131~161쪽.
정영기, 1998. 「과학적 설명과 법칙」. ≪동서철학연구≫. 제16호, 193~207쪽.
정용재·송진웅. 2006. 「퍼스의 귀추법에 관한 이론적 고찰을 통한 과학교육적 함의 탐색」. ≪과학교육학회지≫, 26권, 6호, 703~722쪽.
조인래. 2001. 「과학적 방법으로서의 유추」. ≪철학연구≫, 제54호, 375~404쪽.
차머스, 앨런(A. Chalmers). 2003. 『과학이란 무엇인가?』. 신중섭·이상원 옮김. 서울: 서광사.
코너, 스티븐(S. Connor). 2010. 「문화사회학과 문화과학」. 박형신 외 옮김. 『현대사회이론의 흐름』. 파주: 한울. 587~640쪽.
콜리어, 앤드류(A. Collier). 2010. 『비판적 실재론: 로이 바스카의 과학철학』. 이기홍 옮김. 서울: 후마니타스.
키트·어리(R. Keat and J. Urry). 1993. 『과학으로서의 사회이론』. 이기홍 옮김. 서울: 한울.
트리그, 로저(R. Trigg). 2013. 『사회과학 이해하기』. 김연각 옮김. 서울: 한국문화사.
페이, 브라이언(B. Fay). 1983. 『사회이론과 정치적 실천』. 조형 옮김. 서울: 이화여자대학교출판부.
폰 리히트, 게오르크(G. H. von Wright). 1994. 『설명과 이해』. 배철영 옮김. 서울: 서광사.
하레, 롬(R. Harré). 1986. 『과학철학』. 민찬홍·이병욱 옮김. 서울: 서광사.
핸슨, 노우드(N. R. Hanson). 2007. 『과학적 발견의 패턴』. 송진웅·조숙경 옮김. 서울: 사이언스북스.
홍성욱. 2004. 『과학은 얼마나』. 서울: 서울대학교 출판부.
휴즈·샤록(J. A. Hughes and W. W. Sharrock). 2000. 『사회연구의 철학』. 이기홍 옮김.

서울: 한울.

Adorno, T. W. , H, Albert, R. Dahrendorf, J. Habermas, H. Pilot, and K. Popper. 1976. *The Positivist Dispute in German Sociology*. London: Heinemann.

Aliseda, A. 2006. *Abductive Reasoning: Logical Investigations into Discovery and Explanation*. Berlin: Springer.

Allchin, D. 1999. "Values in science." *Science and Education*, Vol.8, pp.1~12.

Apel, K. O. 1972. "Communication and the foundations in the humanities." *Acta Sociologica*, Vol.15, pp.7~27.

Ayer, A. J. 1959. "Editor's Introduction." in A. J. Ayer(ed.). *Logical Positivism*. Glencoe, Illinois: The Free Press, pp.3~28.

Baert. P. 2005. *Philosophy of the Social Sciences: Towards Pragmatism*. Cambridge: Polity Press.

Beed, Clive and Cara Beed. 2000. "Is the Case for Social Science Laws Strengthening?" *Journal for the Theory of Social Behaviour*, Vol.30, No.2, pp.131~153.

_____ 1997, "Realism and a Christian Perspective on Economics." *Review of Political Economy*. Vol.9, No.3, pp.313~333.

Bertilsson, T. M. 2004. "The Elementary Forms of Pragmatism: On Different Types of Abduction." *European Journal of Social Theory*. Vol.7, No.3, pp.371~389.

Bhaskar, R. 1979. *The Possibility of Naturalism*. Sussex: Harvester.

_____. 1986. *Scientific Realism and Human Emancipation*. London. Verso.

_____. 2008. *A Realist Theory of Science*. London: Routledge.

Bohman, J. 1991. *New Philosophy of Social Science*. London: Polity

Bourdieu, P. 1977. *Outline of a Theory of Practice*. Cambridge: Cambridge University Press.

_____. 1990. *The Logic of Practice*. Stanford, CA: Stanford University Press.

Bradley, W. J. and K. C. Schaefer. 1998. *The Uses and Misuses of Data and Models: The Mathematization of the Human Sciences*. London: Sage.

Brown, J. R. 2004. "Why Thought Experiments Transcend Experience." in C. Hitchcock (ed.). *Contemporary Debates in Philosophy of Science*. Blackwell, pp. 23~43.

_____. 2011. *The Laboratory of the Mind: Thought Experiments in the Natural Sciences*, 2nd ed. Routledge.

Brown, R. C. 2009. *Are Science and Mathematics Socially Constructed.* London: World Scientific Publishing Co.

Caldwell, B. J. 1994. *Beyond Positivism: Economic Methodology in the Twentieth Century*, Revised ed. London: Routledge.

Callender, C. 2011. "Philosophy of Science and Metaphysics." in S. French, and J. Saatsi(eds.). *The Continuum Companion to the Philosophy of Science.* Bloomsbury Academic, pp.33~54.

Carnap, R. 1969. *The Logical Structure of the World.* Berkerley, CA: Univ. of California Press.

Carver, C. F. 2002. "Structures of Scientific Theories." in P. Machamer and M. Silberstein (eds.). *The Blackwell Guide to the Philosophy of Science*, pp.55~79.

Chakravartty, A. 2007. *A Metaphysics for Scientific Realism: Knowing the Unobservable.* Cambridge: Cambridge University Press.

_____. 2009. "Metaphysics Between the Sciences and Philosophies of Science." in P. D. Magnus and J. Busch(eds.). *New Waves in Philosophy of Science.* Palgrave Macmillan, pp.59~77

Chiasson, P. 2005. "Abduction as an aspect of retroduction." *Semiotica.* Issue.153-1/4, pp.223~242.

Connerton, P.(ed.). 1976. *Critical Sociology.* Harmondsworth: Penguin.

Cruickshank, J. 2012. "Positioning positivism, critical realism and social constructionism in the health sciences." *Nursing Inquiry.* Vol.19, No.1, pp.71~82.

Curd, M. and S. Psillos(eds.). 2014. *The Routledge Companion to Philosophy of Science*, 2nd ed. London: Routledge.

Daston, L. and P. Galison. 2007. *Objectivity.* New York: Zone Books.

Dawnward, P. and A. Mearman. 2007. "Retroduction as mixed-methods triangulation in economic research: reorienting economics into social science." *Cambridge Journal of Economics.* Vol.31, pp.77~99.

Delanty, G. 1997. *Social Science: Beyond Realism and Constructivism(Concepts in the Social Sciences).* Buckingham: Open University Press.

Dennett, D.C. 1995. *Darwin's Dangerous Idea: Evolution and the Meanings of Life.* New York: Penguin Books.

Doppelt, G. 2007. "The value ladenness of scienctific knowledge." in Kincaid et al.(ed.).

Value-Free Science?: Ideals and Illusions. Oxford University Press, pp.188~217.

Douglas, H. 2004. "The irreducible complexity of objectivity." *Synthese*, Vol.138, No.3, pp.453~473.

_____. 2009. *Science, Policy, and the Value-Free Ideal*. Pittsburgh, Pa.: University of Pittsburgh Press.

Durkhiem, E. 1952. *Suicide: A Study in Sociology*. London: R.K.P.

Epstein, M. 2012. "Introduction to the philosophy of science." in Seale (2012), pp.7~28.

Ernest, P. 2004. "Nominalism and conventionalism in social constructivism." *Philosophica*, Vol.74, pp.7~35.

Feyerabend, P.K. 1975. *Against Method*. London: NLB.

_____. 1978. *Science in a Free Society*. London: NLB

_____. 1993. *Against Method* 3rd ed. London: Verso

_____. 2002. "Consolations for the specialist." in I. Lakatos. and A. Musgrave(eds.). *Criticism and the Growth of Knowledge*, pp.319~370.

Fisher, F. 1998. "Beyond empricism — policy inquiry in postpositivist perspective." *Policy Studies Journal*, Vol.26, No.1, pp.129~146.

Fisher, H. R. 2001. "Abductive reasoning as a way of worldmaking." *Foundations of Science*, Vol.6, pp.361~383.

Gauch, H. G. Jr. 2003. *Scientific Method in Practice*. Cambridge: Cambridge University Press.

Giddens, A. 1977. *Studies in Social and Political Theory*. London: Basic Books.

_____. 1987. *Social Theory and Modern Society*. Oxford: Blackwell.

Gordon, S. 1991. *The History and Philosophy of Social Science*. London: Routledge.

Gorski, P. 2004. "The poverty of deductivism: A constructive realist model of sociological explanation." *Sociological Methodology*, Vol.34, No.1, pp.1~33.

_____. 2013. "Beyond the fact/value distinction- Ethical naturalism and the social sciences." *Society*, Vol.50, pp.543~553.

Haack, S. 1987. "Realism." *Synthese*, Vol.73, pp.275~299.

Habermas, J. 1977. *Theory and Practice*. London: Heinemann

_____. 1989. *On the Logic of the Social Sciences*. Cambridge, Mass: The MIT Press.

Hacking I. 1983. *Representing and Intervening: Introductory Topics in the Philosophy of Natural Science*. Cambridge: Cambridge University Press.

_____. 1999. *The Social Construction of What?* Cambridge, MA: Harvard University Press.

Halfpenny, P. 1982. *Positivism and Sociology: Explanining Social Life.* London: Allen & Unwin.

Hamilton, P. 1992. "The enlightment and the birth of social science." in S. Hall and B. Gieben(eds.). *Formations of Modernity.* Cambridge: Polity, pp.17~69.

Hammersley, M. 2011. *Methodolgy, Who Need It?* London: Sage.

Harré, R. 1970. *The Principles of Scientific Thinking.* London: Macmillan.

_____. 1975. "Images of the world and societal icons." in Knorr et al.(1975). pp.257~283.

Harré, R and P. F. Secord. 1973. *The Explanation of Social Behaviour.* Oxford: Blackwell.

Hempel, Carl. 1965. *Aspects of Scientific Explanation.* New York: Free Press.

Hitchcock, C. 2004. "Introduction: What is the Philosophy of Science?" in C. Hitchcock (ed.). *Contemporary Debates in Philosophy of Science.* Blackwell, pp.1~19.

Hoffmann, M. 1999. "Problems with Peirce's conception of abduction." *Foundations of Science.* Vol.4, pp.271~305.

Kapitan, T. 1992. "Peirce and the autonomy of abductive reasoning." *Erkenntnis,* Vol.37, pp.1~26.

Kaplan, A. 1964. *The Conduct of Inquiry — Methodology for Behavioral Science.* San Francisco: Chandler.

Keat, R. 1981. *The Politics of Social Theory: Habermas, Freud, and the Critique of Positivism.* Oxford: Basil Blackwell.

Kincaid, H. 1996. *Philosophical Foundations of the Social Sciences: Analyzing Controversies in Social Research.* Cambridge: Cambridge University Press.

Kitchen, R. 2006. "Positivist geographies and spatial science." in S. Aitken and G. Valentine(eds.). *Approaches to Human Geography.* London: Sage, pp.20~29.

Knorr, K., H. Strasser and H. G. Zilian. 1975. *Determinants and Controls of Scientific Development.* Dordrecht: Reidel.

Kolakowski, L. 1972. *Positivist Philosophy.* Harmondsworth: Penguin.

Kuhn, T. S. 1970. *The Structure of Scientific Revolutions.* Chicago: University of Chicago Press.

_____. 1977. *The Essential Tension: Selected Studies in Scientific Tradition and Change.* Chicago: University of Chicago Press.

Ladyman, J. 2012. "Science, metaphysics and method." *Philosophical Studies*, Vol.160, No.1, pp.31~51.

Laudan, L. 1977. *Progress and Its Problems.* Berkeley, CA.: University of California Press.

_____. 1981. *Science and Hypothesis.* Dordrecht: D. Reidel.

_____. 1982. "Two puzzles about science: reflections on some crises in the philosophy and sociology of science." *Minerva*, Vol.20, No.3, pp.253~268.

_____. 1986. *Science and Values.* Berkeley, CA: University of California Press

Law, J. 2004. *After Method — Mess in social science research.* London: Routledge.

Lawson, T. 1996. "Developments in Economics as Realist Social Theory." *Review of Social Economy*, Vol.54, No.4, pp.405~422.

_____. 1997. *Economics and Reality.* London: Routledge.

_____. 2003. *Reorienting Economics.* London: Routledge.

_____. 2005. "Economics and critical realism- A perspective on modern economics." in G. Steinmetz(ed). *The Politics of Method in the Human Sciences: Positivism and Its Epistemological Others.* Durham: Duke University Press, pp.366~392.

Lessnoff, M. 1974. *The Structure of Social Science.* London: Allen and Unwin.

Leuridan, B. 2010. "Can mechanisms really replace laws of nature." *Philosophy of Science,* Vol. 77, pp.317~340.

Lewis, P. A. 1996, "Metaphor and Critical Realism." *Review of Social Economy*, Vol.54, No.4, pp.487~506.

Lloyd, E. 1995. "Objectivity and the Double Standard for Feminist Epistemologies." *Synthese*, Vol.104, pp.351~381.

Longino, H. 1990. *Science as Social Knowledge: Values and Objectivity in Scientific Inquiry.* Princeton: Princeton University Press.

_____. 1993. "Subjects, Power, and Knowledge." in L. Alcoff's and E. Potter's(eds.). *Feminist Epistemologies.* New York: Routledge, pp.101~120.

Lynch, M. and D. Bogen. 1997 "Sociology's asociological 'core': An examination of textbook sociology in the light of the sociology of scientific knowledge." *American Sociological Review*, Vol.62, pp.481~493.

Maasen, S. and P. Weingart. 2000. *Metaphors and the Dynamics of knowledge.*

Routledge.
Magnani, L. 2001. *Abduction, Reason and Science: Processes of Discovery and Explanation.* New York: Kluwer.
_____. 2004. "Reasoning through doing: epistemic mediators in scientific discovery." *Journal of Applied Logic*, Vol.2, pp.439~450.
Manicas, P. 1987. *A History and Philosophy of the Social Sciences.* Oxford: Basil Blackwell.
_____. 2006. *A Realist Philosophy of Social Science.* Cambridge: Cambridge University Press.
Marcum, J. A. 2005. "Metaphysical Presuppositions and Scientific Practices: Reduction ism and Organicism in Cancer Research." *International Studies in the Philosophy of Science*, Vol.19, No.1, pp.31~45.
Marx, K. 1973. *Grundrisse.* Harmonthsworth : Penguin.
Marsh, C. 1982. *The Survey Method: The Contribution of Surveys to Sociological Explanation.* London: Allen and Unwin.
Marsh, D. and P. Furlong. 2002. "A Skin not a sweater: ontology and epistemology in political science." in Marsh, D. and G. Stoker(ed.). *Theory and Methods in Political Science.* Palgrave Macmillan, pp.17~41.
Masterman, M. 2002. "The nature of a paradigm." in I. Lakatos. and A. Musgrave(eds.). *Criticism and the Growth of Knowledge.* Cambridge University Press, pp.107~155.
May, T. and M, Williams(eds.). 1998. *Knowing the Social World.* Buckingham: Open University Press.
McGrew, T., M. Alspector-Kelly and F. Allhoff(eds.). 2009. "Introduction to part II." in T. McGrew, M. Alspector-Kelly and F. Allhoff(eds.). *Philosophy of Science: An Historical Anthology.* Wiley-Blackwell, pp.307~314.
McLennan, G. 1992. "The Enlightenment Project Revisited." in S. Hall, D. Held and T. McGrew(eds.). *Modernity and its Futures.* Cambridge: Polity press, pp.635~663.
Medawar, P. B. 1969. *Induction and Intuition in Scientific Thought.* London: Methuen & Co. Ltd.
Merton, R. 1968. *Social Theory and Social Structure.* New York: Free Press.
Miller, R. L. and J. D. Brewer(eds.). 2003. *The A~Z of Social Research: A Dictionary of Key Social Science Research Concepts.* London: Sage.

Misak, C. 1991. *Truth and the End of Inquiry*. Oxford : Clarendo Press.

Mitchell, S. D. 2000. "Dimensions of Scientific Law." *Philosophy of Science*, Vol.67, pp.242~265.

Morgan, D. L. 2007. "Paradigms lost and pragmatism regained." *Journal of Mixed Methods Research*, Vol.1, No.1, pp.48~76.

Morganti, M. 2013. *Combining Science and Metaphysics: Contemporary Physics, Conceptual Revision and Common Sense*. Palgrave Macmillan.

Mumford, S. 2014, "Metaphysics." in P. Psillos and M. Curd(ed.). *The Routledge Companion to Philosophy of Science*, 2nd ed., pp.38~47.

Murdoch, I. 1992. *Metaphysics as a Guide to Morals*. London: Chatto & Windus.

Nagel, E. 1961. *The Structure of Science*. London: R.K.P.

Nola, R. and H. Sankey(eds.). 2000. *After Popper, Kuhn and Feyerabend: Recent Issues in Theories of Scientific Method*. Dordrecht: Kluwer.

_____. 2007. *Theories of Scientific Method*. Stocksfield: Acumen.

Ollman, B. 1993. *Dialectical Investigations*. London: Routledge

Outhwaite, W. 1975. *Understanding Social Life*. London: Allen and Unwin.

______1992. "Laws and explanations in sociology." in R. J. Anderson, J. A. Hughes and W. W. Sharrock(eds.). *Classic Disputes in Sociology*. London: Allen & Unwin. pp. 157~183.

_____. 1998. "Naturalisms and anti-naturalisms." in T. May and M. Williams(eds.). *Knowing the Social World*. Buckingham: Open University Press, pp.22~36.

Paavola, S. 2005. "Peircean abduction: instinct of inference?" *Semiotica*, Vol.153, pp.131~154.

Pape, H. 1999. "Abduction and the Topology of Human Cognition." *Transactions of the Charles S. Peirce Society*, Vol.35, No.2, pp.248~269.

Papineau, D. 2009. "Naturalism." in E. N. Zalta(ed.). The Stanford Encyclopedia of Philosophy(Spring 2009 edition). http://plato.stanford.edu/archives/spr2009/entries/naturalism/

Peirce, C. S. 1958. *Collected Papers, 8 vols*. Arther Burks(ed). Cambridge: Harvard University Press.

Plutynski, A. 2011. "Four problems of abduction: a brief history." *Journal of the International Society for the History of Philosophy of Science*, Vol.1, pp.1~22.

Popper, K. 1959. *The Logic of Scientific Discovery*. London : Hutchinson.

_____. 1961. *The Poverty of Historicism*. London: Routledge and Kegan Paul.

Porter, T and D, Ross(ed.). 2003. *The Cambridge History of Science Vol. 7: The Modern Social Sciences*. Cambridge: Cambridge University Press.

Porter, T and D. Ross. 2003. "Introduction." in T. Porter and D. Ross(ed.). *The Cambridge History of Science Vol. 7: The Modern Social Sciences*, pp.1~10.

Pratten, S. 2007. "The scope of ontological theorising." *Foundation of Science*, Vol.12, pp.235~256.

Putnam, H. 2002. *The Collapse of the Fact/Value Dichotomy*. Harvard Univ. Press.

_____. 1981. *Reason, Truth and History*. Cambridge: Cambridge University Press

_____. 1994. *Words and Life*. Cambridge, Mass: Harvard University Press.

Quine, W. V. O. 1961. *From the Logical Point of View*. Haper and Row.

Reichertz, J. 2010. "Abduction: the logic of discovery of grounded theory." in A. Bryant and K. Charmaz(eds.). *The Sage Handbook of Grounded Theory*. London: Sage, pp.214~229.

Riley, G. 1974. "Introduction." in G. Riley(ed.). *Values, Objectivity and the Social Sciences*. London: Addison-Wesley, pp.1~9.

Rescher, N. 1978. *Peirce's Philosophy of Science*. Notre Dame, Indiana: University of Notre Dame Press.

Romeijn, J. W. 2008. "The all-too-flexible abductive method: ATOM's normative status." *Journal of Clinical Psychology*, Vol.64, pp.1023~1036.

Rorty, R. 1979. *Philosophy and the Mirror of Nature*. Princeton, NJ: Princeton University Press.

_____. 1982. *Consequences of Pragmatism*. Minneapolis: University of Minnesota Press.

_____. 1989. *Contingency, Irony, and Solidarity*. Cambridge: Cambridge University Press.

_____. 1991. *Objectivity, Relativism and Truth*. Cambridge: Cambridge University Press.

_____. 1999. *Philosophy and Social Hope*. London: Penguin

Rosenberg, A. 2008. *Philosophy of Social Science(3rd ed.)*. Boulder, CO: Westview.

_____. 2012. *Philosophy of Science – A contemporary introduction*, 3rd ed. New York: Routledge.

Saaristo, A. 2006. "There is no escape from philosophy." *Philosophy of the Social Sciences*, Vol.36, No.1, pp.40~66

Salmon, W. C. 2000. "Logical empiricism." in Newton-Smith(ed.). A Companion to the Philosophy of Science. Oxford: Blackwell, pp.233~242.

Sankey, H. 2000. "Methodological Pluralism, Normative Naturalism and the Realist Aim of Science." in R. Nola and H. Sankey(eds.). *After Popper, Kuhn and Feyerabend: Recent Issues in Theories of Scientific Method.* Dordrecht: Kluwer, pp.211~229.

_____. 2014. "Scientific method." in M. Curd and S. Psillos. *The Routledge Companion to Philosophy of Science*, 2nd ed. London: Routledge, pp.280~290.

Sayer, A. 2011. *Why Things Matter to People — Social Science, Values and Ethical Life.* Cambridge University Press.

Seager, W. 2000. "Metaphysics, Role in Science." in W. H. Newton-Smith(ed.). *A Companion to Philosophy of Science.* Oxford: Blackwell, pp.283~292.

Seale, C(ed.). 2012. *Researching Society and Culture*, 3rd ed. London: Sage Publications.

Skagestad, P. 1981. *The Road of Inquiry: Charles Peirce's Pragmatic Realism.* New York: Columbia University Press.

Sklar, L. 2002. "Physics, Metaphysics, and Method in Newton's Dynamics." in M. Richard M(ed.). *The Blackwell Guide to Metaphysics.* London: Gale, pp.1~18

Smart, B. 2000. "Postmodern social theory." in B. S. Turner(ed.). *The Blackwell Compa nion to Social Theory*, 2nd ed. Wiley-Blackwell, pp.313~333.

Smith, M. J. 1998. *Social Science in Question.* London, Sage.

Steinmetz, G(ed.). 2005. *The Politics of Method in the Human Sciences: Positivism and Its Epistemological Others.* Durham: Duke University Press.

Steinmetz, G. 2005. "Introduction." in G. Steinmetz(ed.). *The Politics of Method in the Human Sciences: Positivism and Its Epistemological Others.* Durham: Duke University Press, pp.1~56.

Turner, S. P. and P. A. Roth. 2003. "Introduction." in *The Blackwell Guide to the Philosophy of the Social Sciences.* Wiley-Blackwell, pp.1~17.

Wagner, P. 2003. "The uses of the social sciences." in T. M. Porter and D. Ross(eds.). *The Cambridge History of Science, Vol.7 — The Modern Social Sciences*, pp. 537~552.

Williams, M. 2000. *Science and Social Science.* London: Routledge.

Wuisman, J. J. J. M. 2005. "The logic of scientific discovery in critical realist social scientific research." *Journal of Critical Realism.* Vol.4, No.2, pp.366~394.

찾아보기

[ㅇ]

[ㅈ]

지은이

이기홍

강원대학교 사회학과 교수. 사회과학철학, 사회이론, 환경과 사회 등을 연구하고 가르친다.

「과학과 정치 또는 과학의 정치화」(2008), 「양적 방법의 사회학」(2010), 「양-질구분을 다시 생각한다」(2012), 「한국사회학에서 맑스와 과학적 방법」(2013) 등의 논문과 『맑스의 방법론』(1989, 까치), 『사회과학방법론』(1999, 한울), 『초월적 실재론과 과학』(2005, 한울), 『비판적 자연주의와 사회과학』(2005, 한울), 『비판적 실재론과 해방의 사회과학』(2007, 후마니타스), 『사회과학의 철학』(2014, 한울) 등의 번역서를 냈다.

한울아카데미 1755

사회과학의 철학적 기초

비판적 실재론의 접근

지은이 | 이기홍
펴낸이 | 김종수
펴낸곳 | 한울엠플러스(주)

초판 1쇄 발행 | 2014년 12월 29일
초판 3쇄 발행 | 2019년 9월 25일

주소 | 10881 경기도 파주시 광인사길 153 한울시소빌딩 3층
전화 | 031-955-0655
팩스 | 031-955-0656
홈페이지 | www.hanulmplus.kr
등록번호 | 제406-2015-000143호

Printed in Korea.
ISBN 978-89-460-6812-4 93330

* 책값은 겉표지에 표시되어 있습니다.